Hans Ulrich Schmid

Einführung in die deutsche Sprachgeschichte

Mit 32 Abbildungen und Grafiken

Verlag J. B. Metzler Stuttgart · Weimar

Der Autor

Hans Ulrich Schmid, geb. 1952, ist Professor für historische deutsche Sprachwissenschaft an der Universität Leipzig.

In Erinnerung an zwei gute Lehrer:
Pater Bernhard Strobel OSB (1918–1999),
    Latein am Gymnasium Niederaltaich
Prof. Dr. Klaus Matzel (1924–1992),
    Sprachwissenschaft an der Universität Regensburg

Bibliografische Information Der Deutschen Nationalbibliothek
Die Deutsche Nationalbibliothek verzeichnet diese Publikation in der Deutschen Nationalbibliografie; detaillierte bibliografische Daten sind im Internet über ⟨http://dnb.d-nb.de⟩ abrufbar.

Gedruckt auf säure- und chlorfreiem, alterungsbeständigem Papier

ISBN 978-3-476-02267-7

Dieses Werk einschließlich aller seiner Teile ist urheberrechtlich geschützt. Jede Verwertung außerhalb der engen Grenzen des Urheberrechtsgesetzes ist ohne Zustimmung des Verlages unzulässig und strafbar. Das gilt insbesondere für Vervielfältigungen, Übersetzungen, Mikroverfilmungen und die Einspeicherung und Verarbeitung in elektronischen Systemen.

© 2009 J. B. Metzler'sche Verlagsbuchhandlung
und Carl Ernst Poeschel Verlag GmbH in Stuttgart
www.metzlerverlag.de
info@metzlerverlag.de

Umschlaggestaltung und Layout: Ingrid Gnoth | www.gd90.de
Satz: DTP + TEXT Eva Burri, Stuttgart · www.dtp-text.de
Druck und Bindung: C. H. Beck, Nördlingen
Printed in Germany
Juni 2009

Verlag J. B. Metzler Stuttgart · Weimar

J.B.METZLER

Inhaltsverzeichnis

Abkürzungen und Symbole		IX
1.	**Zu diesem Buch**	1
2.	**Perioden der deutschen Sprachgeschichte**	3
2.1	**Indogermanisch**	4
2.2	**Urgermanisch**	7
2.3	**Althochdeutsch**	11
2.3.1	Zeit und Raum	11
2.3.2	Die althochdeutsche Überlieferung	13
2.4	**Altniederdeutsch (Altsächsisch)**	24
2.4.1	Zeit und Raum	24
2.4.2	Die altniederdeutsche Überlieferung	26
2.5	**Mittelhochdeutsch**	29
2.5.1	Zeit und Raum	29
2.5.2	Die mittelhochdeutsche Überlieferung	30
2.6	**Frühneuhochdeutsch**	37
2.6.1	Zeit und Raum	37
2.6.2	Das frühneuhochdeutsche Textsortenspektrum	38
2.6.3	Papier, Buchdruck und die »neuen Medien« des Frühneuhochdeutschen	41
2.6.4	Die Kanzleien – »Kompetenzzentren« in Sachen Schreiben	45
2.6.5	Martin Luther und die deutsche Sprache	46
2.6.6	Unterricht, Grammatikschreibung und die »deutsche Hauptsprache«	49
2.7	**Mittelniederdeutsch**	51
2.7.1	Zeit und Raum	51
2.7.2	Die mittelniederdeutsche Überlieferung	53
2.7.3	Der Untergang des Mittelniederdeutschen als Schreibsprache	54
3.	**Laut und Schrift**	57
3.1	**Allgemeines**	57
3.2	**Die Anfänge der Schriftlichkeit im germanisch-deutschen Kulturraum**	58
3.3	**(Vor-)Geschichte des deutschen Lautsystems bis zum Frühneuhochdeutschen**	61
3.3.1	Vokale	63
3.3.2	Konsonanten	75

3.4	**Dialekte – Schreibsprachen – Schriftsprache**...................	92
3.4.1	Historische Schreibsprachen	92
3.4.2	Ausgleich und Variantenreduktion	105
3.4.3	Weitere Entwicklungen	111
3.5	**Lautwandel**	115
4.	**Wortformen**	117
4.1	**Das Verb**...	117
4.1.1	Allgemeines	117
4.1.2	Die starken Verben	118
4.1.3	Die schwachen Verben...	129
4.1.4	Starke Verben – schwach geworden.....................................	134
4.1.5	Die Flexion der starken und schwachen Verben..................	135
4.1.6	Die Präteritopräsentia...	139
4.1.7	Weitere Verben	144
4.2	**Das Substantiv**..	149
4.2.1	Allgemeines	149
4.2.2	Stammbildung und Flexion der Substantive	149
4.3	**Das Adjektiv**..	165
4.3.1	Allgemeines	165
4.3.2	Die starke Adjektivflexion	166
4.3.3	Die schwache Adjektivflexion	168
4.3.4	Komparation	168
4.3.5	Adjektivadverbien...	170
4.4	**Pronomina**	171
4.4.1	Genusindifferente (»ungeschlechtige«) Pronomina	172
4.4.2	Genusdifferenzierende (»geschlechtige«) Pronomina........	173
4.5	**Zahlwörter**	178
4.5.1	Kardinalzahlen..	178
4.5.2	Ordinalzahlen	179
4.6	**Morphologischer Wandel**..	181
5.	**Satzbau**...	185
5.1	**Der einfache Satz und die Struktur von Wortgruppen**.....	185
5.1.1	Die Verbgruppe...	189
5.1.2	Die Substantivgruppe	196
5.2	**Komplexe Sätze**	202
5.2.1	Attributsätze...	203
5.2.2	Inhaltssätze	206
5.2.3	Adverbialsätze...	209
5.2.4	Konjunktiv in abhängigen Sätzen	218
5.2.5	Die Binnenstruktur hypotaktischer Gefüge.......................	219
5.3	**Negation**	221
5.4	**Syntaktischer Wandel**	225

6.	**Wortschatz**	227
6.1	**Allgemeines**	227
6.2	**Die indogermanische Wortschicht im Deutschen**	230
6.3	**Die germanische Wortschicht im Deutschen**	231
6.3.1	Neuerungen im germanischen Wortschatz	232
6.3.2	Germanische Lehnwortbeziehungen	233
6.4	**Althochdeutsche Entwicklungen**	237
6.4.1	Lexikalisches Lehngut	237
6.4.2	Wortbildung im Althochdeutschen	242
6.4.3	Lexikographie des Althochdeutschen	244
6.5	**Mittelhochdeutsche Entwicklungen**	245
6.5.1	Kontinuitäten	245
6.5.2	Innovationsbereiche	246
6.5.3	Wortbildung im Mittelhochdeutschen	253
6.5.4	Lexikographie des Mittelhochdeutschen	254
6.6	**Frühneuhochdeutsch**	255
6.6.1	Kontinuität und Diskontinuität	255
6.6.2	Wortgeographie	258
6.6.3	Regionale Varianten, Vertikalisierung und Mono-semierung	261
6.6.4	Wortbildung im Frühneuhochdeutschen	265
6.6.5	Das Frühneuhochdeutsche im Sprachkontakt	268
6.6.6	Lexikographie des Frühneuhochdeutschen	274
6.7	**Warum verändert sich der Wortschatz?**	274
6.7.1	Die »unsichtbare Hand« beim Wortschatzwandel	274
6.7.2	Qualitativer Wandel	275
6.7.3	Quantitativer Wandel	278
6.7.4	Wortbildungswandel	278
7.	**Anhang**	279
7.1	Quellen- und Literaturverzeichnis	279
7.2	Sekundärliteratur	281
7.3	Register	295

Abkürzungen und Symbole

ae.	altenglisch	lat.	lateinisch
afr.	altfriesisch	Mask.	Maskulinum
afrz.	altfranzösisch	md.	mitteldeutsch
ahd.	althochdeutsch	mhd.	mittelhochdeutsch
aind.	altindisch	mnl.	mittelniederländisch
air.	altirisch	nd.	niederdeutsch
alem.	alemannisch	ndl.	niederländisch
an.	altnordisch	nhd.	neuhochdeutsch
and.	altniederdeutsch	norw.	norwegisch
as.	altsächsisch	Neutr.	Neutrum
bair.	bairisch	obd.	oberdeutsch
dän.	dänisch	omd.	ostmitteldeutsch
dial.	dialektal	Part.	Partizip
dt.	deutsch	Pl.	Plural
engl.	englisch	Präs.	Präsens
fär.	färöisch	Prät.	Präteritum
Fem.	Femininum	schwäb.	schwäbisch
finn.	finnisch	schwd.	schweizerdeutsch
fnhd.	frühneuhochdeutsch	schwed.	schwedisch
frk.	fränkisch	Sg.	Singular
frz.	französisch	sth.	stimmhaft
got.	gotisch	stl.	stimmlos
gr.	griechisch	stv.	starkes Verb (Ziffer gibt
idg.	indogermanisch		die Klasse an)
Imp.	Imperativ	stv.*jan*	starkes *jan*-Verb
Ind.	Indikativ	swv.	schwaches Verb
Inf.	Infinitiv	swv.*jan*	schwaches *jan*-Verb
isl.	isländisch	ugs.	umgangssprachlich
it.	italienisch	urg.	urgermanisch
jidd.	jiddisch	wg.	westgermanisch
Konj.	Konjunktiv	wmd.	westmitteldeutsch

> wird zu
< entsteht aus
* erschlossen, nicht belegt

1. Zu diesem Buch

Es gibt verschiedene Gründe, sich mit deutscher Sprachgeschichte zu beschäftigen.

Der banalste dürfte sein, dass es im Rahmen eines Germanistikstudiums an vielen Universitäten Pflicht ist, sich Kenntnisse im Teilbereich historische Sprachwissenschaft anzueignen und diese Kenntnisse in Prüfungen nachzuweisen.

Eine sachbezogene Begründung ist, dass Sprachgeschichtskenntnisse Voraussetzung für das Verständnis älterer Texte sind. Wer grammatische Formen in einem alten Text nicht richtig identifizieren kann, kann ihn auch nicht verstehen. So gesehen ist Sprachgeschichte auch Hilfsdisziplin für alle quellenbezogenen historischen Wissenschaften. Dieses Buch soll die Einarbeitung unter anderem in die historische Grammatik erleichtern.

Das – zumindest aus der Sicht der Sprachwissenschaft – wichtigste Argument für eine Beschäftigung mit Sprachgeschichte ist jedoch, dass zahlreiche scheinbar regellose, bei oberflächlicher Betrachtung vielleicht sogar widersinnige Gegebenheiten des heutigen Deutschen erst in historischer Perspektive wirklich verständlich werden. Man denke nur an die verschiedenen Pluralbildungen (z.B. *Tag* : *Tage*, *Nacht* : *Nächte*, *Woche* : *Wochen*, *Frist* : *Fristen* usw.), an die Bildung von Vergangenheitsformen (z.B. *reden* : *redete*, aber *sprechen* : *sprach*, nicht umgekehrt *rad* und *sprechte*), an den Komplexitätsgrad von Wörtern (schon Mark Twain echauffierte sich über Wörter wie *Freundschaftsbezeigungen*, *Dilettantenaufdringlichkeiten* oder *Stadtverordnetenversammlungen*) und Eigentümlichkeiten der deutschen Wortabfolge, bei der finites Prädikatsverb und infiniter Prädikatsteil in weiter Distanz stehen (für Mark Twain ebenfalls eine Zumutung). Dass *das Mädchen* ein Neutrum ist, der Außenminister *eine wichtige Persönlichkeit*, also Femininum, ist jemandem, der Deutsch lernt, erfahrungsgemäß nur schwer plausibel zu machen.

Die genannten Merkwürdigkeiten des Deutschen (und zahlreiche andere) haben historische Ursachen. Klammert man die diachrone Sichtweise aus, kann man Strukturen zwar beschreiben, aber nicht erklären.

Eine Einführung in die deutsche Sprachgeschichte muss den Gegenstandsbereich notgedrungen einengen und Schwerpunkte setzen. In dieser Darstellung werden wichtige Entwicklungsprozesse des Deutschen auf grammatischer (lautlicher, morphologischer und syntaktischer) sowie lexikalischer Ebene möglichst übersichtlich dargestellt. Die abgeleitete Frage, was die einzelnen Veränderungsprozesse in Gang gesetzt und gesteuert hat, wird zwar am Ende jedes Kapitels gestellt; im Vordergrund stehen jedoch die Prozesse selbst, die nach Möglichkeit durch geeignete Textbeispiele aus historischen Quellen illustriert werden. Sprachgeschichte kann nach meiner Überzeugung überhaupt nur auf Quellenbasis betrieben werden.

Nach einem einleitenden Überblick über die Epochen der deutschen Sprach(vor)geschichte erfolgt die Gliederung primär nach Sprachebenen (Laut und Schrift, Wortformen, Satzbau, Wortschatz). Innerhalb dieser Kapitel wird chronologisch vorgegangen. Diese Darstellungsweise erlaubt es, längere Veränderungsprozesse kontinuierlich darzustellen.

Für eine Einführung in die deutsche Sprachgeschichte ergibt sich die Notwendigkeit einer Beschränkung auch auf bestimmte historische Entwicklungsstufen. Im Zentrum stehen die Sprachstufen Althochdeutsch, Mittelhochdeutsch und Frühneuhochdeutsch, also das Deutsche vom Frühmittelalter bis in die frühe Neuzeit. Wo es sinnvoll und notwendig erscheint, werden in chronologischer Abfolge auch zeitlich vorausgehende (prähistorische) Sprachstufen und das Neuhochdeutsche einbezogen, ebenso das räumlich benachbarte Alt- und Mittelniederdeutsche. Die Konzentration auf das 7. bis 17. Jh. erfolgt deshalb, weil in diesem Jahrtausend auf allen grammatischen Systemebenen die entscheidenden Weichenstellungen in Richtung auf das heutige Deutsche hin erfolgt sind. Das trifft insofern auch auf die Lexik zu, weil ein Großteil der heute produktiven Wortbildungsmuster ebenfalls historische Wurzeln hat. Damit soll die jüngere Sprachgeschichte nicht marginalisiert werden. Sie ist jedoch mehr ein Auslese- als ein Entwicklungsprozess und würde eine völlig andere Darstellungsweise erfordern. Es kann zudem auf die vorzügliche dreibändige Sprachgeschichte von Peter von Polenz verwiesen werden, deren Lektüre allen Interessierten nachdrücklich empfohlen sei.

Für kritische Lektüre des Manuskripts danke ich Luise Czajkowski und Anita Schorcht.

2. Perioden der deutschen Sprachgeschichte

2.1   Indogermanisch
2.2   Urgermanisch
2.3   Althochdeutsch
2.4   Altniederdeutsch (Altsächsisch)
2.5   Mittelhochdeutsch
2.6   Frühneuhochdeutsch
2.7   Mittelniederdeutsch

Die Problematik (sprach-)geschichtlicher Periodisierungen: Sprachliche Periodisierungen sind – wie alle historischen Epochenabgrenzungen – problematisch. Ebenso wenig wie die Antike oder das Mittelalter, das reformatorische oder das industrielle Zeitalter zu einem bestimmten Datum zu Ende gingen, endeten das Alt- oder Mittelhochdeutsche an einem bestimmten Stichtag. Typisch »neuhochdeutsche« Phänomene kündigen sich bereits im frühen Mittelhochdeutschen an, und typisch »Mittelhochdeutsches« konnte sich in den Dialekten sogar bis in die Gegenwart halten. Auch hier gilt die oft zitierte Gleichzeitigkeit des Ungleichzeitigen. Folgende Grobeinteilung orientiert sich an traditionellen, mehr oder weniger Allgemeingut gewordenen Vorschlägen (vgl. die Übersichten bei Roelcke 1998, 804–811). Sie dient nur als **Ordnungs- und Darstellungsgerüst**. Dass Zusammenhänge zwischen der veränderlichen **außersprachlichen Welt** und den Veränderungen in Sprachen bestehen, ist nicht zu bestreiten, und man kann – sehr stark vereinfacht! – die Perioden der Vorgeschichte und Geschichte der deutschen Sprache, auch der Literatur, zu historischen Epochen in Beziehung setzen (für das Mittelalter vgl. Heinzle 1993).

Sprachstufe	Zeitraum	Historische Stichworte
Indogermanisch	etwa 3000 v. Chr.	Jungsteinzeit, beginnende Bronzezeit
Germanisch	etwa 500 v. Chr. bis 7. Jh. n. Chr.	Eisenzeit, römisch dominierte Antike
Althochdeutsch	etwa 700 bis 1050	Frühmittelalter unter den Karolingern und Ottonen, beginnendes Hochmittelalter unter den Saliern
Altniederdeutsch	etwa 700 bis 1200	
Mittelhochdeutsch	etwa 1050 bis 1350	Hoch- und Spätmittelalter unter den Saliern, Staufern und Habsburgern
Frühneuhochdeutsch	etwa 1350 bis 1650	Spätmittelalter, Reformation und konfessionelles Zeitalter bis Ende des Dreißigjährigen Krieges, deutsche Kleinstaaterei; Sonderentwicklungen der Schweiz und Österreichs
Mittelniederdeutsch	etwa 1200 bis 1650	

(Prä-)historische Vorstufen des Deutschen

Indogermanisch

Sprachstufe	Zeitraum	Historische Stichworte
älteres Neuhochdeutsch	etwa 1650 bis 1800	ältere Neuzeit, Absolutismus, bürgerliche Emanzipation
Neuhochdeutsch	1800 bis heute	Neuzeit, Napoleonisches Zeitalter, bürgerliche Revolution, Restauration, Reichsgründung, Weltkriege, BRD und DDR, Deutsche Einheit

2.1 | Indogermanisch

Zum Begriff

Das → **Indogermanische** (oder auch »Indoeuropäische«) ist die früheste einer seriösen wissenschaftlichen Forschung zugängliche Vorstufe des Deutschen. Diese nur rekonstruierbare Sprache muss etwa drei Jahrtausende vor unserer Zeitrechnung gesprochen worden sein. Es handelt sich nicht etwa um eine Ursprache im Sinne unstrukturierter Urlaute irgendeiner prähistorischen Primatenpopulation, sondern um eine hochkomplexe Sprache mit ausgeprägter Grammatik und Lexik (vgl. Meier-Brügger 2002; Tichy 2000). Über das Indogermanische ist das Deutsche heute mit einer Vielzahl von Sprachen auf allen Kontinenten verwandt. Etwa 2,5 Milliarden Menschen sprechen heute eine Sprache, die sich letztlich auf diese prähistorische Grundsprache zurückführen lässt. Damit ist die indogermanische Sprachfamilie global gesehen die größte.

Es ist möglich, auf sprachvergleichender Grundlage die Grammatik des Indogermanischen zu rekonstruieren. Auch über die Beschaffenheit des Wortschatzes können relativ sichere Aussagen gemacht werden. Versuche, hinter das Indogermanische zurückzugelangen (z. B. Comrie 2002) sind eher spekulativ.

Ursprache: Das Indogermanische ist insofern eine Ursprache, als sich die germanischen, slawischen, keltischen, indoiranischen (und andere) Sprachfamilien, die sich im Lauf der Geschichte wiederum in Einzelsprachen aufgegliedert haben, daraus hervorgegangen sind (vgl. Meier-Brügger 2002, 18–70; Seebold 1981, 85–89).

Die Indogermanen hatten eine **schriftlose Kultur**. Textüberlieferungen gibt es erst aus frühen Einzelsprachen, z. B. dem Hethitischen (16. Jh. v. Chr.), dem Mykenischen (17. bis 13. Jh. v. Chr.) und dem Indischen (13. Jh. v. Chr.). Die frühesten altlateinischen Inschriften stammen aus dem 7., die ältesten keltischen Sprachzeugnisse aus dem 2. Jh. v. Chr. (zur germanischen Sprachfamilie, aus der das Deutsche hervorgegangen ist, s. Kap. 2.2).

2.1

Perioden der deutschen Sprachgeschichte

Indogermanisch

Forschungsgeschichte 1: Historisch-vergleichende Sprachwissenschaft

Die Verwandtschaft der indogermanischen Sprachen wurde im 19. Jh. von Franz Bopp (1791–1867) entdeckt und erstmals nachgewiesen. Das Werk, mit dem er die Indogermanistik als Wissenschaft begründete, trägt den Titel *Über das Conjugationssystem der Sanskritsprache in Vergleichung mit jenem der griechischen, lateinischen, persischen und germanischen Sprache* und erschien 1816 in Frankfurt am Main. Von 1833 bis 1852 erschien die sechsbändige *Vergleichende Grammatik des Sanskrit, Zend, Griechischen, Lateinischen, Litauischen, Gotischen und Deutschen* in Berlin, wo Bopp seit 1825 eine Ordentliche Professur für »orientalische Literatur und allgemeine Sprachkunde« innehatte. Die Entdeckungen Bopps wurden von Zeitgenossen wie dem Dänen Rasmus Rask (1787–1832), August Schleicher (1821–1863) und nicht zuletzt Jacob Grimm (1785–1863) erweitert und vertieft.

Zur Vertiefung

So zuverlässig die sprachliche Rekonstruktion des Indogermanischen ist, so unsicher sind Vermutungen über die Urheimat und den kulturellen Entwicklungsstand der Sprachträger. Fraglich ist sogar, ob man von einer homogenen prähistorischen Ethnie ausgehen darf (vgl. Seebold 1998a, 966 f.).

Indogermanisches Erbe im Deutschen: Durch die Jahrhunderte der germanischen und deutschen Sprachgeschichte haben sich prägende und elementare »Sedimente« des Indogermanischen erhalten:

Indogermanisches im Deutschen

Die Morphologie, die Deklination der Substantive und Adjektive sowie die Konjugation der Verben, zeigt in folgenden Punkten indogermanische Prägung:

- **Grammatische Kategorien**: Numerus und Kasus bei den Substantiven, Komparation bei den Adjektiven, Person, Numerus, Modus, Tempus bei den Verben.
- **Ablaut** der starken Verben, z. B. *sprechen – sprach – gesprochen*.
- **Flexionsendungen**, selbst wenn verschiedene Prozesse zu erheblichen Reduktionen und Umstrukturierungen geführt haben.
- **Drei Genera**: Maskulinum, Femininum und Neutrum, die nicht an das natürliche Geschlecht gebunden sind.

Die Syntax noch des heutigen Deutsch ist ebenfalls durch indogermanische Weichenstellungen determiniert:

- Das Prädikatsverb legt die Objektskasus fest.
- Aussage-, Frage- und Befehlssatz sind die elementaren Satzformen.
- Sätze können durch unterordnende Konjunktionen (»Subjunktionen«) zu komplexeren Gefügen verbunden werden (vgl. Fritz 2002, 241–264).

Der Wortschatz des heutigen Deutschen geht in zentralen Bereichen auf indogermanische Ursprünge zurück (s. Kap. 6.3).

5

2.1 Perioden der deutschen Sprachgeschichte

Indogermanisch

Die Verwandtschaftsverhältnisse zwischen den indogermanischen Einzelsprachen und Sprachgruppen werden auf verschiedene Weise erklärt.

Das Stammbaummodell wurde schon in einer frühen Phase der Indogermanistik entworfen. Es versucht, die mehr oder weniger ausgeprägten Ähnlichkeiten zwischen den Sprachfamilien und den Einzelsprachen nach Art eines genealogischen Stammbaums darzustellen (erstmals Schleicher 1863). Demnach gliedern sich die nachindogermanischen Sprachfamilien und die daraus hervorgegangenen Einzelsprachen (stark vergröbernd) in folgender Weise (detaillierter Seebold 1998a, 965 f.):

Wichtige nachindogermanische Sprachfamilien und Einzelsprachen

Die Darstellung der Abstammungs- und Verwandtschaftsverhältnisse ist einerseits plausibel, andererseits aber nicht unproblematisch, denn sie impliziert, dass sich (analog zum Darwin'schen Stammbaum der biologischen Arten, der in gewisser Weise das Vorbild abgab) die Sprachen getrennt haben, dass kein weiterer Kontakt und damit auch kein gegenseitiger Einfluss mehr möglich war. Solcher Kontaktbruch ist aber nur dann möglich, wenn größere räumliche Distanzen gegeben sind. Das heißt, diese Stammbaumtheorie muss notwendigerweise von Abwanderungen und geographischer Expansion ausgehen.

Das Wellenmodell, das erstmals Johannes Schmidt (1872) formuliert hat, geht von der Vorstellung aus, dass an einer Stelle (oder an mehreren) in einem größeren Gebiet eine Neuerung auftritt und sich in der Art einer Welle ausbreitet. Mit zunehmendem Abstand zum Ausgangspunkt schwächt sie sich kontinuierlich ab. Ähnlich wie auf einer Seeoberfläche, wo sich normalerweise nicht nur eine einzelne Welle ausbreitet, sondern wo ganz verschiedene interferierende Wellenbewegungen ineinandergreifen, parallel oder gegeneinander laufen und sich überlagern, wird ein großflächiges Sprachkontinuum stets von einer Vielzahl von Veränderungen betroffen, was dann im Ergebnis zu ganz unterschiedlichen Strukturen führen muss. Diese Theorie rechnet anders als die Stammbaumtheorie damit, dass Verschiedenheiten eingeebnet werden und Konvergenzen entstehen können, erklärt aber nicht, wie separate Einzelsprachen ihre jeweils spezifische Struktur ausprägen.

Das Substratmodell sieht als Ursache von Ähnlichkeiten Völker- und damit Sprachmischung. Wenn sich beispielsweise eine indogermanische

Population mit einer nicht-indogermanischen oder einer nur entfernt verwandten indogermanischen Ethnie vermischte, musste es zwangsläufig zu sprachlichen Vermischungsvorgängen kommen. Von Sprachwandel als Folge von (wie auch immer geartetem) Sprachkontakt kann sicherlich grundsätzlich ausgegangen werden. Überträgt man die Vorstellung jedoch auf prähistorische Epochen, ist die Gefahr groß, eine Unbekannte (die Entstehung neuer grammatischer Formen oder die Übernahme von Wörtern) durch eine andere (eine nicht fassbare Sprache als Ausgangspunkt) zu erklären.

Diese konkurrierenden Erklärungsmodelle (vgl. auch Seebold 1998b, 106–108) müssen sich nicht ausschließen. Überlegungen des Wellen- und Substratmodells können das Stammbaummodell sinnvoll ergänzen oder modifizieren. Bis auf Weiteres gilt: »Das adäquateste Modell für das Verständnis unserer Rekonstrukte bleibt weiterhin der von A. Schleicher zuerst vorgeschlagene Stammbaum« (Meier-Brügger 2002, 68).

2.2 | Urgermanisch

Aus dem Indogermanischen ist noch in vorgeschichtlicher Zeit das Urgermanische hervorgegangen. Deutsch, Englisch, Niederländisch, Friesisch, das schon im Frühmittelalter untergegangene Gotische und die modernen skandinavischen Sprachen (außer dem Finnischen, das zusammen mit Estnisch, Ungarisch und mehreren Kleinsprachen die Gruppe der nicht-indogermanischen finnougrischen Sprachen bildet) können auf eine prähistorische urgermanische Vorstufe zurückgeführt werden.

Die nächsten indogermanischen Verwandten sind die baltischen Sprachen. In einzelnen Details bestehen jedoch auch Übereinstimmungen mit dem Italischen, Keltischen und Slawischen.

Frühe Zeugnisse: Das Urgermanische ist – wie das Indogermanische – noch nicht schriftlich bezeugt. In römischen Quellen sind einzelne germanische **Namen** überliefert, die einen sehr archaischen, also wohl urgermanischen Sprachstand aufweisen. Ab dem 2. Jh. n. Chr. kommen sporadisch Runeninschriften hinzu, die aber durchwegs kurz sind. Zeugniswert für das Germanische vor der Aufteilung in Einzelsprachen haben auch **Lehnwörter** in Kontaktsprachen.

Eine als »Germanen« anzusprechende Population wird in den letzten Jahrhunderten vor Christus archäologisch in den westlichen Küstengebieten der Ostsee, in Norddeutschland, Dänemark und Südskandinavien fassbar. Die Vorstellung von »den Germanen« als einheitliches Volk ist jedoch ein unhistorischer, romantischer Mythos mit den bekannten verheerenden Folgen (vgl. Germanen 1998; Krause 2005; von See 1994). Über die Siedlungsgebiete, auch über Kultur und Bräuche einzelner germanischer Stämme sind wir vor allem durch Cäsar (100–44 v. Chr.) und Tacitus (ca. 55–120 n. Chr.) informiert.

Urgermanisch

Die germanischen Stämme zur Zeit des Tacitus (nach Krause 2005, 20)

Sprachliche Unterschiede zwischen den Stämmen, die in diesen Siedlungsgebieten lebten, lassen sich nicht mehr feststellen; sie müssen zwar einerseits bestanden haben, doch ist andererseits auch mit einem großräumigen Verständigungskontinuum zu rechnen (vgl. Seebold, 1998b).

Aufgrund von **Wanderungs- und Expansionsbewegungen** wurde dieses Kontinuum jedoch unterbrochen. Der Jahre andauernde Zug beispielsweise der Kimbern, Teutonen und Ambronen (ebd., 117f.) von ihren Stammsitzen in Norddänemark bis auf das Gebiet des Römischen Reiches im 2. Jh. v. Chr. sind frühe und bekannte Beispiele. Im 5. Jh. n. Chr. siedelten Angeln, Sachsen und Jüten nach Britannien über und hinterließen ein weitgehend unbewohntes Gebiet, in das die nordgermanischen Dänen einrückten. Solche Umschichtungen können nicht ohne sprachliche Folgen abgelaufen sein.

Es gibt gute sprachliche Gründe für die Annahme einer relativ frühen Gliederung in **West-**, **Nord-** und **Ostgermanisch**. Daraus gingen dann die historisch bezeugten Einzelsprachen hervor, die sich zu den modernen germanischen Sprachen entwickelt haben. Das Gotische ist bereits im Frühmittelalter untergegangen. Von anderen ostgermanischen Sprachen (z. B. Burgundisch und Vandalisch) sind nur spärliche Reste erhalten.

Die Gruppierung der germanischen Sprachen

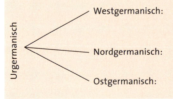

Urgermanisch
- Westgermanisch: **Kontinentalwestgermanisch**: Hoch- und Niederdeutsch, Niederländisch, Friesisch **Englisch**
- Nordgermanisch: **Westnordisch**: Norwegisch, Isländisch, Färöisch **Ostnordisch**: Schwedisch, Dänisch
- Ostgermanisch: Gotisch, Burgundisch, Vandalisch (u. a.)

Westgermanisch: Die Sprachen, die zusammen mit dem Deutschen der westgermanischen Gruppe zugerechnet werden, zeigen auf ihren frühesten Stufen deutliche grammatikalische und lexikalische Gemeinsamkeiten, die sie vom Nord- und Ostgermanischen abheben, womit die Annahme einer nach-urgermanischen aber vor-einzelsprachlichen Grundlage gerechtfertigt erscheint. Solche Gemeinsamkeiten sind:

2.2

Perioden der deutschen Sprachgeschichte

Urgermanisch

- Die Konsonantenverdoppelung (»Gemination«) vor allem vor *j*, aber auch vor *r* und *l* (s. S. 79 f.).
- Eine besondere Form der 2. Sg. Ind. Prät. (s. S. 137).
- Mehrere ausschließlich in den westgermanischen Sprachen auftretende Suffixe wie dt. *-heit* (z. B. *Kindheit*, vgl. engl. *childhood*) oder *-schaft* (*Freundschaft*, vgl. engl. *friendship*).
- Eine Reihe von Wörtern wie z. B. *Geist* (ahd. *geist*, engl. *ghost*, afr. *jēst*, aber isl. und fär. *andi*, norw. und schwed. *ande*), *Schaf* (engl. *sheep*, nl. *schaap*, aber isl. *sauður*, fär. *seyður*, norw. *sau(d)*, schwed. dialektal *sād, sö, sau*), *Messer* (ahd. *mezzisahs*, eigentlich ›Speiseschwert‹, ae. *meteseax* gegenüber isl. *hnífur*, fär. *knívur*, norw., schwed., dän. *kniv*; engl. *knife* ist eine wikingerzeitliche Entlehnung aus dem Dänischen).

Gemeinsamkeiten der westgermanischen Sprachen

Es gibt zwar in einzelnen Punkten auch west/nord-, nord/ost- und ost/westgermanische Berührungen, deren Aussagekraft jedoch kontrovers beurteilt wird, da immer damit zu rechnen ist, dass verwandte Sprachen gleiche oder ähnliche Veränderungen erfahren haben. Nicht jede Übereinstimmung ist auf eine gemeinsame Grundlage zurückzuführen. Ein Beispiel wäre die Entwicklung von langem urg. *$\bar{e}$ > *$\bar{a}$ im West- und Nordgermanischen; das Gotische hat das alte *$\bar{e}$ beibehalten (z. B. ahd. und as. *jār* ›Jahr‹, an. *ár*, aber got. *jēr*). Oder eine Einzelsprache hat sich in einem bestimmten Aspekt gewandelt. Dann kann der Eindruck entstehen, dass die übrigen Sprachen eine Gemeinsamkeit aufweisen würden. Eine solche Übereinstimmung besagt aber nichts über einen besonderen historischen Zusammenhang. Dass beispielsweise im Althochdeutschen die zweite Lautverschiebung (s. S. 80–84) durchgeführt worden ist, lässt nicht auf eine besondere Nähe etwa des Gotischen zum Englischen, die in diesem Punkt auf dem germanischen Stand verharrten, schließen.

Nordgermanisch: Die Sprachen der nordgermanischen Gruppe bildeten vergleichsweise lange eine relative Einheit. Die frühen skandinavischen Runeninschriften, deren Sprachstand man auch als **Urnordisch** bezeichnet, lassen noch keine dialektale Aufgliederung erkennen. Erst ab der Jahrtausendwende beginnen sich allmählich west- und ostnordische Eigenheiten auszuprägen.

Zur **westnordischen Gruppe** zählt das Norwegische mit seinen alten Kolonialsprachen Isländisch und Färöisch. Bis in die Neuzeit hinein wurden auch auf den Orkney- und Shetlandinseln (west-)nordische Dialekte gesprochen, die dann aber durch das Englische bzw. schottisch-englische Dialekte verdrängt wurden. Dänisch und Schwedisch und das auf der Ostseeinsel Gotland gesprochene Gutnische vertreten das **Ostnordische**. Heute besteht zwischen den kontinentalnordischen Sprachen immer noch ein Verständigungskontinuum, was mit den nie unterbrochenen, Jahrhunderte dauernden Kontakten, teilweise auch mit der politischen Vorherrschaft des Dänischen zusammenhängt. Es haben sich allerdings im Laufe der Zeit unterhalb der sich etablierenden Literatursprachen erheblich voneinander abweichende Dialekte gebildet. Das Isländische und das trotz geringer Sprecherzahl (ca. 48000) dialektal stark differenzierte Färöische stehen außerhalb dieses Kontinuums. Beide Sprachen haben

9

Urgermanisch

nicht zuletzt wegen ihrer geographischen Randlage in Grammatik und Wortschatz viele archaische Züge beibehalten.

Ostgermanisch ist praktisch nur durch das Gotische repräsentiert. Zu weit mehr als 90 Prozent ist diese germanische Sprache wiederum nur in der **Bibelübersetzung des Bischofs Wulfila** (um 311–383) erhalten, die »wie ein Monolith den wenigen anderen Denkmälern gegenübersteht« (Binnig 1998, 974; Überblicke über die gotische Gesamtüberlieferung bei Braune/Heidermanns 2004, 6–16; Binnig 1999, 29–37; Stutz 1966). Abgesehen von einigen Fragmenten überliefert nur der heute in Uppsala aufbewahrte *Codex Argenteus* den Text. Diese Handschrift entstand allerdings erst im 6. Jh. in einem italienischen Skriptorium auf Basis einer älteren Vorlage. Wulfila hat das gesamte Neue Testament übersetzt, vom Alten Testament dagegen nur einige Teile, weil er – nach zeitgenössischer Aussage – den Goten keine Rechtfertigung für Kriegszüge liefern wollte, etwa durch Übersetzung der alttestamentlichen Königsbücher mit ihren teilweise martialischen Inhalten. Auf ihn geht die eigens für die Wiedergabe des Gotischen geschaffene Schrift zurück (s. Kap. 3.2 und die Abb. S. 61). Von weiteren ostgermanischen Sprachen (z. B. Burgundisch, Vandalisch) sind nur geringe Spuren erhalten. Man spricht auch von **Trümmersprachen**. Eine solche ist auch das **Krimgotische**, von dem sich einige spärliche Aufzeichnungen aus dem 16. Jh. erhalten haben. Spätestens im 18. Jh. war diese Sprache, die zumindest indirekt mit dem Gotischen zusammenhängt, ausgestorben (zusammenfassend und mit Literatur: Braune/Heidermanns 2004, 3 f.).

Völkerwanderung: Zwischen der Phase eines urgermanischen Kontinuums und den schon ausdifferenzierten germanischen Einzelsprachen des Mittelalters liegt eine Jahrhunderte andauernde Phase des Umbruchs und der Instabilität, die Zeit der Völkerwanderung. Man kann darunter im engeren Sinne die Phase zwischen dem »Hunnensturm« (375) und der Landnahme der Langobarden in Oberitalien (568) verstehen, in einem weiteren Sinne die Epoche der germanischen Migrationen auf dem europäischen Kontinent vom 3. Jh. v. Chr. bis zur abschließenden Konsolidierung im 6./7. Jh. n. Chr. Innerhalb dieser Phase – wie immer man sie ansetzt – hat nur das Gotische ein größeres Textcorpus hinterlassen. Die übrigen frühmittelalterlichen Stammessprachen, die dann (u. a.) als althochdeutsche und altsächsische Schreibdialekte manifest werden, haben sich durch Sprachkontakte und -mischungen infolge von Migrationen und Expansionen in dieser Zeit herausgebildet. In der angelsächsischen Tradition wird die Epoche der Völkerwanderung nicht unzutreffend als »Dark Ages« bezeichnet (zusammenfassend Beck 1998). Nach der Konsolidierung der Verhältnisse in Mitteleuropa beginnt die althochdeutsche und parallel dazu die altniederdeutsch-altsächsische Periode.

2.3

Perioden der deutschen Sprachgeschichte

Zeit und Raum

2.3 | Althochdeutsch

> Das → Althochdeutsche ist die älteste schriftlich bezeugte Vor-
> stufe des heutigen Deutschen. Es ist noch keine einheitliche Schrift-
> sprache wie das gegenwärtige Neuhochdeutsche, sondern »alt-
> hochdeutsch« ist ein Sammelbegriff für alle Dialekte, die die zweite
> Lautverschiebung ganz oder teilweise durchgeführt haben.

Zum Begriff

2.3.1 | Zeit und Raum

Die Anfänge der althochdeutschen Sprachperiode liegen im Dunkeln. Sie
sind ins 6. oder 7. Jh. zu datieren, in die Zeit nach der Völkerwanderung,
als sich die Verhältnisse allmählich wieder stabilisierten und mit den Me-
rowingern erstmals in Mitteleuropa eine fränkische Herrscherdynastie in
Erscheinung trat. Sie verlor im 8. Jh. die Macht an die ebenfalls fränkischen Karolinger. Aus dieser Frühzeit sind noch keine althochdeutschen
Texte erhalten. Die ältesten schriftlichen Zeugnisse werden ins 8. Jh. datiert. Im 11. Jh. vollzieht sich der allmähliche Übergang zum Mittelhochdeutschen.

Historisches: Der erste Merowinger war Chlodwig († 511), der den frän-
kischen Machtbereich auf große Teile der heutigen Länder Frankreich und
Deutschland ausdehnen konnte. Der letzte Merowinger war Childerich
III. († um 755), der 751 abgesetzt wurde. Danach übernahm mit **Pippin
III**. († 768) der erste Vertreter der karolingischen Dynastie die Macht. Er
wurde in Soissons von **Bonifatius** († 754 oder 755) zum König gesalbt.
Um diese Zeit setzt ganz allmählich und sporadisch die althochdeutsche
Überlieferung ein. Der zweifellos bedeutendste Karolinger war **Karl der
Große** (742–814). Die althochdeutsche Textproduktion des späten 8. und
des 9. Jh.s wird im Zusammenhang mit seinen kulturpolitischen Bestrebungen gesehen. Mehrere Erlasse, sogenannte Kapitularien, und Syn-
odalbeschlüsse schreiben vor, dass dem Volk in dessen eigener Sprache
gepredigt werden solle und dass jedermann die christlichen Elementartexte (Glaubensbekenntnis, Vaterunser, Taufgelöbnis) beherrschen solle – wenn nicht auf Latein, so doch in seiner eigenen (althochdeutschen)
Sprache.

Der letzte und gleichzeitig produktivste Autor der althochdeutschen
Epoche war **Notker III. von St. Gallen** mit dem schon zeitgenössischen
Beinamen *Teutonicus* ›der Deutsche‹ († 1022). Zwischen der älteren karo-
lingischen Phase des Althochdeutschen und dem Wiedereinsetzen der
Überlieferung um die Jahrtausendwende liegen ca. 150 Jahre. Diese zwei-
te und jüngere Phase des Althochdeutschen, die natürlich nicht schlag-
artig mit Notkers Tod zu Ende ging, zeigt bereits veränderte sprachliche
Merkmale.

2.3 Perioden der deutschen Sprachgeschichte

Althochdeutsch

Wenn man heute »hochdeutsch« sagt, so denkt man implizit einen Gegensatz zu Dialekten, Slangs oder auf sonst irgendeine Weise von der kodifizierten Norm abweichenden Varietäten mit. Der Begriff alt**hoch**deutsch impliziert einen völlig anderen Gegensatz, nämlich den zu alt**nie**derdeutsch bzw. altsächsisch. Dieser Gegensatz ist **sprachgeographisch**

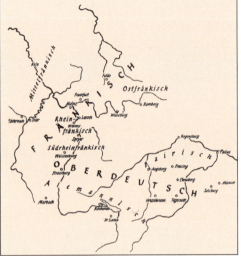

gemeint. Alt**hoch**deutsch wurde – vereinfacht gesagt – in den höher gelegenen Teilen des (späteren) deutschen Sprachgebietes gesprochen, Alt**nieder**deutsch in der norddeutschen Tiefebene (vgl. Sonderegger 2003a, 26–33). Das wichtigste und markanteste – bei weitem aber nicht einzige – Unterscheidungsmerkmal ist die zweite Lautverschiebung (s. S. 80–84).

Der althochdeutsche Sprachraum war in viele groß- und kleinräumige **Dialekte** gegliedert. Die erhaltenen Quellen vermitteln jedoch nur ein unvollkommenes Bild der damaligen sprachgeographischen Gegebenheiten. Das hängt damit zusammen, dass Althochdeutsches nur **punktuell in Klöstern** geschrieben wurde. Aus vielen Gebieten sind keine Quellen überliefert (etwa aus dem Raum zwischen Donau und

Die Dialekte des Althochdeutschen (aus Sonderegger 2003a, 78)

Main oder aus Thüringen). Und selbst die Texte, deren Entstehungsort man kennt, dokumentieren nicht unbedingt den Sprachstand des jeweiligen Umlandes. Man muss bereits mit lokalen Schreibtraditionen rechnen.

Für das 7. bis 11. Jh. von »deutsch« zu reden, ist eigentlich ein Anachronismus. Denn die damaligen Sprecher hatten mit Sicherheit nicht das Bewusstsein, einer von den Alpen bis zur Nordsee reichenden Sprachgemeinschaft anzugehören. Man kann diese frühe Entwicklungsphase in ihren verschiedenen lokalen Varianten nur insofern als »deutsch« bezeichnen, als sie eine historische Vorstufe des heutigen Deutschen darstellt. »Althochdeutsch« ist somit ein Sammelbegriff für »engverwandte germanische Stammessprachen, die sich im politischen und kulturellen Verkehrsraum des fränkischen Reiches konvergierend weiterentwickeln und sich einander nähern« (Braune/Eggers 1987, 1).

Zur Vertiefung

Deutsch und *Deutschland*

Grundlage des Wortes *deutsch* ist ein germanisches Femininum **þeuðō-* mit der **Bedeutung ›Volk‹**. Davon wurde früh ein Adjektiv **þeuð-isk-* ›zum Volk gehörig‹ abgeleitet, das in ahd. und as. *thiutisk*, ae. *þéodisc*, got. *þiudisko* fortgesetzt ist. Im Altenglischen und Gotischen bedeutet das Wort ›heidnisch‹. Derselbe Stamm liegt auch vor in den heutigen ***Diet*- und historischen *Theod*-Namen** (*Dietrich, Dietmar, Dietlinde*;

Theoderich, Theodulf). Das Adjektiv hat bereits im Frühmittelalter in der Form *theodiscus* Eingang in die lateinische Schriftlichkeit gefunden. Es begegnet mehrfach und fast stereotyp in Rechtstexten, in denen volkssprachliche Begriffe zitiert werden. So wurde 788 der Bayernherzog Tassilo III. wegen eines Verbrechens zum Tode verurteilt, *quod theodisca lingua harisliz dicitur* ›das in der Volkssprache Heeresspaltung genannt wird‹ (die Strafe wurde dann zu lebenslänglich Kloster »abgemildert«). In solchen frühen Kontexten kann *theodiscus* nicht mit ›deutsch‹ wiedergegeben werden. Der mitgedachte **Gegensatz ist »lateinisch«**.

Der früheste Beleg stammt aus England, nicht aus »Deutschland«. Im Jahre 786 wurden dort auf einer Synode die Beschlüsse einer vorangehenden *tam latine quam theodisce* ›sowohl lateinisch als auch in der Volkssprache‹ verlesen, damit sie verstanden werden konnten. Ein anderes, spezielleres Wortverständnis scheint sich 842 in den *Straßburger Eiden* (SKD 82–84; mit Übersetzung: Müller 2007, 44–47; Schlosser 2004, 72–75) anzudeuten, als Ludwig der Deutsche, der Herrscher des Ostteils des karolingischen Reiches, und Karl der Kahle, König über den Westteil (beide waren Enkel Karls des Großen) mit Eiden ein Bündnis gegen ihren dritten Bruder Lothar besiegelten. Damit die Romanen in Karls Heer den Eid Ludwigs verstehen konnten, schwor dieser, so der Chronist, *romana lingua* ›in romanischer Sprache‹. Umgekehrt musste Karl für Ludwigs Gefolgsleute seinen Eid *teudisca lingua* leisten. Hier geht es nicht um die Volkssprache im Kontrast zum Lateinischen, sondern um den **Gegensatz *theodiscus* – Romanisch**. Darin deutet sich bereits ein ethnisches Verständnis an.

Die ältesten »deutschen« Belege für das Wort *deutsch* stammen aus der Zeit um 1000. Gemeint ist damit immer die Sprache. Erst in Quellen des späten 11. Jh.s wird *diutsch* – so die mittelhochdeutsche Form – mit Bezug auf *land* oder *man* verwendet. Nun hat das Wort nicht mehr nur eine sprachliche, sondern auch eine **geographische und ethnische Bezugsgröße** (vgl. Reiffenstein 2003c). Aus mhd. *diutsch land* ›deutsche Länder‹ (Plural!) entwickelte sich *Deutschland*. Die im 19. Jh. in national gesinnten Kreisen gebräuchlichen Varianten *teutsch* und *Teutschland* sind pseudoetymologisch an den germanischen Stammesnamen *Teutones* angelehnt. Etymologisch zugehörig zu *deutsch* sind auch engl. *Dutch* ›niederländisch‹ und it. *tedesco*, ebenso norw., schwed., dän. *tysk* und isl. *þýskur*.

2.3.2 | Die althochdeutsche Überlieferung

Woher bezieht die historische Sprachwissenschaft ihre Kenntnisse über das Althochdeutsche? Man kann verschiedene Überlieferungsbereiche unterscheiden. Die Bandbreite reicht von Glossen (erklärenden volkssprachigen Einzelworteinträgen in lateinischen Handschriften) über kirchliche Gebrauchstexte, Übersetzungen und Kurzdichtungen bis hin zu längerer epischer Dichtung. Es lässt sich aber keine aufsteigende Entwicklungslinie ableiten. Die Glossen bilden nicht etwa den primitiven Anfang eines sprachlich-literarischen Evolutionsprozesses, der dann im Großepos gipfelt. Die verschiedenen Text- und Überlieferungstypen stehen nebeneinander. Der folgende kurze Abriss kann kein vollständiges Panorama der althochdeutschen Überlieferung sein und soll auch keine Entwicklung suggerieren (ausführlicher Haubrichs 1995; Meineke 2001, 92–178; Sonderegger 2003a, 49–105; Textsammlungen mit Übersetzungen und kurzen Kommentaren: Müller 2007; Schlosser 2004).

1. Glossen: Solche Textzusätze sind sehr oft in lateinischer Sprache abgefasst, zwischendurch aber auch in der Volkssprache. Es gibt Handschriften, die dicht mit althochdeutschen Glossen durchzogen sind, gelegentlich findet sich in einem voluminösen Codex aber auch nur ein vereinzelter volkssprachiger Eintrag. Quantitative Regeln gibt es nicht. Grundlage der Glossenforschung ist nach wie die fünfbändige Ausgabe von Steinmeyer/ Sievers (1879–1922), doch wurden seit deren Erscheinen zahlreiche Neufunde gemacht und verbesserte Neueditionen veröffentlicht. Alle bis 2005 bekannten Handschriften mit althoch- und altniederdeutschen Glossen sind im Katalog von Bergmann (2005) mit ausführlichen Beschreibungen und Literaturangaben verzeichnet.

Mehrfach wurden aus glossierten Texten die betreffenden lateinischen Wörter (»Lemmata«) mitsamt ihren Glossen (»Interpretamenten«) exzerpiert und alphabetisch oder nach Sachgruppen umgeordnet. Hier liegen die Anfänge einer systematischen lateinisch-deutschen Lexikographie. Man hat lange Zeit die Glossen für die primitivste Art althochdeutscher »Literatur« gehalten. In jüngerer Zeit hat sich die Bewertung aber stark geändert: Die Glossen führen ins Zentrum und auf die Höhe des frühmittelalterlichen Bildungsbetriebes. Sie sind Zeugnisse einer frühen philologischen Auseinandersetzung mit der Bibel (dem mit Abstand meistglossierten Text), mit klassischen Autoren (am häufigsten Vergil) und christlich-antiker Dichtung (z. B. Boethius, Prudentius), mit den Schriften der Kirchenväter (z. B. Augustinus, Benedikt, Gregor, Hieronymus), aber auch mit damals »moderneren« Autoren (z. B. Aldhelm, Beda, Isidor).

Sicher spielten Glossen auch eine gewisse Rolle im klösterlichen Schulunterricht. Darauf weisen entsprechende Einträge in Texten typischer Schulgrammatiker wie Donat und Priscian hin (Haubrichs 1995, 170–229). Glossen sind zudem die ergiebigste Quelle für den althochdeutschen Wortschatz: Von etwa 29.000 verschiedenen Wörtern, die aus althochdeutscher Zeit überliefert sind, sind an die 20.000, also etwa zwei Drittel, nur in Glossen, nicht in Texten belegt. Umgekehrt sind ca. 4400 Wörter ausschließlich in Texten überliefert, nicht jedoch in Glossen. Das älteste lateinisch-althochdeutsche Glossar überhaupt, der nach dem ersten Stichwort so benannte *Abrogans*, enthält ca. 3700 verschiedene Wörter in insgesamt 15.000 Belegen (Splett 2000). Das *Summarium Heinrici* ist ein nach Sachgebieten geordnetes lateinisch-spätalthochdeutsches Glossar. Die *Glossae Salomonis* sind ein etwa zeitgenössisches alphabetisch geordnetes Wörterbuch.

Perioden der deutschen Sprachgeschichte

2.3

Die althochdeutsche
Überlieferung

Der *Vocabularius Sancti Galli*

Das kleinformatige Büchlein enthält eine um 790 angelegte improvisierte lateinisch-althochdeutsche Wörtersammlung. Sie könnte im Besitz eines angelsächsischen Missionars (jedoch sicher nicht des irischen Klostergründers Gallus, der im 6. Jh. lebte) gewesen sein. Darauf deutet die angelsächsisch geprägte Schrift hin. Das Wortmaterial ist ansatzweise sachlich angeordnet: Die Abbildung zeigt in der linken Hälfte Wortentsprechungen, die etwas mit Bäumen zu tun haben: *ligna – uuitu* ›Holz‹, *silua – holz* ›Wald‹, *ermis – uualt* ›Wald‹, *radix – uurza* ›Wurzel‹, *radices – uurzun* ›Wurzeln‹, *scorzia* aus *scordia* korrigiert – *rinta* ›Rinde‹, *ramos – ęsti*

Beispiel

Aus dem *Vocabularius Sancti Galli*

›Äste‹. Dann folgen Adjektive, die schlechte Eigenschaften bezeichnen: *infidus – urtriuui* ›untreu‹, *inuidus – abanstinc* ›neidisch‹, *iniquus – nidic* ›neidisch‹.

2. Übersetzungen: Man darf Übersetzungen des Mittelalters nicht mit modernen Maßstäben beurteilen. Die Vorstellung, man könne einen Originaltext, vor allem, wenn es sich um einen Sakraltext handelt, in einer anderen Sprache gleichwertig wiedergeben, ist neuzeitlich. Althochdeutsche Übersetzer wollten ihre Vorlagetexte nicht ersetzen, sondern den Zugang dazu erleichtern. Übersetzungen waren Hilfsmittel im Dienst am Original und mussten sich demzufolge ihm sprachlich unterordnen. Daraus ergibt sich, dass sie für unser heutiges Empfinden häufig »am Wortlaut des Originals kleben«. Die Bindung an die lateinischen Originale geht schon daraus hervor, dass fast alle althochdeutschen Übersetzungen in Symbiose mit dem Originaltext überliefert sind. Ganz deutlich wird das bei den **Interlinearversionen**, bei denen der lateinische Originaltext zwischen den Zeilen Wort für Wort in die Volkssprache mehr umgesetzt als übersetzt ist.

Althochdeutsch

Eine Interlinearversion der althochdeutschen Benediktinerregel

Kurz nach 800 wurde in St. Gallen eine Interlinearversion der Mönchsregel des hl. Benedikt angefertigt. Die Benediktinerregel war die Grundlage für das Zusammenleben der Mönche im frühen Mittelalter (und ist es für den Benediktinerorden bis heute). Sie regelte das gesamte Leben in einer solchen Gemeinschaft und war neben der Bibel einer der wichtigsten Texte für eine Klostergemeinschaft. In der althochdeutschen Interlinearversion erhielt nahezu jedes lateinische Wort ein althochdeutsches Äquivalent. Allerdings werden die zwischenzeiligen Einträge in den hinteren Partien des Codex immer weniger und verlieren sich gegen Ende ganz. Der Text auf der abgebildeten Seite handelt von den Graden der Demut. Auf der dritten Zeile, die mit dem großen T beginnt, entsprechen sich *Tertius* : *dritto* ›dritter‹, *humilitatis* : *dera deoheitii* ›der Demut‹, *gradus* : *stiagil* ›Grad, Stufe‹, *est* : *ist* ›ist‹, auf der vierten Zeile *ut* : *so* ›wenn‹, *quis* : *huuelih* ›jemand‹, *pro* : *fora* ›vor‹, *dei* : *cotes* ›Gottes‹, *amore* : *minnv* ›Liebe‹, *omni* : *eocouuelihhera* ›jeglicher‹.

Ohne lateinischen Vorlagentext überliefert ist ein Fragment einer Übersetzung der *Lex Salica*. Es handelt sich dabei um eine Rückübersetzung, denn der lateinische Text basiert seinerseits auf mündlicher volkssprachiger Überlieferung (vgl. Sonderegger 1964).

Einen anderen Übersetzungstyp stellen die **Bilinguen** dar. Hier wird der althochdeutsche Text dem lateinischen in einer Spalte oder auf einer gegenüberliegenden Buchseite mit dem lateinischen Originaltext überliefert. Dabei gibt es graduelle Abstufungen. Beispiel für ein relativ freies Verfahren ist der *Althochdeutsche Isidor*, die noch vor 800 entstandene Übersetzung eines Traktats des Isidor von Sevilla († 636). Der anonyme Übersetzer versuchte an zentralen Stellen sogar, präziser zu formulieren als sein Original (vgl. Meineke 2001, 135–138). Dagegen ist die vor der Mitte des 9. Jh.s in Fulda entstandene und heute in St. Gallen aufbewahrte *Tatian*-Übersetzung sehr stark vom Original abhängig (ebd., 144–148). Ta-

Die althochdeutsche
Überlieferung

tian war ein syrischer Theologe des 2. Jh.s, der (vermutlich in syrischer Sprache) eine »Evangelienharmonie« schuf, indem er das Johannesevangelium mit Partien aus den anderen drei Evangelien anreicherte. Auf diese Weise entstand eine einsträngige Jesus-Biographie, die in mehrere Sprachen, unter anderem ins Lateinische übersetzt wurde. Eine Handschrift des 7. Jh.s mit dem lateinischen Text gelangte im Reisegepäck des hl. Bonifatius († 754) von Italien nach Fulda und wird dort bis heute als *Codex Bonifatianus 1* aufbewahrt. Daraus wurde der lateinische Text der *Tatian*-Bilingue abgeschrieben und ins Althochdeutsche übersetzt.

Aus dem althochdeutschen *Tatian*   Beispiel
Die linke Textspalte der Handschrift bietet den lateinischen, die rechte den althochdeutschen Text. Beim Seitenlayout hatten die Schreiber darauf zu achten, dass jeweils Zeile für Zeile exakter Gleichlauf besteht. Innerhalb einer Zeile durfte die Wortstellung vom Original abweichen. So steht beispielsweise in der 8. Zeile (mit dem großen C) lat. *Cum ergo natus esset Ihesus*. Das Subjekt *Ihesus* steht am Schluss. Im althochdeutschen Text ist *heilant* vorgezogen: *mit thiu ther heilant giboran uuard*. Hier ist eine genuin althochdeutsche Wortstellung gegen die lateinische durchgeführt worden. In Zeile 12 steht nur lat. *dicentes*. Dem steht ahd. *sus quedante* ›so sprechend‹ gegenüber. Es wurde also ein auf das Folgende vorausweisendes Wort (*sus* ›so, folgendermaßen‹) hinzugefügt.

Aus der althochdeutschen *Tatian*-Übersetzung

3. Notker von St. Gallen: Um die Jahrtausendwende war in St. Gallen ein Magister namens Notker tätig. Er muss um 950 geboren sein und starb 1022 an der Pest. In einem (lateinischen) Brief an den Bischof Hugo von Sitten hat er sich über seine Intentionen und seine Arbeitspraxis geäußert. Notker übersetzte und kommentierte typische Schultexte seiner Zeit, die *Psalmen* und einen Kommentar Gregors des Großen zum Buch *Hiob* aus dem Alten Testament. Dieses Werk ist jedoch verloren. Bezeichnend für seine Arbeitsweise ist die didaktisch geschickte Verflechtung von Latein und Althochdeutsch, aber auch die akribische Wiedergabe althochdeutscher Lautverhältnisse (vgl. Meineke 2001, 157–161).

Althochdeutsch

Notkers Übersetzung und Kommentierung der Psalmen

Die lateinischen Psalmenverse sind mit roter Tinte geschrieben (in der Abbildung im Grauton), der Kommentar schwarz. In Zeile 8 ist *Montes excelsi cervis* ›hohe Berge (gehören) den Hirschen‹ erst frei wiedergegeben durch *hôhe berga. sîn stat dîen hîrzen* ›hohe Berge sind eine Stätte den Hirschen‹. Daran schließt sich kommentierend *Spiritales sîn behêftet in sublimoribus pr(ae)ceptis. Vuîeo aber humiles unde penitentes? Vuaz sol iro trôst sin?* ›Die geistlichen (Menschen) ruhen in tiefgründigen Geboten. Wie aber ist es bei den Niedrigen und Büßern? Was soll deren Trost sein?‹. Die zentralen Begriffe des Kommentars – hier als Fragen formuliert – sind lateinisch. Die Prädikate und die syntaktische Struktur sind (althoch)deutsch. Die Handschrift ist nicht Notkers Original, sondern eine Abschrift des 12. Jh.s. Zwischen den Zeilen wurden die lateinischen Wörter nachträglich glossiert.

Notker hat das umfangreichste althochdeutsche Œuvre hinterlassen. Offenbar durch seine Übersetzungs- und Kommentierungstechnik angeregt, hat nach der Mitte des 11. Jh.s **Williram von Ebersberg** († 1085) eine Übersetzung und Auslegung des alttestamentlichen Hohen Liedes verfasst. Das Werk repräsentiert ein spätes Althochdeutsch, das in mancherlei Hinsicht bereits zum Mittelhochdeutschen tendiert. Es ist mit über 40 Handschriften der althochdeutsche »Bestseller« schlechthin. Die Überlieferung reicht in Ausläufern bis ins 16. Jh. (vgl. Lähnemann/Rupp 2004).

Zur Vertiefung

Übersetzungstyp und -funktion

Aus älteren Sprach- und Literaturgeschichten kann man den Eindruck einer stetigen Evolution gewinnen: Am Beginn, um die Mitte des 8. Jh.s, standen demnach die Glossen als erste tastende Versuche, das Lateinische zu bewältigen. Die Interlinearversionen stellen die nächsthöhere Entwicklungsstufe dar. Von dort führte die Entwicklung zu den Bilinguen bei denen Vorlage und Version bereits »entflochten« waren, und schließlich erreichte die Übersetzungskunst mit Notker einen Höhe-

2.3

Perioden der deutschen Sprachgeschichte

Die althochdeutsche
Überlieferung

punkt, der vielleicht bereits auf Martin Luther vorauswies. Eine solche
Sicht der Dinge widerspricht der tatsächlichen Chronologie der Texte
und ihrer Funktion. Ob glossiert, interlinear oder »frei« übersetzt
wurde, ob der althochdeutsche Text neben dem lateinischen stand oder
ohne ihn überliefert war, hing von der Funktion der Übersetzung ab
(vgl. Henkel 2003).

Was man lange nicht gesehen hat, war die grammatische Funktion
von Glossen und Interlinearversionen, denn in einer Reihe von Fällen
stehen über den lateinischen Lemmata keine ganzen Wörter, sondern
nur volkssprachige Flexionsendungen, Pronomina u. ä., die eindeutig
grammatikalische Hilfestellung zum Verständnis der Form und der syntaktischen Funktion des lateinischen Bezugsworts bieten sollten. Wenn
etwa über lat. *venti* eine Glosse *tes* eingetragen ist, so verbirgt sich
dahinter *[win]tes*. Der Glossator wollte hier den Genitiv verdeutlichen,
nicht aber *ventus* lexikalisch wiedergeben.

4. Katechetische Literatur, christliche Gebrauchstexte: Die Entstehung
der althochdeutschen Literatur ist, wie bereits erwähnt, aufs engste mit
den politisch motivierten missionarischen Aktivitäten der Karolingerzeit
verbunden: Reichsvolk und Kirche sollten dasselbe sein. In der *Admonitio generalis* von 789, einer Art königlichem Erlass, wurde die Kenntnis
der zentralen christlichen Glaubensinhalte und Elementartexte für jedermann als verbindlich erklärt. In der Folge wurden Beichtformulare,
Glaubensbekenntnisse, Taufgelöbnisse, Vaterunser-Versionen und andere Gebete in der Volkssprache verfasst. Verantwortlich für die praktische
Umsetzung der Vorgaben von höchster Stelle waren die Bischofssitze und
Klöster (s. Abb. S. 12). Eine kleine Sammlung solcher Elementartexte liegt
im *Weißenburger Katechismus* aus dem Anfang des 9. Jh.s vor. Die Texte
dieses Typs sind zum größeren Teil ohne lateinische Vorlagentexte überliefert.

Zu den »Gebrauchstexten« gehören auch **Predigten**. Mehrfach wird
in Erlassen der Karolingerzeit ausdrücklich gefordert, dass an Sonn- und
Feiertagen in der Volkssprache gepredigt werden solle. Erhalten sind allerdings nur einige Fragmente aus dem späten 8. Jh. und 11. Jh. Althochdeutsche Glossen in Musterpredigten lateinischer Autoren können jedoch als
Zeichen von volkssprachlicher Rezeption gewertet werden.

5. Poetische Denkmäler: Auch was an Dichtung aus althochdeutscher
Zeit erhalten ist, ist überwiegend christlich geprägt. Prominente Ausnahmen sind nur das *Hildebrandslied* und die beiden *Merseburger Zaubersprüche*. Diese Texte stehen noch in der Tradition des germanischen **Allitera-
tions- oder Stabreimverses**. Das heißt: in einer zweiteiligen Verszeile, die
in der Regel aus einem An- und Abvers besteht, beginnen im Normalfall
drei (mitunter nur zwei) sinntragende Wörter mit gleichem konsonantischen Anlaut oder mit einem Vokal (Vokale können generell miteinander
»staben«). Das *Hildebrandslied*, dessen Schluss nicht erhalten ist, wurde in

19

Althochdeutsch

Fulda etwa zur selben Zeit niedergeschrieben wie die *Tatian*-Übersetzung. Es muss eine lange Vorgeschichte haben, die bis in die Völkerwanderungszeit zurückreicht.

Textbeispiel 1

Der Anfang des Hildebrandsliedes
(die Stabreime sind durch Fettdruck gekennzeichnet)

Ik gihorta ðat seggen,
Ich hörte das erzählen

ðat sih urhettun ænon muotin,
dass sich Herausforderer einzeln gegenüber standen

Hiltibrant enti Haðubrant untar heriun tuem.
Hildebrand und Hadubrand, zwischen den zwei Heeren

sunufatarungo iro saro rihtun.
von Sohn und Vater. Sie richteten ihre Rüstungen

garutun se iro guðhamun, gurtun sih iro suert ana,
sie bereiteten ihre Kampfgewänder, gürteten sich ihre Schwerter um,

helidos, ubar hringa, do sie to dero hiltiu ritun,
die Männer, über die Panzer. Dann ritten sie zu dem Kampf.

Hiltibrant gimahalta Heribrantes sunu: her uuas heroro man
Hildebrand sprach, Heribrands Sohn – er war der Ältere,

ferahes frotoro; her fragen gistuont
der mit dem höheren Lebensalter –; er begann zu fragen

fohem uuortum. hwer sin fater wari
mit wenigen Worten, wer sein Vater sei.

Nach dem Wortstreit, in dessen Verlauf Hadubrand sich weigert, in dem Fremden seinen Vater zu erkennen, ist der tragische Kampf unausweichlich.

Die *Merseburger Zaubersprüche*, der eine ein Lösezauber, mit dem ein Gefangener aus seinen Fesseln befreit werden sollte, der andere ein Heilzauber für ein verletztes Pferd, sind erst im späteren 10. Jh. nachträglich auf eine frei gebliebene Seite einer lateinischen Sammelhandschrift geschrieben worden. Nach Sprache, Form und Inhalt sind sie aber wesentlich älter (Beck 2003, 229–239; Eichner/Nedoma 2000). In mehreren christlichen Segenssprüchen ist nur oberflächlich heidnisches Personal durch christliches ersetzt. Auch einige weitere Kurztexte des 9. Jh.s mit christlichem Inhalt zeigen noch Spuren der alten Stabreimtradition, so beispielsweise das *Muspilli*, ein Gedicht, das vom Schicksal der Seele nach dem Tod und vom Jüngsten Gericht handelt.

Das *Wessobrunner Schöpfungsgedicht* ist »eines der merkwürdigsten Gebilde der volkssprachigen Literatur des frühen Mittelalters« (Haubrichs 1995, 243). Es ist wohl vor 800 verfasst und niedergeschrieben worden. Dem Text, der in wenigen Stabreimversen die kosmische Öde vor der Schöpfung beschreibt, folgt ein kurzes Prosagebet.

2.3

Perioden der deutschen Sprachgeschichte

Die althochdeutsche
Überlieferung

Das Wessobrunner Schöpfungsgedicht
(mit <... > wird angedeutet, dass in der Handschrift Wörter fehlen)

Textbeispiel 2

dat gafregin ih mit firahim   firiuuizzo meista,
das erfuhr ich unter den Menschen als das größte der Wunder

Dat ero ni uuas   noh ufhimil,
dass die Erde nicht existierte noch oben der Himmel

noh paum <...>   noh pereg ni uuas,
dass weder ein Baum <...> da war, noch ein Berg

ni <...> nohheinig   noh sunna ni scein,
und auch kein <...>. Weder schien die Sonne,

noh mano ni liuhta,   noh der marẹo seo.
noch leuchtete der Mond oder das glänzende Meer

Do dar niuuiht ni uuas   enteo ni uuenteo,
Als nichts da war an allen Enden

enti do uuas der eino   almahtico cot,
gab es dennoch den einen allmächtigen Gott

manno miltisto,   enti dar uuarun auh manake mit inan
den barmherzigsten von allen. Und mit ihm waren da auch viele

cootlihhe geista.   enti cot heilac <...>
herrliche Geister und der heilige Gott <...>

Die Sprache muss bereits zur Zeit der Entstehung archaisch gewesen sein: Zweimaliges *dat* greift auf den Lautstand vor der zweiten Lautverschiebung (s. S. 80–84) zurück. Für das Präfix *ga-* in *gafregin* steht ein sternförmiges Runenzeichen, das im anschließenden Gebet zweimal wiederkehrt. Insgesamt enthält das Gedicht wörtliche Anklänge an altenglische und altnordische Dichtungen mit ähnlichem Inhalt (vgl. Haubrichs 1995, 243).

Von Arno Holz stammt das Diktum »der erste, der – vor Jahrhunderten! – auf *Sonne Wonne* reimte, auf *Herz Schmerz* und auf *Brust Lust*, war ein Genie; der Tausendste, vorausgesetzt, dass die Folge ihn nicht bereits genierte, ein Kretin«. Dieses Genie ist historisch nachweisbar: **Otfrid von Weißenburg** (ca. 800–867). Drei Verspaare können das beweisen: *thô giang uns ûf* **uunna**, *thiu êuuinigiu* **sunna** (›da ging uns auf die Wonne, die ewige Sonne‹), *thaz steinîna* **herza** *ruorto thô thiu* **smerza** (›das steinerne Herz rührte da der Schmerz‹), *biscirmi mih in* **brustin** *fon armalîchên* **lustin** (›beschütze mich in der Brust vor verwerflicher Lust‹). Diese Verse stammen aus Otfrids um 865 vollendeter Evangeliendichtung, die wie der althochdeutsche *Tatian* eine Evangelienharmonie ist, allerdings von ganz anderem Charakter: Es ist keine Übersetzung, sondern eine **poetische Bearbeitung** des Stoffes. Möglicherweise aber kannte Otfrid den althochdeutschen *Tatian*, denn er hat sich zur selben Zeit, als in Fulda diese Übersetzung angefertigt wurde, dort aufgehalten. Er begnügte sich aber nicht mit einer Nacherzählung der Evangelien, sondern fügte in die episch erzählenden Teile immer wieder erklärende exegetische Zusätze ein. Sprach-

Althochdeutsch

und literaturgeschichtlich bedeutsam ist Otfrids Dichtung auch deshalb, weil hier der Anspruch, dass die Volkssprache gleichwertig neben den heiligen Sprachen Hebräisch, Griechisch und Latein stehe, nicht nur ausformuliert und begründet, sondern auch exemplarisch eingelöst ist.

Textbeispiel 3 **Otfrid von Weißenburg über Wert und Würde der fränkischen Sprache**

Uuánana sculun Fráncon   éinon thaz biuuánkon,
Warum sollten die Franken   das als einzige unterlassen

ni sie in frénkisgon bigínnen,   sie gotes lób singen?
und nicht in der fränkischen Sprache   Gottes Lob singen?

Níst si so gisúngan,   mit régulu bithuúngan:
Zwar wurde nie so mit ihr gesungen,   nie wurde sie mit Regeln bezwungen.

si hábet thoh thia ríhti   in scóneru slíhtti.
Aber sie hat doch ihre Richtigkeit   in schöner Vollkommenheit.
[...]

Nu uuill ih scríban unser héil,   euangéliono deil,
Jetzt will ich unser Heil aufschreiben,   die Geschichte der Evangelien,

so uuír nu hiar bigúnnun,   in frenkisga zungun;
die wir hier begonnen haben,   in der Sprache der Franken,

Thaz síe ni uuesen éino   thes selben ádeilo,
damit sie nicht als einzige   darauf verzichten müssen,

ni man in íro gizungi   Kristes lób sungi;
dass man in ihrer Sprache das Lob Christi singe.

Ioh er ouh íro uuorto   gilóbot uuerde hárto,
Und auch, dass er in ihrer Sprache   sehr gepriesen werde,

ther sie zímo holeta,   zi gilóubon sinen ládota.
der sie zu sich holt,   zu seinem Glauben berufen hat.

Ist ther in íro lante   iz állesuuio nintstánte,
Ist jemand in ihrem Land,   der das anders nicht versteht,

in ander gizúngi   firnéman iz ni kúnni:
und es in einer anderen Sprache   nicht verstehen kann,

Hiar hór er ío zi gúate,   uuaz gót imo gibíete,
der höre hier zu seinem Heil,   was Gott ihm gebietet,

thaz uuír imo hiar gisúngun   in frenkisga zungun.
was wir ihm hier vorsingen,   in fränkischer Sprache.

Nu fréuuen sih es álle,   so uuer so uuóla uuolle,
Nun freuen sich alle,   wer immer guten Willens ist,

ioh so uuér si hold in múate   Fránkono thiote,
und wer auch immer   dem fränkischen Volk wohlwollend ist,

Thaz uuir Kriste sungun   in únsera zungun,
dass wir Christus besingen   in unserer Sprache,

ioh uuír ouh thaz gilébetun,   in frénkisgon nan lóbotun!
und auch, dass es uns vergönnt war,   ihn auf Fränkisch zu loben.

Im Widmungsschreiben sagt Otfrid, er wünsche, dass mit seiner Dichtung der *sonus inutilium rerum*, das ›Getöne von unnützen Dingen‹ und *laicorum cantus obscenus* ›der garstige Gesang der Laien‹ verdrängt werden könne. Sicherlich war das Werk nicht für das einfache ungebildete Volk auf den Dörfern gedacht, denn es setzt **theologische Bildung** voraus. Neumen, Vorläufer der Notenschrift, zu einigen Passagen deuten darauf hin, dass der Text für eine Art **Rezitationsgesang** gedacht war. Als Leser oder Zuhörer dürfen Adelige, die in einem fortgeschrittenen Lebensstadium in ein Kloster eintraten, vermutet werden oder Personen von gehobenem Stand, die als Stifter oder Wohltäter mit Klöstern in enger Verbindung standen (vgl. Haubrichs 2004). Das bestätigen auch die Namen zweier Leserinnen: Gegenüber dem Bischof erwähnt Otfrid, er sei durch die Bitten *cuiusdam venerandae matronae Judith* ›einer edlen Frau namens Judith‹ zu seinem Werk geradezu veranlasst worden. Das mag ein alter Dichtertopos sein, aber an der Existenz dieser Judith besteht kein Zweifel, auch wenn ihre Identität nicht festgestellt werden kann. In der Heidelberger Handschrift steht folgende althochdeutsche Randnotiz *Kicila diu scona min filu las* ›Kicila (= Gisela?), die edle hat viel in mir gelesen‹. Hier spricht sozusagen das Buch für die Leserin.

6. Kleinere althochdeutsche Dichtungen: Neben dem monumentalen Werk Otfrids und den genannten und teilweise zitierten Texten sind aus dem 9. Jh. noch weitere Dichtungen erhalten, die aber zusammengenommen nur einen Bruchteil des Evangelienbuches ausmachen würden. Die Anthologien von Müller (2007) und Schlosser (2004) bieten die meisten Texte mit Übersetzungen, die speziellen Einführungen ins Althochdeutsche von Meineke (2001, 92–178) und Sonderegger (2003b, 49–163) geben einen Überblick über das Erhaltene. Im späten 9. Jh. endet die Produktion an althochdeutschen Texten. Zwar werden weiterhin lateinische Texte glossiert und schon vorhandene ältere Dichtungen abgeschrieben, aber wirklich Neues kommt kaum noch hinzu.

7. Die althochdeutschen Gesprächsbüchlein des 10. Jh.s sind ein Kuriosum in der gesamten mittelalterlichen Literatur, nicht nur innerhalb des Althochdeutschen. Es handelt sich um Sammlungen lateinisch-althochdeutscher Kurzsätze in Handschriften in Paris, Rom und Kassel, die ein Reisender, der im deutschen Sprachgebiet unterwegs ist und die Landessprache nicht beherrscht, verwenden kann. Die *Pariser Gespräche* geben Auskunft, was man zu einem Knecht sagt (*Gimer min ros* ›hol mein Pferd‹), was zu einem Balbier (*skir min fahs* ›schneid mir die Haare‹), wie man jemanden beschimpft (*Vndes ars in tine nasu* ›den Arsch vom Hund in deine Nase‹) oder ihn anderweitig kompromittiert (*Ger ensclephen bit te uip in ore bette* ›Ihr habt mit der Frau in Eurem Bett geschlafen‹). Die Schreibformen zeigen deutlich romanische Züge, was den Schluss nahelegt, dass das ganze Sammelsurium für Benutzer aus dem romanischen Sprachraum gedacht war (Haubrichs/Pfister 1989). Ein besonders pfiffiger Kopf hat aus der Passionsgeschichte des *Tatian* einzelne lateinisch-deutsche Sätze exzerpiert (z. B. *nicuri mih ruoran* ›rühr mich nicht an‹), die sich leicht für profane Alltagssituationen »zweckentfremden« ließen (Schmid 2004b). In diesen »Gesprächs«-

Altniederdeutsch (Altsächsisch)

Fragmenten wird wenigstens in Spuren alltägliches Althochdeutsch greifbar, fernab von monastischer Dichtung und Gelehrsamkeit.

8. Namen: Die Text- und Glossenüberlieferung des Althochdeutschen ist quantitativ begrenzt. Deshalb kommt dem Überlieferungsbereich der Personen- und Örtlichkeitsnamen erhebliche Bedeutung zu. Denn zum einen wird über Namen indirekt auch »normaler« appellativischer Wortschatz greifbar, der in den anderen Überlieferungsbereichen nicht bezeugt ist, zum anderen kann dieses Material auch für die Flexions- und Wortbildungsmorphologie weitere Aufschlüsse bringen (Sonderegger 2003a, 75–78).

2.4 | Altniederdeutsch (Altsächsisch)

Zum Begriff

> Das → **Altniederdeutsche** (oder **Altsächsische**) ist die mit dem Althochdeutschen am engsten verwandte gleichzeitig gesprochene Sprache nördlich der Grenze, die durch die zweite Lautverschiebung (s. S. 80–84) entstanden ist. Es ist die Vorstufe des sich im 12. Jh. daraus entwickelnden Mittelniederdeutschen und indirekt damit auch der plattdeutschen Dialekte der Neuzeit.

2.4.1 | Zeit und Raum

Historisches: Der Name der Sachsen taucht in antiken Quellen erstmals um 150 n. Chr. auf. Ein sicheres Datum in der Frühgeschichte ist die fränkische Eroberung des Thüringerreiches im Jahre 531 durch Theuderich I., die nur mit tatkräftiger Unterstützung durch sächsische Verbündete gelingen konnte. In der Folge erweiterten die Sachsen, die man zunächst nördlich der Elbe vermutet, ihr Siedlungsgebiet erheblich nach Süden und Westen. Der Stammesname leitet sich von dem einschneidigen messer- oder machetenartigen Schwert her, das im Altsächsischen (ebenso im Althochdeutschen) als *sahs* bezeichnet wurde.

Der mit dem *Sachs* kämpft

Auf einem Grabstein aus Niederdollendorf bei Bonn (um oder nach 600) ist offensichtlich ein Krieger mit einem *Sachs* dargestellt. Der Stein wurde 1901 zufällig auf einem Ziegeleigelände gefunden, unter dem sich ein Gräberfeld befand. Das einschneidige Kurzschwert war zwar auch bei anderen germanischen Stämmen verbreitet, bei den *Sachsen* aber wohl in besonders häufigem Gebrauch.

2.4 Perioden der deutschen Sprachgeschichte

Zeit und Raum

Die Ausdehnung der fränkischen Hegemonie unter Karl dem Großen auch nach Norden und Osten hatte den **Verlust der sächsischen Autonomie** zur Folge. Den ersten Sachsenfeldzug unternahm Karl gleich zu Beginn seiner Herrschaft im Jahre 772. Es folgten weitere Vorstöße 776 und 779, die Gegenangriffe von sächsischer Seite provozierten. Im Jahre 782 kam es zu einem Massaker bei Verden an der Aller, bei dem 4500 Sachsen hingerichtet worden sein sollen. 795 ließ sich der sächsische Heerführer Widukind taufen. Pate war Karl höchstpersönlich. Damit waren machtpolitische Fakten geschaffen, wenngleich noch bis ins 9. Jh. lokale Aufstände stattfanden, die aber an den Machtverhältnissen nichts mehr änderten. Nun waren die Voraussetzungen für eine systematische Sachsenmission gegeben.

Der altniederdeutsche Raum war wie der althochdeutsche in Dialekte gegliedert. Diese sind jedoch aufgrund der deutlich geringeren Textüberlieferung, die zudem größtenteils aus bestimmten Skriptorien des südwestlichen Bereichs stammt, noch weniger von einander abzuheben. Auch die Abgrenzung gegen das Altfriesische und Altniederfränkische (die älteste schriftlich bezeugte Vorstufe des heutigen Niederländischen) ist mangels Belegmaterial problematisch. Man kann ansatzweise jedoch eine ostfälische Variante des Altniederdeutschen von einer südwestfälischen unterscheiden. Besonders die südlichen Schreiborte zeigen aber auch althochdeutsche Einflüsse.

Der altniederdeutsche (altsächsische) Sprachraum (aus Klein 2000, 1245)

25

2.4

Perioden der deutschen Sprachgeschichte

Altniederdeutsch
(Altsächsisch)

Die Sachsenmission ging von dem nahe der Sprachgrenze gelegenen Zentrum Fulda aus und führte zu einer Reihe von Kloster- und Bistumsgründungen. Nach 800 wurden die Bistümer Münster, Osnabrück, Paderborn, Minden, Bremen und Verden an der Aller gegründet. Etwas später folgten Hildesheim und Halberstadt und zuletzt (schon mit Blick auf eine Missionierung Skandinaviens) Hamburg. Wichtige klösterliche Schreibstätten auf sächsischem Gebiet waren Werden (nahe bei Essen und nicht mit Verden zu verwechseln), Corvey, die Frauenklöster Herford, Essen, Gandersheim und Quedlinburg (s. die Abb. oben). So entstanden die Schreib- und Bildungszentren, in denen neben lateinischen Texten vereinzelt auch Volkssprachliches den Weg aufs Pergament fand (vgl. Schieffer 2005, 55–63). Die altniederdeutsche Schriftkultur ist ebenso wie die althochdeutsche abhängig von der lateinischen. Auch hier sind die Träger der Schriftlichkeit ausschließlich in den Klöstern und Domskriptorien zu suchen.

2.4.2 | Die altniederdeutsche Überlieferung

Die Aufzeichnung des Altsächsischen steht wie die des Althochdeutschen in einem direkten Zusammenhang mit der karolingischen Reichs-, Kirchen- und Bildungspolitik, ist folglich unmittelbar damit vergleichbar und in wesentlichen Teilen auch davon abhängig. Quantitativ gesehen ist sie jedoch geringer (vgl. Klein 1977; Sanders 2000a).

1. Glossen: In der Glossenlieferung tritt die **althochdeutsch-altsächsische Verflechtung** besonders deutlich zutage. Vielfach finden sich althochdeutsche und altsächsische Glossen nebeneinander, und zwar fast durchwegs zu denselben Texten und Autoren (vgl. Krogh 1996, 126–137; Tiefenbach 2001, 327–329).

2. Übersetzungen: Es haben sich Fragmente verschiedener Interlinearversionen der Psalmen erhalten, ferner ein Bruchstück einer übersetzten Predigt zum Allerheiligenfest. Vorlage hierfür ist ein Text von Beda (vgl. Sanders 2000a, 1279 f.).

3. Katechetische Literatur, christliche Gebrauchstexte: Die Vorgaben, die für das althochdeutsche Gebiet galten, waren auch für den mehr und mehr unter fränkischen Einfluss kommenden niederdeutschen Reichsteil verbindlich (vgl. ebd.). Ein sehr früher Text ist das folgende *Altsächsische Taufgelöbnis*:

Textbeispiel 4   **Das *Altsächsische Taufgelöbnis***
Dieser sehr frühe Text aus der Missionszeit ist in einer heute im Vatikan aufbewahrten Handschrift enthalten. Sprache und Schrifttyp zeigen deutlich **angelsächsischen Einfluss**. Die Handschrift enthält noch weitere altsächsische Einsprengsel, beispielsweise eine »schwarze Liste« mit heidnischen Gebräuchen in lateinischer Sprache, in die aber altsächsische Wörter eingetragen sind. Der Text des Gelöbnisses lautet:

2.4
Perioden der deutschen Sprachgeschichte

Die altniederdeutsche Überlieferung

Forsachistu diabolae et resp(ondet) ec fosacho diabolae. end allum diobol geldę respon(det): ec forsacho allum diobolgeldae end allu(m) dioboles uuercum resp(ondet) end ec forsacho allum dioboles uuercum. and uuordum. thunaer ende uuoden ende saxnote ende allem then unholdum the hira genotas sint. gelobistu In got al^{a}mehtigun fadaer ec gelobo in got al^{a}mehtigan fadaer. gelobistu in crist godes suno ec gelobo in crist gotes suno. gelobis tu in halogun gast ec gelobo in halogun gast.

Das altsächsische Taufgelöbnis

Übersetzung: ›Widersagst du dem Teufel? Er antworte: ich widersage dem Teufel. Und allem Teufelsopfer? Er antworte: ich widersage allem Teufelsopfer. Und allen Teufelswerken? Er antworte: und ich widersage allen Teufelswerken und Worten, Donar und Wotan und Saxnot und allen diesen Unholden, die hier genannt sind. Glaubst du an Gott, den allmächtigen Vater? Ich glaube an Gott, den allmächtigen Vater. Glaubst du an Christus, Gottes Sohn? Ich glaube an Christus, Gottes Sohn. Glaubst du an den heiligen Geist? Ich glaube an den heiligen Geist.‹

Überliefert sind ein weiteres Taufgelöbnis, Beichtformale und Glaubensbekenntnisse (vgl. Krogh 1996, 112–126; Sanders 2000a).

4. Poetische Denkmäler: Aus dem altniederdeutschen Sprach- und Kulturraum ist ein episches Werk erhalten, das Otfrids althochdeutschem Evangelienbuch vergleichbar ist, sich aber auch in entscheidenden Aspekten davon unterscheidet, der *Heliand*. Gemeinsam ist beiden Dichtungen, dass das Leben Jesu zu einem buchfüllenden **Großepos** verarbeitet worden ist. Während aber Otfrid mit seinem Evangelienbuch Vorläufer der im ganzen Mittelalter weitergeführten Bibelepik in Endreimpaaren ist, bildet der *Heliand* den abschließenden Höhepunkt der aus dem Germanischen ererbten Stabreimtradition.

Altsächsisch-altenglische Wortentsprechungen deuten darauf hin, dass der *Heliand*-Dichter auch über einen Fundus an traditionell poetischem Wortschatz verfügte. Seine Identität ist unbekannt, auch wenn in einem isoliert überlieferten lateinischen Text, der wahrscheinlich die Vorrede zum *Heliand* war, von einem *apud suos non ignobilis vates,* einem ›bei den Seinen nicht unbekannten Dichter‹ die Rede ist (vgl. Haubrichs 1995, 275–292). Hinsichtlich seiner Anonymität steht der *Heliand*-Dichter in einer alten Tradition, denn auch das *Hildebrandslied*, die altisländischen Lieder der *Edda*, das altenglische *Beowulf*-Epos und noch das mittelhochdeutsche *Nibelungenlied* haben unbekannte Verfasser.

Das Werk, das ursprünglich über 6000 Verse umfasst hat, ist nicht vollständig erhalten. Zu zwei Codices, von denen jedoch keiner den kompletten Text enthält, kommen vier fragmentarische Überlieferungen (vgl. Krogh 1996, 115–117).

2.4

Perioden der deutschen Sprachgeschichte

Altniederdeutsch
(Altsächsisch)

Zur Vertiefung

Das Leipziger *Heliand*-Fragment

Das abgebildete Bruchstück wurde erst 2006 in der Universitätsbibliothek Leipzig entdeckt (vgl. Schmid 2006). Es ist ein Einzelblatt, das zu
Beginn des 17. Jh.s als Bucheinband verwendet worden ist. Es enthält
die Erzählung von den Engelsbegegnungen der Frauen am leeren
Grab Jesu. Auffallend sind mehrere zeitgenössische Korrekturen am
ursprünglichen Wortlaut (z. B. oberste Zeile). Über allen Diphthongen
und Langvokalen stehen deutlich Akzente, ein Zeichen für große orthographische Sorgfalt.

Das Leipziger
Heliand-Fragment

Von einer weiteren Stabreimdichtung, der
poetischen Bearbeitung der alttestamentlichen *Genesis*, ist nur ein Bruchstück erhalten. Der Autor kann nicht mit dem *Heliand*-Dichter identisch gewesen sein (vgl.
Krogh 1996, 117).

Den poetischen Texten zuzurechnen
sind ferner zwei stabreimende Segenssprüche für Pferde. Der eine sollte gegen
Lahmheit helfen, der andere gegen Wurm-
befall im Huf (ebd., 118). In eine heute in
St. Gallen befindliche Handschrift hat der
philologisch und antiquarisch interessierte Reichenauer Abt Walahfrid Strabo
(† 849) eigenhändig (vgl. Bischoff 1971,
111 f.) ein Runen-»Alphabet« mit zugehörigen Merkversen eingetragen, das sogenannte *Abecedarium Nordmannicum*
(Text: Wadstein 1899, 20). Die Sprache ist
eine seltsame Mixtur aus Formen mehrerer germanischer Sprachen der Zeit, darunter auch Altsächsisch.

5. Heberegister: Ein Texttyp, der im
Althochdeutschen nicht vertreten ist, sind
die Heberegister, klösterliche Besitzver-
zeichnisse von zum Teil beträchtlichem Umfang. Das kürzere *Essener
Heberegister* stammt aus dem Essener Frauenstift und wurde im 10. Jh.
niedergeschrieben (Bischoff 1971, 122). Das *Freckenhorster Heberegister*
(Text: Wadstein 1899, 24–45) von ca. 1100 gehört bereits in die Übergangs-
zeit zum Mittelniederdeutschen.

6. Namen: Da die literarische Überlieferung für das Altsächsische
noch ungünstiger ist als für das Althochdeutsche, kommt den Namen in
Urkunden, Mönchslisten, Chroniken und Annalen eine eher noch größere Bedeutung zu als dem entsprechenden Material des Althochdeutschen.

Zeit und Raum

2.5 | Mittelhochdeutsch

> → **Mittelhochdeutsch** bezeichnet die Entwicklungsphase des Deut- **Zum Begriff**
> schen, die im Laufe des 11. Jh.s das Althochdeutsche ablöst. Im 14. Jh.
> erfolgt dann der Übergang zum Frühneuhochdeutschen. Nach wie
> vor ist »Hochdeutsch« ein sprachgeographischer Sammelbegriff für
> alle Dialekte, die die zweite Lautverschiebung (s. Kap. 3.3.2) ganz
> oder teilweise durchgeführt haben.

2.5.1 | Zeit und Raum

Im Laufe des 11. Jh.s vollzogen sich deutliche sprachliche Veränderungen
gegenüber dem Althochdeutschen. Das wichtigste lautliche Übergangs-
kriterium ist die **Abschwächung unbetonter Vokale**: Der Plural von _tag_
lautete z. B. ahd. _taga_; die entsprechende mittelhochdeutsche Form ist
tage. Der allmähliche Übergang zum Frühneuhochdeutschen geht (u. a.)
einher mit bestimmten **Monophthongierungs- und Diphthongierungs-
prozessen**, z. B. mhd. _hūs_ > fnhd. _haus_ (vgl. Rautenberg 2000, 1294).

Vom 11. bis zum 14. Jh., also innerhalb der mittelhochdeutschen Periode, sind ebenfalls Veränderungen eingetreten. Quellen der frühen mittelhochdeutschen Zeit (11. und frühes 12. Jh.) zeigen in mancher Hinsicht
noch die Nähe zum späten Althochdeutschen, während spätmittelhoch-
deutsche Texte in Einzelheiten bereits auf das Frühneuhochdeutsche
vorausweisen können. Die Vorgänge, die zwischen dem 11. und 14. Jh.
ablaufen, sind jedoch so heterogen und in verschiedenen Teilen des Ge-
samtgebiets so asynchron, dass darauf keine Binnengliederung basieren
kann. Aufgrund literaturhistorischer Kriterien werden traditionell jedoch
drei Phasen unterschieden:

- **Frühmittelhochdeutsch** bis in die zweite Hälfte des 12. Jh.s **Drei Phasen**
- **klassisches Mittelhochdeutsch** bis zur Mitte des 13. Jh.s **des Mittelhoch-**
- **Spätmittelhochdeutsch** bis zur Mitte des 14. Jh.s **deutschen**

Für die Wortkomponente _hoch_ in _Mittel**hoch**deutsch_ gilt prinzipiell das,
was zum _Alt**hoch**deutschen_ gesagt worden ist (s. Kap. 2.3.1). Der Gegensatz
ist _Mittel**nieder**deutsch_ (s. Kap. 2.7). Allerdings hat sich im Hochmittelalter der Sprachraum verändert: Im Westen bildete sich eine **Sprachgrenze
zum Französischen** heraus, während im Frühmittelalter die Übergänge
noch fließend waren (vgl. Haubrichs 2004a). Im Süden ist das Langobar-
dische untergegangen. Im Norden expandierte das Hochdeutsche **auf
Kosten des Niederdeutschen**, wodurch im nördlichen Thüringen eine
Interferenzzone entstand. Die bedeutendsten Gebietserweiterungen ergaben sich jedoch im Südosten und vor allem im Osten. Im 11. und 12. Jh.
wurden bis dahin unbesiedelte Gebirgszonen des bairischen Raumes bin-
nenkolonisiert. Schon im 10. Jh. hatte auch die militärische Besetzung
bis dahin dünn besiedelter **slawischer Gebiete** östlich von Saale und Elbe

29

2.5 Perioden der deutschen Sprachgeschichte

Mittelhochdeutsch

begonnen. Vom 11. bis zum 13. Jh. wurde dieses Gebiet mit Bauern aus verschiedenen Teilen des Altlandes besiedelt (Keller 2002, 46–48, 51–124). Bis in die Gegenwart lässt sich im Ostmitteldeutschen eine dialektale Nord-Süd-Staffelung beobachten, die zumindest mittelbar auf diese Besiedlungszeit zurückgeführt werden kann. Eine Sprachinsel entstand im 13. Jh. infolge der Gebietsgewinne des Deutschen Ordens auf dem Gebiet des späteren Ostpreußen (König 2005, 74 f.).

Der mittelhochdeutsche Sprachraum hat in etwa die Dimensionen, die das deutsche Sprachgebiet bis 1945 hatte.

Der mittelhochdeutsche Sprachraum (aus Paul 2007, 3)

2.5.2 | Die mittelhochdeutsche Überlieferung

Angesichts der Fülle dessen, was vom 11. bis zum 14. Jh. in der Volkssprache geschrieben worden ist, kann hier nur ein sehr knapper Überblick gegeben werden. Es sei auf die gängigen Literaturgeschichten verwiesen (z. B. Bumke 2000, 2004; Heinzle 1994; Hübner 2006; Janota 2004; Johnson 1999; Klein 2006; Vollmann-Profe 1994).

1. Übersetzungen und Glossen: Nach wie vor werden auch biblische Texte, Ordensregeln, klassische und mittelalterliche Autoren übersetzt oder in direkter Fortsetzung der im 8. Jh. begonnenen Tradition interlinear glossiert. Lange noch wird in Klöstern auch Althochdeutsches abgeschrieben und mehr oder weniger konsequent dem Sprachstand der Zeit angepasst.

2. Religiöse Dichtung: Auch hier besteht erkennbare Kontinuität zum vorausgehenden Althochdeutschen. Die frühmittelhochdeutsche Literatur ist weitgehend religiöse Dichtung. Mehrfach werden biblische Stoffe (*Genesis*, *Exodus*, *Judith*, Episoden aus den Evangelien) bearbeitet. Neben Mönchen treten nun nachweislich auch Nonnen als Autorinnen und

2.5

Perioden der deutschen Sprachgeschichte

Die mittelhoch-
deutsche
Überlieferung

Schreiberinnen in Erscheinung. Die erste namentlich bekannte deutschsprachige Autorin nennt sich am Schluss eines Gedichtes über das Jüngste
Gericht selbst: *Ditze buoch dihtôte zwaier chinde muoter ... daz ist Ava* ›dieses Buch dichtete zweier Kinder Mutter; das ist Ava‹ (Text: Maurer 1965,
369–513). Diese **Frau Ava** muss um 1060 geboren sein. Sie starb 1127 in
Klein-Wien in der Nähe der Benediktinerabtei Göttweig in Niederöster-
reich (vgl. Thoran 1995). Der autobiographische Hinweis auf zwei Söhne
zeigt, dass Ava erst im fortgeschrittenen Alter ins Kloster gegangen ist. Sie
gehört wohl wie schon Judith und Kicila, die erwähnten Otfrid-Leserin-
nen, in das Milieu an der Schnittstelle von Adel und Kloster.

Auch auf den ersten Blick profane Texte wie der *Physiologus*, der Ver-
haltensweisen von Tieren beschreibt und in einer älteren Prosaversion des
11. (Text: SKD 124–134) und einer jüngeren Versfassung des 12. Jh.s (Text:
Maurer 1964, 169–245) überliefert ist, ist letztlich theologisch motiviert,
denn die Natur und der ganze Kosmos sind nach mittelalterlicher Auf-
fassung theologisch zu deuten. Die beschriebenen Tiere (z. B. Einhorn,
Sirenen, Phönix) gehören teilweise ins Fabelreich, und auch die Verhal-
tensweisen »richtiger« Tiere wie Löwe oder Elefant sind nicht real. Religiöse Dichtung wird – auch wenn sie im Schatten der höfischen Dichtung
steht – vom 12. bis zum 14. Jh. weiter produziert (ein knapper Überblick
bei Bumke 2004, 369–414).

3. Religiöse Prosa: Gebete und Segenssprüche gegen mancherlei
Krankheiten sind bereits aus dem 11. Jh. erhalten (Texte: WDP 49–53).
Als Besonderheit kann ein Gebet des Mönchs Otloh von St. Emmeram
(† ca. 1070) gelten, das dieser zuerst in lateinischer Sprache verfasst und
dann selbst in etwas gekürzter Form ins Deutsche übertragen hat (Text:
SKD 182–189). Beide Texte sind autographisch überliefert. Für die spätere
mittelhochdeutsche Zeit ist die Menge solcher frommen Kleintexte kaum
mehr überschaubar. Um 1190 wurde der *Lucidarius* (Text: WDP 115–131)
übersetzt, eine in Dialogform dargebotene Darstellung all dessen, *daz er
ie waz vnde iemir ist* ›was früher jemals war und allezeit ist‹, so der nicht
bescheidene Universalanspruch. Dieser frühe Text eröffnet eine das ganze Mittelalter hindurch – in Ausläufern sogar bis ins 17. Jh. – tradierte und
ausgebaute Tradition **enzyklopädischer Wissensliteratur** (vgl. Johnson
1999, 447–450).

Predigten in der Volkssprache sind seit dem 11. Jh. überliefert. Bis
ins 12. Jh. wurden fast nur lateinische Musterpredigten in die Volkssprache übertragen. Doch im 13. Jh. predigte der Franziskaner Berthold von
Regensburg († 1272) unter freiem Himmel, und zwar, wenn man zeitgenössischen Berichten glauben darf, vor Tausenden von Zuhörern. Seine
deutschen Predigten führen ins bunte Alltagsleben hinein, das Bertholds
moralischen Standards keineswegs entsprach. Der Franziskanermönch
wusste gut, wie Gewichte gefälscht und minderwertiges Brennholz teu-
er verhökert wird, wie sich – welche Sittenlosigkeit! – Frauen schminken
und wie Kuppelei funktioniert. Er fingiert Gesprächssituationen mit seinen sündigen Zeitgenoss(inn)en. Allerdings sind Bertholds deutsche Predigten nicht von ihm selbst niedergeschrieben, sondern in Augsburger

31

Ordenskreisen erst nachträglich unter Verwendung seiner lateinischen Sermones verfasst worden. Dennoch dürften die unter seinem Namen überlieferten Predigten einiges von der authentischen Diktion des sittenstrengen Franziskaners wiedergeben (weiterführend Heinzle 1994, 69–73, 173–179).

Die Mystiker, deren prominente Autoren Meister Eckhart († 1328) und Johannes Tauler († 1361) Dominikaner waren, erschlossen der deutschen Sprache bis dahin nicht gekannte Ausdrucksmöglichkeiten, insbesondere im Bereich des abstrakten Wortschatzes (s. Kap. 6.5.2). Im 14. Jh. schrieben geistliche Autor(inn)en, die mehrheitlich den Bettelorden angehörten, für Klosterangehörige, aber auch für religiöse Laien (weiterführend Dinzelbacher 1998; Steer 1983; Störmer-Caysa 1998).

4. Geschichtsdichtungen geistlicher Autoren: Um 1150 werden mit dem *Rolandslied* des Pfaffen Konrad (dazu Vollmann-Profe 1994, 103–106) und dem *Alexanderlied* des Pfaffen Lamprecht (ebd., 163–165) erstmals profane Stoffe in deutscher Sprache bearbeitet. Konrad hat aber nach eigener Aussage zunächst ein französisches Original ins Lateinische übertragen, um dann auf dieser Grundlage seinen deutschen Text zu verfassen. Beide Autoren gehören aber dem geistlichen Stand an. Auch das *Annolied* und die gereimte *Kaiserchronik* (vgl. ebd., 79–85), zwei Geschichtsdichtungen, haben geistliche Verfasser, deren Namen jedoch unbekannt sind.

5. Spielmannsepik: Profane epische Dichtung wird – sieht man von dem unter ganz anderen Bedingungen entstandenen, tradierten und aufgezeichneten althochdeutschen *Hildebrandslied* ab – erstmals in der Spielmannsepik greifbar (zusammenfassend und mit Nachweisen der Textausgaben: Vollmann-Profe 1994, 170–186). Es handelt sich um **Versromane**, deren Handlungen vorzugsweise in exotischen Ländern spielen. Darin vermischen sich sagen- und märchenhafte mit einerseits grotesken, andererseits auch schon höfischen Motiven. Ein typisches Motiv ist das der **Brautwerbung**. Dass diese Dichtungen über *König Rother* und *Herzog Ernst* (üblicherweise werden auch die deutlich später überlieferten Legendenepen von *Oswald, Orendel* sowie *Salman und Markolf* zur Spielmannsepik gerechnet) von fahrenden Spielleuten geschaffen und auf Ritterburgen beim Fackelschein zur Harfe vorgetragen worden seien, wie die Gattungsbezeichnung »Spielmannsepik« suggerieren könnte, ist eine ahistorische romantische Fiktion. Die Autoren sind unbekannt. Bumke (2004, 74) spricht daher mit gutem Grund und treffender von »Epen aus mündlicher Stofftradition«. Sie sind vermutlich als unterhaltende (Vor-) Leseliteratur konzipiert worden.

Die literaturgeschichtliche Bedeutung des *König Rother* liegt nicht zuletzt darin, dass sich hier »der entscheidende Schritt der deutschen Dichtung aus dem Bann klerikal-monopolisierter Literatur heraus« vollzieht. »Der (unbekannte) Autor erzählt die Geschichte ohne geistliche (heilsgeschichtliche oder moralische, strukturimplizit oder explizit beigefügte) Sinndeutung [...] Im *KR* [= König Rother] wird somit zum ersten Mal in deutscher Sprache jener Strom von Dichtung, den es mündlich neben der seit der karolingischen Zeit auftretenden schriftliterarischen Dichtung

Die mittelhoch-
deutsche
Überlieferung

geistlich-klerikaler Prägung stets gegeben hat, in großem Umfang greifbar« (Stein 2000, 9). Die sprachgeschichtliche Relevanz ergibt sich daraus,
dass nun (allerdings nur zu vermutende!) profane Autoren profane Literatur mit profanen Stoffen für ein profanes Publikum schufen und dass diese
Dichtung verschriftet wurde. Darin äußert sich eine insgesamt veränderte
Einstellung zum Status der Volkssprache. Sie ist nicht mehr nur ein sporadisch von Fall zu Fall genutztes Hilfsmittel im Dienste am Lateinischen,
sondern erhält nun literarischen Eigenwert (vgl. Wolf 2000a, 1386 f.).

6. Höfische Dichtung: In mittelhochdeutscher Zeit tritt jenseits – oder
je nach Perspektive diesseits – der Klostermauern eine völlig neue lite-
raturproduzierende und -rezipierende Schicht in Erscheinung: der **weltliche Adel**. Diese neue Literatur, die etwa um 1170 einsetzt und deren
Autoren aus allen Teilen des deutschen Sprachraumes (einschließlich des
Niederdeutschen) stammten, ist jedoch keineswegs Volkspoesie, auch
wenn gelegentlich nichtadeliges Personal literarisch zu Wort kommt. Als
Höhepunkte der mittelhochdeutschen Epik gelten die in wenigen Jahrzehnten vor und nach 1200 entstandenen **Artusepen Hartmanns von
Aue** (*Erec*, *Iwein*) und **Wolframs von Eschenbach** (*Parzival*, *Titurel*), um
nur die namhaftesten Autoren und Werke zu nennen. Zur höfischen Epik
rechnet man auch den *Tristan*-Roman **Gottfrieds von Straßburg**. Um 1200
werden im *Nibelungenlied* und in der *Kudrun* Stoffe aus der spätgerma-
nischen Heldensage episch verarbeitet. Hartmann von Aue und Wolfram
von Eschenbach sind auch als **Lyriker** hervorgetreten. Der bekannteste
Minnesänger dürfte **Walther von der Vogelweide** sein, obwohl dessen
Werk nicht nur Liebeslyrik umfasst, sondern auch religiöse und politische
Spruchdichtung (zusammenfassend und mit Nachweis der Textausgaben:
Bumke 2002, 2004; Johnson 1999).

Gab es eine höfische Dichtersprache?

Man kann aufgrund der Textausgaben den Eindruck einer relativ
homogenen **höfischen Dichtersprache** gewinnen. Ob bzw. in welchem
Umfang es eine solche spezifisch literarische Varietät gegeben hat, wurde und wird kontrovers diskutiert. Die ältere Forschung ist hier vielfach
einem Trug- und Zirkelschluss aufgesessen. Denn es gibt aus der Zeit
um 1200 keine Originalhandschriften mit Minnesang oder Artusepik
(so gesehen ist die althochdeutsche Literatur wesentlich authentischer
überliefert). Die heute erhaltenen Handschriften wurden zumeist mit
ein bis zwei Jahrhunderten Abstand zur Entstehungszeit der Texte
angefertigt, die einzige Handschrift mit dem *Kudrun*-Epos sogar erst
ca. 400 Jahre später! Das heißt: Aus dem teils erheblich veränderten
Sprachstand der wesentlich jüngeren Handschriften versuchten die Herausgeber, die Sprache der verlorenen Originale wiederzugewinnen. Ihre
Konstrukte orientierten sich an einer postulierten relativ homogenen
»höfischen Dichtersprache« und dienten ihrerseits wieder als Grundlagen der mittelhochdeutschen Grammatiken und Wörterbücher. So wur-

Zur Vertiefung

Mittelhochdeutsch

de – überspitzt ausgedrückt – erst eine Phantomsprache (re-)konstruiert und dann dokumentiert. Das ist auch der Grund dafür, warum gegenwärtig »Arbeiten zu einer neuen großen wissenschaftlichen Grammatik auf der Basis der mhd. Handschriften« (Paul 2007, V) vorangetrieben werden müssen.

Für die **Graphem- und Phonemebene** kann ebenso wenig Einheitlichkeit erwiesen werden wie für die **Morphologie**. Ansatzweise lassen sich regional gültige Schreibkonventionen feststellen, »im obd. Raum die bairisch-österreichische im Osten, die (west)bairisch-ostalem. im Zentrum und die oberrheinisch-westalem. Schreibsprache im Westen, im Md. die thüringisch-hessische Schreibsprache im Osten und im Nordwesten die mittelfränkische Schreib- und Reimsprache, die sich in der gesamten mhd. Zeit scharf vom übrigen Mhd. abhebt und vielfach eher durch eine Zwischenstellung zwischen dem Mndl. und Mhd. gekennzeichnet ist« (Paul 2007, 15). Dem widerspricht nicht, dass die Autoren der klassischen mittelhochdeutschen Dichtung extreme Dialektformen offenbar vermieden haben. Auf **lexikalischer Ebene und im syntaktisch-stilistischen Bereich** ist tatsächlich eine gewisse Homogenität gegeben (s. Kap. 6.5.2.2). Bumke (2004, 27) spricht von »Normierung durch Auslese«. Unabhängig davon, bis zu welchem Grad und auf welchen Ebenen die »höfische Dichtersprache« tatsächlich homogen war, oder wie weit die Editionsphilologie des 19. Jh.s Homogenität erst künstlich hergestellt hat, ist die Varietät, die uns in der höfischen Dichtung entgegentritt, im doppelten Sinn des Wortes eine **Kunstsprache**. Sie ist so niemals gesprochen worden, sondern ein »gruppengebundener Funktiolekt«, d. h. eine auf literarisch-ästhetische Verwendungszusammenhänge zugeschnittene Varietät, die keineswegs »Vorläufer einer Standardsprache sein« (Wolf 1983, 372) konnte.

Man muss aber auch davon ausgehen, dass es einen gesprochenen **höfischen Soziolekt** gegeben hat, eine Gruppensprache, mit der sich gehobene Gesellschaftsschichten von den nichtadeligen Zeitgenossen niedrigerer Stände abgrenzten. Das ist ein Phänomen, das es zu allen Zeiten gegeben hat. Die Dichtersprache kann jedoch mit dieser anzunehmenden gesprochenen Hofsprache schon allein deshalb nur bedingt gleichgesetzt werden, weil es sich bei Epik und Lyrik ausschließlich um stilisierte Verstexte handelt, deren Ausdrucksweise sicher nicht alltagstauglich war. Reflexe eines höfischen Soziolekts – etwa in Wortverwendungen, Gruß- und Beteuerungsformeln – können sich in den literarischen Texten aber durchaus wiederfinden. Mit dem **Untergang der Ritterkultur** im späteren 13. Jh. verlieren beide Varietäten, die höfische Dichtersprache und der zu vermutende gehobene Sprechstil, ihre sprachgeschichtliche Bedeutung.

Adelige Lesefähigkeit

»Literarisch« im strengen Sinne sind schriftlich konzipierte und fixierte Texte. Das gilt speziell für die Dichtung, und zwar auch dann, wenn Motive oder sprachliche Versatzstücke aus einer vorliterarischen »oral poetry« Eingang gefunden haben. In diesem Zusammenhang ist auch zu beden-

2.5

Perioden der deutschen Sprachgeschichte

Die mittelhoch-
deutsche
Überlieferung

ken, dass die Fähigkeiten des Lesens und Schreibens bei Angehörigen des Adels um 1200 noch die bemerkenswerte Ausnahme waren. Ansonsten hätte Hartmann von Aue im Prolog zu seinem *Armen Heinrich* nicht ausdrücklich betont *Ein ritter sô gelêret was, daz er an den buochen las, swaz er daran geschriben vant: der was Hartmann genannt* ›ein Ritter war so gelehrt, dass er in den Büchern las, was er darin geschrieben fand; der hieß Hartmann‹. Scheinbar in krassem Gegensatz dazu steht Wolframs Understatement, wenn er im Parzival behauptet *ine kan decheinen buohstap* ›ich kenne keinen Buchstaben‹, anders gesagt: ›ich bin Analphabet‹. Man darf den Dichter hier sicher nicht beim Wort nehmen. Er konnte ohne Zweifel lesen und schreiben. Es mag sein, dass er nicht sonderlich belesen war, was klerikale, lateinische Bildungstexte betrifft. Dennoch zeigt diese Aussage in ihrer Dezidiertheit, dass Unkenntnis der »Buchstaben« dem adeligen Image um 1200 nicht abträglich war. Im Gegenteil: Man konnte damit sogar als Autor kokettieren (zu Lesen und Schreiben an Adelshöfen vgl. Bumke 2002, 596–654).

7. Erzählprosa: Die typische mittelhochdeutsche Erzählform ist, wie eben gesagt, das Versepos. Umarbeitungen von Versepen in Prosa werden in größerem Umfang erst im frühneuhochdeutschen Spätmittelalter vorgenommen. Doch schon im 13. Jh. entstand eine Prosaversion des *Lancelot*-Romans. Das 14. Jh. hat nichts Vergleichbares hervorgebracht. Erst im 15. Jh. werden wieder Versepen zu Prosaromanen umgearbeitet. Zur Erzählprosa kann man auch volkssprachige **Legenden** zählen, auch wenn sie als religiöse Erbauungsliteratur konzipiert waren, denn die Grenze zwischen Erbauung und Unterhaltung ist fließend (vgl. Janota 2004, 446–449). Im Milieu der religiösen Bewegungen des Spätmittelalters entstanden **Offenbarungsschriften** und **Schwesternbücher**, in denen das mystische Erleben einzelner Personen, zumeist Frauen, geschildert wird (ebd., 106–128).

8. Sach- und Fachliteratur: Handwerkliches, landwirtschaftliches und anderes **Praxiswissen** wurde im Früh- und Hochmittelalter mündlich von Generation zu Generation weitergegeben. Die Vermittlung von **Schulwissen**, ebenso auch medizinisches und juristisches, philosophisches und theologisches Fachwissen war dem **Latein** vorbehalten. Sporadisch seit dem 11., in etwas größerem Umfang dann aus dem 12. und 13. Jh. sind rezeptartige medizinische Kurztexte (vgl. WDP 37–64) erhalten, anfangs vielfach mit lateinisch-deutscher Sprachmischung, z.B: *Swemo daz hôbet we tuo. der mule den wegerich cum uino et nezze caput* ›wem der Kopf weh tut, der mische Wegerich *mit Wein* und benetze *den Kopf*‹, so etwa im *Innsbrucker Arzneibuch*. Vergleichbar sind Kräuterbücher, Monatsregeln und anderes.

Erst in der mittelhochdeutschen Spätzeit und im Übergang zum Frühneuhochdeutschen entstehen deutschsprachige Fachtexte in größerem Umfang. Im 14. Jh. verfasste **Konrad von Megenberg** († 1374) auf der Grundlage des *Liber de natura rerum* des Thomas von Cantimpré sein voluminöses *pûch von den naturleichen dingen*, besser bekannt als »Buch der Natur« und ein astronomisches Handbuch, die *Deutsche Sphaera* (vgl.

35

Mittelhochdeutsch

Janota 2004, 414–417). Ab der Mitte des 14. Jh.s entstanden Kochbücher, Anleitungen zum Färben von Textilien, zur Baumveredelung, zur Pflege und Abrichtung von Jagdvögeln oder zum Weinbau (Überblick ebd., 405–417, speziell zur mittelalterlichen medizinischen Fachsprache Riecke 2004, I,39–48).

9. Der Rechtsbereich: In zunehmendem Maße bediente sich das Rechtswesen der Schriftlichkeit in der Volkssprache. Die Edition der im Original erhaltenen Urkunden allein des 13. Jh.s umfasst sechs umfangreiche Bände (Corp. Urk.). Zwar war die Kodifizierung von Rechtstexten von Anfang an **lateinisch**, doch mussten unabhängig davon Rechtsgeschäfte und Prozesse seit jeher mündlich abgewickelt werden. Es bestand also bereits eine lange **mündliche Tradition**, bevor Rechtstexte in der Volkssprache aufgeschrieben wurden. Im Jahre 1235 wurde mit dem *Mainzer Landfrieden* das erste Reichsgesetz in deutscher Sprache abgefasst. Der mittelniederdeutsche *Sachsenspiegel* (s. Kap. 2.7.2) fand noch im 13. Jh. weite Verbreitung in mittelhochdeutschen Bearbeitungen. In der ersten Hälfte des 14. Jh.s waren Großteile des kaiserlichen Verwaltungsschrifttums bereits deutsch. Auch Rechtstexte lokaler Herrschaften verwendeten die Volkssprache. In solchen Quellen ist manches an **Alltagswortschatz** dokumentiert, was man in der höfischen Literatur vergebens suchen würde. In einem Güterverzeichnis aus Füssen vom Jahre 1200 (WDP 111–113) liest man beispielsweise folgende Instruktion für das Düngen: *Rossimist vnd gaizimist sint allirbesti. Dẹhsimist ist bezzir denni mosiheuwis* ›Rossmist und Ziegenmist sind am allerbesten. Dechsmist (zum Düngen verwendete verfaulte Baumnadeln) ist besser als Moosheu (feuchtes Heu von nassen Wiesen)‹. Von Ross- oder Ziegenmist und dergleichen ist weder bei Minnesängern noch bei Mystikern die Rede. Schon an der Wende zum Frühneuhochdeutschen steht die *Rechtssumme* des Bruders Berthold (der nicht mit dem gleichnamigen Prediger identisch ist!), ein Rechtskompendium nach alphabetisch geordneten Stichwörtern von *abbet* ›Abt‹ bis *zwîfeln* ›zweifeln‹ (vgl. Janota 2004, 440f.).

10. Drama: Im höfischen Kontext spielte das Drama keine Rolle. Die ältesten deutschen Dramen aus dem 13. Jh. sind Passions-, Oster- und Weihnachtsspiele (vgl. Neumann 1987). Das älteste Drama in (allerdings nur teilweise) deutscher Sprache ist das *Benediktbeurer Passionsspiel*, das in der berühmten *Carmina Burana*-Handschrift überliefert ist. Der Codex ist um 1230 geschrieben, die darin enthaltenen Texte müssen jedoch älter sein. Ursprung des Dramas ist vermutlich die Osternachtsliturgie, in deren Verlauf der Besuch der drei Frauen am leeren Grab Christi in Szene gesetzt wurde (vgl. Heinzle 1994, 155–165).

Mittelhochdeutsche Überlieferung und alltagssprachliche Strukturen: Auch im Mittelhochdeutschen konnten nur solche Sprecherschichten zu Wort kommen, die auch bereits »zur Schrift gekommen« waren. Produzenten und Rezipienten der Schriftlichkeit sind Kleriker und Angehörige des Adels. In den Dichtungen agieren und reden in erster Linie Helden und Heilige. Treten Kaufleute, Bauern oder sonstige Vertreter unterer sozialer Schichten auf, dann sprechen sie wie diese. Für Riesen, Zwerge und

2.6

Perioden der deutschen Sprachgeschichte

Zeit und Raum

sogar für zottelige Waldleute, die eine Art von Antizivilisation vertraten, gilt dasselbe. Nur ausnahmsweise wird der Blick frei auf sprechsprachliche Realitäten, etwa bei Berthold von Regensburg (s. o.) oder dann, wenn sich der Tristan Heinrichs von Freiberg als Narr verkleidet und – typisch »Babytalk« ohne Prädikat und Artikel – sagt *vriundel machen ... nimmer tuon* (frei wiederzugeben als ›Freundlein sein, nimmer tun!‹).

2.6 | Frühneuhochdeutsch

Als Übergangsphase zwischen dem Mittel- und Neuhochdeutschen wird von der Mitte des 14. bis zur Mitte des 16. Jh.s das → **Frühneuhochdeutsche** angesetzt. In manchen Aspekten ist **schon** der neuhochdeutsche Zustand erreicht, in anderen Bereichen werden **noch** mittelhochdeutsche Merkmale fortgeführt. Obwohl sich in den Quellen einerseits eine starke dialektale Differenzierung zeigt, ist das Frühneuhochdeutsche andererseits auch eine Phase des beginnenden überregionalen Ausgleichs.

Zum Begriff

2.6.1 | Zeit und Raum

Üblicherweise wird die Phase von etwa 1350 bis 1650 als das Frühneuhochdeutsche bezeichnet. Auch diese Einteilung kann nur behelfsmäßig sein. Das gilt erst recht für Vorschläge, die frühneuhochdeutsche Sprachperiode noch zu untergliedern (vgl. Hartweg/Wegera 2005, 28). Der frühneuhochdeutsche Sprachraum ist weitgehend mit dem mittelhochdeutschen deckungsgleich. Auch die primären innerhochdeutschen Dialektareale entsprechen in etwa denen der vorausgegangenen Sprachperiode (s. S. 30).

Ansätze zu einem überregionalen Sprachausgleich: Da im damaligen deutschen Sprachgebiet ein politisches und kulturelles Zentrum wie in Frankreich (Paris, Versailles) oder England (London) fehlte, konnte sich auch **keine Prestigevarietät** »oberhalb« der Regionaldialekte herausbilden. Vor allem im Westen existierten zahlreiche Klein- und Kleinstterritorien. Anders im Osten: Hier, innerhalb des wittelsbachischen Bayern, des habsburgischen Österreich und in den wettinischen Gebieten gab es großflächige Ausgleichsareale, deren Kanzleien sich in ihrer Schreibpraxis auch gegenseitig beeinflussten. Dialektale Varianten wurden zunächst in den **Schreibsprachen** eingeebnet. Unter dem Einfluss der sächsisch-wettinischen Schreibvarietät setzten sich beispielsweise um 1500 auch in mittleren und kleineren Schreibstätten des Gebietes die neuen Diphthongschreibungen (s. S. 72 f.) durch, die aus dem Ostoberdeutschen übernommen worden waren (z. B. *haus* statt *hūs* und *zeit* statt *zīt*). Umgekehrt übernahm die kaiserliche Kanzlei im ostoberdeutschen Wien aus dem Ostmitteldeutschen die Senkungsgraphie <o> für gesprochen-dialektales *u* vor Nasalen (z. B. *könig* statt *künig*). Auch neue Monophthonggraphien für mhd. *ie, uo* und *üe* (z. B. *bruder* für *bruoder*) wurden im Süden aus dem Ostmitteldeutschen übernommen (ebd., 45–99). Man kann mit einem gewissen Recht für das 15. Jh. von einer **osthochdeutschen Schreiballianz** reden. Auf die gesprochenen Dialekte hatte das jedoch zunächst kaum Einfluss.

2.6.2 | Das frühneuhochdeutsche Textsortenspektrum

Seit dem 14. Jh. erweiterte sich der Kreis derjenigen Personen, die aus ganz unterschiedlichen Gründen und mit verschiedenen Interessen produktiv oder auch rezeptiv an der Schriftlichkeit teilhatten (vgl. ebd., 105–107; Steer 1983).

Zwar waren die Klöster und andere **kirchliche Institutionen** nach wie vor politische und wirtschaftliche Machtfaktoren, gleichzeitig aber auch Kultur- und Bildungszentren. In zunehmendem Umfang traten seit dem 14. Jh. städtische und profan-territorialherrschaftliche Instanzen, Privatpersonen von bürgerlichem Stand, Literaten, während und nach der Reformation auch konfessionelle und politische **Publizisten** als Autoren in Erscheinung. Die differenziertere und steigende Produktion von Gütern, der immer großräumiger abgewickelte **Handel** damit, die lokale, regionale und territoriale **Verwaltung** in einer immer komplexer werdenden Welt an der Wende vom Mittelalter zur Neuzeit, all das musste effizient, das heißt auf schriftlichem Wege organisiert und bewältigt werden. Der Bedarf an Wissens-, Meinungs- und Nachrichtentransfer konnte nicht mehr allein auf direktem, mündlichem Wege gedeckt werden. Hinzu kam ein gesteigertes individuelles **Bildungs- und Unterhaltungsbedürfnis** vor allem bei einem anwachsenden wohlhabenden städtisch-bürgerlichen Publikum. Technische Voraussetzung für die frühneuhochdeutsche »Schriftlichkeitsexplosion« war seit dem 15. Jh. zunächst die Verbreitung des Papiers, das im Vergleich zum Pergament wesentlich billiger herzustellen und zu beschaffen war. Ab etwa 1500 führte der Buchdruck zu einem weiteren exponentiellen Schub: Geschriebenes konnte nun potentiell unbegrenzt vervielfältigt werden.

Die folgende Übersicht über das frühneuhochdeutsche Textsortenspektrum basiert auf Reichmann/Wegera (1988). Einteilungskriterium sind die Textfunktionen.

1. Sozial bindende Texte: »Als sozial bindend werden Texte angesehen, deren Auftraggeber / Autoren / Schreiber / Drucker die Absicht verfolgen, sozialbereichsspezifische Handlungen von Menschen verbindlich festzulegen und Verstöße gegen ihre Einhaltung gegebenenfalls durch Strafandrohung so weit wie möglich auszuschließen« (ebd., 1). Hierzu gehören Gerichts-, Bergwerks-, Handwerks- und Kirchenordnungen, Verträge und Gesetze. Berühmt ist die 1356 erlassene *Goldene Bulle*, die die Königswahl

2.6

Perioden der deutschen Sprachgeschichte

Das frühneuhoch-
deutsche Textsorten-
spektrum

regelt. Sie wurde allerdings zunächst in lateinischer Sprache verfasst und erst ab 1474 verschiedentlich in deutscher Sprache gedruckt.

2. Legitimierende Texte: »Als legitimierend werden diejenigen Texte angesehen, deren Auftraggeber / Verfasser / Schreiber / Drucker seit längerem bestehende oder in Entwicklung befindliche gesellschaftliche Zustände aller Art, darunter Rechtsverhältnisse, politische und soziale Beziehungen, Titel, Ämter mit dem Zweck verzeichnet oder beschrieben sehen möchten, diese Verhältnisse als geschichtlich, religiös, rechtlich, philologisch oder auch durch persönliche Zwänge begründet erscheinen zu lassen, sie zu preisen oder zu entschuldigen und auf solche Weise zu ihrer Aufrechterhaltung bzw. zu ihrer weiteren Entwicklung beizutragen« (ebd., 26). In diesen Bereich gehören autobiographische Aufzeichnungen, die zu dem Zweck verfasst wurden, eigene Handlungen zu legitimieren und zu rechtfertigen, etwa die Lebensbeschreibung des Götz von Berlichingen, in der er sein Verhalten während des Bauernkrieges von 1525 nicht nur beschreibt, sondern auch rechtfertigt. Prominent ist auch Martin Luthers *Sendbrief vom Dolmetschen* (1530), weniger ein Brief als ein Traktat, in dem er seine Übersetzungsprinzipien gegen die Überzeugungen der konservativ-katholischen Seite stellt, die, wenn sie eine volkssprachige Bibel überhaupt zuließ, nur eine Übersetzungsweise duldete, die sich im Wortlaut möglichst eng an den lateinischen Text anschloss und damit in Luthers Augen unverständlich und letztlich sinnlos war. Das ist die Tradition, an deren Anfang der althochdeutsche *Tatian* und vergleichbare Texte stehen.

3. Dokumentierende Texte: »Als dokumentierend werden Texte angesehen, deren Auftraggeber / Verfasser / Schreiber / Drucker Ereignisse, Besitzverhältnisse, Fakten aller Art mit dem Zweck festgehalten, gespeichert, dokumentiert sehen möchten, Vorhandenes in eine Übersicht zu machen und verfügbar zu machen, um sich gegebenenfalls nach späterer Notwendigkeit auf die Festschreibung berufen und sie je nach Interesse nutzen zu können« (ebd., 52). »Dokumentierend« in diesem Sinne sind Testamente, Besitzverzeichnisse, Gerichts-, Verhör- und Visitationsprotokolle, Urkunden, Chroniken und Annalen, im Verständnis von Reichmann/Wegera auch Glossare und lateinisch-deutsche Wörterbücher, etwa der in Handschriften und Drucken weit verbreitete *Vocabularius ex quo.*

4. Belehrende Texte: »Als belehrend sollen diejenigen Texte verstanden werden, deren Auftraggeber / Autoren / Schreiber / Drucker den meist als sehr breit unterstellten Kreis der anvisierten auf allgemein anerkannte oder auf geforderte ethische, darunter besonders oft auf religiöse und gesellschaftliche Inhalts- und damit Verhaltensnormen auszurichten versuchen« (ebd., 72). In diese Textgruppe sind beispielsweise Moral- und Ehelehren oder Tischzuchten einzuordnen. Weite Verbreitung im 16. Jh. fand der *Kleine Katechismus* von Martin Luther. In diese Kategorie gehören auch Schreib- und Leselehren für Anfänger sowie die Formular-, Titel- und Brieflehren für »Fortgeschrittene«.

5. Erbauende Texte: »Als erbauend sollen diejenigen Texte verstanden werden, deren Auftraggeber / Autoren / Schreiber / Drucker den Menschen weniger logisch-rational als auf der Ebene seiner Religiosität ansprechen und ihn durch Darlegung christlicher Heilstatsachen und damit traditionell verbunden geglaubter Geschehnisse und Vorbilder in seinem Glauben zu stärken versuchen, ein Glied innerhalb der religiösen Heilsordnung zu sein« (ebd., 117). Luthers Bibelübersetzung ist der prominenteste und wirkungsmächtigste Vertreter dieser Textgruppe, zu der neben manch anderem auch geistliche Lieder und Gebete gehören. Legendensammlungen wie die Übersetzungen *Legenda Aurea* verbreiten sich in zahlreichen Handschriften über den gesamten deutschen (und niederländischen) Sprachraum.

6. Unterhaltende Texte: »Das sind Texte, deren Auftraggeber / Autoren / Schreiber / Drucker den Kreis ihrer in der Regel literarisch gebildeten Rezipienten durch Darbietung der direkten Situation enthobener, oft sogar die Einzelliteratur übergreifender Stoffe, durch Gestaltung dieser Stoffe nach tradierten künstlerischen Mustern und in einer als solche aussagehaltigen sprachlichen Form sowie durch zeitbezügliche, meist implizite Deutungsangebote des Stoffes ästhetisch ansprechen möchten« (ebd., 147). Vertreter dieser Gruppe sind die Volksbücher (z. B. *Fortunatus*, *Doktor Faust*, *Die schöne Magelone*, *Till Eulenspiegel*), Schwankerzählungen, etwa Jörg Wickrams *Rollwagenbüchlein* (Literatur für unterwegs, wie der Name schon verrät) und die Prosaauflösungen von Versepen der klassischen mittelhochdeutschen Zeit (z. B. *Wigoleis vom Rade*, *Buch vom hürnen Seifrid*). Auch Spätformen des Minnesangs (z. B. die Lieder Oswalds von Wolkenstein) und der daraus hervorgehende Meistersang sind hier einzuordnen.

7. Informierende Texte: »Als informierend sollen diejenige Texte aufgefaßt werden, deren Auftraggeber / Autoren / Schreiber / Drucker einen natürlichen oder kulturellen Sachverhalt oder Handlungen von Menschen für einschlägig interessierte Rezipienten – oft für Angehörige fachlich orientierter Gruppen – mit dem Anspruch auf Objektivität beschreiben« (ebd., 170). Hierunter fallen Fachbücher über Botanik, Zoologie, Astronomie, Geographie. Das Fachschrifttum des späten Mittelalters und der frühen Neuzeit ist noch längst nicht vollständig inventarisiert, geschweige denn über Editionen zugänglich.

8. Anleitende Texte: Darunter werden solche Texte verstanden, deren Auftraggeber / Autoren / Schreiber / Drucker einem einschlägig interessierten, oft einer bestimmten Berufsgruppe zugehörigen oder sonst fachlich orientierten Rezipientenkreis auf bestimmten Kenntnisvoraussetzungen beruhende genaue Verfahrensregeln zur Erreichung eines meist instrumentalen, seltener sozialen Handlungszieles geben« (ebd., 191). Im Unterschied zu den »informierenden« Texten, auf denen sie vielfach basieren, steht die Anwendung im Vordergrund. Hierher gehören Kochbücher und – wenn auch thematisch ganz anders – Kriegsbücher, die erklären, wie eine Belagerung durchzuführen ist, ferner medizinische Literatur, die zur Herstellung von Rezepten anleitet, ebenso zur Wundversorgung oder Geburtshilfe.

9. Agitierende Texte: »Als agitierend sollen diejenigen Texte verstanden werden, deren Auftraggeber / Autoren / Schreiber / Drucker eine

2.6

Perioden der deutschen Sprachgeschichte

Papier, Buchdruck und
die »neuen Medien« des
Frühneuhochdeutschen

gruppengebundene, in der geistigen, religiösen, politisch-sozialen oder anderweitig bestimmten Situation der Zeit gefährdete weltanschauliche Position so vortragen, daß der Kreis diesbezüglich indifferenter oder zumindest noch unentschiedener Rezipienten zu positiver, gruppensolidarisierender Stellungnahme bewegt wird, die vorgetragene Position damit gegenüber ihren Gegnern aktiv mit vertritt und auf diese Weise zu ihrer Umsetzung in die gesellschaftliche Praxis beiträgt« (ebd., 212). Texte dieser Gruppe spielen eine große Bedeutung im Umfeld und im Gefolge der Reformation und der Bauernkriege. Prominente Autoren sind Martin Luther und sein anfänglicher Mitstreiter, später aber erbitterter Feind Thomas Müntzer.

10. Private Texte: Im 15. Jh. setzt die Überlieferung auch von Privattexten (persönliche Briefe, Tagebücher, Reiseberichte, Familiengeschichten) ein. Solche Texte waren nicht für eine größere Öffentlichkeit bestimmt. Briefe richten sich in der Regel an einen einzelnen Adressaten. Bei Tagebüchern oder ähnlichen persönlichen Notizen sind Autor und Adressat oft sogar identisch. Solche Aufzeichnungen stammen häufig aus der Feder unprofessioneller Schreiber oder Schreiberinnen und weisen deshalb am ehesten Sprachformen auf, die dem jeweiligen Basisdialekt verhaftet sind.

Bei dieser Klassifikation handelt es sich keineswegs um eindeutige Abgrenzungen. Vielfach können Texte mehr als einem dieser Bereiche zugerechnet werden. Der Übergang von frommer Erbauung (5) zur Unterhaltung (6) ist fließend: Ein Leser konnte eine Märtyrerlegende mit frommen Augen lesen, aber unter Ausblendung der religiösen Komponente auch als Kriminal-, Skandal- oder Schauergeschichte. Selbst die Bibel bietet bekanntlich phasenweise eine Abfolge von »Sex and Crime« und kann auch mit einem Interesse gelesen werden, das nicht von Frömmigkeit geleitet ist. Ein Güterinventar wiederum, das ein Notar vorgenommen und bestätigt hat, ist zunächst einmal dokumentierend (3), hat aber – etwa im Erbfall – durchaus juristische Relevanz und ist so gesehen »sozial bindend« (1). Die Textsorten Inventar und Testament sind vielfach deckungsgleich. Ebenso ist der Übergang zwischen »belehrend« (4), »informierend« (7) und »anleitend« (8) fließend. Das betrifft den großen Bereich der Fachliteratur.

2.6.3 | Papier, Buchdruck und die »neuen Medien« des Frühneuhochdeutschen

Im ganzen frühen und hohen Mittelalter und darüber hinaus wurde auf **Pergament** geschrieben, das aus Tierhäuten, vor allem von Rindern und Schafen gewonnen wurde. Schon im 1. oder 2. Jh. v. Chr. wurde in China Papier hergestellt, im 8. Jh. bei den Arabern, die die Technik von den Chinesen übernommen hatten. Im europäischen Mittelmeerraum, vor allem im maurischen Cordoba, benutzte man Papier im 10. Jh., importierte es aber wohl aus Arabien. In Italien war Papier im 13. Jh. bekannt. Die **erste deutsche Papiermühle** wurde **1390** in Nürnberg errichtet. Rohstoff für die

41

Frühneuhochdeutsch

Papierherstellung waren zunächst Stoffreste und Lumpen. Für 1450 sind in Deutschland zehn Papiermühlen nachzuweisen, um 1500 waren es bereits sechzig. Im Laufe des 15. Jh.s vollzog sich die Ablösung des teuren Pergaments durch das wesentlich billigere Papier. Damit eröffnete sich die Möglichkeit, im großen Umfang Geschriebenes zu (re-)produzieren und zu archivieren. Die Zahl der erhaltenen Papierhandschriften und -archivalien des 15. Jh.s übersteigt die gesamte Produktion von Pergamenthandschriften vom 8. bis zum 14. Jh. bei weitem.

| Zur Vertiefung | **Buchmanufaktur im Spätmittelalter** |

Schon vor der Erfindung des Buchdrucks suchte man nach Möglichkeiten, Geschriebenes rationell auf Papier zu vervielfältigen. Im elsässischen Hagenau unterhielt in der ersten Hälfte des 15. Jh.s **Diepold Lauber** eine Buchmanufaktur, in der mehreren Schreibern derselbe Text diktiert und damit vervielfältigt wurde. Illustratoren brachten Bilder ein. Der geschäftstüchtige Lauber machte bereits Werbung für seine Produkte:

Item welcher hande bücher man gerne hat groß oder k(l)ein
geistlich oder weltlich hübsch gemolt die findet man alle by
diebalt louber schriber. In der burge zü hagenow.
Item das groß buch genant Gesta Romanorum vnd saget was zu Rome
gescheen ist vnd saget von den stetten do got gewandlet het vnd saget
ouch von den keisern zu Rome vnd von den Bebesten, was wunders sie
getriben hant vnd von vilen gesetzeden die die Romer gemaht hant vnd
ist mit viguren gemolt.
Item vite cristy Item die xxiiij alten gemolt. Item eyn gerymete Bibel.
Item der Ritter her Wigoleis gemolt. Item wolff Dietherich gemolt.
Item das gantze Passional der heiligen leben Wintterteil vnd sum(m)
erteil.

2.6 Perioden der deutschen Sprachgeschichte

Papier, Buchdruck und die »neuen Medien« des Frühneuhochdeutschen

> *Item Episteln vnd Ewangilien durch das Jar allen tag mit glosen. Vnd von den heiligen vnd Jungfrawen.*
> *Item wilhelm von orliens gemolt. Item her ywon vnd her gaw(ein) vnd künig artus gemolt.*
> *Item der heiligen drie kunige buch gemolt.*
> *Item parcifal gemolt.*
> *Item sieben meister bücher gemolt. Item Bellial gemolt. Item die witfaren Ritter.*
> *Item die grosse Troye gemolt. Item der herczoge von österich gemolt.*
>
> Diese Werbung gibt auch Aufschluss darüber, wovon sich der geschäftstüchtige »Verleger« Diepold Lauber Gewinn versprach: Helden-, Troja- und Artusromane ebenso wie *Gesta Romanorum*, Legenden, und Evangelien. Überwiegend handelt es sich um Prosatexte, wie sie dem bürgerlichen Zeitgeschmack entsprachen.

Blockbücher: Effektiver als das Diktieren an parallel arbeitende Lohnschreiber war ein druckgraphisches Verfahren, bei dem ein Text spiegelschriftlich in eine Holzplatte geschnitzt wurde. Auf diese Weise waren zwar prinzipiell hohe Auflagenzahlen möglich, aber keine langen Texte. Wurden mehrere solcher einseitig bedruckten Blätter zusammengebunden, entstand ein Blockbuch. Text-Bild-Kombinationen sind die Regel. Was mitgeteilt werden sollte, musste nicht unbedingt gelesen werden. Die Holzschnitte »sprachen« vielfach für sich.

Aus einem Blockbuch

Für Blockbücher eigneten sich vor allem gegliederte Text-Bild-Sequenzen wie Totentanz, Glaubensartikel oder die zehn Gebote. Das abgebildete Beispiel einer Blockbuchseite (Heidelberg, UB, Cod. Pal.germ. 438) zeigt Text und Illustration zum fünften Gebot.

In der »Kopfzeile« steht lateinisch *Non occidas. Exodi vicesimo* ›du sollst nicht töten, Exodus im zwanzigsten (Kapitel)‹. Der Engel trägt eine Schriftrolle mit der deutschen Versparaphrase *Du salt nicht morden noch steche(n). Got will is selber rechen.* Auf dem Spruchband über der Teufelsfigur im Hintergrund ist zu lesen *Den und alle seynen gleich Derstich so wirstu schyre reich* ›den und alle seinesgleichen erstich, dann wirst du sofort reich‹. Mit diesen Worten stiftet der Teufel, der den Mörder auch tatkräftig unterstützt, dazu an, Pilger (als solche kenntlich durch die Jakobsmuschel an den Hüten) zu töten und auszurauben.

43

Buchdruck mit beweglichen Lettern: Die eigentliche »Medienrevolution« des 15. Jh.s bestand aber nicht im synchronen Handschreiben oder in der Vervielfältigung von Kurztexten im Holzschnittverfahren, sondern im Buchdruck mit beweglichen Lettern aus Metall, der in den 1440er Jahren von Johannes Gutenberg (†1468) in Mainz erfunden worden war. Gutenberg soll zunächst eine Weinpresse zur Druckerpresse umfunktioniert haben. Die vor 1500 in diesem Verfahren gedruckten Bücher bezeichnet man als **Wiegendrucke** oder **Inkunabeln**. Vielfach handelt es sich dabei um ältere, zumeist lateinische Werke. Das Layout lehnt sich häufig noch an das von Handschriften an: Initialen und Zierranken wurden farbig eingemalt, Holzschnitte von Extraplatten manuell nachkoloriert. Eine Massenproduktion war im Anfangsstadium kaum möglich. Erst ab etwa 1500 wurden die bis dahin ungeahnten Möglichkeiten der neuen Technik erkannt und genutzt: Nahezu unbegrenzte Vervielfältigungsmöglichkeit und infolge davon eine bis dahin nicht gekannte Breitenwirkung in relativ kurzer Zeit. Die **Reformation** mit all ihren religiösen und politischen Folgen wäre ohne Buchdruck nicht möglich gewesen. Die Kontroversen wurden nicht mehr nur in Gelehrtenkreisen hinter Türen ausgetragen (das auch), sondern unter extensiver Nutzung des neuen Printmediums vor einer breiten Öffentlichkeit.

Im letzten Jahrzehnt des 15. Jh.s gab es bereits in zahlreichen süddeutschen Städten Druckereien, sogenannte **Offizinen**, weniger in Mittel- und Norddeutschland. Hinzu kamen Wanderdrucker, die zwar keine Bücher produzierten, wohl aber **Flugblätter** (bedruckte Einzelblätter) und **Flugschriften** (zu Heften gebundene Blätter), in denen Vertreter der verfeindeten Parteien ihre Standpunkte rechtfertigten und die des Gegners teilweise aggressiv und polemisch diffamierten. Typisch für die frühen Flugblätter ist – ähnlich wie in den Blockbüchern – die **Verbindung von Bild und Text**. Dadurch konnten auch Personen »angesprochen« werden, die des Lesens nicht oder nur unzureichend mächtig waren. Im 16. Jh. war das noch die Bevölkerungsmehrheit, doch hat das flächendeckende Vorhandensein von Gedrucktem, sei es in Form von Einblattdrucken oder voluminösen Vollbibeln, das Interesse am Erwerb von Lesefähigkeit geweckt und gefördert (grundlegend Giesecke 2006).

Beispiel	**Ein polemisches Flugblatt der Reformationszeit**

Ein polemisches Flugblatt der Reformationszeit
Ein gedrucktes Flugblatt von 1530 zeigt den Teufel, der den Kopf Martin Luthers als Sackpfeife verwendet: was er ihm ins Ohr bläst, kommt als schriller Ton zur Nase wieder heraus.

Die Botschaft wird drastisch und für jedermann – auch einen leseunkundigen Betrachter – verständlich ins Bild gesetzt. Dagegen ist der Text rechts unten fast nebensächlich:

Vor zeytten pfiff ich hin vnd her / Aus solcher Pfeiffen dicht vnd mer (›Gedichte und Mären‹)*/ Vil Fabel Trewm vnd Fanthasey / Ist ytzundt auß vnd gar entzwey / Das ist mir leyd auch schwer vnd bang / Doch hoff ich es wer auch nit lang / Die weyl die welt so fürwitz ist / Sündtlich dückisch vol arger list.*

2.6 Perioden der deutschen Sprachgeschichte

Die Produktion von Flugblättern und -schriften erreichte ihren Höhepunkt in den 1520er Jahren. Die weite Verbreitung brachte Sprachformen über ihren primären Geltungsbereich hinaus. Folge war, dass Leser (und Hörer) solcher Texte zunächst passiv mit fremden Varietäten Bekanntschaft machten, was einen überregionalen Sprachausgleich zumindest begünstigte. Die rapide anwachsende Produktion von Gedrucktem bediente und bedingte eine stetig wachsende Nachfrage, die ihrerseits wieder zur Erhöhung des Angebots führte. In der ersten Hälfte des 16. Jh.s stieg die Druckproduktion deutschsprachiger Bücher rapide an. Erst jetzt wurden in großem Umfang neu verfasste Texte in den Druck gegeben, während man in der Inkunabelzeit vielfach auf Vorhandenes zurückgriff. Der Bestseller des 16. Jh.s war – mit weitem Abstand – die Lutherbibel.

Die Kanzleien – »Kompetenzzentren« in Sachen Schreiben

Ein polemisches Flugblatt der Reformationszeit

2.6.4 | Die Kanzleien – »Kompetenzzentren« in Sachen Schreiben

An der Entstehung und Verbreitung regionaler und überregionaler Schreibkonventionen waren in ganz erheblichem Maße professionelle Schreiber beteiligt, die in den Diensten von Kaisern, Königen und Fürsten standen oder für den Schriftverkehr der Städte zuständig waren. Diese Schreibkontore, in denen die herrschaftliche oder kommunale Korrespondenz und Dokumentation erledigt wurde, bezeichnet man seit dem Mittelalter als **Kanzleien** (mhd. *kanzelīe*). Die Sprache der mittelalterlichen »Bürokratie« war über Jahrhunderte hinweg das Lateinische gewesen, und zunächst waren es auch Geistliche, die fallweise Schreibarbeiten für weltliche Auftraggeber übernahmen. Im 13. Jh. bahnte sich im Urkundenwesen der Umschwung an, und zwar vor allem **in süddeutschen Städten** (Augsburg, Basel, Nürnberg, Regensburg, Straßburg), wobei sich der Übergang als erstes im Südwesten ankündigt. Der mitteldeutsche Osten ist anfangs nur spärlich vertreten. Im Westen hat **Köln** eine Vorreiterrolle. Im 15. Jh. hatte sich schließlich ein neuer Berufsstand herausgebildet, der des **professionellen Kanzleischreibers**. Die größeren Kanzleien waren arbeitsteilig und hierarchisch organisiert. Sie wirkten als Vorbilder für kleinere Schreibstuben, die von dort Schreibkonventionen bezogen, die mit den gesprochenen Lokaldialekten nicht mehr übereinstimmten. Unterschiede zeichnen sich noch zwischen den einzelnen Großregionen ab. Dabei scheinen die westmitteldeutschen Schreibsprachen noch stärker den gesprochenen Varietäten verpflichtet geblieben zu sein als die ostmittel- und ostoberdeutschen. Elmentaler (2003, 311) spricht beispielsweise von »einer weitgehend phonischen Fundierung der im Schreibsystem festgestellten Strukturen und Variationsmuster«, die er exemplarisch bei bestimmten Duisburger Schreibern des 15. Jh.s nachweist.

45

Merkmale der Kanzleisprache: Im syntaktisch-stilistischen Bereich sind lange, komplexe Satzperioden kennzeichnend, jedoch zumeist mit klarer Strukturierung, mit Endstellung des finiten Verbs in abhängigen Sätzen und teilweise komplexen Sub- und Konjunktionen (bzw. komplexen Ausdrücken in der Funktion von Sub- und Konjunktionen), mit denen das inhaltlich-logische (kausale, konditionale, adversative, finale, konsekutive, modale) Verhältnis zwischen Aussageteilen präzise zum Ausdruck gebracht wird. **Syntaktische Komplexität** und Aussagepräzision hängen mit der Notwendigkeit zusammen, rechtsrelevante Sachverhalte **sprachlich explizit** darzustellen, so dass auf Rezipientenseite möglichst keine Interpretationsspielräume offen bleiben. Dieser Bedarf an Explizitheit und Präzision führte auch zur Ausbildung einer speziellen **kanzleisprachlichen Terminologie**. Der explizite Sprachgebrauch auf syntaktisch-stilistischer und lexikalischer Ebene blieb nicht auf die typischen Kanzleitextsorten beschränkt, sondern beeinflusste weitere Bereiche der frühneuzeitlichen Schriftlichkeit.

Kanzleisprache außerhalb der Kanzlei: Die Kanzleischreiber waren vielfach auch **literarisch** produktiv. Verwaltungs- und literarische Tätigkeit waren keine strikt getrennten Schriftlichkeitsbereiche. Autoren wie Johannes von Tepl, der Verfasser des *Ackermann aus Böhmen* (tätig in Saaz und Prager Neustadt), der humanistische Übersetzer Niklas von Wyhle (in Esslingen) oder der Eisenacher Chronist und Verfasser sogenannter *Ratsgedichte* Johannes Rothe waren zwar im »Hauptberuf« Stadtschreiber, im »Nebenberuf« Schulmeister (vgl. Honemann 1983) und nicht selten außerhalb des Dienstes Literaten. So fanden kanzleisprachliche Schreibkonventionen zwangsläufig auch außerhalb der städtischen Schreibstuben Anwendung. Und schließlich dienten sie auch für deutschschreibende Autoren, die nicht in Kanzleidiensten standen, als Vorbilder. In diesem Zusammenhang ist auch die folgende viel zitierte Bemerkung Martin Luthers in einer seiner Tischreden zu verstehen: *Ich rede nach der sächsischen Canzeley, welcher nachfolgen alle Fürsten und Könige in Deutschland; alle Reichsstädte, Fürsten-Höfe schreiben nach der sächsischen und unsers Fürsten Canzeley, darum ists auch die gemeinste deutsche Sprache. Kaiser Maximilian, und Kurf. Friedrich, H. zu Sachsen etc. haben im römischen Reich die deutschen Sprachen also in eine gewissen Sprache gezogen.* Hier wird der Vorbildcharakter der beiden bedeutendsten Kanzleien im deutschen Sprachraum betont. Es ist von den *deutschen Sprachen* im Plural die Rede, die durch den maßgeblichen Einfluss der beiden Kanzleien *in eine gewissen Sprache gezogen*, d. h. ›zu einer einheitlichen, verbindlichen kombiniert‹ worden seien. Kaum wörtlich zu nehmen ist *Ich rede*. Luther meinte mit Sicherheit *ich schreibe* (vgl. Feudel 1970, 72).

2.6.5 | Martin Luther und die deutsche Sprache

Der Name der historischen Persönlichkeit, die seit jeher mit der Entstehung der neuhochdeutschen Einheitssprache in Verbindung gebracht wurde, ist damit schon genannt worden: Martin Luther (1483–1546). Die

Einschätzungen seiner sprachgeschichtlichen Bedeutung waren lange Zeit von konfessionellen Standpunkten geprägt (zusammenfassend Besch 2000, 1714–1716). Mittlerweile ist es in der sprachhistorischen Forschung unumstritten, dass Luthers Bibelübersetzung, aber auch andere Schriften mit weiter Verbreitung wie der *Kleine Katechismus* vor allem im protestantischen Raum in sprachlicher Hinsicht als Vorbilder gewirkt und damit die Entwicklung im 16. und 17. Jh. nachhaltig beeinflusst haben.

Der Reformator hat die deutsche Schriftsprache jedoch keineswegs erfunden oder geschaffen, sondern er konnte an aktuelle Entwicklungen anknüpfen und ihnen – kraft seiner Autorität und seines Einflusses – zu Prestige und Akzeptanz verhelfen. Werner Besch (2000, 1716f.) hat es so auf den Punkt gebracht: Luther »hat, durch die Zeitereignisse und die damalige Sprachlage bedingt, in der Tat mehr für die dt. Sprache tun können als irgend einer unserer Großen in Sprache und Literatur, ohne daß er ›Schöpfer‹ oder ›Begründer‹ hätte sein können oder wollen. Er brachte eine überregionale dt. Schriftsprache auf den Weg. Mit seiner deutschsprachigen Bibel durchbrach er die regionalen Sprachschranken. Das ist der entscheidende Vorgang.«

Eine wichtige Voraussetzung dafür war allein schon seine (sprach-)geographische Heimat im ostmitteldeutsch-niederdeutschen Übergangsraum. »Luther in Kiel oder Konstanz hätte sich sprachlich schwergetan, wäre wahrscheinlich gescheitert« (ebd., 1717). Er kannte von seinen Reisen, aufgrund zahlreicher persönlicher Kontakte, umfangreicher Korrespondenz und Lektüre die deutschen Dialektlandschaften und die regionalen Schreibsprachen, konnte also das großräumig Geltende und damit Verbindende auswählen, das Kleinräumige und Trennende eliminieren und dabei an schon bestehende überdialektale Ausgleichstendenzen zwischen den ostmittel- und ostoberdeutschen Kanzleisprachen anknüpfen (vgl. Besch 1967, 329–363). Diese Kanzleitradition betrifft in erster Linie die **Graphematik** und daneben teilweise noch die **Morphologie**. Was Satzbau und Wortgebrauch, also letztlich den Sprachstil anbelangt, unterscheiden sich Luthers Schriften, insbesondere die Bibelübersetzung, stark von der Schreibsprache der zeitgenössischen Kanzleischreiber.

Die Zeitgenössische Bewertung der Luthersprache: Schon zu seinen Lebzeiten haben Befürworter wie Gegner die Sprachgewandtheit des Reformators bestaunt – oder eben verdammt. Für Luthers Mitstreiter **Justus Jonas** († 1555), der am Sarg die Trauerrede hielt, war der Verstorbene *ein trefflicher, gewaltiger Redener ... ein überaus gewaltiger Dolmetzscher der ganzen Bibel*, für den bayerischen Bischof **Berthold von Chiemsee** († 1543) dagegen nur einer jener bösen Geister und Verführer, *die mit jrem gezierten schreiben vnnd suessen worten gemain volck betriegen vnd verfueren*. Aber selbst der katholische Bischof muss die sprachliche Qualität der Lutherbibel anerkennen, auch wenn sie aus seiner Sicht nichts anderes als ein ketzerisches Verführungsmittel ist (weitere Belege bei Josten 1976). **Herzog Georg von Sachsen** († 1539), kein Freund von Luthers Theologie, wird mit der Äußerung zitiert *Wenn doch der monch die bibell vol deutsch vnd gieng darnach, wo er hin solt*, frei übersetzt: ›wenn doch der Mönch (gemeint ist Luther) die Bibel fertig übersetzen würde und dann hinginge, wo der

Pfeffer wächst‹. Der Herzog zollt trotz aller sonstigen Abneigung Luthers sprachlicher Leistung wenigstens indirekt damit seinen Respekt. Luther selbst war sich seiner Fähigkeiten durchaus bewusst und konnte deshalb sagen *Ich kan dolmetzschen das können sie nicht* ›ich kann übersetzen, das können sie nicht‹. *Sie*, das sind die Vertreter der katholischen Gegenseite, die versuchten, mit (angeblich) eigenen Bibelübersetzungen die Luther-Bibel zu bekämpfen. Dabei begnügten sie sich weitgehend damit, im Sinne der mittelalterlichen Übersetzungtradition Luthers Bibelübersetzung an die lateinische *Vulgata* anzupassen. Im *Sendbrief vom Dolmetschen* (1530) hat Luther seine Prinzipien dargelegt. Berühmt ist der Satz, man müsse, um verständlich zu sein, *nicht die buchstaben inn der lateinischen sprachen fragen / wie man sol Deutsch reden / wie diese Esel thun / sondern / man mus die mutter jhm hause / die kinder auff der gassen / den gemeinen man auff dem marckt drumb fragen / vnd den selbigen auff das maul sehen / wie sie reden / vnd darnach dolmetzschen / so verstehen sie es den / vnd mercken / das man Deutsch mit jn redet* (Volz 1974, III,246*).

Volksnahe Ausdrucksweise verlangt Luther auch von den Predigern, und zwar mitunter in drastischer Metaphorik wie in einer seiner Tischreden: *Man sol auf der cantzel die zitzen herauß ziehen vnd das volck mit milch trencken.*

Der wichtigste Multiplikationsfaktor für die Lutherbibel und damit Luthersprache war der **Buchdruck**. Die Auflagen erreichten schon in der ersten Hälfte des 16. Jh.s Höhen, die auch einem heutigen Autor zur Ehre gereichen würden. Schätzungen gehen davon aus, dass zu Luthers Lebzeiten eine halbe Million Bibeln verkauft waren (vgl. Bentzinger/Kettmann 1996, 201 f.). Im Jahre 1522 erschien die erste Übersetzung des Neuen Testaments (das *Septembertestament*), 1535 die erste komplette Vollbibel und die »Ausgabe letzter Hand« 1546. Die Bibelübersetzung ist ohne Zweifel Luthers Hauptwerk. Folgende Übersicht (Hartweg 2000, 1684) zeigt den Anteil der Lutherdrucke an der Gesamtproduktion deutscher Drucke. Die Lutherdrucke (allen voran die Bibel) machen einen beträchtlichen Teil der gesamten deutschsprachigen Druckschriftenproduktion aus:

Druckschriften-
produktion
1500 bis 1524

Jahr	1500	1518	1519	1520	1521	1522	1523	1524
deutsche Drucke	80	150	260	570	620	680	935	990
davon Luther	–	44	112	234	164	258	392	269

Das Gesamtbild ist eindeutig: Aus dem vorreformatorischen Jahr 1500 sind etwa 80 deutschsprachige Drucke bekannt. Schon in der Frühzeit der Reformation ist Luther mit fast 30 % (1518) beteiligt. In den Folgejahren wuchs der Anteil bei insgesamt steigender Produktion auf Werte um 40%. Auf diese Weise fanden Luthers Sprachformen weitflächige Verbreitung im hochdeutschen Raum. Von Anfang an erschienen parallel dazu niederdeutsche Umsetzungen der Luther-Bibel (s. S. 54). Dabei ist jedoch zu bedenken, dass im 16. Jh. insgesamt die Anzahl der **lateinischen Drucke** die der deutschen noch deutlich überstieg. Noch 1570 waren etwa 70% aller Druckwerke lateinisch. »Der Buchdruck« in seiner Gesamtheit war kein Faktor beim überregionalen Sprachausgleich, denn Drucker produzierten durchaus auch für lokale oder regionale Märkte. Es waren insbesondere die Werke Luthers, die überregional akzeptable und langfristig deshalb auch akzeptierte Sprachformen verbreiteten. Dieser lang anhaltende Einfluss kam auf zweierlei Weise zustande: zum einen direkt aufgrund der **Autorität des Verfassers**, zum andern indirekt, weil **normative Grammatiker** des 16., 17. und teilweise noch des 18. Jh.s explizit auf Luther Bezug nahmen.

2.6.6 | Unterricht, Grammatikschreibung und die »deutsche Hauptsprache«

Das enorme Anwachsen der deutschsprachigen Schriftlichkeit im 15. Jh. war auch mit einer Bildungsexpansion verbunden. Territoriale und kommunale Verwaltungen benötigten ebenso qualifiziertes **schreib- und lesekundiges Personal** wie Transport- und Handelsunternehmen oder die städtischen Handwerkszünfte. In der Folge etablierten sich neben den traditionellen Kloster- und Domschulen, in denen vor allem der geistliche Nachwuchs ausgebildet wurde, städtische, teilweise auch private Schulen mit praktischen Ausbildungszielen (vgl. Kiepe 1983). Für den **Leseunterricht** solcher Einrichtungen, aber auch für autodidaktische Zwecke wurden zunächst sehr einfache Lehrwerke verfasst, sogenannte **Buchstabier-** und **Syllabierbücher** (vgl. Endres 1983), die so bezeichnet werden, weil sich die ältesten Exemplare aus dem späten 15. Jh. mit der Darstellung von Buchstaben, Silben und dazu passenden Wortbeispielen begnügten.

> **Deutschdidaktik um 1500**
> Ein um 1500 entstandenes Schreiblehrbuch (Forschungsbibliothek Gotha, Chart. B 897) zeigt die Beispielswörter für *pf* in verschiedenen Wortpositionen. Zeilenumbrüche des Originals sind durch | markiert (Edition des Gesamttextes: Eisermann/Schmid 2008).
>
> *Vom . Pf . pf*
>
> *Pfaff pfarrhof pfeffyn pfeffische | kotz Pfaffenhur pfey fer pfeifen=| sack pfeilsticker pfeyleysenn | waffen krapffenn stapffenn | pflugeysenn krampff gstampfft | krapff krepfflein pfanenstill | Pfanenholtz pfankuch pfamp= | ffenn Pfundt Pfenning pfen= | wert plantzen Plawmenpaüm | Pfabenschwantz Enpfangenn | Entpfintlich Enpfolhen pfifferl= | ing Pfisterknecht Pfaltzgraue | Pflugman pfaltzgreuischer hof= | man pfersichpaum Pfeffer | veigen Pflastermaister Pflaste= | rer gpflastert Pfingstag etc.*

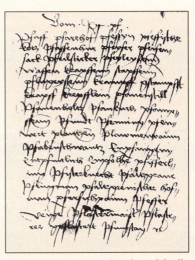

Aus einem Schreiblehrbuch (um 1500)

49

Frühneuhochdeutsch

Reformation und Sprachunterricht: Mit der Reformation entstand insbesondere in protestantisch geprägten Städten und Gebieten eine neue Situation, denn hier war das Deutsche alleinige **Gottesdienstsprache**. Die **selbständige Bibellektüre** nahm eine zentrale Stellung im religiösen Leben ein, während im katholischen Raum das Lateinische bis ins 20. Jh. die exklusive Sprache der Liturgie bleiben sollte. Lesefähigkeit, vor allem zur Lektüre der Heiligen Schrift, musste erst erworben bzw. vermittelt werden. Im 16. Jh. war das Schulwesen im protestantischen Bereich weiter fortgeschritten als im katholischen, und hier entstanden – kein Zufall – auch die meisten Lehrwerke über Grammatik und Anwendung der deutschen Sprache mit einem mehr oder weniger expliziten normativen Anspruch, der vielfach mit dem Sprachgebrauch der Luther-Bibel begründet wurde (Götz 1992; Moulin-Fankhänel 1994, 2000, 1903 f.). Im 17. Jh. wurden die reformationszeitlichen Traditionen fortgesetzt. Deutsche Sprachlehre war nun fester Unterrichtsbestandteil. Aus diesem Jahrhundert sind 51 deutsche Sprachlehrwerke bekannt (vgl. Moulin-Fankhänel 1997).

Sprachgesellschaften: Herausragende Grammatiker der Zeit waren Christian Gueintz (1592–1650), Georg Philipp Harsdörffer (1607–1658), Johann Ludwig Prasch (1637–1690), Wolfgang Ratke (1571–1635), Justus Georg Schottelius (1612–1676) und Philipp von Zesen (1619–1989), die auch Sprachgesellschaften angehörten, deren Ziel unter anderem **Reinigung und Pflege der deutschen Sprache** war. In diesen Zirkeln wurde Sprache im unmittelbaren Zusammenhang mit moralischen und politischen Werten gesehen. Sprachverfall – und darunter verstand man Überfremdung durch das Französische ebenso wie dialektal oder vulgär geprägten Sprachgebrauch – wurde als Symptom für Kultur- und Sittenverfall verstanden. Zielvorstellung war eine deutsche Literatur-, Wissenschafts- und allgemein verbindliche Hochsprache mit einem definierten grammatischen Regelwerk und einem von unerwünschten Einflüssen freien Wortschatz. Die Ursprünge dieser nicht als Realität, sondern nur als Postulat existierenden »Hauptsprache« vermutete man in einer biblisch-mythologischen Vorzeit. Ihre Definition und Kodifizierung sah man als Voraussetzung für ein künftig politisch geeinigtes Deutschland. Generell kann man zwei Grundpositionen unterscheiden, die der **Anomalisten** und die der **Analogisten**.

Die Anomalisten tendierten dazu, eine existierende Varietät – meistens das Ostmitteldeutsche Meißnischer Prägung – als maßgeblich anzusetzen. Die Analogisten dagegen postulierten eine (noch) nirgendwo realisierte »Grundrichtigkeit« des Deutschen, deren Prinzipien es erst zu entdecken und zu erforschen galt, indem man Regeln per Analogie verallgemeinerte. So sollten, um nur ein Beispiel zu nennen, die Maskulina auf –er, deren Nominativ Plural mit dem Singular formal gleich ist (*der Kaiser* und *die Kaiser*, *der Redner* und *die Redner* usw.), in Analogie zum Typus *König-e*, ebenfalls einen –*e*-Plural erhalten (also *Kaisere, Rednere* lauten). Bestimmte Dialekte, auch das Meißnische, kamen bei solcher Sicht der Dinge als Leitvarietät nicht in Frage, denn solche Pluralformen galten nirgendwo. Analogieformen des Typs *Kaisere* ließen sich aber nicht gegen den Sprachgebrauch durchsetzen, weshalb auch die Analogisten gezwungen waren, sich auf sprachliche Autoritäten zu berufen und deren Sprachgebrauch als vorbildhaft anzuerkennen. Am meisten genannt ist, wie nicht anders zu erwarten, Martin Luther, daneben aber auch die Verlautbarungen des kaiserlichen Hofes und des Reichskammergerichts.

Namhafte Sprachgesellschaften waren die »Fruchtbringende Gesellschaft«, die »Deutschgesinnte Genossenschaft«, der »Pegnesische Blumenorden«, der »Elbschwanenorden« und die »Aufrichtige Tannengesellschaft«. Die Aktivitäten werden zu Unrecht oft auf die **Fremdwortbekämpfung** reduziert, die in der Tat einige berühmt gewordene Kuriosa hervorgebracht hat wie etwa **Philipp von Zesens** Vorschläge, *Nase* durch *Gesichtserker* oder *Kloster* durch *Jungfernzwinger* zu ersetzen. Solche Verkürzungen werden den Bemühungen der damaligen Gelehrten aber nicht gerecht, denn ihre Arbeit beschränkte sich keineswegs nur darauf, seltsame Wörter zu ersinnen. Die Mitglieder der Sprachgesellschaften waren vielfach als Literaten, Übersetzer, Grammatiker oder Lexikographen tätig (vgl. Gardt 1998, 1999, 103–118; Takada 1998).

2.7 | Mittelniederdeutsch

> → **Mittelniederdeutsch** ist der Sammelbegriff für die nördlich der Lautverschiebungsgrenzen (s. S. 80–84) gesprochenen Dialekte des Niederdeutschen im Spätmittelalter und der frühen Neuzeit. Es entwickelt sich im Laufe des 12./13. Jh.s aus dem Altniederdeutschen (s. Kap. 2.4).

Zum Begriff

2.7.1 | Zeit und Raum

Es können drei Phasen des Mittelniederdeutschen unterschieden werden:
- Eine **Frühstufe** vom Beginn der Überlieferung im 13. Jh. bis etwa 1370 (nur hier besteht zeitliche Parallelität zum Mittelhochdeutschen).
- Eine stark **von der Hanse geprägte mittlere Phase**, die als »klassisches« Mittelniederdeutsch gilt und bis ungefähr zur Reformation reicht.
- Eine **Spätphase** von der Reformation bis zur Verdrängung des Niederdeutschen als Schreib- und Druckersprache durch das Hochdeutsche nach 1600. Die mittlere und die späte Phase liegen zeitlich parallel zum Frühneuhochdeutschen.

Drei Phasen des Mittelniederdeutschen

Der mittelniederdeutsche Sprachraum umfasst ein wesentlich größeres Gebiet als der altniederdeutsche, denn auch im Norden kam es – parallel zu den Vorgängen im hochdeutschen Raum – zu einer **Ostkolonisation**, die im 12. Jh. begann, im 13. Jh. ihren Höhepunkt erreichte und im 14. Jh. zum Stillstand kam. Aus verschiedenen Bereichen des niederdeut-

2.7 Perioden der deutschen Sprachgeschichte

Mittelniederdeutsch

schen Altlandes kamen Siedler in das seit dem Frühmittelalter slawische Ostholstein, nach Mecklenburg und in noch weiter östlich gelegene Gebiete des Deutschen Ordens (dessen Verwaltungs- und Literatursprache allerdings primär das Hochdeutsche war). Mit der Hanse gelangte das Niederdeutsche als Handelssprache nach Skandinavien, ins Baltikum und nach Russland. Hansekontore gab es auch in England und in den Niederlanden. Das Mittelniederdeutsche fungierte somit als Schreibsprache der Verwaltungen und wohl auch mündlich zur Verständigung im gesamten Ostseeraum und darüber hinaus. Es hat in den modernen **skandinavischen Sprachen** deutliche Spuren hinterlassen (vgl. Haugen 1984, 398–410).

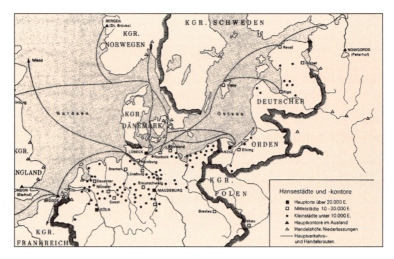

Verbreitung der Hansesprache um 1400 (aus Sanders 1982, Karte 2)

Ein bedeutendes Zentrum der Hanse war **Lübeck**. Die Stadt wurde zunächst 1143 als Handels- und Handwerkersiedlung angelegt. Die eigentliche Stadtgründung erfolgte 1159 durch Heinrich den Löwen († 1195). Von Anfang an dürften hier verschiedene niederdeutsche Dialekte aufeinandergetroffen sein, denn die Stadt erhielt Zuzug aus unterschiedlichen Gebieten. Das führte zu einem **gesprochenen Ausgleichsdialekt**, in dem allerdings nordniederdeutsche Züge dominierten. Ähnliches gilt für die neu gegründeten Städte entlang der südlichen Ostseeküste: Wismar, Rostock, Stralsund, Greifswald usw., doch ist von Anfang an Lübecker Einfluss auf die dortigen Stadtsprachen erkennbar.

Im 14. Jh. vollzog sich der Strukturwandel von der »Kaufmannshanse« zur »Städtehanse«. Die wohlhabend gewordenen Fernhandelskaufleute gingen nun nicht mehr selbst auf Reisen, sondern organisierten den Handel von festen städtischen Firmensitzen (mittelniederdeutsch als *scrivekamere* ›Schreibkammer‹ bezeichnet) aus. **Schriftliche Geschäfts- und Rechtsvorgänge** wurden zunächst in lateinischer Sprache abgewickelt (Lateinunterricht gehörte zur Kaufmannsausbildung), dann aber zunehmend auf Niederdeutsch. Der **Lübecker Ratskanzlei** kam dabei zentrale

2.7

Perioden der deutschen Sprachgeschichte

Die mittelnieder-
deutsche
Überlieferung

Bedeutung zu. Man hat in diesem Zusammenhang auch von einer »lübi-
schen Norm« gesprochen (vgl. Peters 2000).

2.7.2 | Die mittelniederdeutsche Überlieferung

Niederdeutsche Literaten, die vor oder um 1200 in der Volkssprache schrieben, bedienten sich noch nicht ihrer eigenen Sprache, sondern des Mittelhochdeutschen, so etwa der anonyme Verfasser des *Lucidarius*, ebenso
Eilhart von Oberg, der schon vor Gottfried von Straßburg einen *Tristan*-
Roman verfasste, **Albrecht von Halberstadt**, der Ovids *Metamorphosen* in
deutsche Verse brachte, oder der Minnesänger **Heinrich von Morungen**.
Höfische Literatur war auch an den Adelshöfen des norddeutschen Raumes identisch mit mittelhochdeutscher Literatur (vgl. Klein 2003).

Schriftlichkeit im Umkreis der Hanse: Aus dem späteren 14. und dem
15. Jh., der Blütezeit der Hanse, sind reichhaltige Quellen in mittelniederdeutscher Sprache erhalten, die in einem unmittelbaren Zusammenhang
mit den kommerziellen und organisatorischen Belangen der Kaufleute
oder der Hansestädte stehen. Die **Hanserezesse**, Beschlussprotokolle der
Hansetage, des höchsten Leitungs- und Beschlussgremiums, wurden ab
1370 auf Niederdeutsch verfasst. Innerstädtische Belange mussten ebenso schriftlich geregelt und dokumentiert werden wie der Verkehr und die
Koordination zwischen den Städten. Nach Anfängen im späten 13. Jh.
wurden ab 1300 immer mehr **Urkunden** auf Mittelniederdeutsch verfasst,
nicht mehr in Latein. Mit einiger zeitlicher Verzögerung geht auch die
Korrespondenz zwischen den Hansestädten zur Volkssprache über. Der
Fernhandel konnte längst nicht mehr auf mündlicher Basis organisiert
werden; das heißt: Die einzelnen Handelshäuser mussten bereits doppelte Buchhaltung führen und weitverzweigte Geschäftskorrespondenzen
unterhalten. Darüber hinaus produzierte das hanseatische Bürgertum
auch umfangreiches **Privatschrifttum** (Briefe, Tagebücher, Reiseberichte,
Familienchroniken). In einem indirekten Zusammenhang mit der Hanse
stehen auch niederdeutsche **Fachtexte** zu Geographie, Nautik, Medizin
und anderen Wissensbereichen (vgl. Meier/Möhn 2000).

Rechtsprosa und Chronistik: Allerdings steht nicht die gesamte mittelniederdeutsche Überlieferung im Zusammenhang mit der Hanse.
Die Überlieferung setzt mit Versdichtungen ein, einer Reimbearbeitung
der *Apokalypse* und der *Gandersheimer Reimchronik*. Als Begründer der
schriftlich fixierten mittelniederdeutschen Rechtsprosa gilt **Eike von Repgow**, der Verfasser des *Sachsenspiegels*. Er zeichnete in den 1220er Jahren
das in seiner Heimat geltende **Land- und Lehnsrecht** in niederdeutscher
(elbostfälischer) Sprache auf. Der Prolog ist in Versen abgefasst und be-
zeichnenderweise mittel**hoch**deutsch. Wenig später wurde auch das
Braunschweiger Stadtrecht in niederdeutscher Volkssprache aufgezeich-
net. Weitere derartige Texte folgten noch im 13. Jh. (Stadtrechte von Stade,
Lübeck, Hildesheim und Visby auf Gotland). Gleichzeitig wurden auch an
verschiedenen Orten **Stadtbücher** angelegt, die u. a. lokale Vorkommnisse

wie Rechtsvorgänge oder auch Kriminalfälle dokumentieren. Erstes Zeugnis mittelniederdeutscher **Chronistik** in Prosa ist die *Sächsische Weltchronik*. Man hat diesen Text ebenfalls Eike von Repgow zugeschrieben, doch ist dessen Verfasserschaft umstritten.

Die mittelniederdeutsche Literatur ist also vor allem **Prosaliteratur**. So gesehen fällt das satirische Tierepos *Reynke de vos* (Druck 1498) ebenso aus dem Rahmen wie die Versdichtungen des Braunschweigers **Hermann Bote**. Zwei mittelniederdeutsche *Narrenschiffe* sind Umsetzungen des frühneuhochdeutschen Werks von Sebastian Brant.

Religiöse Texte: Das religiöse Schrifttum in mittelniederdeutscher Sprache umfasst Predigten, Legenden, aber auch mehrere vorlutherische Bibeldrucke (vgl. Meier/Möhn 2000). Mit Sicherheit sind die Leser und Besitzer solcher Bücher im wohlhabenden Milieu des **Stadtbürgertums** zu suchen. Im selben Jahr 1522, als in Halberstadt die letzte dieser Bibeln aus vorreformatorischer Tradition gedruckt wurde, erschien Martin Luthers *Septembertestament* und wurde von **Johannes Bugenhagen** (1485–1558) umgehend ins Niederdeutsche übertragen. Zentren des niederdeutschen Bibeldrucks waren Magdeburg und Wittenberg. Bis 1621 – in diesem Jahr erschien die letzte niederdeutsche Bibel – waren 26 niederdeutsche Vollbibeldrucke veranstaltet worden.

In mehrfacher Hinsicht einen Sonderfall stellt die Mystikerin **Mechthild von Magdeburg** († um 1270) dar. Sie ist eine der frühesten namentlich bekannten Autorinnen, die in der Volkssprache schrieben. Ihr Werk, das *Fließende Licht der Gottheit* setzt sich zusammen aus Gebeten, Hymnen, Dialogpartien, Erzählungen und traktatartigen Lehren. Stellenweise geht Mechthild zu Versen und metrisch gebundener Rede über, um dann wieder zur Prosa zurückzukehren (vgl. Neumann 1990–93). Zeitlich liegt sie sogar noch vor Meister Eckhart und Johannes Tauler; sie schrieb zwischen 1250 und 1270. Allerdings kann der mittelniederdeutsche Mechthild-Text nur rekonstruiert werden, denn das Original ist verloren. Das Werk ist nur indirekt aus hochdeutschen Umarbeitungen und einer lateinischen Übersetzung bekannt. Deshalb kommt – bei aller theologischen und literaturgeschichtlichen Bedeutung – Mechthild für die Sprachgeschichte des Mittelniederdeutschen kaum Zeugniswert zu. Ihr Werk ist allerdings ein Beleg für geistliche Prosa auf höchstem Niveau im niederdeutschen Raum im 13. Jh.

2.7.3 | Der Untergang des Mittelniederdeutschen als Schreibsprache

Die **Reformation** brachte zunächst einen gewaltigen Schub für die Produktion niederdeutscher Drucke (die Entwicklung verläuft in etwa parallel zum Hochdeutschen). Luther selbst hätte der Gedanke ferngelegen, Sprecher des Niederdeutschen im kirchlichen Leben mit schwer oder nicht verständlichen hochdeutschen Texten zu konfrontieren. Nicht nur die Luther-Bibel wurde ins Niederdeutsche übersetzt, sondern auch das

2.7 Perioden der deutschen Sprachgeschichte

Der Untergang des Mittelniederdeutschen als Schreibsprache

Gesangbuch und andere Gottesdiensttexte. Die Predigt und auch die Kirchenordnungen waren zunächst niederdeutsch. Um 1600 kamen im niederdeutschen Gebiet jedoch die ersten hochdeutschen Gesangbücher in Umlauf. In zunehmendem Maße wurde nun das Hochdeutsche zur **Gottesdienstsprache**. Etwa gleichzeitig wurde das Niederdeutsche auch als **Bildungs- und Verwaltungssprache** vom Hochdeutschen verdrängt. Eine Konstante bei den gedruckten niederdeutschen Texten bis ins 17. und 18. Jh. sind noch Gelegenheits-, vor allem Hochzeitsgedichte. Dabei handelt es sich allerdings nicht um Bücher, sondern um Kurztexte von wenigen Druckseiten mit geringen Auflagen.

Hochdeutsch als Amtssprache im niederdeutschen Raum

Die niederdeutschen **Kanzleien** stellten in den Jahrzehnten vor und nach 1600 ihren Schriftverkehr weitgehend auf das Frühneuhochdeutsche um. Die Jahreszahlen in den Kästchen der Karte (aus Cordes/ Möhn 1983, 49) weisen jeweils das Jahr des Auftretens der ersten hochdeutschen und des letzten niederdeutschen Dokuments aus. Links außerhalb der Kästchen ist vermerkt, wann die ersten hochdeutschen Spuren auftreten, rechts wann die letzten niederdeutschen.

Zur Vertiefung

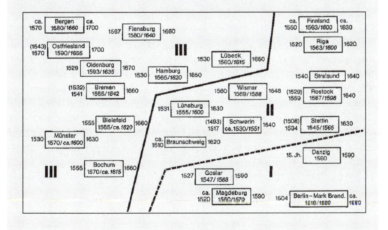

Schreibsprachwechsel in norddeutschen Kanzleien

Je näher eine Stadt dem hochdeutschen Schreib- und Sprachraum lag, desto früher vollzog sich der Übergang, und zwar meistens im Zeitraum von 20 bis 30 Jahren. Die Schreibvarietät, die die niederdeutschen Kanzleien adaptierten, war **ostmitteldeutsch** geprägt. Diese Schreibsprache erreichte in der Spätzeit der Hanse vorübergehend sogar die skandinavischen und baltischen Außenposten. Im Laufe des 16. Jh.s lösten dort jedoch die jeweiligen Nationalsprachen das Deutsche ab, gleichgültig ob Nieder- oder Hochdeutsch.

55

2.7 Perioden der deutschen Sprachgeschichte

Mittelniederdeutsch

Das Niederdeutsche war in der frühen Neuzeit auf dem besten Wege, sich ähnlich wie das Niederländische als **eigenständige Kultur- und Schriftsprache** zu etablieren. Dass es letztlich nicht dazu kam, hängt mit den wirtschaftlichen, politischen und kulturellen Gegebenheiten zusammen. Angehende Akademiker aus Norddeutschland studierten an hochdeutschen Universitäten wie Leipzig oder Heidelberg. Einfluss und Bedeutung der Hanse schwanden ab dem späten 16. Jh. Die Hansestädte verloren ihre Autonomie an territoriale Landesherren mit Beziehungen nach Süd- und Mitteldeutschland. Handelsstädte wie Augsburg, Nürnberg und Leipzig gewannen im deutschland- und europaweiten Handel an Gewicht. Hanseinteressen waren nicht mehr mit denen der erstarkenden skandinavischen Nationalstaaten deckungsgleich. England und die Niederlande griffen immer mehr in den Ostseehandel ein, doch war der Ostseeraum ohnehin nur noch ein regionaler Nebenschauplatz. Von weitaus größerer politischer und ökonomischer Bedeutung war seit dem 16. Jh. der **Überseehandel**, an dem die Hanse nicht mehr partizipierte. Alle diese Faktoren bewirkten eine zunehmende Orientierung der gesellschaftlichen Oberschichten Norddeutschlands nach dem Süden, und das heißt: nach dem hochdeutschen Sprachraum.

Obwohl aufs Ganze gesehen das Hochdeutsche das Niederdeutsche **als Schreibsprache** verdrängte, hat das Niederdeutsche dennoch den weiteren Verlauf der deutschen Sprachgeschichte beeinflusst und Spuren im heutigen Hochdeutschen hinterlassen. Das betrifft vor allem die Aussprache (s. S. 112 f.).

Mit dem Wegfall des ursprünglich sprachgeographischen Gegensatzes von Nieder- und Hochdeutsch erhält »Hochdeutsch« nun eine neue Bedeutung und ist nicht mehr Sammelbegriff für Dialekte mit bestimmten strukturellen oder lexikalischen Gemeinsamkeiten gegenüber einer zwar ähnlichen, aber doch deutlich davon zu unterscheidenden nördlichen Nachbarsprache. Seit dem 18. Jh. versteht man unter **Hochdeutsch** eine gehobene, **im gesamten Sprachraum verbindliche und über den Dialekten stehende Varietät**, die historisch gesehen auch **niederdeutsch mitgeprägt** ist.

Die heutigen plattdeutschen Dialekte gehen als gesprochene Varietäten auf das Alt- und Mittelniederdeutsche zurück.

3. Laut und Schrift

3.1 Allgemeines
3.2 Die Anfänge der Schriftlichkeit im germanisch-
deutschen Kulturraum
3.3 (Vor-)Geschichte des deutschen Lautsystems
bis zum Frühneuhochdeutschen
3.4 Dialekte – Schreibsprachen – Schriftsprache
3.5 Lautwandel

3.1 | Allgemeines

Wer heute die Phonetik, also die Beschaffenheit des Lautinventars der deutschen Standardsprache, oder auch eines Dialekts beschreiben möchte, kann auf »kompetente Sprecher« zurückgreifen. Außerdem stehen ihm eine ganze Reihe technischer Möglichkeiten zur Verfügung, um die authentischen Äußerungen aufzuzeichnen, zu transkribieren und mit technischen Hilfsmitteln zu analysieren. Der Sprachhistoriker hat nur indirekten Zugriff auf seinen Objektbereich, denn weder gibt es lebende Sprecher des Alt-, Mittel- oder des älteren Hochdeutschen, noch gibt es Tonträger vor dem 20. Jh. Die einzigen Quellen sind schriftliche Aufzeichnungen. Diese Feststellung ist nur auf den ersten Blick banal, denn wir wissen, dass Schreibungen die Lautungen einer Sprache nur zu einem gewissen Grade repräsentieren. Deshalb sind vorab einige terminologische und darstellungstechnische Festlegungen zu treffen.

Darstellungskonventionen für Laut und Schrift   Grundlegendes

- **Eckige Klammern [...]** zeigen an, dass explizit auf die hörbare Aussprache Bezug genommen wird. Beispiel: Ein Vokal wie in *Lied, schrieb, ihm* wird aufgrund der Länge als [ī] notiert, analog der Vokal in *Boot, ohne, schon* als [ō]. Die entsprechenden Kurzvokale erhalten keinen Längenzusatz. Der Vokal in *Kind, isst, Schnitte* wird deshalb als [i] notiert, der Vokal in *Rost, folgen, Tonne* als [o]. Diese Notation (die unter Einbeziehung weiterer artikulatorischer Merkmale noch verfeinert werden kann) ist **phonetisch**.
- **Senkrechte Striche |...|** deuten an, dass von einem abstrakten **Phonem** die Rede ist. Es handelt sich um die **phonologische** Notation. Beispiel: Die deutsche Sprache kennt ein abstraktes konsonantisches Phonem |r| in *reden, brechen, hart* usw. Dieses »abstrakte« |r| kann aber in der konkreten Sprechrealität nur entweder als »Zungenspitzen-*r*« oder als »Zäpfchen-*r*« realisiert werden. Beide Artikulationsmöglichkeiten sind somit die **Allophone** des Phonems |r| und werden als phonetische Einheiten folglich mit [R] = »Zungenspitzen-*r*« und [r] = »Zäpfchen-*r*« notiert.

- **Spitze Klammern <...>** bringen zum Ausdruck, dass es sich um eine Einheit der Schreibsprache, um **Grapheme**, handelt. Beispiel: Das jeweils gleiche Phonem |ē| in *Besen, Meer, lehnen* wird durch <e>, <ee> oder <eh> verschriftet.
- **Asterisk *** bringt zum Ausdruck, dass ein Phonem, ein Wort oder eine Wortform nicht bezeugt, sondern rekonstruiert ist. Beispiel: Das deutsche Personalpronomen *ich* geht auf vorahd. **ik* zurück.

Für ältere Sprachstufen ist eine konsequente Trennung der phonetischen von der phonologischen Ebene aufgrund der eingangs genannten Probleme nur bedingt möglich. Darum können |...| und [...] in der Regel entfallen. In Zusammenhängen, in denen eine solche Unterscheidung relevant ist, wird jedoch entsprechend differenziert.

3.2 | Die Anfänge der Schriftlichkeit im germanisch-deutschen Kulturraum

Aus dem Indo- und Urgermanischen liegen keine schriftlichen Aufzeichnungen vor. Erst auf der Stufe der historischen Einzelsprachen wurden Versuche unternommen, Sprache in Schrift umzusetzen.

Germanische Sprache und lateinische Schrift: Die ersten, die deutschsprachige Aufzeichnungen zu Pergament gebracht haben, waren Mönche, die das Schreiben ausschließlich am **Lateinischen** erlernt hatten. In den relativ seltenen Fällen, in denen sie in ihrer Muttersprache schrieben, bedienten sie sich des erlernten Schriftsystems, das auf das Lateinische zugeschnitten war, nicht auf das Deutsche. Das machte die Sache in manchen Details kompliziert, denn einige Buchstaben (*c, y*) waren für die Wiedergabe des Deutschen entbehrlich. Trotzdem versuchten die ersten deutschen Autoren, sie irgendwie unterzubringen. Gravierender war allerdings, dass das lateinische Alphabet für mehrere Phoneme der Volkssprache keine Grapheme zur Verfügung stellte, etwa für den Konsonanten im Wort *ich* oder das bilabiale [w], das wohl so wie in engl. *water* ausgesprochen wurde. Diese Diskrepanz brachte die Schreiber-Mönche in einige Verlegenheit und nötigte sie zur **orthographischen Improvisation**, weshalb – um nur ein Beispiel von vielen zu nennen – das Wort *Nacht*, das im Althochdeutschen bereits ähnlich gelautet haben muss wie heute, in den frühesten deutschen Quellen unter anderem in den Varianten *nacht, naht, nahct* oder auch *nath* erscheint. Weiterhin kennt das Lateinische keinen Umlaut, also z. B. kein *ü* oder *ö*. Das ist (neben anderem) ein Grund dafür, warum diese typisch deutschen Phoneme erst vergleichsweise spät (sehr zögerlich im Mittelhochdeutschen) in der Schrift durch eindeutige Grapheme repräsentiert sind.

3.2

Laut und Schrift

Die Anfänge der
Schriftlichkeit

Frühes orthographisches Problembewusstsein

Zur Vertiefung

Schreiber der althochdeutschen Zeit haben solche Probleme durchaus schon gesehen. Otfrid von Weißenburg (s. S. 21–23) hat sich in
einem lateinischen (!) Begleitschreiben zu seiner Bibeldichtung ganz
explizit zu diesen Problemen geäußert. Hier der Originalwortlaut und
eine Übersetzung (aus Vollmann-Profe 1987, 20f.):

*Huius enim linguae barbaries ut est inculta et indisciplinabilis atque
insueta capi regulari freno grammaticae artis, sic etiam in multis
dictis scripto est propter literarum aut congeriem aut incognitam
sonoritatem difficilis. Nam interdum tria u u u, ut puto, quaerit in
sono, priores duo consonantes, ut mihi uidetur, tertium uocali sono
manente; interdum uero nec a, nec e, nec i, nec u uocalium sonos
praecauere potui: ibi y grecum mihi uidebatur ascribi. Et etiam hoc el-
ementum lingua haec horrescit interdum, nulli se caracteri aliquotiens
in quodam sono, nisi difficile, iungens; k et z sepius haec lingua extra
usum latinitatis utitur, quae grammatici inter litteras dicunt esse
superfluas. Ob stridorem autem interdum dentium, ut puto, in hac
lingua z utuntur, k autem ob faucium sonoritatem.*

›Wie nun allerdings diese unkultivierte Sprache insgesamt bäurisch ist
und ungebildet, nicht gewohnt, sich dem lenkenden Zügel der Grammatik
zu fügen, so ist auch bei vielen Wörtern die Schreibung schwierig, sei es
wegen der Häufung von Buchstaben, sei es wegen ihrer ungewöhnlichen
Lautung. Denn bisweilen fordert sie, wie mir scheint, drei u u u – die ersten
zwei meines Erachtens konsonantisch lautend, während das dritte u den
Vokalklang beibehält –, bisweilen konnte ich weder den Vokal a, noch ein
e, noch ein i, und auch nicht ein u vorsehen: in solchen Fällen schien es mir
richtig, y einzusetzen. Aber auch gegen diesen Buchstaben sträubt sich diese
Sprache manchmal: sie geht überhaupt bei gewissen Lauten nur mühsam
eine Verbindung mit einem bestimmten Schriftzeichen ein. Diese Sprache
verwendet, abweichend vom Lateinischen, häufig k und z, Buchstaben, von
denen die Grammatiker sagen, sie seien überflüssig. Zum Ausdruck des bisweilen vorkommenden Zischlautes wird, wie ich meine, in dieser Sprache das
z verwendet, das k aber zum Ausdruck des Rachenlautes.‹

Was weiterhin den Rückschluss von Graphemen auf Phoneme und Allophone erschwert, ist die Tatsache, dass sich von Anfang an **Schreibkonventionen** etabliert haben. Bereits für das Althochdeutsche ist das nachzuweisen. Mönche von unterschiedlicher dialektaler Herkunft, die in ein
und demselben Skriptorium, sei es Fulda, St. Gallen oder Regensburg,
arbeiteten, mussten sich auf bestimmte Schreibweisen verständigen, auch
wenn diese nicht mit dem jeweiligen individuellen Sprachgebrauch oder
der Sprache des jeweiligen Umlandes konform gingen.

Runen und die gotische Schrift: Doch schon geraume Zeit bevor Mönche
im deutschen Sprachgebiet des 8. Jh.s allmählich begannen, Muttersprach-
liches mit lateinischen Buchstaben aufzuzeichnen, hat es vereinzelte Versuche gegeben, in einer germanischen Sprache zu schreiben, und zwar mit
Lettern, die teilweise an das lateinische oder griechische Alphabet, teilweise
auch an etruskische Buchstabenformen erinnern, aber in Bestand und Form

59

3.2 Laut und Schrift

Die Anfänge der Schriftlichkeit

doch deutlich davon abweichen. Zum einen sind es die **Runen**, zum andern das **gotische Alphabet** des Bischofs Wulfila, das dieser wohl selbst erfunden hat, um seine gotische Bibelübersetzung niederzuschreiben.

Über **Entstehung und Herkunft der Runen** weiß man nichts Sicheres. Umso mehr konnten deshalb gewagte Hypothesen ins Kraut schießen (zuletzt Vennemann 2006). Einen soliden und kritischen Forschungsüberblick gibt Düwel (2008, 175–181). Das runische »Alphabet« wird nach den ersten sechs Zeichen als **Futhark** bezeichnet. Davon gibt es verschiedene Ausprägungen: Eine ältere Reihe mit 24 Zeichen, die in Skandinavien im Laufe des 7./8. Jh.s durch eine reduzierte, nur 16 Zeichen umfassende Reihe abgelöst wurde. Die Angelsachsen entwickelten ein eigenes Futhark. Das runische Graphiensystem, das bei den Germanen wohl erst in nachchristlicher Zeit entstanden ist, entsprach in seiner älteren Ausprägung dem damaligen Phonemsystem besser als später die lateinische Schrift dem althochdeutschen. Im deutschen Sprachraum kamen die Runen bereits im christlichen Frühmittelalter außer Gebrauch.

Beispiel

Die Steinplatte von Kylver

Ein *Futhark* in Stein

Die Runenschrift diente nicht nur Mitteilungszwecken wie unsere Schrift, sondern den Zeichen wurde auch magische Kraft zugesprochen. In die Steinplatte von Kylver (Gotland), die ins 5. Jh. datiert wird, ist die komplette ältere Futhark-Reihe eingehauen. Es handelt sich um den Überrest eines Steinkistengrabes. Die Platte sollte mithilfe von Runenmagie entweder die Begräbnisstätte vor Raub schützen oder aber die Außenwelt vor dem Toten, von dem man fürchtete, er könne möglicherweise als Wiedergänger zurückkehren. Die Kiste war in der Erde vergraben. Die Runen waren somit nicht zum Lesen bestimmt.

Die gotische Schrift des Wulfila (wohl † 383) folgt zwar in manchen Einzelheiten spätantiken griechischen Konventionen, gibt aber insgesamt das Gotische besser wieder, als es die griechische oder lateinische Schrift vermocht hätte (vgl. Binnig 1999, 42–48; Braune/Heidermanns 2004, 19–26).

Ein gotisches Alphabet

Als zur Zeit Karls des Großen die Goten und ihre kurzlebigen Reiche in Italien und Spanien bereits untergegangen waren, interessierten sich Gelehrte für deren Sprache und Schrift. In eine heute in Wien aufbewahrte Handschrift des frühen 9. Jh.s hat ein Unbekannter das gotische Alphabet mit den Namen der einzelnen Buchstaben, ein paar Worte der Wulfila-Bibel (rechts oben) und die Notation der gotischen Zahlen eingetragen.

Derselbe Codex mit Briefen des Angelsachsen **Alkuin** († 804), der so etwas wie theologischer und bildungspolitischer Berater Karls des Großen war, enthält auch noch eine Liste der altenglischen Variante des Futhark.

Gotisches in der
Wiener Alkuin-
Handschrift

3.3 | (Vor-)Geschichte des deutschen Lautsystems bis zum Frühneuhochdeutschen

In diesem Kapitel wird ein skizzenhafter Abriss der Entwicklungen gegeben, die prägend für das Deutsche waren. Zunächst werden chronologisch die wichtigsten Veränderungsprozesse im Bereich der Vokale dargestellt, danach die wichtigsten konsonantischen Entwicklungen.

Wortakzent: Eine grundlegende Neuerung, die das Germanische gegenüber dem Indogermanischen durchgeführt hat, war die Festlegung des Wortakzents auf der **Stammsilbe**. Das heißt: Außer bei präfigierten Wörtern war stets die **erste Silbe betont**, und zwar unabhängig von der Silbenzahl in der jeweiligen Flexionsform. Diese Struktureigenschaft gilt noch im Neuhochdeutschen. Die Stammsilbenbetonung führte dazu, dass sich

3.3

Laut und Schrift

(Vor-)Geschichte des
deutschen Lautsystems

akzenttragende Vokale anders entwickelten als unbetonte. Das wiederum hatte erhebliche Konsequenzen für die Morphologie und – wiederum als Folge daraus – für die Syntax.

Zur Vertiefung

Forschungsgeschichte 2: »Junggrammatiker« und »Lautgesetze«

Nach der Entdeckung der näheren und ferneren Verwandtschaft der indogermanischen Sprachen untereinander durch die Begründer der historisch-vergleichenden Sprachwissenschaft setzte sich zunehmend die Erkenntnis durch, dass sich Laute nicht beliebig verändern, sondern dass sich hinter lautlichen Veränderungen Gesetzmäßigkeiten verbergen. In den Jahrzehnten um 1900 versuchten die **Junggrammatiker** den Nachweis zu erbringen, dass solche Gesetzmäßigkeiten den **Status von Naturgesetzen** hätten. Die Bezeichnung »Junggrammatiker« war halb bewundernd, halb scherzhaft gemeint, etwa so wie wenn man heute auf anderen Gebieten von »jungen Wilden« spricht. Wichtige Vertreter dieser Forschungsrichtung waren Wilhelm Scherer (1841–1886), Hermann Paul (1846–1921), Carl Verner (1846–1896), Hermann Osthoff (1847–1909), Karl Brugmann (1849–1919) und Wilhelm Braune (1850–1926). Im Vordergrund des junggrammatischen Interesses stand die **Lautgeschichte** und damit die Entdeckung der bei jedem Lautwandel wirkenden Gesetze, kurz: der **Lautgesetze**. Diese methodische Konsequenz, die keine Ausnahmen zuließ, und folglich hinter jeder scheinbaren Ausnahme von einem erkannten Gesetz nur eine quer dazu verlaufende andere Gesetzmäßigkeit vermutete, die es aufzudecken galt, führte zu bahnbrechenden Entdeckungen. Als einziger »Störfaktor« beim reibungslosen Ablauf der Lautgesetzte wurde nur **Analogie** zugelassen. Das heißt: durch gegenseitige Beeinflussung zusammengehöriger Wortformen können Laute verändert oder Lautgesetze außer Kraft gesetzt werden, ohne dass der Vorgang »gesetzlich« wäre. Wenn man beispielsweise in manchen Gegenden sagt *geb mir mal das Buch*, dann ist nicht etwa das *i* von *gib* aufgrund eines Lautgesetzes zu *e* geworden, sondern es liegt Analogie zu *geben* vor.

Die heute noch maßgeblichen Grammatiken des Gotischen (Braune/Heidermanns 2004, Erstauflage 1880), des Althochdeutschen (Braune/Reiffenstein 2004, Erstauflage 1886) und des Mittelhochdeutschen (Paul 2007, Erstauflage 1881) haben über die Jahrzehnte hinweg viele Neuauflagen und Veränderungen erlebt, gehen aber letztlich auf führende Junggrammatiker zurück und lassen nach wie vor junggrammatische Konzepte erkennen. Zwar ist die sprachhistorische Forschung mittlerweile von dem Dogma der Ausnahmslosigkeit der Lautgesetze abgerückt. Man hat erkannt, dass in jeder natürlichen Sprache auch soziologische und kulturelle Faktoren, Sprachkontakte und Normierungen Veränderungen hervorrufen, die keineswegs gesetzmäßig verlaufen. Dennoch haben wichtige Erkenntnisse der Junggrammatiker noch heute Bestand. Die folgende Darstellung der wichtigsten lautlichen Entwick-

62

Laut und Schrift

Vokale

lungslinien vom Indogermanischen bis zum Deutschen basiert in wesentlichen Teilen auf junggrammatischen Einsichten (weiterführend Gardt 1999, 268–288).

3.3.1 | Vokale

Man kann die Vokale je nach der Position, die die Zunge bei der Artikulation im Mundraum einnimmt, in einem trapezförmigen Schema anordnen. Für die deutsche Gegenwartssprache gibt die Duden-Grammatik (2005, 28) folgendes Schema, das auch Allophone, also phonetische Zwischenstufen berücksichtigt:

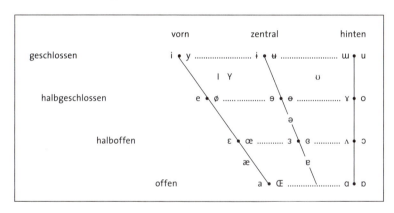

Das Vokaltrapez (Duden-Grammatik)

Wir können für unsere Belange zunächst jedoch davon abstrahieren und dieses Trapez auf ein Dreieck mit »Eckvokalen« reduzieren – allerdings in doppelter Ausführung mit **Kurz- und Langvokalen**.

1. Indogermanische Symmetrie: Für das Indogermanische kann man ein symmetrisches Vokalinventar erschließen, in dem alle Positionen besetzt sind:

Kurzvokale			Langvokale	
*i		*u	*ī	*ū
*e		*o	*ē	*ō
	*a			*ā

Vokalinventar des Indogermanischen

2. Urgermanische »Asymmetrie«: Diese symmetrischen indogermanischen Vokalsysteme gerieten aber schon auf urgermanischer Stufe sozusagen »aus der Balance«, indem bei den Kurzvokalen *a und *o zu *a und bei den Langvokalen *ā und *ō zu *ō zusammenfielen. Daraus ergaben sich folgende urgermanische Systeme:

3.3 Laut und Schrift

(Vor-)Geschichte des deutschen Lautsystems

Vokalinventar des Urgermanischen

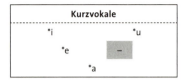
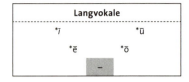

Solche Erkenntnisse wurden durch systematischen Sprachvergleich gewonnen. Das Lateinische hat (ähnlich wie andere Nachfolgesprachen des Indogermanischen) den ererbten Vokalismus in Teilen gut konserviert und weist deshalb noch symmetrische Vokalsysteme (mit kurzem *o* und langem *ā*) auf. Darum stehen sich z. B. gegenüber:

- lat. *octo* und dt. *acht*, lat. *nox* (Gen. *noct-is*) und dt. *Nacht*, jeweils mit kurzen Stammvokalen,
- lat. *māter* und urg. **mōder* (über ahd. *muoter* zu nhd. *Mutter* weiterentwickelt).

Zur Vertiefung

Forschungsgeschichte 3: Strukturalismus

Als Begründer des sprachwissenschaftlichen Strukturalismus gilt der Schweizer Forscher Ferdinand de Saussure (1875–1913). Anders als die Junggrammatiker, die Einzelentwicklungen von Lauten als Folge von nicht weiter hinterfragbaren »Lautgesetzen« verstanden, versuchten die Strukturalisten, Veränderungen in Systemzusammenhängen zu verstehen. Phoneme oder auch grammatische Formen werden nicht isoliert, sondern in funktionalen Systemzusammenhängen gesehen. Dass asymmetrisch gewordene Vokalsysteme (Entsprechendes gilt auch für Konsonantensysteme) dazu tendieren, einen »Balanceverlust« wieder auszugleichen, ist eine elementare Erkenntnis des Strukturalismus. Junggrammatische Betrachtung und Strukturalismus schließen sich gegenseitig nicht notwendigerweise aus, sondern können sich sinnvoll ergänzen. Die Darstellung der Veränderungen einzelner Vokale (oder Konsonanten) ist ihrem Wesen nach junggrammatisch. Der Gedanke, dass die Asymmetrie weitere Veränderungen auslöst, ist strukturalistisch (weiterführend: Gardt 1999, 289–301).

Für das Urgermanische können außerdem drei Diphthonge rekonstruiert werden, nämlich **ai̯*, **au̯* und **eu̯*. Sie sind aus idg. **oi̯*, **au̯* und **eu̯* hervorgegangen (das Häkchen unter der zweiten Komponente deutet an, dass es sich nicht um volle Vokale gehandelt hat, sondern um Halbvokale, sogenannte **Resonanten**; s. S. 119).

3. Westgermanische Veränderungen: Noch bevor die ersten althochdeutschen Sprachzeugnisse niedergeschrieben wurden, in einer Phase zwischen dem Urgermanischen und dem Althochdeutschen, erfuhr das Vokalsystem weitere Veränderungen, die Entsprechungen im Altenglischen, Altfriesischen, Altniederdeutschen und Altniederfränkischen haben, also wohl in eine gemeinsame westgermanische Vorstufe dieser

Sprachen zu datieren sind. Das Gotische und auch das Altnordische teilten diese Entwicklungen nicht oder nur noch teilweise. Sie gingen in der Entwicklung der einzelnen Vokale auch andere Wege, die in unserem Zusammenhang nicht weiter zu verfolgen sind (vgl. dazu Binnig 1999; Nedoma 2001). Bei den Langvokalen entwickelte sich langes *$\bar{e}$ zu *$\bar{a}$, besetzte also die im Urgermanischen »frei gewordene« Stelle, hinterließ aber seinerseits eine Lücke im System, die dann ein »neues« langes *$\bar{e}$ ausfüllte, das sich aus verschiedenen Quellen speiste. Zur Unterscheidung wird das »alte« *$\bar{e}$ als *$\bar{e}_1$ bezeichnet, das »neue« als *$\bar{e}_2$.

> **Westgermanische Vokalentwicklungen**   **Beispiele**
> Die Entwicklung des langen *$\bar{e}_1$ lässt sich noch an Namen beobachten, die in antiken lateinischen Quellen belegt sind. So lebt der Name der *Su$\bar{e}$bi* in *Schw$\bar{a}$ben* weiter. Dem antiken (latinisierten) *Theudom$\bar{e}$rus* entspricht der deutsche Name *Dietm$\bar{a}$r*.
> Das *$\bar{e}_2$ ist vom heutigen Deutschen her etwas schwerer zu fassen, weil es früh zu ahd. *ia* (daraus mhd. *ie*) diphthongiert und im Frühneuhochdeutschen wieder zu langem *$\bar{\imath}$* monophthongiert worden ist. Auch Lehnwörter unterliegen diesem Lautwandel, z. B.
> - lat. *t$\bar{e}$gula* > ahd. *ziagal* > mhd. *ziegel* > nhd. *Ziegel*
> - lat. *br$\bar{e}$vis* > ahd. *briaf* > mhd. *brief* > nhd. *Brief*
>
> Dabei steht <ie> in nhd. *Ziegel* und *Brief* jeweils für langes |$\bar{\imath}$|.

4. Voralthochdeutsche Umlaute: Schon vor dem Einsetzen der frühesten schriftlichen Quellen ist ein kurzes *e* unter dem Einfluss eines *i*, *j* oder *u* in der Folgesilbe zu *i* umgelautet worden. Da *i* im Vokaldreieck höher steht als *e*, kann man auch von »Hebung« sprechen. Kurzes *u* wurde vor einem *a* in der Folgesilbe zu *o*, somit also »gesenkt«, es sei denn eine Verbindung aus einem Nasal und einem weiteren Konsonanten hat dies verhindert. Damit ergibt sich für eine voralthochdeutsche Phase folgendes System:

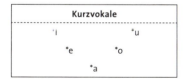 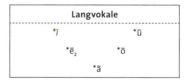

Das voralthochdeutsche Vokalsystem

Im Ergebnis sind durch die genannten Vokalveränderungen sowohl bei den Kurz- wie auch den Langvokalen wieder »symmetrische« Systeme entstanden.

Dieselben Folgephoneme, die dazu geführt haben, dass *e* zu *i* gehoben wurde (also *i*, *j* und *u*), haben auch den Diphthong urg. *$e\underset{\,}{u}$ beeinflusst. Von diesem Diphthong wurde die erste Komponente, das *e*, ebenfalls gehoben. Es ergab sich *$i\underset{\,}{u}$. Damit erhöhte sich die Zahl der voralthoch-

3.3 Laut und Schrift

(Vor-)Geschichte des
deutschen Lautsystems

deutschen Diphthonge auf vier: *ai̯*, *au̯*, nicht umgelautetes *eu̯* und –
neu – daraus hervorgegangenes umgelautetes *iu̯*. Diese Vorgänge haben
direkte oder indirekte Reflexe noch in der Gegenwartssprache.

Beispiele | **Die Nachhaltigkeit prähistorischer Umlaute**

e > i: Am deutlichsten ist dieser Wandel in der Präsensflexion von Verben
wie *geben, nehmen, sprechen* (und vielen anderen) fassbar. Diese Verben
weisen noch heute einen Vokalwechsel von *e* und *i* auf: *ich gebe* (*nehme,
spreche*), aber *du gibst* (*nimmst, sprichst*) und *er gibt* (*nimmt, spricht*). Im
Althochdeutschen lautete die 2. Person Singular *gibis, nimis, sprichis*, die
3. Person *gibit, nimit, sprichit*. Das *i* der Nebensilbe verursachte jeweils
den Umlaut *e > i*. Noch bis ins 15. Jh. hatte auch die 1. Person Singular den
Stammvokal *i*. Hier war ein (vor-)ahd. *u* die Ursache. Die Formen lauteten
ahd. *gibu, nimu, sprichu*, woraus mhd. *ich gibe, nime, spriche* wurde. Erst
im Laufe der frühneuhochdeutschen Periode wurde die 1. Person Singular
analog zum Plural bzw. Infinitiv umgestaltet. Der Wandel *e > i* trat außerdem vor *m* oder *n* und einem weiteren Konsonanten ein.

eu̯ > iu̯: Der unter denselben Bedingungen eingetretene Umlaut von urg.
eu̯ zu ahd. *iu̯* hat im Neuhochdeutschen keine so deutlichen Spuren hinterlassen. Die Folgen zeigen sich aber noch in Wörtern, die zwar etymologisch
zusammengehören, aber lautlich differieren wie z. B. *Licht* und *leuchten*.
Sowohl dem *i* in *Licht* als auch dem *eu* in *leuchten* liegt urg. *eu̯* zugrunde. Die germanische Vorform von *Licht* ist als *leu̯χt-a-* anzusetzen. Das
a in der zweiten Silbe verursachte keinen Umlaut. Im Althochdeutschen
ergab sich deshalb *leoht*, später *lioht*, woraus mhd. *lieht* und schließlich
nhd. *Licht* wurde. Das davon abgeleitete Verb dagegen lautete *leu̯χt-jan*,
das aufgrund des *j* in der Folgesilbe zu *liu̯χt-jan* wurde. Das ergab ahd.
liuhten, dessen *iu* über mhd. *ṻ*, zu nhd. *eu* wurde. Deshalb heißt es heute
leuchten. Vergleichbar sind z. B. auch *siech* und *Seuche*.

u > o: Auch der Umlaut von *u* zu *o* aufgrund eines nachfolgenden *a* zeigt
sich noch in etymologisch zusammengehörigen Wortpaaren. Ein Beispiel
sind *voll* und *füllen*. Zugrunde liegt jeweils urg. *u*. Das Adjektiv geht zurück auf urg. *full-a-*. Daran traten noch Flexionsendungen (die hier nichts
zur Sache tun). Das *a* bewirkte, dass das vorausgehende *u* zu *o* gesenkt
wurde. Dagegen lässt sich *füllen* auf urg. *full-ij-* (plus Flexionsendung)
zurückführen. Hier hat das *ij* zwar später den Umlaut *u* zu *ü* bewirkt, aber
wichtig in unserem Zusammenhang ist, dass kein *a*-bedingter Umlaut wie
beim Adjektiv eingetreten ist. Ähnliche Verhältnisse gelten bei *Gold* und
gülden oder *geholfen* und *Hilfe* (dieses aus älterem *hülfe*).

5. Althochdeutsche Entwicklungen: Auf althochdeutscher Stufe erfahren
Diphthonge, Lang- und Kurzvokale weitere Veränderungen.

Zwischen **Langvokalen und Diphthongen** kam es zu Austauschbewe-
gungen, weshalb es zweckmäßig ist, sie zusammen zu behandeln. Die
alten Langvokale *ō* und *ē₂* wurden **diphthongiert**, und zwar *ō > uo* und
ē₂ > ia (später *ie*). Dagegen trat Monophthongierung *ai̯ > ē* und *au̯ > ō*

ein, wenn dem *a̯i ein *r, *χ oder *w, dem *au̯ ein *r, *χ oder ein Dental folgte. Ansonsten ergab sich *a̯i > ei und *au̯ > ou. Der Diphthong urg. *eu̯ wurde, soweit nicht Umlaut zu *iu̯ eintrat (s. o.), im Althochdeutschen zunächst zu eo, später über eine Zwischenstufe io zu ie.

> **Einige exemplarische Wortentsprechungen**
> Die Folgen der althochdeutschen Diphthongierung kann man noch heute erkennen, wenn man Wörter wie *Flut, Blut, Fuß* mit ihren englischen Entsprechungen *flood, blood, foot* vergleicht. Das |ū| in den deutschen Wörtern geht zurück auf ahd. *uo* und dieses auf urg. *ō, das im Englischen noch indirekt erkennbar ist. Die heutige englische Aussprache ist zwar jünger, aber die Schreibung <oo> verrät noch, dass ein langes ō zugrunde liegt.
> Die Diphthongierung des *ē₂ kann man gut in lateinischen Lehnwörtern fassen wie z. B. lat. *spĕculum* > ahd. *spiagal* ›Spiegel‹, lat. *fēbris* > ahd. *fiabar* ›Fieber‹. Von lat. *brĕve* ›kurz‹ leitet sich ahd. *briaf* ›Brief‹ her. Auswirkungen der althochdeutschen Monophthongierung kommen bei der Behandlung der Stammformen der starken Verben (s. Kap. 4.1.2) zur Sprache.

Beispiele

Im Bereich der **Kurzvokale** kommt es zu **Umlauten**. Schon voralthochdeutsch verursachte *i, j* oder *u* in der Flexionssilbe Umlaut *e > i* in der Stammsilbe. In einer sehr frühen althochdeutschen Phase erfolgte auch *a > e* vor nachfolgendem *i, ī* oder *j*, sofern nicht *ht, hs* oder eine Verbindung aus Konsonant + *w* diesen Vorgang blockierten. Manche Wörterbücher und Grammatiken kennzeichnen das »alte«, nicht erst durch Umlaut entstandene *e* mit *ë*, das neue Umlautprodukt mit *ę*, denn die beiden Vokale waren artikulatorisch nicht identisch. Es ergibt sich für das Althochdeutsche zunächst folgendes System:

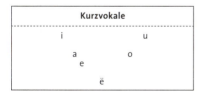

Die althochdeutschen Kurzvokale

Den Umlaut *a > ę* bezeichnet man als **Primärumlaut**, weil er wesentlich früher schriftlich bezeugt ist als eine Reihe weiterer Umlaute, die erst ganz allmählich im Mittelhochdeutschen von den Schreibern notiert worden sind und wegen dieser zeitlichen Verzögerung als **Sekundärumlaut** bezeichnet werden. Die auslösenden Faktoren sind dabei jedoch dieselben wie beim Primärumlaut. Es spricht vieles dafür, dass auch die Umlaute von *ā, o, ō, u, ū, ou, uo* sowie *a* vor *ht, hs* und *w* schon auf althochdeutscher Stufe artikulatorisch vollzogen waren, aber noch keinen Phonemstatus erreicht hatten. Oder anders gesagt: Die Sprecher (und Schreiber)

(Vor-)Geschichte des deutschen Lautsystems

des Althochdeutschen empfanden die Umlaute noch als Varianten (Allophone) der entsprechenden nicht umgelauteten Vokale. Hinzu kam, dass das lateinische Alphabet für Umlaute gar keine Buchstaben zur Verfügung stellte. Phonemstatus erlangten diese erst in dem Moment, als sie phonologisch in Opposition zu ihren nicht umgelauteten Pendants traten. Diese Situation war in dem Moment gegeben, als die umlautverursachenden Laute aufgrund der Endsilbenreduktion nivelliert waren.

Zur Vertiefung

> ### *schön* und *schon*
>
> Kaum jemand würde intuitiv *schön* und *schon* als zusammengehörig empfinden. Erst in historischer Perspektive wird deutlich, dass beide Wörter sozusagen »aus einer Wurzel« stammen. Nhd. *schön* geht nämlich zurück auf mhd. *schœne* und dieses auf ahd. *skōni*. Man muss bis ins Althochdeutsche zurückgehen, um das für nhd. *ö* »verantwortliche« *i* fassen zu können, denn der Umlaut von *ō* kann nur eingetreten sein, als das auslösende *i* in der Nebensilbe noch als solches erhalten und nicht zu *e* abgeschwächt war. Zum Adjektiv ahd. *skōni* wurde das Adverb *skōno* gebildet, dessen *o* in der zweiten Silbe aber keinen Umlaut bedingte. Die entsprechende mittelhochdeutsche Form musste nach Abschwächung in der unbetonten Silbe *schōne* ergeben. Nach dem völligen Schwund von auslautendem *-e* blieben nur noch *schön* und *schon* »übrig«.
>
> Das Beispiel zeigt aber noch mehr: Im Althochdeutschen unterschieden sich das Adjektiv *skōni* und das Adverb *skōno* durch die Vokale in der Nebensilbe. Zwar war der Stammvokal des Adjektivs in der Sprechsprache wohl schon umgelautet, doch empfand man das nicht als distinktiv. Erst als die Nebensilbenvokale infolge der Abschwächung gleich geworden waren, wurde der Unterschied der Stammsilbenvokale phonetisch relevant.

Für das Althochdeutsche lassen sich also folgende Kurz- und Langvokale erschließen (Umlautallophone sind durch *Kursivdruck* und [eckige Klammern] gekennzeichnet).

Althochdeutsche Kurz- und Langvokale

Kurzvokale				
|i|		*[ü]*		|u|
	[ä]	*[ö]*		
	|ę|		|o|	
	|ë|			
		|a|		

Langvokale				
|ī|		*[ū̄]*		|ū|
	|ē|	*[ō̄]*	|ō|	
	[æ]			
		|ā|		

Auch die Diphthonge erhielten bereits auf althochdeutscher Stufe allophonischen »Zuwachs«, denn zu den Phonemen |ou| und |uo| haben sich unter Umlautbedingungen die Allophone [öu] und [üe] ausgebildet.

6. Mittelhochdeutsche Entwicklungen: Das althochdeutsche System wurde auf mittelhochdeutscher Stufe nicht wesentlich verändert, soweit

3·3
Laut und Schrift

Vokale

es die Vokale betrifft, die den Wortakzent trugen. Die einschneidendste Entwicklung war die Phonemisierung der Umlautallophone. Daraus ergeben sich folgende mittelhochdeutsche Phonemsysteme:

Kurzvokale		
|i|	|ü|	|u|
|ä| |ẹ| |ë|	|ö|	|o|
	|a|	

Langvokale		
|ī|	|ǖ|	|ū|
|ē| |æ|	|ȫ|	|ō|
	|ā|	

Mittelhochdeutsche Kurz- und Langvokale

Darüber hinaus fielen die Diphthonge ahd. *io* und *ia* in mhd. *ie* zusammen. Der Diphthong ahd. *iu* wurde monophthongiert und damit gleichlautend mit langem *ǖ* (dem Umlaut von *ū*). Die – zumindest in den gängigen Textausgaben – übliche Schreibung für diesen Laut ist <iu>. Das Mittelhochdeutsche hatte somit folgende Diphthonge: *ei, ie, ou, öu, uo* und *üe*.

Ganz anders stellt sich das Bild bei den **Nebensilben** dar, also bei unbetonten Präfixen und bei Flexionsmorphemen am Wortende. Im Übergang vom Alt- zum Mittelhochdeutschen wirkte sich die bereits im Germanischen zur Regel gewordene Stammsilbenbetonung (s. S. 61 f.) in der Weise aus, dass Vokale zu einem phonetisch indifferenten Vokal reduziert wurden, der meistens als <e> wiedergegeben wurde, aber bereits den Lautwert [ə] gehabt haben kann (z. B. *gisprochan > gesprochen*). Im Althochdeutschen konnten in Nebensilben noch alle Kurz- und Langvokale vorkommen (Braune/Reiffenstein 2004, 60–64).

Für **Wortbildungsmorpheme** (s. S. 266) mit Nebenakzent gelten Sonderbedingungen. Sie werden deshalb nicht in derselben Weise abgeschwächt wie Flexionssilben.

Ein alt-/mittelhochdeutscher Textvergleich

Textbeispiel 5

Diese Abschwächung lässt sich gut an zwei Übersetzungen des *Paternoster* zeigen. Links eine noch vor 800 geschriebene Version (*St. Galler Pn.*), rechts eine freiere Entsprechung des 12. Jh.s (*Spec. Eccl.* 156,13–18).

	St. Galler Paternoster	*Speculum Ecclesiae*
1	*Fater unseer, thu pist in himile*	*Got uater unser, du bist in den himelen,*
2	*uuihi namun dînan*	*geheilegot werde din name*
3	*qheme rihhi din*	*zŏ chome uns din riche*
4	*uuerde uuillo diin*	*daz din wille werde eruollet*
5	*so in himile sosa in erdu*	*hie nerde als da ze himele.*
6	*prooth unseer emezzihic kip uns hiutu*	*Gib uns, herre, unser tagelich brôt*
7	*oblaz uns sculdi unseero*	*unde uergib uns unsere sculde*
8	*so uuir oblazem uns sculdikem*	*als uuir uergeben unseren scolaren.*
9	*enti ni unsih firleiti in khorunka*	*La uns niht uerleitet werden, herre in die bechorunge des ewigen todes,*
10	*uzzer losi unsih fona ubile*	*sunder du erlose uns, herre, uon alleme ubele.*

69

Anmerkungen	1	*unseer – unser*: <ee> zeigt an, dass der Vokal lang war. Im Mittelhochdeutschen ist Kürzung eingetreten. *himile – himelen*: Kürzung in unbetonter Mittelsilbe.
	3	*rihhi – riche*: Abschwächung *i > e*.
	4	*willo – wille*: Abschwächung *o > e*.
	5	*erdu – nerde*: Das *n* am Wortanfang ist der Rest der reduzierten Präposition *in*, die proklitisch ans Substantiv gefügt wurde. Auch diese Reduktion ist auf Unbetontheit zurückzuführen. Im Auslaut Abschwächung *u > e* .
	6	*tagelich*: *i* (wahrscheinlich noch [ī]) ist aufgrund des Nebenakzents nicht abgeschwächt.
	7	*sculdi – sculde*: Abschwächung *i > e*. *unseero – unsere*: Abschwächung *ē > e* und *o > e*.
	9	*firleiti – uerleiti*: Abschwächung *i > e* (<u> steht wie häufig in mittelhochdeutschen Texten für [f]). *khorunka – bechorunge* (beides bedeutet ›Versuchung‹): Aufgrund des Nebenakzents ist *u* nicht abgeschwächt; jedoch Abschwächung *a > e* im Schwachton.
	10	*losi – erlose*: Abschwächung *i > e*. *fona – uon*: Hier ist der auslautende Vokal nicht nur abgeschwächt, sondern völlig geschwunden. *ubile – ubele*: Abschwächung *i > e* in unbetonter Mittelsilbe.

7. Entwicklungen zum und im Frühneuhochdeutschen: Bei der Darstellung der Entwicklungen des Alt- und Mittelhochdeutschen wurde von regionalen Varianten abstrahiert, obwohl die Quellen zeigen, dass die althochdeutsche Mono- und Diphthongierung, die verschiedenen Umlaute und auch die Vokalabschwächung nicht im gesamten Sprachgebiet gleichzeitig und auf gleiche Weise eingetreten sind. Im Frühneuhochdeutschen ist (nicht zuletzt wegen der immensen Textmasse, die nun zur Verfügung steht), eine starke dialektale Gliederung zu beobachten, die zu berücksichtigen sein wird. Das Material erlaubt auch Aussagen über Ort, Zeit und Milieu sprachlicher Veränderungen.

In **unbetonten Silben** setzt sich der Erosionsprozess fort. Die einzelnen Sprachlandschaften differieren in der Bezeichnung des Reduktionsvokals. Weithin üblich ist <e>. Ein regionales Merkmal des Ostmitteldeutschen von Thüringen bis Schlesien sind <i>-Graphien in den entsprechenden Wortpositionen. Im alemannischen Südwesten kommen gehäuft auch <o> und <u>-Schreibungen vor. Der vor allem im Süden häufige völlige Schwund von *-e* am Wortende wird als **Apokope** bezeichnet (weiterführend Lindgren 1953). In den gesprochenen Dialekten von heute bestehen die Unterschiede noch fort, während sie seit etwa dem 18. Jh. in der Schrift- und Standardsprache zugunsten der *e*-Formen ausgeglichen sind. Im 16. und 17. Jh. war das Vorhandensein oder Fehlen dieses *-e* geradezu ein **Konfessionsmerkmal**. Die (mitteldeutschen) Protestanten gingen in die *Kirche* zur *Messe*, und ihre Kinder erhielten die *Taufe*. Die (süddeutschen) Katholiken dagegen gingen in die *Kirch* zur *Mess*. Und der Pfarrer spendete die *Tauf* (zu diesem »lutherischen *e*« vgl. Habermann 1997).

Laut und Schrift

Vokale

Schwindet ein unbetonter Vokal im Wortinneren (z. B. mhd. *gelīch* > fnhd. *gleich*, mhd. *himeles* > fnhd. *himels*), so liegt **Synkope** vor. Ein Sonderfall davon ist die **Ekthlipsis**, der Schwund eines unbetonten Vokals zwischen zwei gleichen oder ähnlichen Konsonanten (z. B. mhd. *gebetet* > fnhd. *gebet*, mhd. *geschadet* > fnhd. *geschat*).

Alemannische Klatschweiber und Nebensilbenvokale Textbeispiel 6
Die Graphien <u> und <v>, ebenso ihre Majuskel-Varianten <U> und <V> sind im Frühneuhochdeutschen vielfach austauschbar. Das ist der Fall bei dieser Inschrift des frühen 14. Jh.s in der Kirche St. Georg auf der Reichenau im Bodensee.

Die Kuhhaut vom Bodensee

Auf der Kuhhaut, die von vier Teufeln auseinandergezogen wird, ist zu lesen:

ICH WIL HIE SHRIBVN VON DISEN TVMBEN WIBVN WAS DA WIRT PLAPLA GVSPROCHVN VPPIGS IN DER WOCHVN DAS WIRT ALLVS WOL GVDAHT SO ES WIRT FVR DEN RIHTER BRAHT.

›Ich will hier schreiben von diesen törichten Frauen, was da Blabla geredet wird, überflüssiges Zeug die ganze Woche über. Mit alledem wird abgerechnet, wenn es vor den Richter gebracht wird‹.

Den Text hat gerade ein weiterer Dämon geschrieben, der auf der Haut sitzt. Darüber sind zwei gestikulierend ins Gespräch vertiefte Frauen abgebildet. Wir haben hier nicht nur einen bildlichen Nachweis für die Existenz der Redensart *das geht auf keine Kuhhaut* schon im Mittelalter, zudem einen frühen Beleg für verächtliches *blabla* und obendrein ein frauenfeindliches Vorurteil – sondern auch für <V> in unbetonten alemannischen Nebensilben!

71

3.3 Laut und Schrift

(Vor-)Geschichte des deutschen Lautsystems

Haus und Hus vom 12. bis 16. Jh. (aus Fleischer u. a. 1983, 613)

»Neuhochdeutsche« Diphthongierung: Ab etwa 1200, also noch in mittelhochdeutscher Zeit, erscheinen im Südosten des Sprachgebiets (Kärnten, Steiermark) für die Reihe der **hohen Langvokale** *ī*, *ū* und *ū* Graphien wie <ei>, <eu>, <au> (mit verschiedenen Varianten), die darauf hindeuten, dass sich daraus in einem **Reihenschritt steigende Diphthonge** entwickelt haben (»steigend« deshalb, weil die zweite Komponente bezogen auf das Vokaldreieck höher liegt als die erste). Entsprechende Formen erscheinen um 1300 an der Donau, um 1400 im Maingebiet, um 1500 im Westen am Rhein und an der Elbe im Osten. Im 16. Jh. werden noch das Moselgebiet und Teile von Hessen erfasst. Weite Bereiche des Alemannischen und der niederdeutsche Raum behalten jedoch die alten Langvokale bei.

Zwar vollzieht sich in Teilen des Sprachgebiets der Lautwandel erst in frühneuhochdeutscher Zeit, doch kann man wegen der Verbreitung schon im Mittelhochdeutschen nur bedingt von **frühneuhochdeutscher Diphthongierung** sprechen. Die Bezeichnung hat sich jedoch eingebürgert und wird auch beibehalten.

Das Kartenbild suggeriert zwar eine kontinuierliche Ausbreitung, doch ist zu bedenken, dass sich die Jahrhundertangaben auf das Erscheinen von Diphthong**schreibungen** beziehen. Ein fortschreitendes »Durchreichen« des Lautwandels darf daraus nicht direkt abgeleitet werden. Es kann sich auch um einen **polygenetischen** Lautwandel handeln, der sich in der gesprochenen Sprache in unterschiedlichen Regionen etwa gleichzeitig vollzogen hat, dessen Bezeichnung in der Schrift sich von Südosten her ausgebreitet hat. Für diese Annahme spricht, dass es etwa zur gleichen Zeit in England zu ganz ähnlichen Diphthongierungen gekommen ist wie z. B. dt. *Haus* : engl. *house*, dt. *treiben* : engl. *drive* (nur die Schreibkonventionen sind anders). Die Annahme, dass sich der Lautwandel von Deutschland nach England (oder umgekehrt) ausgebreitet hätte, wäre natürlich absurd.

Beispiele	Mhd.	Nhd.
ī > [ae] : <ei>	mîn, sîte, schrîben, wît, rîch	mein, Seite, schreiben, weit, reich
ū > [oi] : <eu>	liute, hiute, tiur, iuwer, hiuser	Leute, heute, teuer, euer, Häuser
ū > [ao] : <au>	hûs, sû, ûf, rûch, sûfen	Haus, Sau, auf, rau, saufen

Vokale

»Neuhochdeutsche« Monophthongierung: Einen dazu komplementären Prozess stellt die neuhochdeutsche Monophthongierung dar. Auch hier liegt ein **Reihenschritt** vor, denn die drei **fallenden Diphthonge** des Mittelhochdeutschen, *ie*, *uo* und *üe*, wurden zu *ī*, *ū* und *ǖ* monophthongiert. Auch dieser Prozess setzte bereits im Mittelhochdeutschen ein (erste Anzeichen traten um 1100 im Nordwesten des hochdeutschen Gebietes auf). Die Monophthongierung bleibt in der gesprochenen Sprache auf das Mitteldeutsche beschränkt. Im oberdeutschen Raum spricht man in den Dialekten bis heute Diphthonge, doch wurden bereits im 15. Jh. Monophthong**schreibungen** teilweise übernommen. Die Monophthongierung *ie* > *ī* wurde in der Schrift vielfach dadurch nivelliert, dass <e> zum Längenzeichen umgedeutet wurde.

	Mhd.	Nhd.
ie > ī	*lieb, biegen, rief, brief, dieb* (<ie> : [ie])	*lieb, biegen, rief, Brief, Dieb* (<ie> : [ī])
uo > ū	*guot, bluot, bruoder, huot, gruop*	*gut, Blut, Bruder, Hut, grub*
üe > ǖ	*wüest, trüeb, wüeten, büeʒen, üeben*	*wüst, trüb, wüten, büßen, üben*

Beispiele

Qualitativer Diphthongwandel: Die nicht monophthongierten mhd. *ei*, *ou* und *öu* behielten zwar ihren Diphthongcharakter bei, veränderten sich jedoch **qualitativ**: Mhd. *ei* (das wohl ähnlich wie der Diphthong in engl. *wait* oder *gate* artikuliert wurde), veränderte seinen phonetischen Charakter zu [ae]. Die übliche Schreibung <ei> oder <ey> wurde beibehalten. Im Oberdeutschen setzte sich zunehmend <ai> oder <ay> durch. Heute ist <ai> auf wenige Lexeme beschränkt und dient vornehmlich zur Unterscheidung von Homonymen (*Leib* : *Laib*, *Seite* : *Saite*). Für mhd. *ou* setzen sich seit dem 14. Jh. von Süden her die Graphien <au> und <aw> durch. Mhd. *öu* wird in der Schrift zunächst durch fnhd. <eu>, <ew> wiedergegeben, später aus systematischen Gründen teilweise als <äu>.

	Mhd.	Nhd.
ei > [ae] : <ei>	*geist, teic, heilec, keiser, leip*	*Geist, Teig, heilig, Kaiser, Laib*
öu > [oi]: <äu> / <eu>	*öugelīn, tröumen, vröude, höu*	*Äuglein, träumen, Freude, Heu*
ou > [ao]: <au>	*ouge, ouch, boum, vrouwe, tou*	*Auge, auch, Baum, Frau, Tau*

Beispiele

Dieser qualitative Diphthongwandel und die Diphthongierung der hohen Langvokale hatten einen dreifachen Phonemzusammenfall zur Folge:
- Mhd. *ī* und *ei* > nhd. [ae] : <ei>
- Mhd. *ǖ* und *öu* > nhd. [oi] : <eu> oder <äu>
- Mhd. *ū* und *ou* > nhd. [ao] : <au>

Diese Phonemzusammenfälle gelten für die neuhochdeutsche Standardsprache. In den Dialekten sind die mittelhochdeutschen Langvokalreihe und die Diphthongreihe teilweise getrennt geblieben.

Vokalsenkung: Vor *m* und *n*, teilweise auch vor *l* und *r* erfolgte **Senkung** der hohen Kurzvokale *i*, *ü* und *u* zu *e*, *ö* bzw. *o*. Dieser Lautwandel trat schon im 12. Jh. vor allem im Westmitteldeutschen auf und erreichte im 14. Jh. auch das Ostmitteldeutsche. Das Oberdeutsche ist kaum davon betroffen. In der letzten Phase des Frühneuhochdeutschen (16./17. Jh.) gehen Schreibungen wie *wonde* ›Wunde‹ oder *hemel* ›Himmel‹ wieder zurück. Einige Wörter (*König, Sohn, Sommer, Sonne*) werden jedoch beibehalten.

Vokalrundung und -entrundung: Durch Rundung von *e, i, ei*, d. h. Aussprache mit gerundeten Lippen, ergibt sich *ö, ü, eu*. »Entrundung« bezeichnet den entgegengesetzten Vorgang, nämlich die Aufgabe der Lippenrundung bei der Artikulation von *ö, ü, eu*, was zu *e, i, ei* führt. Anders als Diphthongierung, Monophthongierung und qualitativer Diphthongwandel, die auf nahezu alle Vorkommensfälle zutreffen, sind Rundung und Endrundung nur teilweise eingetreten. Rundungen und Entrundungen wurden im Laufe des Frühneuhochdeutschen partiell auch wieder zurückgenommen. Besonders prädisponiert für gerundete Aussprache sind Vokale in der Umgebung von Konsonanten, die mit Lippenrundung artikuliert werden, also *š, l* und bilabiales *w*. Die Rundung wurde auf den benachbarten Vokal gewissermaßen »übertragen«. Es ergaben sich phonetische Zusammenfälle mit den Umlautprodukten *ö, ü, äu* aus mhd. *o, u, ou*.

Beispiele

	Mhd.	Nhd.
Rundung	*helle, zwelf, swern, lewe, flistern*	*Hölle, zwölf, schwören, Löwe, flüstern*
Entrundung	*eröugnen* (zu *ouge!*)*, küssen, sprützen, bülez, ströufen*	*ereignen, Kissen, spritzen, Pilz, streifen*

Zusammenfall der *e*-Laute: Aufgrund von Umlauten hatte sich im Alt- und Mittelhochdeutschen ein »Überangebot« ähnlicher Vokale herausgebildet, nämlich *ë, ẹ, ä, ē* und *æ* (z. B. *gëben, kẹlte, mähtec, ēwec, mære*). Im Frühneuhochdeutschen kam es zu einer **Reduktion**, und zwar in der Weise, dass die Kurzvokale in einem offenen *e*-Laut [ɛ] zusammenfielen, die Langvokale in geschlossenem [ē]. Es handelt sich um einen sehr komplexen Prozess, der in den einzelnen Dialekten unterschiedlich verlief. Die Rekonstruktion der phonetischen Vorgänge wird dadurch erschwert, dass die Schreiber vielfach undifferenziert <e> verwendeten. Auch die meist unsystematische Verwendung von diakritischen Zusätzen wie z. B. <ä> oder <å> erlaubt kaum sichere Rückschlüsse auf die Vokalqualität und -quantität, wie denn überhaupt fraglich ist, ob Schreiber mit ihren Schriftzeichen bestimmte Lautwerte »gemeint« haben. Man muss mit Schreibkonventionen ohne direkte Rückbindung an gesprochene Laute rechnen.

Vokaldehnung: Seit dem 14. Jh. setzte sich im gesamten hochdeutschen Sprachraum eine folgenreiche Umstrukturierung durch: die **Dehnung kurzer Vokale im Silbenauslaut** und in **einsilbigen Wörtern vor *m, n, l, r*.** Die Kennzeichnung in der Schrift ist in frühneuhochdeutschen Texten allerdings noch unsystematischer als heute. Der Normalfall ist Nichtkennzeichnung. Vereinzelt wird Vokallänge durch Doppelschreibung markiert. Für *ī* wird häufig <ie> verwendet.

3.3

Laut und Schrift

Konsonanten

	Mhd. (Kurzvokale)	Nhd. (Langvokale)	Beispiele
offene Tonsilbe	*ha-ben, ge-ben, gi-bel, wo-nen, tu-gent*	*haben, geben, Giebel, wohnen, Tugend*	
vor *m, n, l, r*	*im, den, wol, ir*	*ihm, den, wohl, ihr*	

In zweisilbigen Flexionsformen (z. B. Plural mhd. *tage* zu *tac*, *wege* zu *wec*) wurde der Stammvokal lautgesetzlich gedehnt. Die Länge wurde dann aber **analog** auch auf die einsilbigen Formen mit geschlossener Stammsilbe übertragen. Deshalb gilt heute in den Formen *Tag*, *Weg* usw. Vokallänge. Das Adverb *weg*, etymologisch gesehen adverbialer Akkusativ von *Weg*, hat die Dehnung nicht erfahren, weil es im Sprecherbewusstsein nicht zum Paradigma des Substantivs *Weg* gehört.

Ausnahmen von der Dehnung: Die Dehnung in offener Tonsilbe unterbleibt generell vor nachfolgendem *š* und *χ*, ferner vor *t* und *m*, wenn das betreffende Wort auf *-el* oder *-er* endet.

	Mhd.	Nhd.	Beispiele
vor *χ* und *š*	*machen, brechen, vischen, gedroschen*	*machen, brechen, fischen, gedroschen*	
vor *m, t* + *-el* / *-er*	*hamer, semel, himel, sumer, weter*	*Hammer, Semmel, Himmel, Sommer, Wetter*	

Vokalkürzung: Die gegenläufige Entwicklung zur Dehnung in offener Tonsilbe ist die **Kürzung in geschlossener Silbe**: Alte Langvokale wurden **vor Mehrfachkonsonanz** zu Kurzvokalen, weil die **Silbengrenze** zwischen den Konsonanten verlief. Die Konstellation *m* oder *t* plus *-el* oder *-er*, die die Dehnung verhindert hat, bewirkt die Kürzung von Langvokalen. Auch die durch die Monophthongierung entstandenen Langvokale unterlagen der Kürzung.

	Mhd.	Nhd.	Beispiele
geschlossene Silbe	*lêr-che, dâch-te, klâf-ter, schâch*	*Lerche, dachte, Klafter, Schach*	
vor *m, t* + *-el* / *-er*	*jâmer, nâter*	*Jammer, Natter*	
nach Diphthongierung	*muoter, liecht, iemer, stuont*	*Mutter, Licht, immer, stund ›stand‹*	

3.3.2 | Konsonanten

Konsonanten werden nach **Artikulationsort und -art** bestimmt. An ein und derselben Stelle zwischen Lippen und Kehlkopf kann man auf unterschiedliche Weise verschiedene Konsonanten erzeugen, mit den Lippen beispielsweise [p], [b] und [m]. Der Unterschied entsteht durch die **Art**, wie die Artikulationsmöglichkeiten genutzt werden.

75

Verschlusslaute: Bei der Artikulation des [p] wird z. B. ein Verschluss gebildet und abrupt geöffnet. Das ergibt ein hörbares Geräusch. Das [b] wird an derselben Stelle auf ähnliche Weise, jedoch mit weniger Druck artikuliert; der Laut wird dadurch hörbar, dass sich zusätzlich die Stimmbänder bewegen. Man spricht bei allen Lauten, die auf diese Art artikuliert werden, also auch [t] und [d], [k] und [g], von Verschlusslauten (oder auch von Plosiven). [b], [d] und [g] sind **stimmhaft**, [p], [t] und [k] **stimmlos**. Die stimmlosen Verschlusslaute werden auch als **Tenues** (Singular »Tenuis«) bezeichnet, die stimmhaften als **Mediae** (oder »Medien«, Singular »Media«).

Reibelaute: Es kann auch dadurch ein hörbares Geräusch erzeugt werden, dass an einer Stelle zwischen Lippen und Kehlkopf ein schmaler Durchgang für die Atemluft gebildet wird. Dabei entstehen Reibelaute (auch als »Frikative« oder »Spiranten« bezeichnet). Werden auch noch die Stimmbänder »zugeschaltet«, so entstehen stimmhafte Reibelaute. So ist beispielsweise [v] in *Wasser* stimmhaft, [f] in *fliegen* stimmlos. Verschlusslaute (= Plosive) und Reibelaute (= Frikative = Spiranten) fasst man nochmals unter dem Oberbegriff der **Obstruenten** zusammen.

Nasale: Bleiben bei der Artikulation die Lippen geschlossen, entstehen Nasale, denn das Ausatmen bei der Artikulation erfolgt durch die Nase. Das ist der Fall bei [m], [n] und [ŋ]. Nasale sind per se stimmhaft.

Liquide: Die Allophone des Phonems |r|, also [r] und [R], bilden zusammen mit |l| die Gruppe der Liquide.

Das Konsonanteninventar des Neuhochdeutschen

			Artikulationsort						
			bilabial	labio-dental	dental	palatal	velar	uvular	glottal
Artikulationsart	Obstruenten	Verschluss-laute (Plosive) — stimmhaft (Mediae)	*b*		*d*		*g*		
		stimmlos (Tenues)	*p*		*t*		*k*		
		Reibelaute (Frikative, Spiranten) — stimmhaft		*v*	*z*	*j*			
		stimmlos		*f*	*s š*	*ç*	*χ*		*h*
	Nasale		*m*		*n*		*ŋ*		
	Liquide				*l*				
					r			*R*	

Das Schema weist einige Leerstellen auf. Theoretisch besteht die Möglichkeit, an mehreren davon ebenfalls Konsonanten zu artikulieren. So kennt das Englische auch einen stimmhaften bilabialen Reibelaut in Wörtern wie *word*, *water*, *wine* oder den »*th*-Laut«, der Deutschsprechern einige Mühe bereiten kann. Umgekehrt nutzt das Deutsche Artikulationsstellen, die in anderen Sprachen »brach liegen«. So macht Französisch- und Russischsprechern die Aussprache von [h] mitunter Schwierigkeiten. Sogar innerhalb der deutschen Dialekte gibt es Unterschiede. Manche Mundarten (z. B. in Hessen und Sachsen) kennen kein [ç], weshalb *Kirche* und *Kirsche* dort gleich klingen. Umgekehrt kann man z. B. im Saarland kaum zwischen *Menschen* und *Männchen* unterscheiden (zumindest nicht phonetisch). Das heißt: Sprachen nutzen nicht alle Artikulationsmöglichkeiten aus. Genau das ist eine Ursache dafür, dass es Fluktuationen im historischen Konsonantensystem gibt.

3.3.2.1 | Indogermanische, ur- und westgermanische Grundlagen

Die erste Lautverschiebung: Die Ausgliederung des Urgermanischen aus dem Indogermanischen ging mit einer umfassenden Neustrukturierung des Konsonantensystems einher, deren Regularitäten als erster Jacob Grimm (1785–1863) erkannt und als **erste** oder **germanische Lautverschiebung** bezeichnet hat (die englischsprachige Forschung spricht von **Grimm's Law**). Betroffen waren die **indogermanischen Verschlusslaute**, und zwar in folgender Weise:

- Die **Tenues** idg. *p, *t, *k wurden je nach lautlicher Umgebung und indogermanischen Akzentverhältnissen entweder zu stimmlosen Reibelauten (urg. *f, *$þ$ wie in engl. *th*under, *$χ$ wie in *ich*) oder zu deren stimmhaften Pendants (urg. *$ƀ$, *$đ$, *g) verschoben. Welche Verschiebung jeweils stattfand, regelt das **Vernersche Gesetz**.
- Die **Medien** idg. *b, *d, *g wurden zu Tenues (urg. *p, *t, *k).
- Die **behauchten Medien** (bzw. **Mediae aspiratae**) (idg. *b^h, *d^h, *g^h) wandelten sich wie der Teil der Tenues, der den Bedingungen des Vernerschen Gesetzes unterlag, zu stimmhaften Reibelauten (also urg. *$ƀ$, *$đ$, *g).

Das Vernersche Gesetz: Die Erklärung für die Spaltung bei der Tenuesverschiebung fand Carl Verner (1846–96). Er erkannte, dass ein Zusammenhang mit den **indogermanischen Akzentverhältnissen** besteht. Auf dieser frühen Sprachstufe konnte der Akzent in verschiedenen Formen ein und desselben Wortes auf jeweils unterschiedlichen Wortsilben liegen. Die stimmhaften Reibelaute (urg. *$ƀ$, *$đ$, *g) entstanden aus den Tenues unter zwei Bedingungen:

- Die betreffende Tenuis musste **in stimmhafter Umgebung** (zwischen Vokalen und/oder stimmhaften Konsonanten) stehen.
- Der **Wortakzent** durfte nicht unmittelbar vor dem Verschiebungslaut liegen.

Waren nicht gleichzeitig diese beiden Bedingungen erfüllt, dann erfolgte Verschiebung zum stimmlosen Reibelaut. Diese Vorgänge müssen natürlich vor der Festlegung des Wortakzents auf der Erstsilbe eingetreten sein.

Rhotazismus: Unter denselben Voraussetzungen wurde auch der stimmlose Reibelaut idg. *s stimmhaft und veränderte sich zu *z (dieses symbolisiert nicht den Lautwert [ts], sondern einen stimmhaften Reibelaut wie – hochsprachliche Artikulation vorausgesetzt – in *Susanne*). Auf späterer germanischer Stufe entwickelte sich **z* zu **r*, das als solches im Alt-, Mittel und Neuhochdeutschen erhalten blieb. Man bezeichnet diesen Wechsel von *s* und *r* als Rhotazismus. Der labiovelare Konsonant idg. **k^u* entwickelte sich unter den Bedingungen des Venerschen Gesetzes zu urg. **u̯* (> ahd. *w*). – In schematischer Darstellung:

Die erste Lautverschiebung

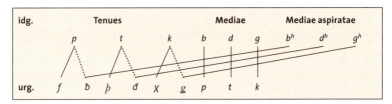

Reflexe des Vernerschen Gesetzes sind noch in der Gegenwartssprache greifbar, z.B. beim Verbum *ziehen*, dessen Präteritum *zogen* ist. Zum Präsens *schneiden* gehört als entsprechende Präteritalform *schnitten*. Auf ein und dieselbe indogermanische Wurzel gehen auch *heben* und *Hefe* zurück. Rhotazismus liegt in *Frost* gegenüber *frieren* oder in *gewesen* gegenüber *waren* vor. Lautveränderungen, die tief in prähistorischer Zeit stattgefunden haben, haben also auch im heutigen Deutschen noch Spuren hinterlassen.

Ausnahmen: Die Tenuesverschiebung unterblieb nach **s*. Die Konsonantengruppen **kt* und **pt* wurden nur jeweils im ersten Bestandteil verschoben, das Ergebnis war **χt* bzw. **ft*.

Beispiele

Beispiele für die erste Lautverschiebung
Die beschriebenen Vorgänge lassen sich mit **etymologischen Wortentsprechungen** belegen. Das Lateinische und das Griechische haben im Bereich der von der ersten Lautverschiebung betroffenen indogermanischen Konsonanten teilweise den alten Lautstand bewahrt und können deshalb gut verglichen werden. Beispiele für Mediae aspiratae müssen allerdings dem Altindischen entnommen werden, da in diesem Bereich auch das Lateinische und das Griechische Veränderungen durchgeführt haben und kein direktes Vergleichsmaterial liefern. Die zweite (bzw. hochdeutsche Lautverschiebung; s. S. 80–84) brachte im Bereich der Verschlusslaute weitere Veränderungen. Deshalb muss in den folgenden Beispielen fallweise auf das Englische zurückgegriffen werden.

*p > *f	lat. *pellis* : ahd. *fel* (nhd. *Fell*)
*p > *ƀ (Vernersches Gesetz)	lat. *septem* : ahd. *sibun*
*t > *þ	lat. *tres* : engl. *three*
*t > *đ (Vernersches Gesetz)	griech. *patḗr* : got. *fadar*
*k > *χ	lat. *cūtis* : ahd. *hūt* (nhd. *Haut*)
*k > *g (Vernersches Gesetz)	lat. *socrus* ›Schwiegermutter‹ : dt. *Schwieger*
*k^w > *χ^w	lat. *quod* : ahd. *hwaʒ* ›was‹
*b > *p	lat. *lābi* ›gleiten‹ : engl. *sleep*

*d > *t	lat. *cor*, Gen. *cord-is* : engl. *heart*
*g > *k	lat. *gena* ›Wange‹ : ahd. *kinni*
*b^h > *b	aind. *bhrātar* : ahd. *bruoder* (nhd. *Bruder*)
*d^h > *d	aind. *vidhávā* : engl. *widow*
*g^h > *g	lat. *hostis* (< idg. *g^host-*) : ahd. *gast*
*sp unverschoben	lat. *spuere* : ahd. *spīwan* (nhd. *speien*)
*st unverschoben	lat. *stare* : ahd. *stantan* (nhd. *stehen*)
*sk unverschoben	lat. *piscis* : ahd. *fisk* (nhd. *Fisch*)
*kt > *χt	lat. *nox*, Gen. *noct-is* : ahd. *naht* (nhd. *Nacht*)
*pt > *ft	lat. *capt-us* : ahd. *haft* (nhd. *Haft*)

Weitere indogermanische Konsonanten: Das indogermanische Konsonanteninventar umfasste ferner:

- einen **Reibelaut** *s, der unter den Bedingungen des Vernerschen Gesetzes zu stimmhaftem urg. *z wurde, Weitere indogermanische Konsonanten
- sechs **Resonanten**, d. h. Phoneme, die sowohl **konsonantisch** (als *m, *n, *l, *r, *$i̯$, *$u̯$) als auch **sonantisch** (als *$m̥$, *$n̥$, *$l̥$, *$r̥$, *i, *u) realisiert werden konnten (s. S. 119),
- wahrscheinlich drei **Laryngale**, die üblicherweise als *h_1, *h_2, *h_3 notiert werden. Darunter sind drei nicht identisch artikulierte Kehlkopflaute zu verstehen, die jedoch in den meisten schriftlich bezeugten Nachfolgesprachen des Indogermanischen nicht mehr vorhanden waren. Ihre Existenz kann indirekt erschlossen werden, weil Laryngale vor ihrem Verschwinden die Quantität oder Qualität benachbarter Vokale beeinflussen konnten. Das Hethitische bezeichnet zumindest den Laryngal *h_2 noch in der (Keil-)Schrift (vgl. Meier-Brügger 2002, 106–125; Müller 2007b; Tichy 2000, 30–38).

Die westgermanische Konsonantengemination: Alle westgermanischen Sprachen (s. S. 8 f.) weisen mit der Verdoppelung = **Gemination** von Konsonanten in bestimmten Lautkonstellationen eine markante Gemeinsamkeit auf. Das Gotische und Altnordische zeigen keine Parallelen, was dafür spricht, dass der Prozess zu einer Zeit stattgefunden hat, als die Sprachen der westgermanischen Gruppe noch eine relative Einheit bildeten. Das Nord- und Ostgermanische hatten sich davon bereits entfernt. Vor allem *j bewirkte die Verdoppelung eines vorausgehenden Konsonanten. In geringerem Umfang führen auch *r und *l zur Gemination.

Westgermanische Konsonantengemination Beispiele

vor *j got. *halja* : ahd. *helle* (nhd. *Hölle*, vgl. auch engl. *hell*)
vor *r got. *bitrs* : ahd. *bittar* (nhd. *bitter*, vgl. auch engl. *bitter*)
vor *l an. *epli* : ahd. *apful* (nhd. *Apfel*, vgl. auch engl. *apple*)

Verhindert wird diese Gemination meistens durch einen vorausgehenden Langvokal und grundsätzlich durch Mehrfachkonsonanz (z. B. vorahd. *sankjan > ahd. senken ›(ver-)senken‹). Auch *r bleibt meistens ungeminiert (z. B. vorahd. *narjan > ahd. nerien ›nähren, am Leben erhalten, retten‹).

3.3.2.2 | Althochdeutsche Weiterentwicklung

Die zweite Lautverschiebung ist eine auf das hochdeutsche Sprachgebiet beschränkte weitere grundlegende Umstrukturierung des Konsonantismus. Man bezeichnet die Vorgänge, die ins 6./7. Jh. zu datieren sind, deshalb auch als **Hochdeutsche Lautverschiebung**. Betroffen sind erneut die Verschlusslaute. – Die Vorgänge im schematischen Überlick:

Die zweite Lautverschiebung

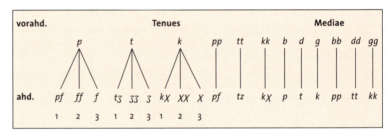

Trotz deutlicher Ähnlichkeiten ist die zweite Lautverschiebung keine Neuauflage der ersten, denn:

Unterschiede zwischen erster und zweiter Lautverschiebung

- Im Urgermanischen gab es keine Mediae aspiratae mehr (diese waren zusammen mit den Produkten des Vernerschen Gesetzes bereits zu stimmhaften Reibelauten geworden).
- Betroffen sind auch Doppelkonsonanten (»Geminaten«).
- Die Verschiebung der einfachen Tenues führte nicht zu jeweils gleichen Ergebnissen, sondern ist abhängig von der Position im Wort.
- Ein Pendant zum Vernerschen Gesetz gibt es nicht.
- Die zweite Lautverschiebung ist nicht im gesamten Sprachgebiet gleichmäßig durchgeführt, sondern weist eine dialektale Staffelung auf.

Im Zuge der Verschiebung der einfachen Tenues kam es zu Phonemspaltungen. Je nach Position des voralthochdeutschen Phonems im Wort sind drei Entwicklungsergebnisse zu unterscheiden (deshalb 1 bis 3 im Schema):

1. Verschiebung zur Affrikata erfolgte stets im Wortanlaut und nach Konsonant.
2. Die Verschiebung zum Doppelreibelaut erfolgte intervokalisch.
3. Im Auslaut nach Vokal wurde diese Geminata zum einfachen Frikativ reduziert.

Das nun neu entstandene stimmlose Phonem ahd. ʒ bzw. ʒʒ (< vorahd. *t) war nicht identisch mit stimmhaftem ahd. s bzw. ss (< vorahd. *s). In den Quellen wurde strikt unterschieden. Wörter wie waʒ ›was‹ und was ›war‹ bildeten im Althochdeutschen ein Minimalpaar.

3·3

Konsonanten

Die einzelnen Lautveränderungen sind nicht synchron eingetreten, sondern sukzessive. Darauf deuten Lehnwörter wie z. B. *Pforte* aus lat. *porta* hin. Dass darin *p* > *pf* verschoben, *t* aber unverändert erhalten ist, lässt den Schluss zu, dass die *t*-Verschiebung bereits vorüber war, als *p* noch verschoben wurde.

Tenuesverschiebung und Sprachgeographie: Einige der betroffenen Konsonanten wurden nur in Teilgebieten des Althochdeutschen verschoben, andere im Gesamtraum.

- **Verschiebung von vorahd.** *t in den verschiedenen Positionen gilt im Gesamtgebiet.
- **Verschiebung von vorahd.** *p gilt nur eingeschränkt: Im gesamten Raum ist zwar die intervokalische Verschiebung *p > *ff* verbreitet (mit Vereinfachung im Wortauslaut), doch partizipieren das Mittel- und Rheinfränkische an der Verschiebung von *p nach Konsonant und *pp > *pf* nicht mehr. Das Südrheinfränkische behält auch anlautendes *p unverschoben bei.
- **Verschiebung von** *k ist weitgehend oberdeutsch: Anlautendes *k und Affrikata *kk > *kχ kennen nur das Bairische und Alemannische (das Alemannische weist daneben auch Reibelaut auf). Nur intervokalisches *k wird gesamthochdeutsch zu *χχ* verschoben. Gängige althochdeutsche Schreibungen dafür sind <hh>, <ch>, seltener <hc>.

Geographische Abstufungen der zweiten Lautverschiebung

Im schematischen Überblick (das Verschiebungsgebiet ist eingetönt; in der ersten Zeile steht K für Konsonant, V für Vokal, # für Wortgrenze):

vorahd.	#t	tt	Kt	VtV	Vt#	#p	pp	Kp	VpV	Vp#	#k	kk	Kk	VkV	Vk#
mittelfrk.	t3			33	3/t	p	pp	p	ff	f	k	kk	k	XX	X
rheinfrk.	t3			33	3	p	pp	p	ff	f	k	kk	k	XX	X
südrheinfrk.	t3			33	3	p	pf	pf	ff	f	k	kk	k	XX	X
ostfrk.	t3			33	3	pf	pf	pf	ff	f	k	kk	k	XX	X
bair.	t3			33	3	pf	pf	f	ff	f	kχ	kχ	kχ	XX	X
alem.	t3			33	3	pf	pf/ff	f	ff	f	χ	kχ	χ	XX	X

Ausnahmen: Auch von der zweiten Tenuesverschiebung gibt es mehrere Ausnahmen. Unverschoben bleiben *p, *t und *k nach *s. Die Verbindung *sk* wird im Laufe der althochdeutschen Periode zu *š* (meistens als <sch> oder <sc> verschriftet) weiterentwickelt. Nicht verschoben wird ferner *t in den Verbindungen *tr und *χt. In der Konsonantenverbindung *pt wurde nur das erste Segment verschoben; es ergibt sich also *ft*. Diese Ausnahmen gelten für das Gesamtgebiet.

Die Tenuesverschiebung in den althochdeutschen Dialekten

Medienverschiebung und Sprachgeographie: Die Verschiebung von vorahd. *b, *d und *g ist tendenziell ein oberdeutscher Vorgang:

- **Verschiebung von** *b > *p* gilt praktisch nur im Bairischen und Alemannischen. In fränkischen Dialekten gilt z.T. auch *bb > *pp*.
- **Verschiebung** *d > *t* im postvokalischen In- und Auslaut ist fast gesamthochdeutsch verbreitet. In mittel- und rheinfränkischen Quellen

3.3 Laut und Schrift

(Vor-)Geschichte des deutschen Lautsystems

tritt mitunter auch unverschobenes *d* auf. Dagegen gilt **d > t* im Anlaut nur im Oberdeutschen. Die Geminata **dd* bleibt nur im Mittelfränkischen unverschoben.

- **Verschiebung **g > k*** (und **gg > kk*) ist unabhängig von der Position im Wort nur im Oberdeutschen vollzogen, aber auch hier nicht restlos.

Die Medienverschiebung in den althochdeutschen Dialekten

vorahd.	#d	Vd(V)	Kd	dd	#b	Vb(V)	Kb	bb	#g	Vg(V)	Kg	gg
mittelfrk.	d	d/t	d	dd	b	b̥/f	b	bb	g	g	g	gg
rheinfrk.	d	d/t	d	tt	b	b	b	bb/pp	g	g	g	gg
südrheinfrk.	d	t	t	tt	b	b	b	bb	g	g	g	gg
ostfrk.	t	t	t	tt	b	b	b	bb/pp	g	g	g	gg
bair.	t	t	t	tt	p	p	p	pp	g/k	g/k	g/k	kk
alem.	t	t	t	tt	b/p	b/p	b/p	pp	g/k	g/k	g/k	kk

Die einzelnen Lautverschiebungsgrenzen, die vor annähernd anderthalb Jahrtausenden entstanden sein müssen, haben sich – von kleinräumigen Veränderungen in späterer Zeit abgesehen – bis in die Neuzeit nahezu erhalten. Im Rhein-Main-Moselgebiet zeichnen sich Lautgrenzen ab, die, auf eine Karte übertragen, an einen Fächer erinnern. Man spricht vom **Rheinischen Fächer**:

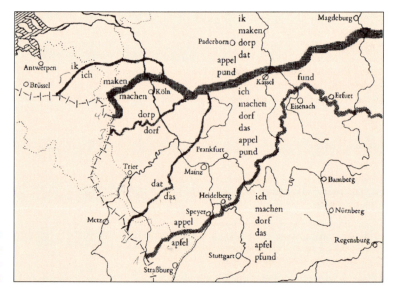

Der Rheinische Fächer (aus Niebaum/Macha 1999, 101)

Erklärungen für die zweite Lautverschiebung

Erklärungsmodelle: Die Tatsache, dass die zweite Lautverschiebung im Oberdeutschen konsequent durchgeführt worden ist, nach Norden bzw. Nordwesten hin aber immer unvollständiger, hat man lange Zeit so interpretiert, dass im Süden der Ursprungsherd gelegen haben muss. Von dort habe sich die Verschiebung dann **wellenartig ausgebreitet**, und an der Grenze zum Niederdeutschen sei sie schließlich verebbt. Wirklich widerlegt ist diese Sicht der Dinge bis heute nicht. Man hat aber auch gute Argumente für andere Deutungen des dialektgeographischen Befundes vorgebracht.

Eine konkurrierende Hypothese geht nicht von einer wellenartigen Ausbreitung der Lautverschiebung von Süd nach Nord aus, sondern von **Polygenese**, d. h. von ungefähr gleichzeitiger Verschiebung in den einzelnen althochdeutschen Dialektgebieten aufgrund gleichartiger Voraussetzungen. Damit ließen sich zwanglos auch die unterschiedlichen Durchführungsgrade erklären. Wellentheorie und polygenetische Erklärung müssen jedoch nicht notwendigerweise einen unüberbrückbaren Gegensatz darstellen, auch wenn es von den Verfechtern der einen oder anderen Forschungsmeinung so gesehen worden ist. Eine phonetische Prädisposition und daraus sich ergebende Verschiebungstendenzen können eine wellenartige Ausbreitung begünstigt haben.

Eine als **Bifurkationstheorie** (Vennemann 1984) bezeichnete unbewiesene Verkettung wenig plausibler Hypothesen geht von der Annahme aus, die zweite Lautverschiebung sei zunächst im gesamten althochdeutschen Gebiet mit gleicher Konsequenz durchgeführt, dann aber unter nördlichem (»niedergermanischem«) Einfluss zurückgedrängt worden. Im Rahmen dieser Hypothese werden auch die Vorgänge der ersten Lautverschiebung völlig anders gesehen, als sie hier dargestellt worden sind.

Da die realen Vorgänge in vorliterarischer Zeit vonstatten gegangen sind, dürfte eine endgültige und allgemein akzeptierte Erklärung kaum je zu erreichen sein. Eine sachliche und kritische Zusammenfassung der bisherigen Lautverschiebungsdiskussion wird in Braune/Reiffenstein (2004, 90–95), gegeben.

Wortbeispiele für die zweite Lautverschiebung

Beispiele

Tenuesverschiebung:

#*p > pf	engl. *play* - dt. *pflegen*
V*pV > ff	engl. *open* - dt. *offen*
*pp > pf̌	engl. *apple* - dt. *Apf̌el*
K*p > pf	lat. *campus* - dt. *Kampf*
#*t > tʒ	engl. *town* - dt. *Zaun*
V*tV > ʒʒ	engl. *water* - ahd. *waʒʒar* (nhd. *Wasser*)
*tt > tʒ	lat. *cattus* - dt. *Katze*
K*t > tʒ	engl. *fart* - dt. *Furz*
V*kV > χχ	engl. *make* - dt. *machen*

Medienverschiebung:

#*d > t	nl. *doof* - dt. *taub* (dt. *doof* ist daraus entlehnt)
V*d(V) > t	engl. *ride* - dt. *reiten*

K *d > t engl. *world* – dt. *Welt*
*dd > tt engl. *saddle* – dt. *Sattel*
*bb > pp *rib* (< ae. *ribb*) – dt. *Rippe*
*gg > kk isl. *bryggja* – dt. *Brücke*

Nur in oberdeutschen Quellen des Althochdeutschen sind auch Verschiebungsformen wie **khorn, chorn** u. ä. (sonst **korn**, vgl. engl. **korn**) mit vorahd. #*k, **pluot** (sonst **bluot**, vgl. engl. **blood**) mit vorahd. #*b, **kuot** (sonst **guot**, vgl. engl. **good**) mit vorahd. #*g, **queckh** (sonst **queck**, vgl. engl. **quick**) mit vorahd. *kk häufig oder die Regel.
Nichtverschiebung liegt z. B. vor in engl. **spade** – dt. **Spaten**, engl. **star** – dt. **Stern**, ae. **skip** – ahd. **skif**, engl. be-**tray** – dt. be**trügen**, engl. **night** (< ae. *niht*, *næht*) – dt. **Nacht**, engl. **craft** – dt. **Kraft**.

Teilweise wurden die geminierten Reibelaute *ff, ʒʒ* und *χχ* im Laufe der althochdeutschen Periode nach Langvokal oder Diphthong wieder vereinfacht, z. B. *slāffan* ›schlafen‹ > *slāfan, lāʒʒan* ›lassen‹ > *lāzen, zeihhan* ›Zeichen‹ > *zeihan*.

Weitere Veränderungen im althochdeutschen Konsonantismus: Die zweite Lautverschiebung gilt als das Abgrenzungsmerkmal des Althochdeutschen von der vorausgehenden spätwestgermanischen Phase, aber auch vom Altniederdeutschen schlechthin. Noch im Verlauf dieser frühen Periode kam es zu weiteren Veränderungen im Konsonantensystem, die man – zumindest indirekt – damit in einem Zusammenhang sehen kann.

þ > *d*: Nach der zweiten Lautverschiebung verfügte das Althochdeutsche über eine beträchtliche Anzahl von dentalen Reibelauten und Affrikaten: *ʒ, ʒʒ, s, ss, tʒ* und *þ* (althochdeutsche Texte belegen dafür noch vielfach die Graphie <th>). Im Laufe des 9. Jh.s wurde *þ* > *d* (z. B. *thaʒ* > *daʒ* ›das‹). Nachdem in der zweiten Lautverschiebung vorahd. *d weithin zu *t* verschoben worden war, bestand eine Leerstelle im Konsonantensystem, die durch dieses »neue« *d* gefüllt wurde.

Sonorisierung: Ebenfalls im Laufe des Althochdeutschen wird im Wortanlaut und intervokalisch stimmloses *f* stimmhaft, was z.T. in <v>-Schreibungen zum Ausdruck kommt (z. B. *vater*, neben *fater, vona* ›von‹ neben *fona*). Parallel dazu konnte auch *þ* zu *đ* werden, was allerdings selten zu einem Reflex in der Schreibung führte, zumal im Laufe des 9. Jh.s der Wandel *þ* (oder auch *đ*) > *d* eintrat. Schon auf voralthochdeutscher Stufe hatte sich vorahd. *χ* zum Hauchlaut *h* verändert, der im Althochdeutschen im Anlaut vor Konsonanten völlig schwand (z. B. ahd. *hlahhan* ›lachen‹ < *lahhan, hnīgan* ›neigen‹ > *nīgan, hruofan* ›rufen› *ruofen, hwaʒ* > *waʒ* ›was‹).

Im Auslaut und inlautend vor Konsonant ist diese Sonorisierung jedoch nicht eingetreten, was zu Variationen in den verschiedenen Formen eines Paradigmas führen konnte, die allerdings erst im Mittelhochdeutschen mit einiger Konsequenz in der Schrift umgesetzt wurden. Hier stehen

Konsonanten

sich z. B. *sehen* und *sach* ›sah‹, *ziehen* und *zōch* ›zog‹ gegenüber. Der Gegensatz von Reibelaut χ und Hauchlaut *h* ist innerhalb der Verbalparadigmen beseitigt worden, hat aber noch Spuren im Neuhochdeutschen hinterlassen, etwa bei Verbalabstrakta wie *Sicht* von *sehen* und *Zucht* von *ziehen*. Intervokalisch und im Auslaut nach Vokal führte die Sonorisierung vielfach zum völligen Schwund von *h*. Nhd. *sahen* und *sah* werden nur mit langem [ā] gesprochen. Das <h> ist Dehnungszeichen.

Zwei althochdeutsche Übersetzungen des Pater noster
Die schon zitierte alemannische St. Galler Übersetzung (s. S. 69 f.) wird hier mit einer nur unwesentlich jüngeren Version aus dem südrheinfränkischen Weißenburg unter dem Aspekt des jeweils unterschiedlichen Konsonantismus, wie er sich aus der zweiten Lautverschiebung ergeben hat, verglichen

Textbeispiel 7

	St. Galler Paternoster (G)	*Weißenburger Katechismus (W)*
1	*Fater unseer, thû pist in himile*	*Fater unser, thu in himilom bist,*
2	*uuîhi namun dînan*	*giuuihit si namo thin.*
3	*qheme rîhhi dîn*	*quaeme richi thin.*
4	*uuerde uuillo diin*	*uuerdhe uuilleo thin,*
5	*sô in himile sôsa in erdu*	*sama so in himile endi in erthu.*
6	*prooth unseer emezzihic kip uns hiutu*	*Broot unseraz emezzigaz gib uns hiutu.*
7	*oblâz uns sculdi unseero*	*endi farlaz uns sculdhi unsero,*
8	*sô uuir oblâzêm uns sculdikêm*	*sama so uuir farlazzem scolom unserem.*
9	*enti ni unsih firleiti in khorunka*	*endi nigileidi unsih in costunga.*
10	*ûzzer lôsi unsih fona ubile*	*auh arlosi unsih fona ubile.*

1 *Fater*: *f* entstand in der ersten Lautverschiebung (<idg. *p*), *t* in der zweiten Lautverschiebung (< vorahd. *d*). Diese Verschiebung ist gesamthochdeutsch. *thû*: <th> steht in beiden Texten wohl noch für den Reibelaut vorahd. *þ*. Im Laufe des 9. Jh.s entstand hieraus *d*.
   pist – bist: *p* in G ist typisches oberdeutsches Ergebnis der Medienverschiebung *b* > *p*. W zeigt den unverschobenen Konsonanten.

2 *dînan – thin*: G zeigt abweichend von *thû* in 1 *d* < *þ*. Solche Inkonsequenzen sind zeittypisch und deuten darauf hin, dass die Dinge im Fluss sind. W zeigt konsequent <th> für vorahd. *þ*.

3 *rîhhi – richi*: <hh>, <ch> bezeichnen denselben Reibelaut (< vorahd. *k*).

4 *uuerde – uuerdhe*: <dh> deutet auf Erhalt des stimmhaften Reibelauts đ hin. In G ist bereits *d* eingetreten.

5 *erdu – erthu*: Zugrunde liegt vorahd. *erþ-ō-*. Zu <th> für vorahd. *þ* s. *thû* (in 1).

6 *prooth – Broot*: G zeigt Verschiebung *b* > *p*, die im Südrheinfränkischen nicht vollzogen ist. Auffällig ist <th> in G, das wohl die Aspiration des *t* im Auslaut, also ein Allophon [tʰ], zum Ausdruck bringen sollte.
   kip – gib: Beide Konsonanten sind voralthochdeutsche Mediae. In G sind sie verschoben, in W unverschoben.
   hiutu: *t* in beiden Texten geht auf *d* zurück.

Anmerkungen

7 *oblâz – farlaz*: In beiden Texten liegt <z>, also stl. ȝ vor, das im Gesamtgebiet aus vorahd. **t* hervorgegangen ist.

9 *sculdikêm – scolom*: Die Graphie <c> »meint« den Verschlusslaut *k* in der nicht verschobenen Konsonantengruppe vorahd. **sk*.

10 *enti – endi* und *firleiti – gileidi*: G zeigt jeweils verschobenes, W unverschobenes vorahd. **d* (vgl. engl. *and* bzw. *to lead*).
khorunka – costunga: <kh> in G deutet auf oberdeutsche Affrikata *kχ*, <c> in W auf Erhalt des unverschobenen Verschlusslautes **k*. Das Suffix *-unka* in G zeigt oberdeutsches *k* < **g*.
ûzzer: <zz> gibt ȝȝ < vorahd. **t* wieder.
ubile: <b> in G zeigt hier ausnahmsweise kein *p* < vorahd. **ƀ*.

3.3.2.3 | Mittel- und frühneuhochdeutsche Modifikationen

Im Althochdeutschen ist nach der zweiten Lautverschiebung im Prinzip der für das Hochdeutsche (auch in seinen jüngeren Ausprägungen) charakteristische Konsonantismus erreicht. Auf jüngeren Sprachstufen kommt es noch zu verschiedenen Modifikationen. Grenzziehungen zwischen dem Mittel- und Frühneuhochdeutschen sind dabei kaum möglich.

Auslautverhärtung ist ein Prozess, für den es bereits im Althochdeutschen Anzeichen gibt, der aber erst im Mittelhochdeutschen zu regelmäßiger Umsetzung in die Schreibung gelangt ist. Darunter versteht man den Wandel stimmhafter zu stimmlosen Verschlusslauten wie z. B. in den Fällen

- Ahd. *wīb* > mhd. *wīp* ›Weib, Frau‹
- Ahd. *leid* > mhd. *leit* ›Leid‹
- Ahd. *weg* > mhd. *wec* ›Weg‹

Dabei wird eine in mehreren germanischen Sprachen zu beobachtende Tendenz wirksam, die sich ansatzweise sogar schon im Gotischen nachweisen lässt. Die Auslautverhärtung kann zu Varianten innerhalb eines Paradigmas führen, z. B. *wīp* (Nom./Akk. Sg.) gegenüber *wībes* (Gen. Sg.), *leit* (Nom./Akk. Sg.) gegenüber *leides* (Gen. Sg.), *tac* (Nom./Akk. Sg.) gegenüber *tages* (Gen. Sg.).

Kontraktionen sind Zusammenziehungen von Phonemgruppen aus Vokal + Konsonant + Vokal zu Langvokalen oder Diphthongen. Häufig sind:

- *abe* > *ā* (mhd. *haben* > *hān* ›haben‹)
- *age* > *ei* (mhd. *maget* > *meit* ›Mädchen‹)
- *ahe* > *ā* (mhd. *slahen* > *slān* ›schlagen‹)
- *egi* > *ei* (ahd. *gitregidi* > mhd. *getreide* ›Getreide‹)
- *ibi* > *ī* (ahd. *gibit* > mhd. *gīt* ›gibt‹)
- *idi* > *ī* (ahd. *quidit* > mhd. *quīt* ›spricht‹)
- *igi* > *ī* (ahd. *ligit* > mhd. *līt* ›liegt‹)

Solche Kontraktionsformen konnten später durch Analogie mit nicht kontrahierten Formen vielfach wieder beseitigt werden. Weil beispielsweise mhd. *treit* ›trägt‹ im Paradigma von *tragen* isoliert war, wurde das stammauslautende *g* durch Analogie restituiert. Die entsprechende Form ist nhd. *trägt*. Das Substantiv *Getreide* (< ahd. *gitregidi*) wurde jedoch nicht mehr als zum Verbum *tragen* gehörig empfunden. Deshalb hatte die kontrahierte Form Bestand. Im älteren Frühneuhochdeutschen (14. bis 16. Jh.) sind die Kontraktionsformen noch weitgehend erhalten, vielfach auch in heutigen Dialekten.

Reduktionen von Konsonantenhäufungen treten dann auf, wenn durch Synkope oder in Wortzusammensetzung mehr als zwei Konsonanten in direkten Kontakt geraten. Die Reduktion erleichtert die Ausprache. Beispiele sind:

- ahd. *weralt* > mhd. *werlt* > fnhd. *welt* ›Welt‹
- lat. (*aqua*) *tincta* ›gefärbtes Wasser‹ > mhd. *tincte* > fnhd. *tinte* ›Tinte‹
- ahd. *luststam* > mhd. *lussam*.

Assimilation hat ihre Ursache ebenfalls in der Artikulationsökonomie. Man versteht darunter Angleichungen benachbarter artikulatorisch ähnlicher Konsonanten. Kommt es zu völliger Angleichung, spricht man von **totaler Assimilation**. Passt sich ein Konsonant einem anderen nur an, ohne damit völlig gleich zu werden, liegt **partielle Assimilation** vor. Beispiele:

- mhd. *lember* > fnhd. *lemmer* ›Lämmer‹ (totale Assimilation)
- mhd. *anebōʒ* mit Synkope > *anbōʒ* > *ambōʒ* ›Amboss‹ (partielle Assimilation)
- mhd. *wintbrā* mit zusätzlicher Reduktion der Dreifachkonsonanz (s. o.) > *winprā* > *wimper* (partielle Assimilation). Ursprünglich bedeutet das Wort ›Windbraue‹.

Dissimilation führt zur Diversifizierung gleicher oder ähnlicher Konsonanten, denn es kann einen artikulatorischen Aufwand bedeuten, innerhalb eines Wortes zu einem soeben artikulierten Konsonanten »zurückzukehren«. Beispiele:

- mhd. *kliuwel* > *kniuwel* ›Knäuel‹
- *marmor* > *marmel* (nhd. *Marmor* ist später nochmals aus dem Lateinischen entlehnt worden und geht nicht auf mhd. *marmel* zurück. Das englische Wort *marble* zeigt übrigens dieselbe Dissimilation und darüber hinaus auch noch Dissimilation *m-m* > *m b*).

Die dentalen Reibelaute *s* (< germ **s*) und *ʒ* (< vorahd. **t*) fallen in der Übergangsphase vom Mittel- zum Frühneuhochdeutschen teilweise zusammen. Im Mittelhochdeutschen konnte beispielsweise mit *saʒ* ›saß‹ und *gras* ›Gras‹ kein Reim gebildet werden. Ein Indiz für die Aufgabe dieser Opposition sind Schreibungen wie etwa *sas* ›saß‹ und *graʒ* ›Gras‹. Hier zeigt sich, dass Schreiber den Unterschied nicht mehr wahrnahmen und <s> und <ʒ> unterschiedslos handhaben. Die weitere Entwicklung geht in die Richtung, dass anlautend vor Vokal und inlautend nach Langvokal oder Diphthong stimmhaftes [z] gesprochen wird, in den übrigen Positionen stimmloses [s].

Palatalisierung von *s* ist der Übergang *s* > *š* im Wortanlaut vor *l, m, n, w* und nach *r*, der sich im Laufe des Frühneuhochdeutschen vollzog (»Palatum« ist die Bezeichnung für den Gaumen). Nach *r* wird z.T. auch mhd. *ȝ* > *š*. Beispiel:

- mhd. *slange* > nhd. **Schl**ange
- mhd. *smecken* > nhd. **schm**ecken
- mhd. *snē* > nhd. **Schn**ee
- mhd. *swalbe* > nhd. **Schw**albe
- mhd. *ars* > nhd. *Ar**sch***
- mhd. *hirȝ* > nhd. *Hir**sch***.

Im Anlaut werden *st* und *sp* zu *št* bzw. *šp*, doch kommt dies in der Schrift nur sehr selten zum Ausdruck.

Anlautendes *tw-* verändert sich regional unterschiedlich. Im Oberdeutschen entsteht die Affrikata *ts* (geschrieben als <z>), im Ostmitteldeutschen *kw* (<qu>). So wird mhd. *twerh* im Ostmitteldeutschen zu **qu**er (in dieser Form wird das Wort standardsprachlich), im Oberdeutschen zu **zw**er(h), das in **Zw**erchfell vorliegt. Mhd. *twingen* wird im Oberdeutschen als **zw**ingen fortgesetzt, im Ostmitteldeutschen als **qu**ingen. Davon abgeleitet ist **qu**engeln. Nhd. **Qu**alm geht auf mhd. *twalm* zurück.

Epithese ist die Anfügung eines unetymologischen *–t* am Wortende. Das Phänomen tritt nicht lautgesetzlich auf, sondern bei einzelnen Wörtern, die im Mittelhochdeutschen auf *s, ȝ, f, n* oder *χ* auslauten. Teilweise haben sich die entsprechenden Formen in der neuhochdeutschen Standardsprache erhalten:

- mhd. *selbes* (eigentlich Gen. Sg. zu *selb*) > nhd. *selb**st***
- mhd. *obeȝ* > nhd. *Obs**t***
- mhd. *saf* > nhd. *Saf**t***
- mhd. *mān* > nhd. *Mon**d***
- mhd. *predig* > nhd. *Predi**gt***

In den Dialekten und regionalen Umgangssprachen ist die Erscheinung häufiger. Beispiele hierfür wären bair. *anderst* und *Senft* für *anders* und *Senf*. Ursachen dafür, ob eine Epitheseform zur standardsprachlichen Variante avancierte oder nicht (warum z. B. *Saft*, aber nicht *Senft*?), lassen sich nicht ausmachen.

Epenthese ist eine ähnliche Erscheinung. Man versteht darunter den Einschub eines Konsonanten – meistens ebenfalls *t* – im Wortinneren, insbesondere zwischen *n* und *l* wie mhd. *eigenlīch* > nhd. *eigentlich*, mhd. *namenlīch* > nhd. *namentlich*.

3.3

Laut und Schrift

Konsonanten

Die Aussendung der Apostel (Lukas 10,1–6) in drei Versionen

Textbeispiel 8

Text A stammt aus einer Evangelienübersetzung des 12. Jh.s (*Bibelfragmente* 864–896), B aus *Luther 1522* und C aus *Luther 1545*. Die beiden Luther-Texte divergieren in einigen nicht unwesentlichen Aspekten.

	A. 12. Jh.	B. Luther 1522	C. Luther 1546
1	*Dar nahc marhte ûz dir herre andirre zwene unt sibinzic unt sante der zwene unt zwene uvr sin antlutze. in alle die stete dar er chunftic was ze chominne.*	*Darnach sondert er andere siebentzig aus / vnd sandte sie yhe zween vnd zween / fur yhm her / ynn alle stedt vnd ortt / da er wollt hyn komen*	*Darnach sondert der HErr ander siebentzig aus / vnd sandte sie ja zween vnd zween / fur im her / in alle Stedte vnd Ort/ da er wolt hin komen.*
2	*Vnt er sprah zin. michil ist daz snit. luzil ist der snitare.*	*vnnd sprach zu yhnen / Die ernd ist gros / der erbeytter aber ist wenig/*	*Vnd sprach zu jnen / Die Erndte ist gros / der Erbeiter aber ist wenig*
3	*Von div bitint din herren des snitis daz er werch lîvte sende an daz snit*	*Bittet den herrn der erndten das er erbeyter aus sende ynn seyne erndte/*	*Bittet den Herrn der erndten / das er Erbeiter aussende in seine erndte.*
4	*Get wan ih sende ivh alse div lember under di wolue.*	*Gehet hynn / sehet / ich sende euch als die lemmer mitten vnter die wolffe/*	*Gehet hin / sihe / Jch sende euch / Als die Lemmer mitten vnter die Wolffe.*
5	*Niht en traget stap noh sac noh thasche noch schûhe noh en grûzet niemen an dem wege.*	*Tragt keynen beuttel / noch tasschen / noch schuch / vnnd grusset niemant auff der strassen/*	*Traget keinen Beutel / noch Tasschen / noch Schuch / vnd grûsset niemand auff der strassen.*
6	*Vnt in swelh hus ir cho- mit so sprechit ze dem ersten uride si disime huse.*	*Wo yhr ynn eyn haus kompt / da sprecht zu erst / frid sey ynn disem hausze/*	*WO jr in ein Haus kompt / da sprecht zu erst / Friede sey in diesem hause/*
7	*unt ob da ist der sun dis uridis. so belibet uf im iwer uride.*	*vnnd so da selbst wirt eyn kind des frids seyn / so wirtt ewr fride auff yhm berugen /*	*Vnd so da selbst wird ein Kind des friedes sein / so wird ewer Friede auff jm berugen/*
8	*en ist des niht so cheret widere ûfen ivh der uride.*	*wo aber nicht / so wirdt ewr fride sich widder zu euch lencken/*	*Wo aber nicht / so wird sich ewer Friede wider zu ewch wenden.*
9	*In dem selbin huse belibet. ezinde unt trinchinde daz si da habinde sin. wan wirdic ist dir wercman des lones.*	*In dem selbigen haus aber bleybt / esset vnnd trinckt / was sie haben / denn eyn erbeytter ist seyns lohns werdt.*	*In dem selbigen Hause aber bleibet / esset vnd trincket / was sie haben. Denn ein Erbeiter ist seines Lohns werd.*
10	*Niht en get ûz eime huse indaz andir.*	*Yhr sollt nicht von ey- nem haus zum andern gehen /*	*Jr solt nicht von einem Hause zum andern gehen.*

89

11 unt in swelhe stat ir cho- mint da man îvh enphahe. da ezit swaz man îv sezze.	vnd wo yhr ynn eyne stad komet / vnd sie euch auffnemen / da esset / was euch wirt furgetragen /	VND wo jr in eine Stad kompt / vnd sie euch auff- nemen / da esset was euch wird furgetragen /
12 unt heilit die siechen die da sien. unt sagit den lîvten. îv nahit daz riche gotis.	vnd heylet die krancken die da selbs sind / vnnd saget yhn / Das reych Gottis ist nah zu euch komen/	vnd heilet die Krancken / die da selbs sind / Vnd saget jnen / Das reich Gottes ist nahe zu euch komen.
13 In swelhe stat ir abir chomit unt iwer niht enpfahint. da get uz an die straze unt sprechit.	Wo yhr aber ynn eyn stad komet / da sie euch nit auff nehmen / da gehet eraus auff yhre gassen vnd sprecht /	Wo jr aber in eine Stad komet / da sie euch nicht auffnemen / Da gehet heraus auff jre Gassen / vnd sprecht /
14 der stôp der uns anehafte uon îwere stat den wischen wir an îvh.	Auch den staub der sich an vns gehenget hatt vor ewr stad / schlahen wyr abe auff ewch	Auch den staub / der sich an vns gehenget hat von ewer Stadt / schlahen wir abe auff euch.

Anmerkungen

1 *dar na**hc*** (A) – *Darna**ch*** (B, C): A zeigt noch die Graphie <hc>. Bei Luther (B, C) ist <ch> bereits fest.

*û**z*** (A) – *au**s*** (B, C): Neuhochdeutsche Diphthongierung *û* > *au* sowie <s> gegen-über <z>. In B, C ist die Unterscheidung der dentalen Reibelaute aufgegeben.

dir (A) – *der* (B, C): <i> ist mit Schwachton zu erklären. A enthält mehrere ver-gleichbare Fälle. Luther hat konsequent *der*.

herre (A) – *HErr* (C): A zeigt noch auslautendes mhd. *-e*, C Apokope. Die Doppel-majuskel in C kennzeichnet das Wort als Gottestitel.

*u**v**r* (A) – *fur* (B, C): Die Zuweisung von <u> und <v> zu Vokal bzw. Konsonant ist in A noch nicht erfolgt. In B, C hat <u> vokalischen Lautwert, <f> konso-nantischen. Die Regelung, dass *vor* mit <v>, nicht mit <f> zu schreiben ist, ist jüngeren Datums.

sibinzic (A) – *siebentzig* (B,C): <ie> zeigt Dehnung in offener Tonsilbe an.

*y**h**m* (B) – *îm* (C): <h> fungiert als Dehnungszeichen, das in C fehlt. Hier ist jedoch die Schreibung <y> für [i] aufgegeben.

stete (A) – *stedt* (B) – *Stedte* (C): Apokope in B. In C ist dies rückgängig gemacht: *-e* dient der Pluralmarkierung. Deutliche Tendenz zur Großschreibung von Substantiven (ebenso *Ort*).

dar (A) – *da* (B, C): Schwund des auslautenden *r*.

*ch**ominne** (A) – **k**omen* (B, C): <ch> ist oberdeutsches Merkmal (ebenso in **ch**unf-tic*, das jedoch keine direkte Entsprechung in B und C hat).

2 *V**nt* (A) – *vn**n**d* (B) – *Vnd* (C): wortinitiales <v> für [u] (besonders im Wort *und*) hält sich bis lange in die frühneuhochdeutsche Zeit. Die phonetisch nicht gerechtfertigte <nn>-Schreibung (B) ist in C wieder beseitigt.

sprah (A) – *spra**ch*** (B, C): Der auslautenden Frikativ [χ] ist in A durch <h> wie-dergegeben (*sprah*), in B und C wie heute durch <ch> (*sprach*).

*z**in* (A) – *zu yhnen* (B) – *zu jnen* (C): In A sind Präposition und Pronomen zu-sammengezogen, was die Aussprache reflektiert. Im geschriebenen Frühneu-hochdeutschen (B, C) besteht die Tendenz zur »Entflechtung« solcher Gebilde. In *y**h**nen* und *j**h**nen* ist <h> Dehnungszeichen (offene Tonsilbe!). Ersatz von <y> durch <j> zeigt wiederum die Tendenz zur Zurückdrängung von <y> für Vokal [i]. <j> hat in C nicht den Lautwert [j], sondern ist eine Variante für wortinitiales <i>.

3   *bitint* (A): Alemannische Imperativform von *bitten*.
herren (A) – *Herrn* (B, C): Synkope.
daz (A) – *das* (B, C): s. *ûz* – *aus* (in 1). Die Unterscheidung von *das* und *dass* (älter *daß*) ist erst seit etwa 18. Jh. verbindlich.

4   *ivh* (A) – *euch* (B, C): Diphthongierung (<iv> für mhd. [ǖ]).
lember (A) – *lemmer* (B) – *Lemmer* (C): Assimilation *mb* > *mm*. Großschreibung in C.
alse (A) – *als, Als* (B, C): Apokope.
di (A) – *die* (B, C): <ie> für Langvokal [ī].
wolue (A) – *wolffe, Wolffe* (B, C): <u> steht für den Reibelaut [f], hat also keinen vokalischen Wert. Doppeltes <ff> ist nicht phonetisch motiviert, sondern frühneuhochdeutsche Zeitmode.

5   *traget* (A) – *Tragt* (B) – *Traget* (C): A und C stimmen in der Bezeichnung des Nebensilbenvokals mit <e> überein. B zeigt aussprachnahe Synkope, während in C wohl aus stilistischen Gründen *-et* wieder hergestellt ist.
thasche (A) – *tasschen, Tasschen* (B, C): <th> in A hat keine phonetische Grundlage, sondern ist individuelle Schreibung. Entsprechendes gilt für <ssch> in B und C.
schůhe (A) – *schuch, Schuch* (B, C): Neuhochdeutsche Monophthongierung. <ch> am Wortende in B, C in diesem Wort deutet auf Erhalt des Reibelauts [χ] im Auslaut noch im 16. Jh.
engrůzet (A) – *grusset* (B) – *grůsset* (C): <ů> in A für mhd. [üe]. B zeigt dagegen die neuhochdeutsche Monophthongierung. In <ů> kommt auch der Umlaut zum Ausdruck.

6   *hus* (A) – *haus, Haus* (B, C): Neuhochdeutsche Diphthongierung.
huze (A) – *hausze* (B) – *hause* (C): Die Varianz ist Ergebnis des Zusammenfalls der *s*-Laute. Etymologisch »berechtigt« ist *s*.

7   *sun* ›Sohn‹ (A): Noch nicht gesenktes *u*. Zwar verwendet Luther hier das Wort *Kind*, doch gibt es in seiner Bibelübersetzung zahlreiche Beispiele für *Sohn* mit Senkung *u* > *o*.
uride (A) – *frid* (B) – *Friede* (C): A zeigt <u> für [f]. Luther verwendet an entsprechender Position <f> bzw. <F>; <ie> in C bezeichnet Vokallänge (in offener Tonsilbe). In B hat Luther die oberdeutsche Apokope-Form verwendet, ist aber in C zur nicht apokopierten Form »zurückgekehrt«.
belibet (A): Der Präfixvokal ist noch nicht synkopiert, der Stammvokal mhd. *ī* nicht diphthongiert.
iwer (A) – *ewr* (B) – *ewer* (C): Neuhochdeutsche Diphthongierung in B und C.

8   *widere* (A) – *widder* (B) – *wider* (C): Der Stammvokal *i* ist ursprünglich kurz, musste jedoch in offener Tonsilbe gedehnt werden, was in weiten Teilen des Sprachgebietes auch eingetreten ist (nhd. *wieder*!). Im Ostmitteldeutschen der Lutherzeit der *i* kurz geblieben, was indirekt in der Doppelschreibung <dd> zum Ausdruck kommt. In C ist diese regionale Form aufgegeben.

9   *lones* (A) – *lohns, Lohns* (B, C): A bringt die schon vorhandene Länge (ahd., mhd. *ō* < vorahd. *au*) nicht zum Ausdruck. Längekennzeichnung mit <oh> in B,C. Hier auch Synkope des *e* in der Flexionsendung.

11 *stat* (A) – *stad, Stad* (B, C): <d> in B und C deutet auf Konsonantenschwächung.
ezit (A) – *esset* (B, C): <z> A für ʒ < vorahd. *t*. In B und C wird der dentale Reibelaut mit <ss> wiedergegeben, da die alte Opposition von <s>, <ss> und <ʒ>, <ʒʒ> aufgegeben ist.

12 *riche* (A) – *reych* (B) – *reich* (C): Neuhochdeutsche Diphthongierung. <ey> und <ei> sind nur Schreibvarianten.

14 *stôp* (A) – *staub* (B, C): <ô> in A ist eine ungewöhnliche Schreibweise für mhd. *ou*. <au> in B und C zeigt Vollzug des qualitativen Diphthongwandels an.

3.4 | Dialekte – Schreibsprachen – Schriftsprache

»Althochdeutsch«, »Mittelhochdeutsch« und »Frühneuhochdeutsch« sind Sammelbegriffe für **historische Dialekte**, die sich (ebenso wie die heute gesprochenen Dialekte) in Wortschatz und Grammatik erheblich voneinander unterschieden. Erst in der frühneuhochdeutschen Schriftlichkeit werden Tendenzen erkennbar, diese dialektalen Differenzen zu überbrücken. Seit dem 15. Jh. bildeten sich dialektübergreifende **Schreibsprachen** von zunächst regionaler Reichweite heraus, aus denen sich in einem sehr komplizierten Prozess, der bis heute noch nicht in allen Einzelheiten erforscht ist, im 18. und 19. Jh. die heute gültige deutsche **Schriftsprache** entwickelt hat. In mündlicher Kommunikation und außerhalb der Schriftlichkeit entwickelten sich die historischen Dialekte weiter zu den heute noch (mehr oder weniger) lebenden Mundarten. Beim Versuch, Dialektformen zu vermeiden, unterlaufen den Schreibern von Fall zu Fall auch **hyperkorrekte Formen**, die indirekte Rückschlüsse auf regional oder lokal gültige gesprochene Dialekte (dazu Wiesinger 2003) erlauben. In diesem Kapitel werden die wichtigsten historischen Schreibsprachen mit ihren Hauptmerkmalen beschrieben und anhand von ausgewählten Texten dokumentiert (wobei natürlich nicht jeder Text alle regionalsprachlichen Charakteristika dokumentieren kann).

3.4.1 | Historische Schreibsprachen

Zum Begriff

→ Als Schreibsprachen bezeichnet man die sich in der frühen Neuzeit herausbildenden Varietäten der Schriftlichkeit, die einerseits zwar noch erkennbare regionale Unterschiede aufweisen, aber andererseits keine Orts- oder Regionaldialekte mehr widerspiegeln. Schreibsprachen folgen bereits einem **Schreibusus**, der aber noch kein einheitliches und verbindliches Regelwerk darstellt. Dagegen verfügen **Schriftsprachen** (heutiges Deutsch, Englisch, Französisch usw.) über kodifizierte und verbindliche Normen- und Regelwerke.

Im späten Mittelalter und der frühen Neuzeit zeichnen sich verschiedene großlandschaftliche Schreibsprachen ab.

3.4

Laut und Schrift

Historische
Schreibsprachen

3.4.1.1 | Das Bairische

Das Bairische (s. Abb. S. 30) umfasst – historisch gesehen – Teile des heutigen Bayern (ohne das Schwäbische und die fränkischen Bezirke), dazu Österreich (mit Ausnahme von Vorarlberg), das zu Italien gehörende Südtirol, an Bayern angrenzende böhmische Gebiete und das Egerland im heutigen Tschechien sowie eine Reihe von vorgelagerten Sprachinseln im Osten und Süden. Das Areal wird auch als **Ostoberdeutsch** bezeichnet, weil damit falsche Assoziationen vermieden werden. Seit dem 14. Jh. konsolidiert sich in diesem Raum eine bairische Schreibsprache auf der Basis der im **verkehrsoffenen Donauraum** zwischen Wien und Regensburg von sozial gehobenen und gebildeten Schichten gesprochenen Dialekte (vgl. Reiffenstein 2003a, 2918). Diese Schreibvarietät wird in der Forschung auch als **Gemaines Deutsch** bezeichnet. Sie weist eine Reihe markanter Merkmale auf:

- Im Südosten des Gebietes (Kärnten, Steiermark) erscheinen schon im 12. Jh. erste Anzeichen der Diphthongierung von $\bar{\imath}$, $\bar{u}$ und $\bar{\ddot{u}}$ in schriftlichen Quellen.
- Schon seit dem 13. Jh. treten Apokope, Synkope und Ekthlipsis auf.
- Entrundung gerundeter Vokale (also $\ddot{o} > e$, $\ddot{u} > i$, $eu > ei$).
- Für mhd. *ei* wird vielfach <ai> geschrieben, teilweise wird in Anlehnung an ostmitteldeutschen Schreibusus <ei> beibehalten.
- Verdunklung $a > o$ und $\bar{a} > \bar{o}$.
- Ein konservativer Zug sind die Schreibungen <p> und <kh> oder <kch> in Wörtern mit vorahd. **b* bzw. **k*.
- Vielfach werden b und w verwechselt.
- Im Wortauslaut wird häufig für m die Schreibung <mb> verwendet, was damit zusammenhängt, dass $mb > m$ assimiliert worden ist. Die Schreibung <mb> ist historisierend hyperkorrekt.
- Die Schreibung <th> für t gilt seit dem späten 15. Jh. offenbar als elegant.
- In gehobener Schreibweise werden Monophthonggraphien für mhd. *ie*, *uo* und *üe* aus dem Ostmitteldeutschen übernommen.
- Ebenso wird <o> für u vor Nasalen oder das Dehnungs-h aus dem Ostmitteldeutschen übernommen.

Sprachliche
Merkmale des
Bairischen
im 15. Jh.

Im 16. Jh. änderte sich die Situation. In der **kaiserlichen Kanzlei in Wien** wurde eine Schreibsprache gepflegt, die bereits eine Art Leitvarietät oberhalb der im bairischen Raum gesprochenen Dialekte darstellte. Auch die regionalen Druckersprachen orientierten sich daran. Die für Texte des 15. Jh.s noch charakteristischen Merkmale verschwanden aus der Schreibsprache, ostmitteldeutsche Einflüsse traten stärker hervor. Die Druckersprache ist insgesamt »fortschrittlicher« als die Sprache in handgeschriebenen Texten (Reiffenstein 2003b, 2949 f.).

Das **17. Jh.** ist von deutlichen konfessionellen Gegensätzen geprägt. Ausgleichstendenzen zum (protestantischen) Ostmitteldeutschen, die im 15. und 16. Jh. zu beobachten sind, werden wieder zurückgenommen. So-

3.4

Laut und Schrift

Dialekte –
Schreibsprachen –
Schriftsprache

gar in katholischen Gebieten außerhalb des bairischen Raumes bis in den westmitteldeutschen Bereich orientierten sich Drucker und Autoren am bairischen Schreibusus.

Sprachliche
Merkmale des
Bairischen
im 17. Jh.

- Für mhd. *ei* kehren die <ai>-Schreibungen zurück (*Stain*).
- Der Diphthong mhd. *uo* wird durch <ue> oder <ů> wiedergegeben (*guet*, *gůt*).
- Die Schreibung <ie> für langes *ī* wird gemieden (z. B. *Wise*) und für den im gesprochenen Dialekt erhaltenen Diphthong *ie* reserviert (*lieb*).
- Langvokale werden oft durch Doppelschreibung notiert (*Weeg*).
- Dialektale Entrundungen werden in die Schrift umgesetzt (*sieß* ›süß‹).
- Wo dialektal kein Umlaut eingetreten ist, werden auch keine Umlautgraphien verwendet (*Bruck* ›Brücke‹, *Burger* ›Bürger‹).
- Apokope wird in der Schrift nicht (mehr) gemieden (*Kirch*, *ich hab*), ebenso die Synkope (*Gschicht*). Die Verwendung nicht apokopierter -*e*-Formen wie *Kirche*, *Speise*, *Messe* war geradezu als lutherisch verpönt (dazu Habermann 1997).
- Schreibungen mit <p> und <kh> im Anlaut werden wieder häufiger.

Im späteren 18. Jh. erst schlossen sich Bayern und Österreich in der Schrift einer überwiegend auf ostmitteldeutscher Basis beruhenden Leitvarietät an. »Hochdeutsch« war nun kein sprachgeographischer Begriff mehr (mit dem Gegensatz »Niederdeutsch«), sondern diente als Bezeichnung der für die Schriftsprache normativen und verbindlichen Varietät (Reiffenstein 2003b). Grammatiker wie Heinrich Braun (1732–92) und Carl Friedrich Aichinger (1717–82), die sich ebenso tolerant wie kritisch mit Gottsched auseinandersetzten, haben bedeutenden Anteil daran.

Textbeispiel 9

Bairisch (Ostoberdeutsch) im Jahre 1483

Der Regensburger Hans Paulsdorfer bittet in einer Immobilienangelegenheit seinen Bruder Georg um Unterstützung am Rande der Legalität (Text: *Familienbriefe Rgb.* 81). Da es sich um einen Privatbrief handelt, sind dialektnahe Sprachformen zu erwarten.

1   *Lieber brueder. Ich fueg euch zu wissen, das sich der pfleger von Neuen Ramsperg understet, mir des pachs ein tail zu entziehen, nämlich von der Irlmul bis herab zu der Roswaid.*

2   *Nu ist ein allter briester in dem bruederhaus zu Regenspurg, genant her Ulrich, der ist lange jar pfarrer zu Rattenperg gewesen.*

3   *Der wais gar aigenlich, das das wasser oberhalb der Irlmul gen Neuen Ramsperg gehört und underhalb gen Alten Rams perg.*

4   *Bit ich euch, ir wellet zeugen zu euch nemen und einen notari und in fragen dermassen:*

5   *Lieber herr, nachdem ir lannge zeit in der art umb Ramsperg und zu Rattenperg gewesen seit, bit ich euch freuntlich, ir wellet mir sagen, wie es ein gestalt hab umb das vischwasser, den pach, genant die Miltach,*

3.4
Laut und Schrift

Historische
Schreibsprachen

6 *wievil und weit des gen Neuen Ramsperg gehör und wievil des gen*
Alten Ramsperg gehör und welichs das march sei am wasser zu yedem
slos gehörig.

7 *Und bit in, das er darinn niemant zu lieb noch zu laid sein wissen*
und die warhait (am Rand: *und was er all sein tag derhalb gehort*
hab) nit verhallten well und sagen,

8 *als stund er gesworen vor einem richter zu sagen, und was er euch*
darauff sagt oder zu antwort gibt, das merckt eben.

9 *Sagt er, das das wasser underhalb der Irlmul gen Alten Ramsperg*
gehör und das oberhalb gen Neuen Ramsperg, so requirirt den notari,
das er euch solher sag instrument geb und mach.

10 *Ob er aber anders und widerwärtigs saget oder nichtz darumb wissen*
wolt, so bedürfft ir seiner sag kain instrument nemen.

11 *Wellet in allso aigenlich fragen, auch nit vergessen, ob er sagät, er*
hiet es all sein tag allso gehört, das diselben wort in das instrument
kumen.

12 *Ob er euch fragät, warumb ir die frag thät, so sprecht, darumb, das*
man sich darnach wiss zu richten und nit irr.

13 *Thuet hierinn vleis und seit nit säumig, dann unns daran gelegen ist.*

14 *So ist der briester allt und kranck, darumb ist nit zu peiten.*

15 *Behallt disen meinen sanndtbrieff und formirt dem notari ein proto-*
koll daraus.

16 *Damit seit got bevolhen.*

1 *Lieber bru**e**der*: <ie> und <ue> sind Diphthongschreibungen, ebenso *Thu**e**t* (13),   Anmerkungen
*sanndtbri**e**ff* (15).
*fu**e**g* ›füge‹: <ue> steht auch für den Umlaut.
pachs ›Baches‹: <p> für vorahd. *b, s.a. *peiten* (14) ›warten‹ < mhd. *beiten* u.ö.
ein: <ei> für mhd. *ei*, ebenso *einen* (4). Meistens bezeichnet <ei> jedoch den aus
mhd. *ī* hervorgegangenen Diphthong (s. 7)
tail ›Teil‹: <ai> für mhd. *ei*; ebenso *aigentlich* (4), *laid* (7), *warhait* (7).
Roswaid: ebenfalls <ai> für mhd. *ei*, ferner Apokope (mhd. *weide*); ebenso *bit*
›bitte‹ (4), *hub* (5), *gehör* (6), *geb* (9), *mach* (9).

2 *briester*: <b> zeigt direkt die Lautung an, ebenso *Bit* (4) ›ich bitte‹. Demnach sind
die <p>-Graphien (s. 1) **Schreib**usus.

5 *zeit*: Neuhochdeutsche Diphthongierung mhd. *ī* > *ei*, ebenso *seit*, *weit* (6), *vleis*
(13) u.a.
umb: <mb> kann entweder durch Apokope aus mhd. *umbe* entstanden sein
oder – sofern in der Aussprache *mb* schon zu *m* assimiliert war – bairischen
Schreibusus belegen; ebenso *darumb* (10), *warumb* (12).

6 *gehör*: die Synkope, die für den gesprochenen Dialekt anzunehmen ist (*ghör),
ist schreibsprachlich unterblieben; ebenso in *gesworen* (8), *Behallt* (15) u.ö.
march: Im Auslaut <ch> für vorahd. *k.
slos: Erhalt von mhd. *sl-*.

95

3.4

Laut und Schrift

Dialekte –
Schreibsprachen –
Schriftsprache

---

7   *gehort*: Fehlende Umlautbezeichnung anders als in *gehör* (6).

8   *stund* ›stünde‹: Monophthongschreibung ohne Umlautkennzeichnung.

12   *thät* zeigt <th>-Schreibung, ebenso ***Thuet*** (13).

Eine vermittelnde Rolle als »Übergangsraum par excellece« (Klepsch/ Weinacht 2003, 2776) zwischen dem Ostober- und dem Ostmitteldeut- schen kommt dem **Ostfränkischen** mit den Zentren Würzburg und vor allem Nürnberg zu (vgl. van der Elst 2003).

3.4.1.2 | Das Ostmitteldeutsche

Der ostmitteldeutsche Raum (s. Abb. S. 30) umfasst in etwa die Gebiete des heutigen **Thüringen** und **Sachsen**, ferner **Schlesien** und eine hoch- deutsche Insel im einstigen Ostpreußen, das sogenannte **Hochpreußi- sche**. Hinzu kommen **angrenzende böhmische und mährische Gebie- te** sowie einige **Sprachinseln** in slawischem Umfeld. Mit Ausnahme des Thüringischen, das bereits in althochdeutscher Zeit als Dialekt existierte (allerdings nicht durch Texte belegt ist), ist das Ostmitteldeutsche erst im 12. und 13. Jh. entstanden, und zwar infolge von Siedlungsbewegungen aus dem deutschsprachigen Altland. Th. Frings (1957) und seine Schule glaubten, aus Übereinstimmungen ostmitteldeutscher Subdialekte mit Mundarten des Altlandes auf die Herkunft der Siedler und ihre Wege ins Neuland östlich von Saale und Elbe schließen zu können. Diese Einschät- zung wird heute aus mehreren Gründen skeptisch gesehen (Lerchner 2003, 2750; Hartweg/Wegera 2005, 53–58): Dialekte sind nicht über Jahr- hunderte konstant, sondern durchaus veränderlich. Für sprachgrenznahe Orte und Gebiete ist sogar mit Dialektwechsel zu rechnen. Lerchner (2003, 2755) schlägt vor, für die frühe Zeit zunächst von einem **regiolektalen Transferraum** zu sprechen. Gemeinsamkeiten des Ostmitteldeutschen, die auf regionalsprachliche Ausgleichsprozesse innerhalb dieses Raumes schließen lassen, treten erst in der Schreibsprache des 14. und vor allem des 15. Jh.s hervor:

Sprachliche
Merkmales
des Ostmittel-
deutschen
im 15. Jh.

- Senkung der »hohen« Vokale mhd. *i, ü* und *u > e, ö* und *o*, insbesondere vor Nasalen (*mund > mond, met > mit*).
- Entrundung gerundeter Vokale (*ö > e, ü > i, eu > ei*) wie im Bairi- schen.
- Verdunklung *a > o* und *ā > ō*.
- Die Funktionswörter *oder, ob, doch, noch* werden vielfach mit <a> ge- schrieben (*ader, ab, dach, nach*).
- Der Reduktionsvokal in unbetonten Flexionssilben wird vielfach als <i> umgesetzt. Auch das Präfix *er-* erscheint häufig als *ir-*.
- Synkope, Apokope und Ekthlipsis sind selten.
- Erst um 1500 setzt sich die Diphthongierung von mhd. *ī,ǖ* und *ū > ei, eu* und *au* in der Schreibsprache durch.

96

3.4

Laut und Schrift

Historische
Schreibsprachen

- Die Monophthongierung von mhd. *ie, uo, üe* > $\bar{\imath}, \bar{u}, \bar{\ddot{u}}$ ist schon in den nicht sehr zahlreichen Quellen des 13. Jh.s weitgehend durchgeführt.
- Mitunter zeigen sich auch Reflexe weiterer Monophthongierungen: mhd. *ei* > $\bar{e}$ und *ou* > $\bar{o}$ (*bēne* ›Beine‹, *ōgen* ›Augen‹), die in den gesprochenen Dialekten eingetreten sind.
- Vor Labialen tritt vielfach Umlaut auf. Noch Luther verwendet konsequent Formen wie *gleuben* ›glauben‹ oder *teufen* ›taufen‹ (mhd. *gelouben, toufen*).
- Für anlautendes vorahd. **p* wird in Teilen des Gebietes <f> oder <ph> geschrieben (*fund* ›Pfund‹), für **mp* und **pp* <mp> bzw. <pp> (*kamp, kopp*). Hier reflektieren geschriebene Texte mitunter durchaus dialektale Gegebenheiten.
- Die Fortiskonsonanten *p* und *t* tendieren zur Lenisierung > *b* und *d* (*balast, dag*), im Nordwesten des Obersächsischen auch *k* > *g*.
- Anlautendes [tw-] verändert sich zu [kw] (mhd. *twingen* > *quingen* ›zwingen‹), was in dialektnahen Texten durchaus als <qu> wiedergegeben sein kann. Außerhalb des Ostmitteldeutschen tritt dafür *zw* ein.
- Anlautendes *h-* kann schwinden (»Aphärese«) wie z. B. nhd. *her* $\bar{u}\mathfrak{z}$ > *eraus.*
- Das Ostmitteldeutsche neigt zu Metathesen. Dabei »tauscht« zumeist ein *r* den Platz mit einem benachbarten Vokal (mhd. *brunne* > *born*, *dritte* > *dirte*).
- Bestimmte Verbindungen aus Vokal + Konsonant + Vokal werden kontrahiert, z. B. *age* > $\bar{a}$ (mhd. *nagel* > *nāl*, *zagel* ›Schwanz‹ > *zāl*, das übrigens im Namen des Berggeistes *Rübezahl* vorliegt) oder *oi* (mhd. *klaget* > *kloit*), *oge* > *oi* (mhd. *voget* > *voit*), *ebe* > $\bar{e}$ (mhd. *geben* > *gēn*).

Im 17. und 18. Jh. galt die ostmitteldeutsche Schreibsprache, die vielfach mit dem **Meißnischen Deutsch** identifiziert wurde, vor allem in protestantischen Gebieten als schriftliche Leitvarietät. Das hängt nicht zuletzt mit dem Prestige der Luther-Sprache zusammen. Nach der Übernahme als Schreibsprache im niederdeutschen Raum orientierten sich Gebildete auch in der Aussprache zunehmend an dieser Varietät.

Ostmitteldeutsch im Jahre 1431   **Textbeispiel 10**

Als Beispiel ein Auszug aus einer 1431 geschriebenen Heiligenlegende (Text aus Erben 1961, 66 f.).

1   *Georgius was ein ritter, geborn von Cappodocia. Her quam eines in die stat czu Sylona.*

2   *Bi der selben stat was ein gros see, gliche dem mere, vnde dar jnne sculete ein drake.*

3   *Der hatte dicke die waffene lute voriaget vnde trat denne in die stat, vnde mit sinem blasende vorterbete hie die stat gemeine.*

4   *Durch das musten im die burgere geben alles tegelich czwe scaff, das sie sinen czorn linder machten.*

97

3.4

Laut und Schrift

Dialekte –
Schreibsprachen –
Schriftsprache

5   *Da her abir da mite sich nicht genvgen enlies vnde itczunt was der scaf-*
fe nicht me in dem lande, do dachten sie einen rat, das sie im geben
alles tegelichen einen menschen vnde ein scaff.

6   *Do abir itczunt mit dem kvmmere alle der burgere svne vnde dochtere*
vorswunden weren, czu lest gevil das los uf des koniges einege dochter.

7   *Do sprach der konnig mit groseme leide:*

8   *Nemet myn silbir vnde myn golt vnde myn konnigriche halb vnde laset*
mir myne libe dochter, das sie so jemerlichen nicht irsterbe.

9   *Do sprach das gemeine volk:*

10 *Eya konnig, dise seczczunge irdachtes du czum ersten, vnde alle vnse*
kindere sint da hin, vnde mit disen reden wiltu dinne dochter behal-
den.

11 *Du ne vollenbrengest an diner dochter, das du mit vnsen kinderen hast*
getan, wir wollen dich mit alle diner wonunge vorburnen.

12 *Das irhorte der konnig vnde sprach:*

13 *Eya myne libe dochter, das ich dich sus jemerlichen vorliesen mus.*

14 *Vorbas karte her sich czu dem volke vnde bat, das sie im acht tage vri*
geben, das her sine dochter beweinen muste.

15 *Das tete das volk.*

16 *Do die acht tage vmme gekomen wurden, das volk quam wider czu dem*
konnige vnde sprach:

17 *Durch was vorterbestu das volk gemeine durch diner dochter willen?*

18 *Do der konnig irsach, das er die dochter nicht behalden enkunde, do*
tete hie ir vmme konichlicher cleider vnde vmme vinc sie vnde sprach:

19 *Eya suze dochter, jch hoffete, in dem konichliche scoze von dir svne czu*
czhinde.

20 *Nu mus din mynnichliche lieb der drake essen.*

21 *We mir, vserkoren dochter, jch hoffete, vursten vnde herren czu diner*
brutloft laden vnde din palas mit margariten (Perlen) cziren.

22 *Jch hoffete, silber seiten spil vnde orgenen czu diner hochczit hŏren.*

23 *Nu mustu von dem leiden draken gegessen werden.*

Anmerkungen

2   *Bi*: Noch keine Diphthongierung mhd. $\bar{\imath} > ei$.
gliche: Ebenfalls keine Diphthongierung; keine Apokope, s. im selben Satz auch
mere, sculete ›hauste‹, *drake* ›Drache‹, *hatte*.

3   *lute*: <u> steht für mhd. $\bar{u}$, das noch nicht diphthongiert ist. Umlautkennzeichnung fehlt.
vorterbete: <t> ist hyperkorrekte Schreibung für [d], ebenso *vorterbestu* (17).
gemeine: <ei> für mhd. *ei* (dagegen mehrmals <ai> in Textbeispiel 9).

4   *musten*: <u> für mhd. *uo*.
czwe ›zwei‹ mit häufiger Graphie <cz> für [ts]; ebenso *czorn* ›Zorn‹ u. ö.
scaff ›Schafe‹: keine Apokope, sondern reguläre endungslose Form des Nom./
Akk. Pl. dieses Neutrums. Gen. Pl. *scaffe* (5) zeigt unapokopiertes *-e*.

5   *genvgen*: <v> für $\bar{u}$ < mhd. *üe*; keine Umlautkennzeichnung.

98

	3.4
	Laut und Schrift

Historische
Schreibsprachen

6   *abir*: <i> in unbetonter Nebensilbe; ebenso *silbir* (8).
   koniges: Senkung *u* > *o* vor Nasal; ebenso *konnig* (7), *konnigriche* (8); in *kvmmere*
   und *svne* ist dies – in zeittypischer Inkonsequenz – nicht bezeichnet.
   gevil: <i> für mhd. *ie*; ebenso *libe* (14), Reflex der Monophthongierung.
   dochtere: <d> für mhd. *t* zeigt Lenisierung an.

8   *myn* und *myne*: <y> für mhd. *ī* (keine Diphthongierung).

11 *vollenbrengest* ›vollbringst‹: <e> deutet nicht Senkung *i* > *e* an, sondern Umlaut
   (vorahd. **brangjan*). Die Form *brengen* existiert neuhochdeutsch nicht mehr.
   vorburnen: *r*-Metathese.

18 *irsach*: Präfixform *ir-*.

20 *lieb* ›Leib‹: <ie> für mhd. *ī* (keine Diphthongierung).

21 *brutloft* ›Hochzeit‹: <o> deutet auf ostmitteldeutsche Monophthongierung mhd.
   ou > *ō* hin (mhd. *brūtlouf*); *-t* ist epithetisch.

22 *hoffete*: keine Synkope in der Mittelsilbe; ebenso *orgenen* ›Orgeln‹.

3.4.1.3 | Das Alemannische

Der alemannische (= westoberdeutsche) Raum (s. Abb. S. 30) weist bedingt durch politisch-historische Gegebenheiten eine stärkere dialektale
Binnengliederung auf als das historische Bairische und das Ostmitteldeutsche. Unter Sonderbedingungen standen seit dem späten Mittelalter
auch die Entwicklungen des **Südalemannischen** in der Schweiz (vgl.
Sonderegger 2003). Basel und Zürich waren schon um 1500 Standorte
bedeutender Druckereien. Das **Nordalemannische** oder **Oberrheinische**
umfasste das linksrheinische **Elsass** mit dem frühen Druckerzentrum
Straßburg (vgl. Hartweg 2003) und rechtsrheinisch in etwa das heutige Baden-Württemberg. Das **Schwäbische** zwischen Neckar und Lech
zeigt in historischen Quellen auch bairische Einflüsse. Für das Nordalemannische vom späten 13. Jh. bis etwa 1430 liegt mit dem Historischen
Südwestdeutschen Sprachatlas (HSS) ein ausgezeichnetes Referenzwerk
vor. Typische Merkmale der historischen alemannischen Schreibsprache
sind:

- Graphien wie <å> für sekundär umgelautetes ahd. *a* (*mǎchtig*), aber
  auch für mhd. *ë* (*wǎrden*) vor allem in den östlicheren Teilen.
- Diphthongierung mhd. *ë* > *ie* vor Nasal.
- <ú> für mhd. *i*.
- Die Diphthongierung der Langvokale mhd. *ī, ū, ǖ* ist in den zugrunde gelegten Quellen erst spärlich bezeugt. Diphthongschreibungen im
  Elsass dürften auf habsburgischen, also ostoberdeutschen Kanzleiein-
  fluss zurückzuführen sein.
- Diphthongierung mhd. *ā* > *au*, was sich in Graphien wie <au>, <å̆> u. ä.
  niederschlägt.

Sprachliche
Merkmale des
Alemannischen
im 14. und 15. Jh.

99

3.4

Laut und Schrift

Dialekte –
Schreibsprachen –
Schriftsprache

- Wie im Bairischen <ai>-Schreibungen für mhd. *ei*.
- Teilweise erfolgt Monophthongierung *öu* zu *ō*.
- Mhd. *ou* ist überwiegend durch <ou>, teils auch durch <o> repräsentiert. Erst nördlich einer Linie Speyer-Ellwangen dominieren <au>-Graphien (deshalb z. B. südlich *koufen*, nördlich *kaufen*).
- Entrundungen.
- Verdunklung *a* > *o*.
- Häufige Syn- und Apokope.
- <o> und <u> in unbetonten Silben.
- Im Westen, speziell im Elsass, sind *r*-Metathesen gut bezeugt.
- <p> für vorahd. **b* ist nur in der direkten Einflusszone im Osten belegt, außerdem in der südlichen Übergangszone zum Hochalemannischen.
- Omd. *tw* > *qu* hat eine Parallele im Elsass. Östlich des Rheins erfolgt *tw* > *zw* oder *tw* bleibt erhalten.
- Vom Neckar südwärts häufig <ch> für vorahd. **k*.
- Die Konsonantengruppe *st* wird auch inlautend zu *št*, was häufig durch <scht> wiedergegeben wird.
- Das Diminutivsuffix *-lin* verliert das auslautende *-n*.

Textbeispiel 11

Alemannisch (Westoberdeutsch) kurz vor 1500
Als Beispiel folgt ein Auszug aus einer Predigt des in den 1490er Jahren in Villingen tätigen Franziskaners Johannes Pauli (Text aus *Pauli*, 139 f.).

1   *Dise nachgeschribne ler hat úns gethon der wirdig, wolgelert lesmaister*
    herr Hans Pauli, únser trúwoster bichtvatter,

2   *wyst von dem lob und nutzberkait der gnad gotz.*

3   *Och von ainem gaischlichen strosäkli und růwbettli der andechtigen sel*
    und gaischlichen menschen.

4   *Och von dem lob des hochwirdigen, aller hailgosten bergs Thabor;*

5   *hát úns dis alles ze ainem frúntlichen, aller miltosten, gůtten jar geben*
    am ingenden jars tag im lxxxxiiij.
    [...]

6   *›Die gnad gottes únsers behalters ist erschinen allen menschen und ist*
    úns underwysen und leren.‹

7   *Also spricht Paulus, das usserwelt fässli, zů sinem lieben junger Thy-*
    tum.
    [...]

8   *In disen worten mins anfangs wird die gnad gotz uns gelopt in dry weg.*

9   *Ze dem ersten von der offenbarung wegen, won er spricht ›sy ist uns*
    erschinen‹;

10 *ze dem andren von deswegen, daz sú gemain ist, darumb spricht er*
    ›allen menschen‹;

11 *ze dem dritten durch der nutzberkait willen, won er spricht ›und ist uns*
    underwysen‹.

12 *Vom ersten ze sagen, söllint ir wissen, das von Adam bitz uff Christum*
    alweg vil und dik die grechtikait gotz waz erschinen,

100

3.4
Laut und Schrift

Historische
Schreibsprachen

13 man allain von siner strengen grechtikait wyst ze sagen und nit vil
    sach noch hort von gotz gnad und erbarmhertzikait.

14 Ward nit schinbar gotz grechtikait, do er von der sund wegen die
    gantzen welt bis an acht menschen liess undergon und verderben
    mit dem wasser?

15 Gotz grechtikait ward da gsechen, do daz fur vom himel verbrant
    Sodoma und Gommora.

16 Die streng grechtikait gotz ward erzogt, do sich daz ertrich ufftett,
    verschland Dathan und Abyron.

17 Sin götliche grechikait ward hert befunden, do er fúri schlangen
    under daz volk sant, die sú warent vergiften und ze tod byssen.

18 Aber jetz im núwen gsatzt des hailgen ewangelium, so spricht daz
    usserwelt fässli Paulus:

19 ›Es ist erschinen und offenbar worden die gnad únsers behalters‹.

20 Ja warlich, im zyt der gnaden ist sy úns erschinen,

21 und täglichen zögt uns gott sin erbarmhertzikait, aber selten sin
    gerechtikait.

1   *nachgeschribne*: Synkope (mhd. *geschri**ben**e*); s.a. **grechtikait** (12 u.ö.), **gsatzt**   Anmerkungen
    (18).
    ler: Apokope (mhd. *lêre*); ebenso *wirdig*, *wolgelert*, *sel* ›Seele‹ (3) u.ö.
    *les**mai**ster*: <ai> für mhd. *ei*; ebenso **ainem gai**schlichen* (3) u.ö.
    únser: <ú> ist indifferent. Die Graphie steht hier für *u*, kommt im Text aber
    auch für umgelautetes *ü* (*trúwoster*) vor.
    trúwoster: Keine Diphthongierung *ǖ* > *eu*; s.a. *frúntlichen* (5), *fur* (15) ›Feuer‹.
    bichtvatter: Keine Diphthongierung *ī* > *ei*.

2   *gotz*: Ekthlipsis (mhd. *gotes*).

3   *strosäk**li*** ›Strohsäcklein‹: *n*-loser Diminutiv; ebenso *růwbett**li*** ›Ruhebettlein‹,
    *fäss**li*** (18).
    růwbettli: <ů> deutet auf Erhalt von mhd. *uo*; ebenso *gůtten* (5), *zů* (7).
    och: <o> für mhd. *ou*.
    *ga**isch**lichen*: Zugrunde liegt mhd. *gei**stl**īchen*. Zunächst *st* > *št*, danach Reduk-
    tion der Dreifachkonsonanz *štl* > *šl*. Die vorliegende Schreibform dürfte die
    gesprochene Form direkt wiedergeben.

4   *hailg**os**ten*: <o> in unbetonter Silbe; ebenso *milt**os**ten* (5).

11 *won*: Verdunklung *a* > *o*.
    *under**wy**sen*: <y> für mhd. *ī* (keine Diphthongierung).

12 *waz*: Zugrunde liegt mhd. *was* ›war‹. Die Graphie <z> deutet auf den lautlichen
    Zusammenfall mhd. *s* (< vorahd. **s*) und mhd. *ʒ* (< vorahd. **t*) hin.
    grechtikait: Synkope.

14 *undergon*: Verdunklung *ā* > *ō*, hier ohne Längenkennzeichnung.

16 *erz**o**gt*: <o> zeigt Monophthongierung von mhd. *öu* an; ähnlich *zögt* (21).

17 *schl**a**ngen*: Der Übergang *sl* > *šl* ist graphisch bezeichnet.

3.4

Laut und Schrift

Dialekte –
Schreibsprachen –
Schriftsprache

3.4.1.4 | Westmitteldeutsch

Das Westmitteldeutsche umfasst die **ripuarischen**, **moselfränkischen**, **rheinfränkischen** und **hessischen** Dialekte (s. Abb. S. 30). Schon die zweite Lautverschiebung hatte in diesem Gebiet zur Ausbildung des **Rheinischen Fächers** (s. Abb. S. 82) geführt, einer Gliederung, die noch in den heutigen Dialekten fortlebt.

Sprachliche
Merkmale des
Westmittel-
deutschen
im 15. Jh.

- Initiales vorahd. *p blieb im Westmitteldeutschen unverschoben (z. B. *pund* ›Pfund‹), ebenso *pp (z. B. *appel* ›Apfel‹).
- Auch in den Konsonantenverbindungen *lp und *rp unterblieb die Verschiebung (darum z. B. *helpen* ›helfen‹ und *werpen* ›werfen‹), teilweise auch in *mp (z. B. *schimpen* ›schimpfen‹).
- Im Mittelfränkischen zeigen die Pronomina *dat, dit, wat, it* und die Neutrumsform *allet* unverschobenes vorahd. *t.
- Bis ins Frühneuhochdeutsche hält sich die Anlautkonsonanz *wr-* (*wringen* ist aus dem Westmitteldeutschen in die Standardsprache eingegangen).
- Westvorahd. *$\bar{b}$ erscheint in westmitteldeutschen, speziell mittelfränkischen Quellen vielfach als <v>, <u>, <f> (z. B. *geven* u. ä. ›geben‹).
- Westgerm *g erscheint im Auslaut häufig als <ch> (z. B. *tach* ›Tag‹).
- Speziell in hessischen Quellen gilt umgekehrt für auslautendes *f* vielfach <b> (z. B. *brieb* ›Brief‹).
- Gemeinsam mit dem (Mittel-)Niederdeutschen und Niederländischen zeigt das Mittelfränkische den Übergang $ft > \chi t$ (z. B. *kracht* ›Kraft‹; den Anker *lichten* heißt ursprünglich nicht, ihn ›ans Licht ziehen‹, sondern *liften*, also ›hochziehen‹).
- Im In- und Auslaut erfolgt in der Konsonantengruppe χs Assimilation zu <s(s)> (z. B. *ossen* ›Ochsen‹).
- *r*-Metathese (z. B. *burn, born* ›Brunnen‹).
- Besonders vor *i* und *e* wird *g* als <gh> geschrieben.
- Die Diphthongierung von mhd. $\bar{\imath}, \ddot{\bar{u}}, \bar{u}$ wird verbreitet erst im 16. Jh. in die mitteldeutschen Schreibsprachen übernommen.
- Die Monophthongierung von *ie, üe, uo* ist bereits im 12. Jh. durch entsprechende Graphien greifbar.
- In weiten Teilen wurde mhd. $\ddot{\bar{u}} > \bar{u}$ und infolge der Diphthongierung > *au* (z. B. *für* > *fūr* > *faur* ›Feuer‹).
- Langvokalismus wird häufig durch nachgestelltes *i, y* oder *e* bezeichnet (z. B. *noit* u. ä. ›Not‹). Deshalb ist <e> im Stadtnamen *Soest* kein Umlautkennzeichen, sondern deutet langes $\bar{o}$ an.
- Vokalsenkung vor allem vor *l, r, m* und *n* (z. B. *herte* ›Hirte‹, *onser* ›unser‹).
- Umgekehrt erfolgt Hebung *o > u* vor *l* (z. B. *guld* ›Gold‹).
- In Teilen des Hessischen auch Hebung der Langvokale $\bar{e} > \bar{\imath}$ und $\bar{o} > \bar{u}$ (z. B. *grūs* ›groß‹).
- Im Satz unbetonte Funktionswörter zeigen wie im Ostmitteldeutschen vielfach <a> für *o* (z. B. *ader* ›oder‹, *van* ›von‹).

Die **ripuarische** Schreibsprache mit **Zentrum Köln** zeigt bis ins 15. Jh. eine vergleichsweise stabile und autonome schreibsprachliche Norm, die

3.4
Laut und Schrift

Historische
Schreibsprachen

erst im 16. Jh. (ost-)oberdeutsche Einflüsse zulässt (zu Einzelheiten und Erklärungsmodellen vgl. Mattheier 2003, 2722, speziell zum Hessischen Ramge 2003). Andernorts, etwa in Duisburg, bleiben Außenorientierungen mit dem Ziel der Variantenreduktion noch länger die Ausnahme (Elmentaler 2003).

Westmitteldeutsch um 1400

Textbeispiel 12

Das folgende Rezept gegen Appetitlosigkeit stammt aus einer 1398 niedergeschriebenen Kölner Handschrift (Text aus *Ortolf* 141 f.). Einige Sprachformen zeigen, dass der Schreiber eine oberdeutsche Vorlage hatte. Insgesamt passte er jedoch den Text der regionalen ripuarischen Schreibsprache seiner Zeit konsequent an.

1 *Fastidium heyst, daz eynen menschen nicht gelustet to essende*

2 *vnde kommet itwanne von ouerghe crancheyt dez maghen vnde aller lede, alz na eyner sucht,*

3 *eder daz de mensche de rore hat, eder itwanne von overgeme etene vnde drynkene.*

4 *Jtwanne kommet et van oberge kelde eder van ouerger hitte.*

5 *Kommet et van oberige cranchet eder van hitte, so gif eme succurum rosaceum oder zuckarum violaceum:*

6 *et helpet ouch vor de rore vnde creftiget den maghen, eder gif eme dydoron abbatis.*

7 *Commet et auer von kelde, so gef eme dyamargariton eder zinziber conditum eder diagalangan eder dyamargariton, vnde sal en smeren myt dyaltea vnde mit dyamaron.*

8 *Du salt ouch di plaster vf den maghen machen.*

9 *Nym mentan vnde gerostet brot vnde rosen, sut ez myd wyne, leghe ez ouer den maghen vnde make dusze edele lactuarien.*

10 *Nym genciane, mirre, diptani, aristoyole, iclikez achte quentyn, spikenardi, tosti, absinthii, puleyen, bacarum lauri, petrocinilini, iclikez eyn quentyn.*

11 *Sut ez myt honighe, daz ez werde eyn lactuarien vnde geb ez deme seken dez morgens vnde dez auendez als eyn nucz.*

12 *Gelustet en auer nicht to essende, vnde daz en sere wullet, so sůt waszer myt eyn wenich meldensames vnde myt myrretich,*

13 *geb eme allewege eynen grozen trunk, so wert her vndowende eder gef eme esule.*

14 *Js et von ouergeme slime dez maghen, nym er eyn quentyn mid warmen wyne,*

15 *danach mache eme dusze edele saluen:*

16 *nym mentam vnd cinamonii vnd piperis, stoz ez mit einer salben myt scarpen eteke, dat de seke syne spyse mede ete:*

103

3.4
Laut und Schrift

Dialekte –
Schreibsprachen –
Schriftsprache

17 *mach eme ouch dit plaster, daz vor de rore vnde vor de vndouwen gut is:*
18 *nym galle, spizidre, balaustie, rosarum, masticis, mente, panis assati,*
19 *stoz ez mid eynander, temper et mid eteke vnde leg ez warm vf den*
   maghen.
20 *Is et van hitte, so gef eme calt water to drinkende.*

Anmerkungen

1 *to*: unverschobenes vorahd. *t ist typisch für das Ripuarische.
essenede: <ss> ist dagegen Verschiebungsgraphie für vorahd. *t; ebenso *essen-de* (12), s. aber auch *etene* (3), *ete* (16). Das Schwanken deutet auf nicht ganz konsequente Umsetzung der oberdeutschen Vorlage hin.

2 *ouerghe* ›übrige‹: Das Wort zeigt gleich drei Charakteristika der ripuarischen Schreibsprache: 1. <o> als Senkungsgraphie (ohne Umlautkennzeichnung) (mhd. *überic*), 2. <u> für vorahd. **b̄* und 3. <gh> vor *e*; ebenso *maghen* (2), *leghe* (9) u. ö.
lede ›Glieder‹: <e> ist Senkungsgraphie (mhd. *lide*).
mensche: keine Apokope; zahlreiche weitere Belege im Text.

3 *rore* ›Ruhr, Durchfall‹: <o> weist auf Senkung von *ū* hin, dieses durch Monoph-thongierung aus mhd. *uo*; ebenso *rore* (6).

4 *et*: Unverschobene Form des Pronomens ›es‹; ebenso 5, 6 u. ö. Mehrmals auch die Verschiebungsvariante *ez* (11, 16 u. ö.).
Es überwiegt *van* (3, 4 u. ö.).
kelde: unverschobenes vorahd. *d (ebenso 7).

5 *hitte* ›Hitze‹: unverschobene Geminata vorahd. *tt.
cranchet ›Krankheit‹: Monophthonggraphie; anders jedoch *crancheyt* (2).
gif ›gib‹: <f> für den Reibelaut aus vorahd. **b̄*; ebenso *gef* (7, 20). Der Reibelaut kann auch durch <u> bezeichnet werden wie in *auer* ›aber‹ (7) u. ö.

6 *helpet*: Unverschobenes vorahd. *p.

7 *smeren*: Erhalt von mhd. *sm-*; <e> deutet Senkung *i > e* an; vgl. mhd. *smir(w)en* (nhd. *schmieren*).

8 *plaster* ›Salbe‹: Unverschobenes vorahd. *p (nhd. *Pflaster*).

9 *make*: Unverschobenes vorahd. *k; ebenso *de seke* (16) ›der Sieche‹ u. ö.; dage-gen *machen* (8) wohl als Schreibung der Vorlage.
myd: Unverschobenes vorahd. *d.
wyne: <y> für mhd. *ī* (keine Diphthongierung).

11 *deme seken* ›dem Siechen‹: <e> ist Monophthonggraphie für mhd. *ie*.

12 *sūt* ›siede‹: <ū> ist keine Diphthonggraphie, sondern wohl der Versuch, den Umlaut von langem *ū* zu bezeichnen, was in *sut* (11) unterblieben ist. Die entsprechende mittelhochdeutsche Form wäre *süt*.
waszer: <sz> Verschiebungsgraphie wohl aus der Vorlage; s. auch *water* (20).

14 *quentyn* ›kleine Menge‹: Senkung *e < i* vor Nasal. Lehnwort aus lat. *quintinum* ›Fünftel‹. Seit der »Rechtschreibreform« vorgeschriebenes *Quäntchen* statt *Quentchen* suggeriert fälschlich Zugehörigkeit zu *Quantum*.

16 *dat*: unverschobenes vorahd. *t.

19 *eteke* ›Essig‹: enthält kein unverschobenes vorahd. *t, denn das Wort ist als ahd. *eʒʒih* (> mhd. *eʒʒich*) aus lat. *acetum* entlehnt. Bei der Übernahme in Dialekte, die die Verschiebung vorahd. *t > ahd. *ʒʒ* nicht aufwiesen, wurde *ʒʒ* durch *t* ersetzt. Man spricht in solchen Fällen von »Adoptivformen«.

In diesem Überblick über die spätmittelalterlichen-frühneuzeitlichen Schreiblandschaften konnten nur Hauptmerkmale skizziert und mit aus-gewählten Textproben belegt werden. Auch innerhalb der Regionen gab es natürlich – und darauf wurde bereits hingewiesen – kleinräumigere, individuelle, situative und textsortenspezifische Variablen.

3.4.2 | Ausgleich und Variantenreduktion

Inwieweit sich die Entstehung der neuhochdeutschen Schrift- und Einheitssprache durch Ausgleich zwischen den gesprochenen mündlichen Varietäten vollzog, oder ob die heutige Schrift- und Standdardsprache das Resultat von Variantenreduktion auf der Ebene der Schriftlichkeit ist, wird nach wie vor kontrovers diskutiert. Man wird hier sicher differenzieren müssen, ob man den Ausgleich auf der phonetisch-phonologischen und graphematischen Ebene meint, oder die Vorgänge auf morphologischer, syntaktischer oder lexikalischer Ebene (Besch 2003c, 2264, 2271 f.). Was die graphematische Ebene betrifft, die das Thema dieses Kapitels ist, so wird man sich einerseits die historischen Schreibsprachen in ihren gezeigten regionalen Ausprägungen **nicht ohne Rückbindung** an die lautlichen Verhältnisse in den **gesprochenen Dialekten** vorstellen können. Die besprochenen Textbeispiele haben das gezeigt. Andererseits waren nur auf der **Ebene der schriftlichen Kommunikation** seit der frühen Neuzeit sowohl die Möglichkeit als auch die Notwendigkeit zu einer den gesamten Sprachraum umfassenden ausgleichenden Variantenreduktion gegeben. Werner Besch (2003c, 2262 f.) nennt vier Prinzipien, die als »Regulatoren der schreibsprachlichen Ausgleichsprozesse« verantwortlich seien:

- **Geltungsareal** ist das Gebiet, in dem eine bestimmte Schreibform gebräuchlich ist. Damit eine Variante als »Kandidat« für den überregionalen Ausgleich in Frage kommt, muss sie über eine hinreichende Verbreitung verfügen. Nur lokal oder kleinräumig verbreitete Varianten, die es in den Dialekten gab (und gibt), haben keine Chance auf allgemeine Akzeptanz.
- **Landschaftskombinatorik** ist dann gegeben, wenn eine Variable nicht nur in einer Schreiblandschaft verwendet wird, sondern in mindestens zweien. Relativ häufig gehen das Ostoberdeutsche und Ostmitteldeutsche konform, weshalb man geradezu von einer **osthochdeutschen Kombinatorik** sprechen kann.
- **Geltungshöhe** ist das Prestige, das einer Variable zukommt. Sicher gab es schon im Mittelalter und in der frühen Neuzeit Sprachformen, die als vornehm oder eben als plump galten. Aussicht auf überregionale Verbreitung hatten solche Sprachformen, mit denen sich ein gehobenes Sozialprestige verband.
- **Das Strukturprinzip** besagt, dass eine innersprachliche strukturelle Disposition gegeben sein musste, damit sich eine Variable über ihren angestammten Geltungsbereich hinaus durchsetzen konnte. Dieses Prinzip kann am Beispiel der Realisierung der Monophthongierung und Diphthongierung deutlich gemacht werden. Mit der Monophthongierung hat sich eine mitteldeutsche Variante durchgesetzt, mit der Diphthongierung eine oberdeutsche. Was auf den ersten Blick paradox

3.4
Laut und Schrift

Dialekte –
Schreibsprachen –
Schriftsprache

wirkt, findet eine strukturelle Erklärung. Die Monophthongierung von
mhd. *ie, üe, uo* hatte im Mitteldeutschen die neuen Langvokale $\bar{\imath}, \bar{ü}, \bar{u}$
ergeben, was zur »Kollision« mit den schon vorhandenen alten Längen
(mhd. $\bar{\imath}, \bar{ü}, \bar{u}$) führen musste. Auch die Dehnung in offener Tonsilbe
hatte neue Langvokale hervorgebracht. Die Diphthongierung der alten
Längen $\bar{\imath}, \bar{u}$ und $\bar{ü}$ brachte Entlastung in der Reihe der hohen Langvokale. Ob sich die Diphthongierung wie eine Welle von Süden kommend
auf das Mitteldeutsche ausbreitete, oder ob der Vorgang sozusagen
»von selbst« in Gang kam, ist bei dieser Sicht der Dinge nebensächlich.
Vor diesem Hintergrund ist nochmals kurz auf die Verfahrensweisen **Martin Luthers** zurückzukommen, denn dessen Sprachgebrauch wurde bin-
nen kurzer Zeit in protestantischen Gebieten eine Art schreibsprachliches
Vorbild. Ursache war nicht allein das hohe Ansehen Luthers. Hinzu kam,
dass Luther nicht einfach sein heimisches Ostmitteldeutsch verschriftet,
sondern zunehmend von ostmitteldeutschen Schreibkonventionen ab-
rückt und sich Schreibformen mit größerem Geltungsareal zu eigen macht.

Gegen das zeitgenössische Ostmitteldeutsche verfährt Luther in mehreren Punkten:

Entscheidungen
Luthers für das
Ostoberdeutsche

- Er meidet typisch ostmitteldeutsche Vokalsenkungen und bevorzugt
  nach oberdeutschem Vorbild *durst* gegenüber *dorst*, *wurzel* gegenüber
  worzel usw. (Senkungen vor Nasal wie in *Sonne, Sohn, König* usw. gegenüber mhd. *sunne, sun, kuning* behält Luther jedoch weitgehend bei;
  Weiteres bei Besch 2000, 1720 f.).
- Die neuhochdeutsche Diphthongierung ist von Anfang an in die Schreibung umgesetzt (s. Textbeispiel 8, S. 89 f., Abs. 3: *haus* 1522, *Haus* 1545).
- Die im Ostmitteldeutschen übliche schreibsprachliche Bezeichnung
  des Nebensilbenvokals durch <i> wird zunehmend durch <e> verdrängt (s. ebd., Abs. 12: *Gottis* 1522, aber *Gottes* 1545).
- Die Formen *wilch* ›welch‹ und *sulch* ›solch‹ werden zunehmend durch
  obd. *welch* und *solch* ersetzt (ebd., Abs. 12 *wilchs* 1522).
- In ostmitteldeutschen Texten des 15. und 16. Jh.s begegnen häufig Formen mit Schwund eines initialen *h* (»Aphärese«). Auch Luther verwendet sie zunächst, geht aber zunehmend zu den *h*-Formen über (ebd.,
  Nr. 13 *eraus* 1522, aber *heraus* 1545).
- Bis etwa 1530 schreibt Luther in Übereinstimmung mit dem ostmitteldeutschen Usus *widder* ›wider‹, *wedder* ›weder‹, *nidder* ›nieder‹, *od-
  der* ›oder‹. Hier bezeichnet <dd> die Kürze des vorausgehenden Vokals.
  Danach gibt er diese Formen zugunsten von obd. *wider, oder* usw. auf
  (ebd., Abs. 8 *widder* 1522, *wider* 1545).

Gegen das zeitgenössische Bairische, dem er sich keineswegs bedin-
gungslos anschließt, entscheidet sich Luther ebenfalls in einer Reihe von
Punkten:

Entscheidungen
Luthers gegen das
Bairische

- Anfangs noch verwendetes anlautendes <p>, das auch in der ostmitteldeutschen Kanzleitradition gebräuchlich war, wird durch <b> ersetzt
  (ebd., Nr. 3 *Bittet* 1522 und 1545, aber Textbeispiel 13, S. 108 f., Z. 13
  gepetten).

3.4

Laut und Schrift

Ausgleich und
Variantenreduktion

- Schon in den frühen Schriften bevorzugt Luther Wortformen mit *o* vor Nasal gegenüber oberdeutschen *u*-Formen (s. Textbeispiel 8, S. 89 f., Abs. 1 *sondert* 1522 und 1545).
- Die oberdeutsche Apokope wird zunehmend zugunsten voller Wortformen beseitigt (ebd., Abs. 2: *erndt* 1522, aber *Erndte* 1545).
- Die Monophthongierung von mhd. *ie, uo* und *üe* ist bei Luther von Anfang an konsequent gegen das Oberdeutsche umgesetzt (ebd., Abs. 11 *euch* 1522 und 1545).
- Die oberdeutsche Graphie <ai> für mhd. *ei* findet sich in Luthers Schriften kaum (ebd., Abs. 2 *erbeytter* 1522, *Erbeiter* 1545).
- Die oberdeutsche Wortform *nit* wird zunehmend durch *nicht* verdrängt (ebd., Abs. 13: *nit* 1522, aber *nicht* 1545).

Es gibt nur wenige Beispiele dafür, dass Luther isolierte ostmitteldeutsche Formen ohne stützende Landschaftskombinatorik verwendete. Solche Formen konnten sich – der Geltungshöhe der Luthersprache zum Trotz – nicht behaupten:

- Luther hält an typisch ostmitteldeutschen Umlautformen wie *gleuben* ›glauben‹, *teufen* ›taufen‹, *keufen* ›kaufen‹ fest. Hier haben sich in der Standardsprache die umlautlosen Varianten des Oberdeutschen durchgesetzt. Ein sprachsystematischer Faktor kommt hier hinzu: Die zugehörigen Substantive *Glaube, Taufe* und *Kauf* waren (auch im historischen Ostmitteldeutschen) umlautlos (vgl. Feudel 1970, 71).
- Luther favorisiert omd. *erbeiten* gegenüber *arbeiten*, ohne dieser Form dadurch zum Durchbruch zu verhelfen (ebd., Abs. 3 *erbeytter* 1522, *Erbeiter* 1545).

Ostmitteldeutsche
Regionalismen
bei Luther

In mehreren Punkten wird eine von bestimmten regionalen Schreibsprachen unabhängige Tendenz zur Systematisierung deutlich:

- Substantivgroßschreibung (ebd., Abs. 1: *stedt vnd ortt*, aber 1545 *Stedte und Ort*).
- Umlautbezeichnung mithilfe von übergeschriebenem *e* (ebd., Abs. 5 *grusset* 1522, *grůsset* 1546).
- Die Grapheme <i> und <u> werden mit zunehmender Konsequenz zur Wiedergabe von Vokalphonemen reserviert, <j>, <v>, <f> und <w> für die entsprechenden konsonantischen Phoneme (ebd., Abs. *fur* 1522 und 1545, aber Textbeispiel 13, S. 108 f., Z. 16 *uil* ›viel‹ 1521).
- Die Graphie <y>, die zunächst ohne erkennbare Regel mit <i> wechselt, wird weitgehend ausgesondert (s. Textbeispiel 8, S. 89 f., Abs. 1: *hyn* 1522, aber *hin* 1545).
- Phonologisch unmotivierte Konsonantendoppelungen oder –häufungen werden zunehmend vermieden (ebd., Abs. 5: *beuttel* 1522, aber *Beutel* 1545).
- Die anlautende Affrikata [ts] wird durch <z> wiedergegeben, nicht durch <cz> (ebd., Abs. 1: *zween* 1522 und 1545).
- Die Diphthonge, die aus mhd. $\bar{\imath}$ und *ei*, $\bar{\ddot{u}}$ und *üe*, $\bar{u}$ und *ou* entstanden sind, werden durch jeweils dieselbe Graphie wiedergegeben (ebd., Abs. 9: *haus*, wie Abs. 14 *staub*). Diese graphische Gleichbehandlung historisch heterogener Diphthonge durch Luther ist die Grundlage für deren

Sprachsystematische Entscheidungen Luthers

107

Dialekte –
Schreibsprachen –
Schriftsprache

phonologischen Zusammenfall in der neuhochdeutschen Standardsprache. Die Dialekte reflektieren dagegen teilweise bis heute die mittelhochdeutsche Verschiedenheit.

Luthers **private Schreibsprache**, in der er sich Notizen machte oder Briefe schrieb, die nicht für die Öffentlichkeit bestimmt waren, unterscheidet
sich strukturell jedoch merklich von der Sprache seiner Drucke, wie der
Blick auf das nachfolgende Textbeispiel zeigt.

Textbeispiel 13

Luthers frühe private Schreibsprache
Luther lehnte es vor dem Reichstag zu Worms ab, die Thesen zu widerru-
fen, die am 10. Dezember 1520 zu seiner Verurteilung als Ketzer geführt
hatten. Den nachfolgenden Text hat er am 18. April 1521 in seiner Wormser Herberge eigenhändig als Konzept niedergeschrieben. Das Dokument
ist noch weit von dem durchdachten System der Bibelübersetzung von
1545 entfernt und ein guter Beleg dafür, dass Luthers ausgewogenes Bibel-
deutsch Resultat wohlüberlegter systematischer Gestaltung ist.

Aus Luthers
Wormser
Redekonzept
vom 18. April 1521

Dieser Text wird buchstabengetreu transkribiert. Nur abgekürzte Wörter
werden in [eckigen Klammern] ergänzt. Was von Luther durchgestrichen
ist, wird entsprechend wiedergegeben.

1 *Auß R[ömischer] kay[serlicher] Maiestat beger unnd erfoddern bynn*
   ich gesternn erschynnen unnd itzt noch erscheyn In ~~gutlichem~~ gottes
   ~~namen~~ frid unnd syner kay[serlichen] May[estat] Christlich frey geleidt
   untheniglich unnd gehorßamlich anzuhoren unnd auffzunehmen
2 *~~so~~ das ßo myr lautte Kay[serlichen] mandats unnd ynhallts fürzuhall-*
   ten were.
3 *Nach dem aber myr auff meyn ankunfft gesternn zwey stuck seyn fur*
   gehallten,

108

3.4

Laut und Schrift

Ausgleich und
Variantenreduktion

4 Nemlich ob ich die bucher unter meynem namen außgangen wie denn
    erzelet worden ist bekenne unnd alß die meynen bekandt furt ahn
    hallten odder revocierenn wollt,

5 Hab ichs auffs erst meyn richtig stracke anttwortt geben unnd alle die
    selben bucher bekennt unnd noch bekenne alß die meynenn darauff
    auch endlich bleybe.

6 Auff das ander stuck wilchs betryfft das hohist gutt ynn himel unnd
    erd das heylig gottes wort unnd den glawben, hab ich untertheniglich
    gepetten ~~unnd auß Ro[mischer] kay[serlicher] may[estat] gutte erlangt~~
    eyn bedacht unnd auffschub,

7 auff das ich die weyl ich mundlich dargeben sollt meyn antwortt, nit
    etwa auß unvorsicht anlieffe zu uiel odder zu wenig mit meynß gewy-
    ßenß vorsehrung handellte.

8 Hab solchs auß Ro[mischer] kay[serlicher] may[estat] erlanget.

1 *unnd*, *erfoddern* und *bynn* (u. ö.) mit phonetisch unmotivierten Doppelkonso-   Anmerkungen
   nanten, die Luther in seinen späteren Schriften deutlich reduziert.
   erscheyn ›erscheine‹: Apokope.
   gottes: Kleinschreibung; Großschreibung korreliert hier noch mit Dignität des
   Bezeichneten (*Römisch, Maiestat, Christlich, Kayserlich*).
   frid: Apokope fehlende Längenbezeichnung (in Textbeispiel 8, S. 89 f., Abs. 6,
   steht 1522 ebenfalls noch *frid*, 1545 jedoch bereits *Friede*).
   syner: Monophthongschreibung <y> für mhd. $\bar{\imath}$, anders jedoch *frey*.
   anzuhoren: Keine Umlautkennzeichnung.

2 *ßo*: Initiales <ß> kommt in den Luther-Drucken nicht vor.
   ynhallts: <y> für [i].

4 *alß*: <ß> für mhd. [s]; ebenso *meynß* (16). Später dominiert <s>.
   ahn ›an‹: unmotivierte Längenkennzeichnung.

6 *wilchs*: Nur regional gültige ostmitteldeutsche Wortform, später *welch*.
   erd und *heylig*: Apokope.
   gepetten ›gebeten‹: <p> für vorahd. *b* ist oberdeutscher Schreibusus.

7 *uiel*: <u> mit konsonantischem Lautwert [f].

Die in ihrer graphematischen Struktur **zunehmend konsequente und
systematische Sprache der Luther-Drucke**, die nicht regional gebunden
war, wohl aber Elemente regionaler Schreibsprachen (vor allem des Ostmitteldeutschen und Bairischen) integrierte und damit an ältere kanzleisprachliche Konventionen anknüpfte, hatte im gesamten protestantischen
Raum **Vorbildfunktion**. Daran orientierten sich Kirchen-, Unterrichts-,
Bildungs- und Literatursprache. Der Schwerpunkt der Bibelproduktion lag
zwar in Wittenberg, doch trugen Nachdrucke der Lutherbibel und anderer Schriften in Zentren des alemannischen (Augsburg, Basel, Straßburg)
und bairischen Raumes (Nürnberg) zur überregionalen Verbreitung des
Textes und seiner Sprachform bei (vgl. Reinitzer 1983, 116–125). In der
ersten Hälfte des 17. Jh.s lief die Produktion niederdeutscher Bibeln aus
(s. Kap. 2.7.3). Maßgeblich wurde dann auch im niederdeutschen Raum
der hochdeutsche Text.

109

3.4 Laut und Schrift

Dialekte – Schreibsprachen – Schriftsprache

Als die Trennung von Protestanten und Katholiken zur irreversiblen historischen Tatsache geworden war, also etwa ab der Mitte des 16. Jh.s, verstärkten sich **konfessionelle Sprachgegensätze**. Natürlich gibt es keine Sprach- oder Schreibformen, die an sich »katholischer« oder »protestantischer« wären als andere. Das heißt: Sprachregionale Unterschiede wurden zu konfessionellen stilisiert. Dabei kongruierte – zumindest in der Tendenz – das Ostoberdeutsch-Bairische mit dem »katholischen« Schreibgebrauch, das Ostmitteldeutsch-Meißnische mit dem »protestantischen«. Schreibsprachliche Gegensätze, die sich im 15. Jh. bereits ansatzweise ausgeglichen hatten, wurden erneut verstärkt. Die in den Kanzleisprachen und in Luthers Schriften wenigstens ansatzweise erreichte *gewisse Sprache* stand nun nochmals zur Disposition, wie folgendes Beispiel – fast ein Kuriosum – aus einer niederbayerischen Dorfkirche zeigt:

Eine niederbayerische Grabschrift von ca. 1670

Katholisches Provinzialdeutsch in Niederbayern um 1668

Eine Grabinschrift, die nach 1668 in der Dorfkirche von Galgweis (bei Deggendorf in Bayern) angebracht wurde, zeigt eine Häufung extremer schreibsprachlicher Provinzialismen. Das ist umso erstaunlicher, als es sich um einen in der Kirche öffentlich präsentierten Text handelt. Der Text lässt einerseits das unbeholfene Bemühen seines Verfassers erkennen, Schreibkonventionen zu befolgen, enthält aber andererseits eine Reihe von Schreibungen, die versuchen, Lautformen unmittelbar in die Schrift umzusetzen (sogenannte »Direktanzeigen«). An der ländlichen Peripherie war man im späten 17. Jh. also noch weit von jeder schreibsprachlichen Standardisierung entfernt.

1 Alda Ligt Begraben So den 22. ivllv Año 1638 in
2 Gott Seel: verschiden der woledlgeborñe herr Iohan Christof
3 von Ambshaimb avf Oberndorf. galgweis. vnd Rospach.
4 des frstl Hochstift Bassav. Erbtruchses. dessen Ehefrav als der Avch
5 Woledlgeborñen Fraven Sabina von Ambshaim avf obern
6 dorf. Gallgweis. vnd Rospach. Geborñe von Bienzenav. Freii
7 vnd Edllen dochter zv Wiildenholzen. Avf Bavngarden
8 welche den 21. Novem̃er. 1668 Hernach zv Bvrghavsen
9 selliclich Gestorbē. vnd in der Bfarkhirchen vnser lieben Fraven
10 capelen Alda zv Rveh. gelegt worden. deñen vnd Allen
11 Crisglavwigen. Sellen Gott der Almechtig An ienem Grossen
12 Tag Ain Freliche. vrstend verleihen Wolle. Amen

3.4

Laut und Schrift

Weitere
Entwicklungen

3 *Ambshaimb*: Das erste <b> gibt den Übergangslaut zwischen *m* und *s*
   wieder, das zweite folgt regional-bairischem Schreibusus, auslautendes *m*
   durch <mb> wiederzugeben (s. S. 93); anders *Ambshaim* (5).
   Rospach: bairisch-regionale <p>-Graphie für [b].

4 *Bassav*: Dialektgerechte Umsetzung des Stadtnamens *Passau*.
   Avch: Unmotivierte Großschreibung.

7 *Edllen*: Unmotivierte Konsonantendoppelung.
   dochter: Dialektgerechte Umsetzung des Wortes ›Tochter‹.
   Wülldenholzen: Unmotivierte Doppelschreibung <ii>.
   Bavngarden: Lautgerechte Umsetzung von dialektalem *ng* < *mg*.

8 *Bvrghavsen*: <v> mit Lautwert [u].

9 *Bfarkhirchen*: <Bf> ist lautgerechte Umsetzung der dialektal lenisierten
   Affrikata, <kh> reflektiert regional-bairischen Schreibusus.

10 *Rveh*: Dialektgerechte Diphthonggraphie für mhd. *uo*.

11 *Crisglavwigen*: Lautgerechte Umsetzung der reduzierten Konsonantengruppe (*stgl* > *sgl*) und des Eintritts von *w* für *b*.

12 *Ain*: Regional-bairische Diphthonggraphie.
   Freliche: Dialektale Entrundungsgraphie.

Anmerkungen

3.4.3 | Weitere Entwicklungen

In der frühen Neuzeit konnte es im gesamtdeutschen Sprachraum zu
keiner umfassenden sprachlichen Orientierung nach einer gehobenen
Prestigevarietät (»Vertikalisierung«) kommen, weil aufgrund der politischen und konfessionellen Gegebenheiten keine solche existieren konnte. Deutschland war ein plurizentrisches geopolitisches Gebilde. Die
Verhältnisse unterscheiden sich grundlegend von denen in Frankreich
und England. Schon zu der Zeit Elizabeths I. (1533–1603) gab es dort ein
»*Queen's English*, aber im Deutschen kein Kaiser's German« (Besch 2007,
412). Vertikalisierung konnte immer nur im begrenzten regionalen oder
lokalen Rahmen stattfinden. Ansätze dazu lassen sich auf den Territori-
en der Habsburger und Wettiner beobachten, auch in größeren Städten,
aber eben nicht im Gesamtraum. Hinzu kommt, dass in Adelskreisen und
an den absolutistischen Höfen Deutschlands bis weit ins 18. Jh. nicht die
Landessprache, sondern **Französisch** gesprochen wurde. Es waren fast
nur bürgerliche Gebildete (Schulmeister, Literaten, Geistliche), die sich
an verschiedenen Orten und mit unterschiedlichen Präferenzen um eine
deutsche Schriftsprache mit geregelter Orthographie bemühten.

»Wo ist die Richtschnur, wo die Regel?« – diese ratlose Frage des Gram-
matikers Christian Gueintz (1592–1650) hätte sich in England oder Frankreich so niemand stellen müssen (dazu Moulin 1992). Die Antwort darauf
suchten Generationen von Gelehrten, denen es allerdings nicht nur darum
ging, dem ganz praktischen Erfordernis einer einheitlichen Landessprache gerecht zu werden, sondern um weitaus mehr, nämlich darum, eine
deutsche Literatursprache zu etablieren und zu legitimieren.

Sprachvorbilder: In der Diskussion um die strukturelle Beschaffenheit und die historische Legitimation dieser Zielvarietät versuchte man, sich an verschiedenen, sehr heterogenen Leitbildern zu orientieren, und zwar an:

- Regionalsprachen (vor allem dem Ostmitteldeutschen, das mit der Meißnischen Kanzleisprache gleichgesetzt wurde).
- einzelnen Autoren, allen voran Martin Luther.
- angesehenen Institutionen (Wiener Hofkanzlei, den in Mainz gedruckten Reichsabschieden, den Urteilen des Reichskammergerichts in Speyer).
- den in Grammatiken dargestellten und begründeten Leitlinien, die teilweise sprachimmanent argumentierten, teilweise sich den genannten Leitbildern anschlossen (Josten 1976; v. Polenz 1994, 135–180).

Das Niederdeutsche und die Leseaussprache: Das Niederdeutsche, das bis ins 16. Jh. parallel zum Hochdeutschen auf dem Weg zu einer eigenständigen Schrift- und Literatursprache war, diesen Weg aber aufgrund der historischen Entwicklungen nicht fortsetzen konnte (s. Kap. 2.7.3), gewann ab dem 17. Jh. vor allem auf der Ebene der **Aussprache** an Einfluss. Das ist kein Paradox, denn seit der Übernahme des Hochdeutschen als Kirchen-, Amts- und Schriftsprache im protestantischen Norddeutschland orientierten sich dort die höheren Stände auch in der Aussprache stark am Schriftbild. Viele der normativen Grammatiker des 17. Jh.s stammten aus dem niederdeutschen Raum (vgl. Bergmann 1982). Es entstand ein **Hochdeutsch in norddeutschem Munde**. Diese schon von Johann Christoph Adelung (1732–1806) als **Niederhochdeutsch** bezeichnete neue Varietät galt schon vor dem 18. Jh. als vorbildlich (weiterführend v. Polenz 1994, 144). Anders als in den meisten ober- und mitteldeutschen Dialekten wurde hier aufgrund der **Leseaussprache** z. B. zwischen [b] und [p] sowie [d] und [t] unterschieden. Würde die heutige Standardsprache auf rein hochdeutscher Basis beruhen (»hochdeutsch« im geographischen Sinne!) würde es *Dag* statt *Tag* oder *Bost* statt *Post* heißen.

Auch der **phonetische Zusammenfall der Diphthonge** aus mhd. *ū* und *ou* in [ao] sowie *ī* und *ei* in [ae], für die Luther jeweils die Einheitsgraphien <au> bzw. <ei> verwendete, konnte zunächst nur in schriftnaher Aussprache stattfinden, denn die meisten hochdeutschen Dialekte führen die mittelhochdeutschen Unterschiede fort. Auch hier sind die Gleichschreibung und die daraus resultierende Gleichlesung die Ursache.

Im Ostoberdeutschen und Ostmitteldeutschen (und darüber hinaus) sind mittelhochdeutsch gerundete Vokale **entrundet** worden. Die historischen Schreib- und Druckersprachen haben jedoch vielfach die **Rundungsgraphien** konserviert. Die **norddeutsche Leseaussprache** führte zu deren »Rückkehr« in die gesprochene Sprache. Ansonsten hieße es wohl heute *Fieße* statt *Füße*, *greßer* statt *größer*, *Leite* statt *Leute* usw.

In der älteren Forschung hat man mehrfach versucht, die »Wiege« der deutschen Schriftsprache zu lokalisieren. Diese Suche musste erfolglos bleiben, weil es keine lokal oder regional definierte Varietät gegeben hat, auf die sich die heutige deutsche Standardsprache linear zurückführen ließe. »Die relative Uniformität der neuhochdeutschen Schriftsprache wurde in erster

3.4

Laut und Schrift

Weitere Entwicklungen

Linie erreicht durch sukzessive Selektion aus den sprachlichen Elementen, Teilsystemen und Regularitäten gesamthochdeutscher Schriftlichkeit und durch die Addition und die Integration der ausgewählten Phänomene zu einem neuen Regelwerk und zu neuen Inventaren« (Stopp 1976, 25).

Sprachgebrauch der Drucker: Im Laufe des 18. Jh.s bildeten sich im Bereich des Buchdrucks überregionale Normen heraus, die den Regularitäten der heutigen Schriftsprache bereits weitgehend entsprachen, wenn man von Einzelheiten wie der noch häufigen Diphthonggraphie <ey> (z. B. *zwey, allerley*), der Doppelschreibung <aa> für langes *ā* (z. B. *Maaß, Graab*), <th> für *t* (z. B. *That, Thurm*) und Ähnlichem absieht. Als Bezeichnung der Vokallänge setzte sich in vielen Fällen <h> durch, dessen Geltungsbereich vom 17. bis 19. Jh. sogar größer war als heute (z. B. *gerahten, gebohren*). Die im Frühneuhochdeutschen häufige Doppelschreibung von Konsonanten wurde als Möglichkeit, indirekt die Kürze eines vorausgehenden Vokals zu kennzeichnen, funktionalisiert (z. B. *offen* gegenüber *Ofen*, *Ratte* gegenüber *rate*). Die Zahl der konkurrierenden Grapheme für ein und dieselbe Lautung wurde reduziert (dazu grundlegend Veith 2003). Nach 1700 schloss sich zunehmend auch der **katholische Südosten** der **ostmitteldeutsch-norddeutschen Schreibnorm** an (vgl. Wiesinger 1987). Bei protestantischen Grammatikern der Aufklärungszeit galt Luther infolge des zeitlichen Abstands nun nicht mehr uneingeschränkt als sprachliche Autorität (vgl. Bergmann 1983).

Die **Großschreibung der Substantive** bahnte sich seit der frühen Neuzeit an. Schon in Luthers Werken ist innerhalb weniger Jahrzehnte eine Entwicklung in Richtung auf die heute gültigen Regeln erkennbar (s. S. 107), die sich aber noch nicht mit letzter Konsequenz in der Breite durchsetzte. Allmählich »vollzieht sich der Übergang vom semantischen zum grammatischen Prinzip« (Risse 1980, 230). Im 16. Jh. wurden mehr oder weniger konsequent **Satzanfänge** und **Eigennamen** durch Majuskelsetzung hervorgehoben, ebenso daraus abgeleitete Adjektive (*Römisch, Englisch*). Substantive wie *GOtt* und *HErr* wurden vielfach durch doppelte Majuskel oder durchgängige Großschreibung besonders hervorgehoben. Im 17. Jh. setzte sich immer mehr die bis heute übliche Großschreibung von **Anredepronomina** (*Ihr, Euch*), insbesondere in Schreiben an höhergestellte Personen, durch. Um 1700 wurden oft auch **substantivierte Verben und Adjektive** groß geschrieben (*das Ansehen, die Schöne*). Der **Grammatikerstreit** über die Großschreibung der Substantive zog sich quer durch das 18. und 19. Jh. Gottsched befürwortete sie, Jacob Grimm lehnte sie strikt ab. Letzten Endes schufen die **Verlage** Tatsachen, weniger die Grammatiker, die den eingeführten Usus nachträglich kommentierten, ablehnten oder sanktionierten (vgl. Nerius 2003, 2468–2470; zu den Standpunkten der Befürworter und Gegner der Substantivgroßschreibung vgl. v. Polenz 1994, 246–248; 1999, 248–250).

Verbindliche Orthographie: Das im Prinzip bis heute gültige orthographische Regelwerk wurde auf der **Zweiten Orthographischen Konferenz 1901** in Berlin festgeschrieben (ein erster Anlauf 1876 war noch gescheitert). Maßgeblich beteiligt waren nicht nur **Germanisten**, sondern auch **Politiker** und Vertreter staatlicher **Behörden**. 1996 beschlossen staatliche

113

3.4

Laut und Schrift

*Dialekte –
Schreibsprachen –
Schriftsprache*

Stellen in Deutschland, Österreich und der Schweiz eine Revision der bis dahin geltenden orthographischen Regeln, die in ihrer Systematik und Folgerichtigkeit für die Sprachbenutzer teilweise nur schwer oder überhaupt nicht durchschaubar waren (vgl. Nerius 2001, 348–350). Die Ergebnisse dieser **Orthographiereform**, die eigentlich für die Schule und jeden offiziellen Schreibgebrauch verbindlich sein sollten, werden – mit einem gewissen Recht – nach wie vor kontrovers diskutiert. Mittlerweile entstehen im Zusammenhang mit neuen Kommunikationsmöglichkeiten (Blogs, Chat, E-Mail, SMS) Bereiche nahezu orthographiefreier Schriftlichkeit.

Heutige Aussprachenormen: Langsamer und schwieriger als die Einigung im Bereich der Orthographie vollzog sich die Herausbildung von Aussprachenormen. Auf dieser Ebene wirkt der **Plurizentrismus** bis in die Gegenwart fort. Adelige und Politiker konnten noch im 20. Jh. kaum als Vorbilder dienen, da sie selbst teilweise ganz bewusst regionale Lautformen verwendeten (ein Phänomen, das auch heute noch bei manchen Politikern zu beobachten ist, vor allem wenn mit dialektaler Sprechfärbung »Volksnähe« suggeriert werden soll). In der Zeit vor der Verbreitung der Massenmedien Rundfunk und Fernsehen kam als maßgebliche Institution nur das **Theater** in Betracht. Die logische Konsequenz war, dass die erste Kodifizierung von Aussprachenormen den Titel *Deutsche Bühnenaussprache* (Siebs 1898) trug. Die darin festgeschriebenen Regeln waren jedoch bühnen-, nicht alltagstauglich:

*Vorgaben der
Deutschen
Bühnenaussprache
von 1898*

- Das Zungen-*r* wurde willkürlich und gegen die weit verbreitete Präferenz des Zäpfchen-*r* als normative Aussprache gesetzt.
- *r*-Vokalisierung (z. B. [ve:at] gegenüber [ve:rt] ›Wert‹) und *r*-Schwund im Auslaut (z. B. [le:ra] statt [le:rər] ›Lehrer‹) wurden als normwidrig oder minderwertig stigmatisiert.
- Das »Verschlucken« von Nebensilben (z. B. [ge:bm] statt [ge:bən] ›geben‹) wurde als nachlässige Aussprache abgelehnt.

Insgesamt waren die Normsetzungen dieser »Bühnenaussprache« **norddeutsch-preußisch dominiert**, was sich aus der politischen Situation um die Wende vom 19. zum 20. Jh. erklärt. Schon die Diktion ist die des autoritativen Erlasses, etwa wenn es heißt: »Der bilabiale Verschlußlaut *p* ist stets gehaucht zu sprechen.« Solche Aussprachnormierungen stießen in den deutschsprachigen Nachbarländern Österreich und Schweiz auf wenig Akzeptanz und riefen dort wie auch in Süddeutschland eher Gegenreaktionen hervor.

Eine neue Situation war mit der Verbreitung von **Rundfunk und Kino** in den ersten Jahrzehnten des 20. Jh.s entstanden. Die Sprechsituation im Studio ist eine völlig andere als auf der Bühne eines großen Theaters. Dennoch hielten sich in der Frühzeit des Rundfunks und des Tonfilms, vor allem auch in den Wochenschauen, die den Spielfilmen vorgeschaltet waren, die Deklamationsgewohnheiten des Theaters bis in die Zeit nach dem Zweiten Weltkrieg. Heute muten solche Dokumente (z. B. die berühmt gewordene Radioreportage vom »Wunder von Bern« 1954) unangemessen pathetisch an. Einen Einschnitt brachte die 1957 erschienene 16. Auflage des »Siebs«. Symptomatisch dafür ist bereits der geänderte Titel

3.5 | Laut und Schrift

Lautwandel

Deutsche Hochsprache. Bühnenaussprache. Eine weitere Neubearbeitung (Siebs 1969) hat den Begriff »Bühnenaussprache« im Titel aufgegeben. Die Herausgeber nannten das Werk *Deutsche Aussprache. Reine und gemäßigte Hochlautung.* Bereits im Titel deutet sich eine größere Toleranzbreite gegenüber Varianten an. In der **DDR** erschien 1964 das *Wörterbuch der deutschen Aussprache* (1989 erweitert: *Großes Wörterbuch der deutschen Aussprache*), das insgesamt der Sprachwirklichkeit besser gerecht wurde als die diversen Ausgaben des Siebs. Auch für die Duden-Reihe wurde ein Aussprachewörterbuch erarbeitet (zusammenfassend Mangold 2003; zur gegenwärtigen Situation Ehrlich 2008).

3.5 | Lautwandel

In den vorangegangenen Kapiteln wurde die Frage nach den Ursachen vieler Lautveränderungen weitgehend ausgeklammert. Wenn man beispielsweise sagt, dass in der ersten Lautverschiebung idg. **p* zu urg. **f* wird, in der zweiten vorahd. **d* zu ahd. *t* und im Zuge der »neuhochdeutschen« Diphthongierung mhd. *ū* zu nhd. *au*, so konstatiert man zwar unbestreitbare sprachhistorische Fakten, fragt aber nicht nach dem Warum. Das ist letztlich **junggrammatische** Tradition (s. S. 62). Wer eine Lautveränderung als quasi naturgesetzlich betrachtet, hat kein Problem mit ihrer Begründung. Wer, wie die **Strukturalisten**, Veränderungen als Reaktion auf Asymmetrien im System begreift, ist insofern in Erklärungsnot, als er begründen muss, warum ein einmal ausgewogenes System wieder aus den Fugen geraten und asymmetrisch werden kann.

Kombinatorischer Lautwandel: Die Ursachenfrage beschäftigt die historische Sprachwissenschaft deshalb seit längerer Zeit. Bei einigen Fällen von Lautwandel liegt die Erklärung auf der Hand, etwa bei Assimilationen. Nhd. *Lamm* ist mit weniger Artikulationsaufwand zu sprechen als mhd. *lamb*, ebenso *Wimper* leichter als *wintbrā*. Hier ist die **Artikulationsökonomie** der entscheidende Faktor. Auch die verschiedenen Umlaute können so erklärt werden: Der Plural ahd. *gesti* ist um eine Nuance weniger aufwendig zu artikulieren als älteres *gasti*, denn [e] ist dem [i] artikulatorisch näher als dem [a]. Immer wenn – wie im Fall von Assimilation oder Umlaut – durch das Zusammenwirken von zwei Lauten eine Änderung eintritt, spricht man von **kombinatorischem Lautwandel** oder auch **bedingtem** oder **konditioniertem Lautwandel**.

Spontaner Lautwandel: Es gibt allerdings auch Fälle, in denen ein Einzellaut scheinbar plötzlich beginnt, sich zu verändern, und das nicht nur in einem bestimmten Wort, sondern in nahezu allen gleichgelagerten Fällen: mhd. *hūs* wird zu *Haus*, *mūs* zu *Maus*, *lūs* zu *Laus*, *sūfen* zu *saufen* usw. In solchen Fällen hat kein Nachbarlaut auf mhd. *ū* eingewirkt, aber trotzdem verändert es sich serienmäßig zu nhd. *au*. Man spricht von **spontanem Lautwandel** (der Terminus könnte irreführend sein, denn er suggeriert, dass urplötzlich beispielsweise *ū* zu *au* wird; es ist aber mit allmählichen

3.5 Laut und Schrift

Lautwandel

Übergängen und Zwischenstufen zu rechnen). Wie entsteht nun solcher Wandel, da Artikulationserleichterung als Ursache nicht in Betracht kommt? Mehrere Faktoren müssen zusammenwirken (vgl. Haas 1998):

Gründe für spontanen Lautwandel

Innovation: Es ist leicht einzusehen, dass nicht jeder Sprecher einer Sprache jedes Wort mit jedem Lautsegment identisch ausspricht. Beim Sprechen kommt es immer zu unwillkürlichen phonetischen Schwankungen, mitunter sogar bei ein und demselben Sprecher. Meistens wird das nicht bemerkt, da man sich ja nicht mit Einzellauten unterhält, sondern in Wörtern und Sätzen. Ob man z. B. das Wort *Abend* in dem Gruß *guten Abend* mit einem etwas »helleren« oder »dunkleren« [a] ausspricht, hat keine Auswirkungen auf die Verständlichkeit, und man wird vermutlich höflich zurückgegrüßt. Aber jede derartige Schwankung ist bereits eine punktuelle Innovation.

Variation: Wird die Wahrnehmungsschwelle überschritten, so entsteht Variation. Hier kommen **natürliche Lautwandeltendenzen** zum Tragen, die allerdings in der Forschung kontrovers diskutiert werden. Eine solche Tendenz, die sich aus dem Sprachvergleich ergibt, wäre, um nur ein Beispiel zu nennen, die, dass Sprecher lange Vokale unwillkürlich »zerdehnen«, was zu leicht diphthongartigen Varianten führt. Verstärkt sich diese Tendenz allmählich, dann entstehen »echte« Diphthonge. Deshalb können auch in vielen Sprachen Diphthongierungen beobachtet werden. So geht z. B. it. *buono* ›gut‹ ebenso wie span. *bueno* auf lat. *bōnus* zurück, ahd. *bluot* auf vorahd. **blōđ*. Es handelt sich um ganz ähnliche Entwicklungen, die in keinem ursächlichen Zusammenhang miteinander stehen. Eine strukturalistische Erkenntnis ist, dass die Phonemsysteme natürlicher Sprachen nach **Symmetrie** streben und danach, Asymmetrien, die durch die Aussprache veruracht worden sind, wieder auszugleichen. So werden Sprecher einer Sprache, die viele Verschlusslaute, aber keine oder nur wenige Reibelaute hat (wie das Indogemanische), über kurz oder lang dazu übergehen, einen Teil der Verschlusslaute in Reibelaute umzuwandeln (wie im Urgermanischen geschehen, s. S. 77-79). In jüngster Zeit wird diskutiert, inwieweit **Silben** als phonetische Einheiten für die Veränderungen der Einzelphoneme, aus denen sie bestehen, verantwortlich sind (z. B. Szczepaniak 2007), doch bewegt sich hier vieles noch im hypothetischen Bereich, wird überzeichnet und bedarf der kritischen Diskussion.

Neuerung: Wird eine Variation von einer Sprachgemeinschaft übernommen, so entsteht daraus tatsächlich eine Neuerung. Hier können soziolinguistische Faktoren eine Rolle spielen. Wenn sich eine bestimmte Variation zunächst in gebildeten oder adeligen Kreisen ausgebreitet hat, ist damit zu rechnen, dass sie sich als **Prestigelautung** auch in weiteren Bevölkerungskreisen durchsetzt. Fraglich bleibt dabei, ob eine Neuerung auf Variation bei einem Einzelindividuum zurückzuführen ist, oder ob mehrere Individuen gleichzeitig identische Variationen durchführen. Beides kann zutreffen. Aber für historische Zeiten, aus denen bekanntlich keine Tondokumente vorliegen, wird diese Frage wohl niemals zu beantworten sein.

4. Wortformen

4.1 **Das Verb**
4.2 **Das Substantiv**
4.3 **Das Adjektiv**
4.4 **Pronomina**
4.5 **Zahlwörter**
4.6 **Morphologischer Wandel**

In diesem Kapitel werden die wichtigsten Entwicklungen dargestellt, die dazu geführt haben, dass die gegenwartssprachlichen verbalen und nominalen Flexionssysteme so beschaffen sind, wie wir sie heute kennen und anwenden. Vieles, was uns bei einer rein gegenwartsbezogenen Sicht der Dinge als »unregelmäßig« erscheint, sollte dabei verständlich werden.

4.1 | Das Verb

4.1.1 | Allgemeines

Es gibt in der deutschen Gegenwartssprache verschiedene Verbalklassen. Im Einleitungskapitel wurden *reden – redete – geredet* und *sprechen – sprach – gesprochen* einander gegenübergestellt. Der Unterschied ist leicht zu erkennen: *reden* bildet seine Vergangenheitsformen dadurch, dass an den Wortstamm ein *t*-haltiges Element angehängt wird (*redete, geredet*). Weil dieses Suffix den Dentallaut [t] enthält, wird es auch als **Dentalsuffix** bezeichnet. Beim Verbum *sprechen* werden die Formen des Präteritums dadurch gebildet, dass der Stammvokal variiert wird (*sprach, gesprochen*). Traditionell spricht man bei Verben des Typs *reden* von **schwachen Verben** (ebenso *spielen – spielte, tauchen – tauchte, kochen – kochte* und eine unübersehbare Menge weiterer). Verben des Typs *sprechen* (auch *reiten ritt* und *biegen – bog* und eine größere Anzahl weiterer) werden als **starke Verben** bezeichnet. Einige schwache Verben, die wie *kennen – kannte, rennen – rannte* die Formen des Präteritums mit dem Dentalsuffix bilden, weisen zusätzlich Vokalwechsel auf. Dazu gehören mit Veränderungen auch im Konsonantismus *bringen – brachte* und *denken – dachte*. Dennoch handelt es sich um schwache Verben (s. Kap. 4.1.3.2).

Mehrere Verben wechseln in den Vergangenheitsformen ebenfalls den Stammvokal und nehmen zusätzlich das Dentalsuffix an:

- *wissen – weiß – wusste*
- *können – kann – konnte*
- *dürfen – darf – durfte*.

Starke und schwache Verben

Das Verb

Dabei handelt es sich um Relikte der Klasse der **Präteritopräsentia** (s. Kap. 4.1.6). Und schließlich gibt es einige Verben (*sein, tun, wollen, gehen, stehen*), die sich nur bedingt einer der genannten Verbalklassen zuordnen lassen.

4.1.2 | Die starken Verben

Die starken Verben bilden ihre Stammformen also durch Wechsel des Stammvokals. Diesen Wechsel bezeichnet man als **Ablaut**. Man spricht deshalb auch von **ablautenden Verben**.

Zum Begriff

> Der Terminus → Ablaut geht auf Jacob Grimm zurück. Gemeint ist damit eine bereits im Indogermanischen vorhandene **Vokalabstufung** in zusammengehörigen Wörtern und Wortformen, wie sie beispielsweise auch in lat. *tego* ›ich bedecke‹, *tēgula* ›Ziegel‹, *toga* ›Überkleid‹ vorliegt (vgl. Meier-Brügger 2002, 145–153). Es ist zwischen einem **qualitativen Ablaut** zu unterscheiden, bei dem sich die »Klangfarbe« verändert (z. B. *tego* : *toga*) und einem **quantitativen Ablaut**, bei dem sich die Vokallänge verändert (z. B. *tego* : *tēgula*). In bestimmten Formen konnte dieser Vokal gänzlich ausfallen. Es besteht ein Zusammenhang mit den indogermanischen Akzentverhältnissen, aber auch mit der Wirkung von Laryngalen (s. Kap. 4.1.6; weiterführend Müller 2007b, 143–199).

Für die einzelnen Ablautstufen gelten folgende Bezeichnungen:
- für den Kurzvokal *e*: »Grundstufe« (in manchen Grammatiken auch »Voll-«, »Normal-« oder »Hochstufe«)
- für den Kurzvokal *o*: »abgetönte Grundstufe«
- für die Langvokale *ē* und *ō*: »Dehnstufe«
- für *ø*: Schwundstufe (auch »Null-« oder »Tiefstufe«).

In einer frühen Phase des **Urgermanischen** muss diese Abstufung für die **verbalen Tempusformen** systematisiert worden sein. Es handelt sich um eine urgermanische Neuerung, die in keiner weiteren Sprache eine Parallele hat. Zudem wurde im Singular und Plural des Präteritums die Stammsilbe **redupliziert**.

Zum Begriff

> → Reduplikation diente bereits im Indogermanischen zur Perfektbildung (vgl. lat. *tango* ›ich berühre‹ – *tetigi* ›ich habe berührt‹). Dieses Prinzip ist in den historisch bezeugten germanischen Einzelsprachen weitgehend aufgegeben worden, da die formale Kennzeichnung des Präteritums durch den Ablaut erfolgte. Nur das Gotische zeigt noch Reste dieser archaischen Stammbildung.

Die starken Verben

Je nach phonetischer Beschaffenheit der indogermanischen Verbalwurzeln ergaben sich im Urgermanischen **sieben Verbalklassen**, die im Prinzip in allen historischen germanischen Einzelsprachen, also auch im Alt-, Mittel- und Neuhochdeutschen fortgeführt sind. Ausschlaggebend für die Klassenzugehörigkeit ist die Struktur des Verbalstammes, die durch den Ablaut des Stammvokals und den nachfolgenden Konsonanten bzw. Resonanten bestimmt ist.

> → **Resonanten** waren Phoneme, die entweder als Vokale (= Sonanten) oder als Konsonanten realisiert werden konnten. Resonanten »an sich« gab es folglich nicht, sondern nur entweder die eine oder die andere Realisierung. Im Indogermanischen muss es sechs Resonanten mit jeweils zwei Realisierungsmöglichkeiten gegeben haben:

Zum Begriff

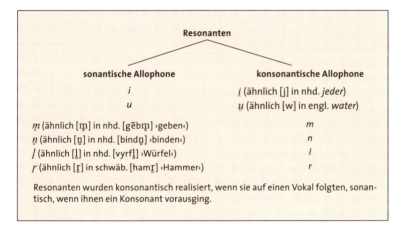

Innerhalb jeder Verbklasse sind vier Stammformen zu unterscheiden:
1. Präsensstamm
2. Stamm des Singulars des Präteritums
3. Stamm des Plurals des Präteritums
4. Stamm des Partizips des Präteritums.

1. Klasse: Das **indogermanische** Ablautschema ist:
- 1: Grundstufe *e*
- 2: abgetönte Grundstufe *o*
- 3 und 4: Schwundstufe

Kennzeichnend für die Verbalstämme dieser Klasse ist der stammschließende Resonant *i̯/i*, und zwar in konsonantischer Realisierung *i̯ (in 1 und 2) und sonantischer Realisierung *i (in 3 und 4). In der 1. Stammform entstand somit der Diphthong *ei̯, in der 2. Stammform *oi̯.

Das Verb

Auf **urgermanischer** Stufe wurde der Diphthong *ei > *$\bar{\imath}$ monophthongiert. Der Diphthong *oi wandelte sich zu *ai, da idg. *o generell zu *a wurde (s. S. 63).

Auf **althochdeutscher** Stufe wurde der urgermanische Vokalismus in den Stammformen 1, 3 und 4 unverändert fortgeführt. Aufgrund unterschiedlicher Entwicklungen in Stammform 2 ergibt sich jedoch eine a- und eine b-Reihe: Unter den Bedingungen der althochdeutschen Monophthongierung (s. S. 66 f.) ergab urg. *ai > ahd. $\bar{e}$. Verben mit diesem $\bar{e}$ in der 2. Stammform bilden die Klasse 1b. In Klasse 1a wird urg. *ai als ahd. ei fortgesetzt.

Im **Mittelhochdeutschen** wurde der Stammsilbenvokalismus des Althochdeutschen nahezu unverändert fortgeführt. Der entscheidende Unterschied besteht in der mittelhochdeutschen Abschwächung der unbetonten Flexionssilben (s. S. 69).

Einige Verben dieser Klasse weisen Besonderheiten im stammschließenden Konsonantismus auf, und zwar dann, wenn dieser Konsonant vom **Vernerschen Gesetz** (s. S. 77) betroffen war. In solchen Fällen ergibt sich **grammatischer Wechsel**, d.h. d in der 1. und 2. Stammform wechselt mit t in der 3. und 4. Stammform, ebenso h mit g. Vereinzelt tritt auch grammatischer Wechsel h – w auf, was darauf zurückzuführen ist, dass im Indogermanischen *k^w vorlag.

1. Klasse: schematische Zusammenfassung		(1) Präs.	(2) Prät.Sg.	(3) Prät.Pl.	(4) Part.Prät.
idg.		*ei	*oi	*i	*i
urg.		*ei > *$\bar{\imath}$	*ai	*i	*i
ahd./mhd.	1a	$\bar{\imath}$	ei	i	i
	1b		$\bar{e}$		

1. Klasse: Beispiele

Klasse 1a ohne grammatischen Wechsel:
Ahd. *grīfan* ›greifen‹ – *greif* – *griffum* – *gigriffan* > mhd. *grīfen* – *greif* – *griffen* – *gegriffen*

Klasse 1a mit grammatischem Wechsel d – t:
Ahd. *snīdan* ›schneiden‹ – *sneid* – *snitum* – *gisnitan* > mhd. *snīden* – *sneit* (-*t* ist hier Auslautverhärtung, s. S. 86) – *sniten* – *gesniten*

Klasse 1b mit grammatischem Wechsel h – g:
Ahd. *gidīhan* ›gedeihen‹ – *gidēh* – *gidigun* – *gidigan* > mhd. *gedīhen* – *gedēch* – *gedigen* – *gedigen*

Klasse 1b mit grammatischem Wechsel h – w:
Ahd. *līhan* – *lēch* – *liwun* – *giliwan* > mhd. *līhen* – *lēch* – *lihen* (*ligen*) – *gelihen* (*geligen*). Es erfolgte schon im Mittelhochdeutschen analoger Ausgleich nach den *h*-Formen oder nach den *g*-Formen bei Verben des Typs *gedīhen*.
Weitere Beispiele bei Paul 2007, 250 f.

Im Laufe der **frühneuhochdeutschen Periode** (vgl. Ebert u. a. 1993, 266–270) traten folgende Veränderungen ein:

- **Diphthongierung** $\bar{\imath} > ei$ in der 1. Stammform: *grīfen > greifen, snīden > schneiden, gedīhen > gedeihen, līhen > leihen* usw. (s. S. 72).
- Im Zuge der **Vereinheitlichung des Stammvokals im Präteritum** (2. und 3. Stammform) wurde *i* bzw. durch Dehnung entstandenes *ī* aus dem Plural auf den Singular übertragen: *greif > griff, sneit > schnitt, gedēch > gedieh, lēch > lieh* usw.
- **Grammatischer Wechsel** wird überwiegend ausgeglichen, bleibt bei einigen Verben jedoch erhalten (heute noch *schneiden – schnitten, leiden – litten*). Das Adjektiv *gediegen* ist nichts anderes als das isolierte Partizip Präteritum des Verbums *gedeihen*. Die Form *gediehen* ist demgegenüber eine relativ junge Ausgleichsform.

2. Klasse: Das **indogermanische** Ablautschema stimmt mit dem der 1. Klasse überein:

- 1: Grundstufe *e*
- 2: abgetönte Grundstufe *o*
- 3 und 4: Schwundstufe

Kennzeichnend für die Verbalstämme dieser Klasse ist der stammschließende Resonant $*u̯/u$, und zwar in konsonantischer Realisierung $*u̯$ (in 1 und 2) und sonantischer Realisierung *u* (in 3 und 4). In der 1. Stammform entstand somit der Diphthong $*eu̯$, in der 2. Stammform $*ou̯$.

Auf **urgermanischer** Stufe ging aufgrund des Wandels $*o > *a$ der Diphthong $*ou̯$ in $*au̯$ über.

Aufgrund von Besonderheiten in der 2. Stammform kam es ähnlich wie in der 1. Klasse zu einer Aufspaltung in eine a- und eine b-Reihe. Die b-Reihe weist Monophthongierung urg. $*au̯ >$ ahd. $\bar{o}$ auf (s. S. 63). In der a-Reihe entwickelte sich urg. $*au̯ >$ ahd. *ou*.

Auf **althochdeutscher** Stufe entwickelte sich in der 1. Stammform der Diphthong urg. $*eu̯$ entweder zu *io* oder – unter Umlautbedingungen (s. S. 66) – zu *iu*. Diese Bedingungen sind im Singular erfüllt, denn die Endungen waren dort –*u*, –*is*, –*it*. Im Präsensparadigma ergab sich somit der Gegensatz *iu* im Singular und *io* im Plural.

In der 3. Stammform wurde urg. $*u$ unverändert fortgeführt, in der 4. Stammform erfolgte jedoch – bedingt durch das *u* in der Endung – Umlaut zu *o* (s. S. 65).

Auf **mittelhochdeutscher Stufe** blieb der althochdeutsche Stammvokalismus weitgehend erhalten. Nur der althochdeutsche Diphthong *iu* im Singular des Präsens wurde zu *ū* verengt. Die Schreibweise ‹iu› blieb vielfach erhalten. Sie wird auch in den Ausgaben mittelhochdeutscher Texte verwendet.

Auch in dieser Klasse gibt es Verben mit **grammatischem Wechsel** *d – t* und *h – g*. Einige Verben weisen **Rhotazismus** (s. S. 77 f.) auf.

4.1 Wortformen

Das Verb

2. Klasse: schematische Zusammenfassung

		(1) Präs.	(2) Prät.Sg.	(3) Prät.Pl.	(4) Part.Prät.
idg.		*eu̯	*ou̯	*u	*u
urg.		*eu̯	*au̯	*u	*u
ahd.	2a 2b	io (Sg. iu)	au > ou au > ō	u	o
mhd.	2a 2b	ie (Sg. ū̄ <iu>)	wie ahd.		

Mhd. *sūfen* ›saufen‹ und *sūgen* ›saugen‹ weisen in der 1. Stammform nicht ahd. *io* > mhd. *ie* auf, sondern ahd./mhd. *ū*.

2. Klasse: Beispiele

Klasse 2a ohne grammatischen Wechsel:
Ahd. *biogan* (*biugu, biugit, biugit*) – *boug* – *bugum* – *gibogan* > mhd. *biegen* (*biuge, biuges, biuget*) – *bouc* (mit Auslautverhärtung) – *bugen* – *gebogen*.

Klasse 2a mit *ū* in der 1. Stammform:
Ahd. *sūfan* (*sūfu, sūfis, sūfit*) – *souf* – *suffum* – *gisoffan* > mhd. *sūfen* (*sūfu*, aber *siufes, siufet*, mit Umlaut; vgl. nhd. *saufe*, aber *säufst, säuft*) – *souf* – *suffen* – *gesoffen*.

Klasse 2b ohne grammatischen Wechsel:
Ahd. *biotan* (*biutu, biutis, biutit*) – *bōt* – *butum* – *gibotan* > mhd. *bieten* (*biute, biutes, biutet*) – *bōt* – *buten* – *geboten*.

Klasse 2b mit grammatischem Wechsel:
Ahd. *siodan* (*siudu, siudis, siudit*) – *sōd* – *sutum* – *gisotan* > mhd. *sieden* (*siude, siudes, siudet*) – *sōt* (hier Auslautverhärtung) – *suten* – *gesoten*.

Klasse 2b mit Rhotazismus:
Ahd. *friesen* (*friusu, friusis, friusit*) – *frōs* – *frurum* – *gifroran* > mhd. *vriesen* (*vriuse, vriusis, vriusit*) – *vrōs* – *vruren* – *gevroren*.
Weitere Beispiele bei Paul 2007, 251 f.

Im Laufe der **frühneuhochdeutschen Periode** (vgl. Ebert u. a. 1993, 266–270) kam es zu verschiedenen Ausgleichsvorgängen:

- Im **Präsens** (1. Stammform) erfolgt Verallgemeinerung der *ie*-Formen. Deswegen gilt nhd. *ich biege, du biegst* usw. durchgehend mit [ī].
- Im **Präteritum** (2. und 3. Stammform) wird der Vokal des Plurals verallgemeinert. Deswegen nhd. *ich bog, du bogst* usw. Der grammatische Wechsel im Präteritum wird beseitigt. Deswegen nhd. *ich sott, du sottest* usw.
- Bei *frieren* und *verlieren* ist *r* aus dem Plural und Partizip des Präteritums auch auf das Präsens übertragen worden (vgl. jedoch noch engl. *freeze, loose*).

3. Klasse: Das **indogermanische** Ablautschema stimmt wiederum mit dem der 1. und 2. Klasse überein:

- 1: Grundstufe *e*
- 2: abgetönte Grundstufe *o*
- 3 und 4: Schwundstufe

4.1

Wortformen

Die starken Verben

Dem Stammvokal folgt einer der vier Resonanten *m/*m̩, *n/*n̩, *l/*l̩, *r/*r̩ und ein weiterer Konsonant. In Stammform 1 und 2 ergibt sich daraus *e bzw. *o mit konsonantischer Realisierung des nachfolgenden Resonanten. In der 3. und 4. Stammform trifft der Resonant aufgrund der Schwundstufe auf den stammanlautenden Konsonanten und wird folglich sonantisch realisiert.

Auf **urgermanischer Stufe** blieb in der 1. Stammform *e erhalten (die Fortsetzung dieses »alten« *e wird zur Unterscheidung vom Umlaut-*e* als *ë* notiert). In der 2. Stammform trat wieder *o > *a ein. Die sonantischen Resonanten der 3. und 4. Stammform spalteten sich zu *um, *un, *ul, *ur.

Auf **althochdeutscher Stufe** ergab sich erneut eine Untergliederung in eine a- und eine b-Reihe, die sich in der 1. und 4. Stammform unterscheiden:

- In der **1. Stammform** tritt (bedingt durch die Verbindung aus *m* oder *n* plus Konsonant) *e > i ein. In der b-Reihe wird an dieser Stelle urg. *e beibehalten, das im Singular zu *i* umgelautet wird (s. S. 65). Ursache sind wiederum –*u*, –*is*, –*it* in den Flexionsendungen.
- In der **4. Stammform** weisen die Verben der b-Reihe bedingt durch *a*-Umlaut (s. ebd.) seit althochdeutscher Zeit den Stammvokal *o* auf (in der a-Reihe wurde dieser Umlaut durch die nachfolgende Konsonantenverbindung blockiert).

Das **Mittelhochdeutsche** setzt den althochdeutschen Stammvokalismus fast unverändert fort. In der folgenden Übersicht steht R für (beliebiger) Resonant und K für (beliebiger) Konsonant.

		(1) Präs.	(2) Prät.Sg.	(3) Prät.Pl.	(4) Part.Prät.
idg.		*eRK	*oRK	*øRK	*øRK
urg.		*em/n/l/r + K	*am/n/l/r + K	*um/n/l/r + K	*um/n/l/r + K
ahd./mhd.	3a	*i*	*a*	*um/n/l/r* + K	*um/n* + K
	3b	*ë* (Sg.*i*)			*ol/r* + K

3. Klasse: schematische Zusammenfassung

Einige Verben der 3. Klasse wiesen im Althochdeutschen noch grammatischen Wechsel auf (z. B. *fin**d**en – fun**t**um, wër**d**an – wur**t**um*). Im Mittel- und folglich auch im Neuhochdeutschen ist dieser Wechsel beseitigt.

Klasse 3a:
Ahd. *singan – sang – sungum – gisungan* > mhd. *singen – sanc – sungen – gesungen.*

Klasse 3b:
Ahd. *hëlfen* (*hilfu, hilfis, hilfit*) *– half – hulfum – giholfan* > mhd. *hëlfen* (*hilfe, hilfes, hilfet*) *– half – hulfen – geholfen.*
Weitere Beispiele bei Paul 2007, 252 f.

3. Klasse: Beispiele

123

Im **Frühneuhochdeutschen** führen Ausgleichstendenzen wiederum zu einheitlicheren Paradigmen:

- Im **Präsens** (1. Stammform) wird die 1. Person Singular nach dem Infinitiv und dem Plural umgestaltet und erhält den Stammvokal *e*. Mhd. *ich hilfe* wird durch nhd. *ich helfe* abgelöst. In der 2. und 3. Person bleibt jedoch ahd./mhd. *i* auch auf neuhochdeutscher Stufe erhalten: *du hilfst, er hilft* usw.
- Im **Präteritum** (2. und 3. Stammform) wird der Ablaut *a : u* in der Weise beseitigt, dass das *a* auch auf den Plural übertragen wird. Deshalb entsprechen sich mhd. *wir / sie sungen* und nhd. *wir / sie sangen*. Der letzte Analogieausgleich in dieser Klasse fand beim Verb *werden* statt. Bis ins 19. Jh. galt im Präteritum die Form *ward*. Anders als sonst in dieser Klasse trat Angleichung des Singulars nach dem Plural ein, und *wurde* setzte sich durch.

4. Klasse: Das **indogermanische** Ablautschema weist gegenüber den Klassen 1, 2 und 3 eine Veränderung in der 3. Stammform auf:

- 1: Grundstufe *e*
- 2: abgetönte Grundstufe *o*
- **3: Dehnstufe** *$\bar{e}$* (sekundär anstelle älterer Schwundstufe wie in der 3. Klasse)
- 4: Schwundstufe

Klassenmerkmal ist hier einer der stammschließenden Resonanten *m/*m̥, *n/*n̥, *l/*l̥* oder **r/*r̥*, dem kein weiterer Konsonant folgt.

Auf **urgermanischer** Stufe entwickelten sich die Stammformen 1, 2 und 4 in der bekannten Weise: idg. **e* (1. Stammform) bleibt auch als urg. **e* erhalten. Idg. **o* (2. Stammform) erscheint als urg. **a*. Idg. **m̥, *n̥, *l̥, *r̥* ergeben urg. **um, *un, *ul, *ur*. Der Langvokal **$\bar{e}$* bleibt im Urgermanischen zunächst erhalten, wird aber auf **westgermanischer** Stufe zu **$\bar{a}$* (s. S. 65).

Im **Althochdeutschen** ergibt sich in der 1. Stammform (wie in Klasse 3b) im Singular und Plural des Präsens ein unterschiedlicher Stammvokalismus, denn die Endungen *–u, -is, -it* bewirken Umlaut **ë > i*. Im Plural bleibt dagegen *ë* erhalten. In der 4. Stammform tritt (wie in Reihe 3b) *a*-Umlaut ein. Der althochdeutsche Stammvokal ist deshalb *o*.

Das **Mittelhochdeutsche** setzt den althochdeutschen Stammvokalismus weitgehend unverändert fort.

4. Klasse:
schematische
Zusammenfassung

	(1) Präs.	(2) Prät.Sg.	(3) Prät.Pl.	(4) Part.Prät.
idg.	**eR*	**oR*	**$\bar{e}$R*	**øR*
urg.	**em/n/l/r*	**am/n/l/r*	**$\bar{e}$m/n/l/r*	**um/n/l/r*
ahd./mhd.	*ëm/n/l/r* (Sg. *i*)	*am/n/l/r*	$\bar{a}$	o

Einige Verben mit [χ] nach dem Stammvokal (wie ahd. *brëhhan* ›brechen‹, *stëhhan* ›stechen‹, *fëhtan* ›fechten, kämpfen‹) haben sich sekundär der

4.1

Wortformen

Die starken Verben

4. Klasse angeschlossen. Eine Besonderheit zeigt auch das Verbum ›kommen‹: Ganz dem Schema der Klasse folgt ahd. *quëman*. Daneben steht eine Variante ahd. *kuman* > mhd. *kumen* mit Schwundstufe im Präsens, die nhd. *kommen* zugrunde liegt.

Mit *m/n/l/r* nach dem Stammvokal:

4. Klasse: Beispiele

Ahd. *nëman* (*nimu, nimis, nimit*) – *nam* – *nāmum* – *ginoman* > mhd.
  nëmen (*nime, nimes, nimet*) – *nam* – *nāmen* – *genomen*.
Ahd. *stëlan* (*stilu, stilis, stilit*) – *stal* – *stālum* – *gistolan* > mhd. *stëlen*
  stile, stiles, stilet) – *stal* – *stālen* – *gestolen*.

Mit *r* vor dem Stammvokal:

Ahd. *brëhhan* (*brihhu, brihhis, brihhit*) – *brah* – *brāhhum* – *gibrohhan* >
  mhd. *brëchen* (*briche, brichis, brichit*) – *brach* – *brāchen* – *gebrochen*.
Weitere Beispiele bei Paul 2007, 253 f.

Im **Frühneuhochdeutschen** erfolgt wiederum Ausgleich innerhalb einzelner Flexionsparadigmen.

- Im **Präsens** (1. Stammform) wird wie in Klasse 3b der Stammvokal der 1. Sg. an Infinitiv und Plural angeglichen. Formen wie *ich nime / stile / briche* werden nach und nach durch *ich neme / stele / breche* verdrängt (seit dem 18. Jh., teilweise auch schon früher mit systematischer Längenkennzeichnung *ich nehme* bzw. *ich stehle*). In der 2. und 3. Sg. bleibt der alte Vokalismus erhalten: *du nimmst – er nimmt, du stiehlst – er stiehlt* usw.
- Im **Präteritum** wird die Vokallänge aus dem Plural (3. Stammform) auf den Singular (2. Stammform) übertragen. Deshalb gelten heute die Formen *ich nahm / stahl / brach* usw. mit [ā], unabhängig davon, ob die Länge orthographisch zum Ausdruck kommt oder nicht.

5. Klasse: Das **indogermanische** Ablautschema weist in der 4. Stammform gegenüber Klasse 4 eine weitere Veränderung auf:
- 1: Grundstufe *e*
- 2: abgetönte Grundstufe *o*
- 3: Dehnstufe *ē*
- **4: Grundstufe *e***

Den Stamm schließt kein Resonant, sondern ein Konsonant. Ein Teil der hierher gehörenden Verben bildete schon im Indogermanischen das Präsens mit einem *i*-haltigen Suffix (vgl. lat. *capio* ›ich fange‹).

Auf **urgermanischer** Stufe ergibt sich im Stammvokalismus gegenüber dem Indogermanischen *o* > *a* in der 2. Stammform. Weitere Veränderungen treten im **Westgermanischen** ein: Die Verben mit idg. *i*-Suffix zeigen Umlaut *e* > *i* (s. S. 65) sowie Gemination des vorausgehenden Konsonanten (s. S. 79 f.). Da dieses *i* im Gotischen als *j* erscheint, spricht man traditionell von *j*-**Präsentien**. Bei den Verben, die dieser Gruppe nicht angehören, wird wie in Klasse 3b und 4 urg. *e* aufgrund der Vokale

125

Das Verb

in den Flexionssilben zu *i*. In der 3. Stammform wird generell urg. *$\bar{e}$* >
wg. *$\bar{a}$*.

Im **Alt-und Mittelhochdeutschen** wird der westgermanische Stammvokalismus beibehalten. Einige Verben, die im Althochdeutschen noch
grammatischen Wechsel bzw. Rhotazismus zeigten (z. B. ahd. *lësan* ›lesen‹ – *lārum* ›lasen‹), haben diesen auf mittelhochdeutscher Stufe weitgehend aufgegeben.

5. Klasse:
schematische Zu-
sammenfassung

	(1) Präs.	(2) Prät.Sg.	(3) Prät.Pl.	(4) Part.Prät.
idg.	*e*K	*o*K	*$\bar{e}$*K	*e*K
germ.	*e*	*a*	*$\bar{e}$*	*e*
ahd./mhd.	*ë* (Sg. *i*) *i* (*j*-Präsentien)	*a*	*$\bar{a}$*	*ë*

5. Klasse: Beispiele

Verben ohne *j*-Präsens:

Ahd. *gëban* (*gibu, gibis, gibit*) – *gab* – *gābum* – *gigëban* > mhd. *gëben* (*gibe,
gibes, gibet*) – *gap* – *gāben* – *gegëben*.

j-Präsentien:

Ahd. *bitten* (*bittu, bittis, bittit*) – *bat* – *bātum* – *gibëtan* > mhd. *bitten* (*bitte,
bittes, bittet*) – *bat* – *bāten* – *gebeten*.

Wenn wg. *tt* vorlag (z. B. urg. *setian* > wg. *sittian*), musste in der
zweiten Lautverschiebung *tz* entstehen (ebenso *pp* > *pf*). In der 2.,
3. und 4. Stammform trat keine Gemination ein, da *$\underset{\,}{i}$* auf das Präsens
beschränkt war. Hier erfolgte Verschiebung *t* > *ʒ* bzw. *p* > *f*. Die
Stammformen von *sitzen* sind deshalb ahd. *sitzen* (*sitzu, sitzis, sitzit*) –
saʒ – *sāʒum* – *gisëʒʒan* > mhd. *sitzen* (*sitze, sitzes, sitzet*) – *saʒ* – *sāʒen*
– *gesëʒʒen*. Bis heute gilt *sitzen* gegenüber *saßen*.

Bei ahd. *ëʒʒan* > mhd. *ëʒʒen* und ahd. *frëʒʒan* > mhd. *frëʒʒen* weist bereits
der Singular des Präteritums langes *ā* auf: ahd./mhd. *āʒ* bzw. *frāʒ*.

Weitere Beispiele bei Paul 2007, 254–256.

Im **Frühneuhochdeutschen** werden Ausgleichstendenzen wirksam:

- Im **Präsens** erfolgt Angleichung des Stammvokals der 1. Sg. (mhd. *i*) an
  Infinitiv und Plural (mhd. *ë*): Anstelle von *ich gibe* setzt sich *ich gebe*
  durch. In der 2. und 3. Person bleibt *i* erhalten: *du gibst, er gibt*.
- Im **Präteritum** wird die Vokallänge aus dem Plural (3. Stammform) auf
  den Singular (2. Stammform) übertragen. Die Form *bat* zeigt heute (orthographisch unmarkiert) Vokallänge [ā] in Analogie zu *baten*.

6. Klasse: Auf **urgermanischer** Stufe haben die Verben dieser Klasse das
Ablautschema *a* - *$\bar{o}$* - *$\bar{o}$* - *a*. Darin sind verschiedene indogermanische
Ablautvarianten zusammengekommen. Einige Verben dieser Klasse wei-
sen wiederum (wie in Klasse 5) **j-Präsentien** auf, was auf westgermanischer Stufe zur Gemination des stammauslautenden Konsonanten führen
musste.

4.1

Wortformen

Die starken Verben

Im **Althochdeutschen** tritt bei diesen *j*-Präsentien im Präsens (1. Stammform) Primärumlaut *a* > *e* ein (s. S. 67). Ansonsten wird aufgrund des *i* in der jeweiligen Endung nur in der 2. und 3. Sg. *a* > *e* umgelautet. Urg. **ō* unterliegt der althochdeutschen Diphthongierung (s. S. 66 f.). Einige Verben haben im Althochdeutschen **grammatischen Wechsel**, der im Mittelhochdeutschen aber zumeist beseitigt ist.

	(1) Präs.	(2) Prät.Sg.	(3) Prät.Pl.	(4) Part.Prät.
urg.	**a*	**ō*	**ō*	**a*
ahd./mhd.	*a* (2./3. Sg. *e*) *e* (*j*-Präsentien)	*uo*	*uo*	*a*

6. Klasse: schematische Zusammenfassung

Verben ohne *j*-Präsens und grammatischen Wechsel:
Ahd. *graban* (*grabu, grebis, grebit*) – *gruob* – *gruobum* – *gigraban* > mhd. *graben* (*grabe, grebes, grebet*) – *gruop* – *gruoben* – *gegraben*.
Grammatischer Wechsel:
Ahd. *slahan* ›schlagen‹ (*slahu, slehis, slehit*) – *sluog* – *sluogum* – *gislagan* > mhd. *slahen* (*slahe, slehes, slehet*) – *sluoc* (Auslautverhärtung) – *sluogen* – *geslagen*. Neben den *h*-Formen sind im Mittelhochdeutschen auch kontrahierte Formen häufig: *slahen* > *slān*.
***j*-Präsens:**
Ahd. *skepfen* (*skepfu, skepfis, skepfit*) – *skuof* – *skuofen* – *giskaffan* > mhd. *schepfen* (*schepfe, schepfes, schepfet*) – *schuof* – *schuofen* – *geschaffen*.
Weitere Beispiele bei Paul 2007, 256 f.

6. Klasse: Beispiele

Im **Frühneuhochdeutschen** werden regelmäßige Lautentwicklungen, aber auch Analogien wirksam:

- Im **Präsens** erfolgt Dehnung in offener Tonsilbe (z. B. *gra-ben*, s. S. 74 f.). In geschlossener Silbe bleibt kurzes *a* erhalten (z. B. *wach-sen*). Der Vokalwechsel als solcher bleibt erhalten (nhd. *ich grabe*, *du gräbst*, *er gräbt*); die Graphie <ä> in der 2./3. Sg. bringt den Zusammenhang mit *graben* zum Ausdruck.
- Beim Verbum *skepfen*, dessen 1. Stammform sich mit *-pf-* von der 2., 3. und 4. Stammform mit jeweils *-f(f)-* formal abhebt, wird schon im späteren Mittelhochdeutschen durch Analogie die Form *schaffen* als neues »passendes« Präsens gebildet. Das folglich isolierte Präsens *skepfen* (> nhd. *schöpfen* mit Vokalrundung, s. S. 74) wurde um neue Präteritalformen nach dem Muster der schwachen Verben (*schöpfte, schöpftest* usw.) ergänzt. Aus einem mittelhochdeutschen Verbum sind auf diese Weise zwei neuhochdeutsche geworden: stark flektierendes *schaffen* und schwach flektierendes *schöpfen*.
- Im **Präteritum** wird *uo* > *ū* monophthongiert (z. B. *gruoben* > *gruben*).
- Beim Verbum *schlagen* ist *-g-* aus der 2. und 3. Stammform (Präteritum) analog auf die 1. und 4. Stammform (Präsens bzw. Part. Prät.) übertragen worden.

Das Verb

7. Klasse: Diese Verben waren ursprünglich ablautlos. Deshalb konnte sich hier die Reduplikation zur formalen Kennzeichnung des Präteritums am längsten halten. Das **Gotische** (s. S. 8 f.) bewahrt die Reduplikation noch. In historischen Grammatiken werden die Verben dieser Klasse deshalb oft als »ehemals reduplizierende Verben« bezeichnet. Im **Althochdeutschen** ist davon nichts mehr zu erkennen. Bereits auf einer vorausliegenden Stufe sind Reduplikations- und Stammsilbe **zu einer Silbe kontrahiert** worden. Dabei entstanden sekundär im Präteritum **neue Vokalabstufungen** gegenüber dem Präsens, die den Anschein von Ablauten haben. Verben mit »hellem« Präsensvokal (ahd. *a*, *ā*, *ei*) weisen in der 2. und 3. Stammform *ie* auf, Verben mit »dunklem« Stammvokal (*ō*, *ou*, *uo*) zeigen im Präteritum *io*.

Auf **mittelhochdeutscher** Stufe wurden die althochdeutschen Präsensvokale fortgeführt. In der 2. und 3. Sg. Präs. ist allerdings Sekundärumlaut (*rætes*, *ræet* zu *rāten* ›raten‹, *löufes*, *löufet* zu *loufen* ›laufen‹) eingetreten. Im Präteritum fielen ahd. *ia* und *io* in *ie* zusammen, wodurch sich in der 2. und 3. Stammform einheitlich *ie* als Stammvokal ergab.

7. Klasse: schematische Zusammenfassung

	(1) Präs.	(2/3) Prät. Sg./Pl.	(4) Part. Prät.
ahd.	*a* (2./3. Sg. *e*) / *ā* / *ei*	*ia*	*a* / *ā* / *ei*
	ou / *ō* / *uo*	*io*	*ou* / *ō* / *uo*
mhd.	wie ahd., aber 2./3. Sg *ā* > *æ*, *ou* > *öu*, *ō* > *œ*, *uo* > *üe*	*ie*	wie ahd.

7. Klasse: Beispiele

Verben mit »hellem« Stammvokal:
Ahd. *haltan* (*haltu*, *heltis*, *heltit*) *hialt* - *hialtum* - *gihaltan* > mhd. *halten* (*halte*, *heltes*, *heltet* > *helt*) - *hielt* - *hielten* - *gehalten*.
Ahd. *rātan* (*rātu*, *rātis*, *rātit*) - *riat* - *riatum* - *girātan* > mhd. *rāten* (*rāte*, *ræetet* > *ræet*) - *riet* - *rieten* - *gerāten*.
Ahd. *heiʒan* (*heiʒu*, *heiʒes*, *heiʒet*) - *hiaʒ* - *hiaʒum* - *giheiʒan* > mhd. *heiʒen* (*heiʒe*, *heiʒes*, *heiʒet*) - *hieʒ* - *hieʒen* - *geheiʒen*.

Verben mit »dunklem« Stammvokal:
Ahd. *loufan* (*loufu*, *loufis*, *loufit*) - *liof* - *liofum* - *giloufan* > mhd. *loufen* (*loufe*, *löufes*, *löufet*) - *lief* - *liefen* - *geloufen*.
Ahd. *stōʒan* (*stōʒu*, *stōʒis*, *stōʒit*) - *stioʒ* - *stioʒum* - *gistōʒan* > mhd. *stōʒen* (*stōʒe*, *stœʒes*, *stœʒet*) - *stieʒ* - *stieʒen* - *gestōʒen*.
Ahd. *ruofan* (*ruofu*, *ruofis*, *ruofit*) - *riof* - *riofum* - *giruofan* > mhd. *ruofen* (*ruofe*, *rüefes*, *rüefet*) - *rief* - *riefen* - *geruofen*.
Weitere Beispiele bei Paul 2007, 257–259.

Im **Frühneuhochdeutschen** treten mehrere Lautgesetze und Analogien ein:

- Im **Präsens** kommt es zur **Monophthongierung** mhd. *uo* > *ū* und *üe* > *ǖ* (s. S. 73). Folglich ergibt sich *ruofen* > *rufen*, *er rüefet* > *er rüft*; dieser Umlaut ist in Analogie zu den umlautlosen Formen (Infinitiv, 1. Sg., ge-

4.1
Wortformen

Die schwachen Verben

samter Plural) beseitigt. Verben mit mhd. *ou* im Präsens erfahren qualitativen Diphthongwandel *ou > au* (s. S. 73), z. B. mhd. *loufen > laufen*. Die Umlaute *a > e, ā > æ, ō > œ, ou > öu* bleiben erhalten (daher *hält*, *lässt*, *stößt*, *läuft* usw.).

- Im **Präteritum** tritt **Monophthongierung** *ie > ī* ein. Die Verben dieser Klasse haben deshalb heute durchwegs <ie> für [ī]: *hielt*, *hieß*, *riet*, *lief*, *stieß* usw.

4.1.3 | Die schwachen Verben

4.1.3.1 | Allgemeines

Historisch gesehen sind die schwachen Verben jünger als die starken. Während das Ablautprinzip auf das Indogermanische zurückgeht, kann die Bildung von Stammformen mittels Dentalsuffix erst auf urgermanischer Stufe entstanden sein, denn innerhalb der indogermanischen Sprachfamilie kennen nur die germanischen Sprachen dieses Bildungsprinzip.

Das Präsens der schwachen Verben zeigt in vielen Fällen, dass ein **sekundäres Verb** vorliegt: *fischen* kann auf *Fisch* bezogen werden, *schwärzen* auf *schwarz* usw. Demgegenüber sind die starken Verben in aller Regel **primäre Verben**.

Das finite Präteritum wird auf verschiedene Weise erklärt. Am plausibelsten dürfte die Theorie sein, dass Wortverbindungen aus einem Nomen und einer Vorform unseres Verbums *tun* die Entwicklung eingeleitet hätten. Ein Präteritum wie *sie salb-ten* geht demnach auf eine Fügung zurück, die als *mit Salbe taten sie* wiedergegeben werden kann. Die entsprechende gotische Form, die nicht nur vermutet wird, sondern bezeugt ist, lautet *salbō-dēdun*. Das Segment *dēdun* stimmt lautlich genau zu ahd. *tātun* ›sie taten‹. Die ursprüngliche Wortfügung muss dann zu einer Wortform verschmolzen (»univerbiert«) worden sein.

Das Partizip des Präteritums (z. B. *gesalbt*) entspricht in seiner Bildung indogermanischen Adjektiven, die ausdrücken, dass jemand (oder etwas) mit etwas versehen, ausgestattet ist o. ä. (z. B. lat. *barba-tus* ›bärtig‹, eigentlich ›mit einem Bart versehen‹). Im Lateinischen dient dieses Suffix auch zur Bildung des Partizip Perfekt Passiv (z. B. *lauda-tus* ›gelobt‹ = ›mit Lob versehen‹). Eine Form ahd. *gisalbōt* ›gesalbt‹ kann also verstanden werden als ›mit Salbe versehen‹ (vgl. Braune/Heidermanns 2004, 155–167).

Die durch Univerbierung zustande gekommenen finiten Formen und die nominalen Bildungen mit der ursprünglichen Bedeutung ›versehen mit etwas‹ müssen ab einem Zeitpunkt innerhalb der urgermanischen Phase als zusammengehörig empfunden worden sein. Vom Urgermanischen bis heute nahm die Masse der Verben, deren Stammformen nicht mit Ablaut, sondern mit Dentalsuffix gebildet werden, stetig zu. Jedes Verb, das heute ins Deutsche entlehnt wird, folgt deshalb diesem Muster (*gemailt*, *gedownloadet* usw.).

129

4.1.3.2 | Die formalen Klassen der schwachen Verben

Je nach Form des Infinitivs unterscheidet man:

- 1. Klasse mit Infinitiv auf ahd. *-en*, z.B. *swerzen* ›schwärzen‹, *sterken* ›stärken‹. Das Gotische bildete den Infinitiv der entsprechenden Verben noch auf *–jan*, daher die Bezeichnung *jan*-Verben.
- 2. Klasse mit Infinitiv auf ahd. *-ōn*, z.B. *salbōn* ›salben‹, *fiskōn* ›fischen‹.
- 3. Klasse mit Infinitiv auf ahd. *-ēn*, z.B. *fragēn* ›fragen‹, *altēn* ›alt werden‹.

Bei den schwachen Verben sind drei Stammformen zu unterscheiden: **Infinitiv**, **1./3. Sg. Ind. Prät.** und **Part. Prät.** Die *ōn*- und *ēn*-Verben bilden die entsprechenden Formen durch Anfügen der entsprechenden Endung an den Stamm + klassentypischen Vokal *ō* bzw. *ē*:

Die Stammformen der ōn- und ēn-Verben

		(1) Inf.	(2) 1. = 3. Sg. Ind. Prät.	(3) Part.Prät.
ōn-Verben (2. Klasse)	ahd.	*salbōn*	*salbōta*	*gisalbōt*
	mhd.	*salben*	*salbete*	*gesalbet*
ēn-Verben (3. Klasse)	ahd.	*altēn*	*altēta*	*gialtōt*
	mhd.	*alten*	*altete*	*gealtet*

Die *jan*-Verben weisen demgegenüber einige Besonderheiten auf, die dadurch verursacht sind, dass das *j* im Präsens (und nur dort!) Verdoppelung eines stammauslautenden Einzelkonsonanten (s. S. 79 f., »westgermanische Konsonantengemination«) und ggf. Umlaut des Stammvokals auslösen konnte. »Leichte« Stämme mit kurzem Vokal und stammauslautendem Einfachkonsonanten verhalten sich dabei anders als »schwere« Stämme mit Langvokal oder Diphthong plus stammauslautendem Einfachkonsonant oder Kurzvokal und stammauslautender Mehrfachkonsonanz.

Leichte Stämme weisen im alt- und mittelhochdeutschen **Präsens und Infinitiv** (*j*-bedingt) Umlaut und Gemination auf. Im **Präteritum** bewirkte der Bindevokal ahd. *-i-* zwischen Stamm und Dentalsuffix ebenfalls Umlaut (aber keine Gemination). Im Part. Prät. ist zu unterscheiden zwischen flektierter und unflektierter Form. Die unflektierte Form zeigt aufgrund von ahd. *i* der Endung ebenfalls Umlaut. Die flektierte Form ist dagegen umlautlos. Dabei erscheint nur der Umlaut von *a > e* (»Primärumlaut«) bereits im Althochdeutschen. »Sekundärumlaut« wird erst im Mittelhochdeutschen fassbar (s. S. 67 f.).

Die Stammformen der kurzsilbige jan-Verben

	(1) Inf.	(2) 1./3. Sg. Ind. Prät.	(3) Part. Prät.	
			unflektiert	flektiert
ahd.	*zellen*	*zel-i-ta*	*gizelit*	*gizaltēr*
mhd.	*zellen*	*zel-e-te*	*gezelet*	*gezalter*

4.1

Wortformen

Die schwachen Verben

| | Kurzsilbige schwache *jan*-Verben | Beispiele |

Kurzsilbige schwache *jan*-Verben · Beispiele

Mit Primärumlaut im Präsens:
ahd./mhd. *zellen* ›sagen, erzählen‹ (wg. **tal-įan*)
ahd./mhd. *netzen* ›nass machen, (be-)netzen‹ (wg. **nat-įan*)
ahd./mhd. *dennen* ›dehnen‹ (wg. **þan-įan*)
Mit Sekundärumlaut im Präsens:
ahd. *knupfen* > mhd. *knüpfen* (wg. **knup-įan*)
ahd. *knussen* ›zerstoßen‹ > mhd. *knüssen* (wg. **knus-įan*)
ahd. *frummen* ›fördern‹ > mhd. *frümmen* (wg. **frum-įan*)

Schwere Stämme weisen (ebenfalls *j*-bedingt) im alt- und mittelhoch-deutschen **Präsens und Infinitiv** – sofern möglich – Umlaut auf, aber keine Gemination. Im **Präteritum** steht zwischen Stamm und Endung **kein Bindevokal**. Folglich erscheint hier der entsprechende nicht umgelautete Vokal. Im Part. Prät. zeigen die unflektierten Formen wieder Umlaut, nicht aber die flektierten Formen.

	(1) Inf.	(2) 1. = 3. Sg. Ind. Prät.	(3) Part. Prät.	
			unflektiert	flektiert
ahd.	*lōsen*	*lōsta*	*gilōsit*	*gilōstēr*
mhd.	*lœsen*	*lōste*	*gelœset*	*gelōster*
ahd.	*sterken*	*starkta*	*gisterkit*	*gistarktēr*
mhd.		*starkte*	*gesterket*	*gestarkter*

Die Stammformen der langsilbigen *jan*-Verben

Langsilbige schwache *jan*-Verben · Beispiele

Mit Langvokal oder Diphthong:
ahd./mhd. *stellen* (< vorahd. **stall-įan*), Prät. ahd. *stalta* > mhd. *stalte*
ahd. *lōsen* > mhd. *lœsen* ›lösen‹ (vorahd. **laus-įan*), Prät. ahd. *lōsta* > mhd. *lōste*
ahd. *hōren* > mhd. *hœren* (vorahd. **hauz-įan*), Prät. ahd. *hōrta* > mhd. *hōrte*
Mit stammauslautender Zweifachkonsonanz:
ahd./mhd. *trenken* ›tränken‹ (< vorahd. **drank-įan*), Prät. ahd. *trankta* > mhd. *trankte*
ahd./mhd. *sterken* (< vorahd. **stark-įan*), Prät. ahd. *starkta* > mhd. *starkte*
ahd. *kussen* > mhd. *küssen* (< vorahd. **kuss-įan*), Prät. ahd. *kussta* > mhd. *kusste*

Den Vokalwechsel zwischen Präsens und Präteritum sowie flektiertem und unflektiertem Part. Prät. bezeichnet man als **Rückumlaut**. Verben mit einem nicht umlautfähigen Stammvokal (z. B. ahd. *wīhan* > mhd.

wīhen ›weihen‹ oder ahd., mhd. *teilen*) können natürlich auch keinen Rückumlaut aufweisen.

Zum Begriff

> Der Terminus → **Rückumlaut** geht auf Jacob Grimm zurück, der annahm, dass im Präteritum aller schwachen *jan*-Verben einst wie im Präsens ein Bindevokal *i* und dadurch bedingt Umlaut vorhanden gewesen sei. Nach dessen Schwund sei der Umlaut wieder zurückgenommen worden. Diese Annahme trifft zwar nicht zu, aber der praktische Terminus »Rückumlaut« wird nach wie vor dazu verwendet, das Phänomen zu bezeichnen.

Das **Mittelhochdeutsche** übernimmt den Rückumlaut bei den Verben, die ihn bereits im Althochdeutschen aufgewiesen haben. Vielfach wird der Rückumlaut per Analogie auch auf die kurzsilbigen *jan*-Verben übertragen, so dass es zu Doppelformen wie *zalte* neben *zelete* kommt.

Im **Frühneuhochdeutschen** wurde der Rückumlaut bei den meisten Verben sukzessive beseitigt. Dabei wurden die Umlautformen verallgemeinert und aus dem Präsens auf das Präteritum und das flektierte Part. Prät. übertragen. Das gilt für die langsilbigen *jan*-Verben ebenso wie für die kurzsilbigen, die den Vokalwechsel nur in der 3. Stammform aufwiesen. Eine kleine Gruppe schwacher Verben hat den Rückumlaut bis heute beibehalten (s. S. 117). Hier haben Ausgleiche teilweise zu semantischen Differenzierungen geführt. Wenn von Fernsehen, Rundfunk u.ä. die Rede ist, müssen die jüngeren Ausgleichsformen *sendete* und *gesendet* (nicht *sandte* und *gesandt*) verwendet werden. Ein Satz wie *Die ARD sandte das Länderspiel live* wäre falsch. Es muss heißen *Die ARD sendete ...* Ähnlich wie im Fall von *schöpfen* und *schaffen* wurde auch hier eine Formvariante sekundär semantisch funktionalisiert.

4.1.3.3 | Semantisches zu den schwachen Verben

Im Althochdeutschen sind semantische Unterschiede zwischen *jan*-, *ōn*- und *ēn*-Verben noch deutlich erkennbar:

Die *jan*-Verben bringen vielfach zum Ausdruck, dass etwas verursacht oder bewirkt wird: *swerzen* lässt sich als ›schwarz machen‹ paraphrasieren, *sterken* als ›stark machen‹. Das von *trinken* abgeleitete *trenken* ›tränken‹ drückt aus, dass bewirkt wird, dass jemand trinkt (ausführlich Riecke 1996).

Die *ōn*-Verben werden überwiegend von Substantiven abgeleitet. Die Semantik ist sehr vielfältig. Verben des Typs *salbōn* bringen zum Ausdruck, dass etwas mit etwas gemacht wird, Verben wie *namōn* ›nennen‹, dass jemand oder etwas mit etwas versehen oder ausgestattet wird, Verben wie *fiskōn* ›fischen‹ oder *fogalōn* ›Vögel fangen‹, dass etwas Ziel einer Handlung oder irgendwie davon betroffen ist, Verben wie *dionōn* ›dienen‹

4.1

Wortformen

Die schwachen Verben

(sich verhalten wie ein Diener), dass jemand bestimmte Verhaltens- oder Tätigkeitsmerkmale aufweist (Weiteres bei Schäfer 1984).

Die ēn-Verben bringen häufig zum Ausdruck, dass ein Vorgang andauert, z. B. *fūlēn* ›faulen, faul werden‹, *altēn* ›altern, alt werden‹, *dagēn* ›den Mund halten, schweigen‹.

Stark-schwache Wortpaare

Zur Vertiefung

Wir haben im heutigen Deutschen eine Reihe von schwachen Verben, die man bereits intuitiv mit ähnlichen starken Verben in Zusammenhang bringen kann. Diese Zusammenhänge werden jedoch erst in der historischen Perspektive wirklich klar. Meistens ist der ablautende präteritale Singular- oder Pluralstamm des jeweiligen starken Verbs die Ableitungsgrundlage für das schwache *jan*-Verb, das zum Ausdruck bringt, dass das, was mit dem starken Verb bezeichnet wird, in irgendeiner Weise verursacht oder ausgelöst wird. Hierfür einige Beispiele:

Ableitung von einem starken Verb der 1. Klasse:
Ahd. *bīʒan* (*bīʒu*) – *beiʒ* – *biʒʒum* – *gibiʒʒan* ›beißen‹, davon ahd./ mhd./nhd. *beizen* (< vorahd. **baịt-ịan*, Ableitung von der 2. Stammform); die ursprüngliche Bedeutung ist ›anspornen, zum Beißen bringen‹ (z. B. von Jagdfalken).

Ableitung von einem starken Verb der 2. Klasse:
Ahd. *biogan* (*biugu*) – *boug* – *bugum* – *gibogan*, davon ahd. *bougen* > mhd. *böugen* > nhd. *beugen* (< vorahd. **baụg-ịan*, Ableitung von der 2. Stammform).

Ableitung von einem starken Verb der 3. Klasse:
Ahd. *sinken* (*sinku*) – *sank* – *sunkun* – *gisunkan*, davon ahd./mhd./ nhd. *senken* (< vorahd. **sank-ịan*, Ableitung von der 2. Stammform).

Ableitung von einem starken Verb der 4. Klasse:
Ahd. *helan* (*hilu*) – *hal* – *hālum* – *giholan* ›verheimlichen‹, davon ahd. *hullen* > mhd./nhd. *hüllen* (< vorahd. **χul-ịan*, Ableitung von der ursprünglichen 3. Stammform, die in einer früheren Phase des Urgermanischen die Schwundstufe aufwies; die Dehnstufe ist demgegenüber sekundär, s. S. 124).

Ableitung von einem starken Verb der 5. Klasse:
Ahd. *sitzen* (*sitzu*) – *saʒ* – *sāʒum* – *gisezzan*, davon ahd./mhd./nhd. *setzen* (< vorahd. **satt-ịan*, Ableitung von der 2. Stammform).

Ableitung von einem starken Verb der 6. Klasse:
Ahd. *faran* (*faru*) – *fuor* – *fuorum* – *gifaran*, davon ahd. *fuoren* > mhd. *vüeren* > nhd. *führen* (< vorahd. **fōr-ịan*, Ableitung von der 2./3. Stammform).

Ableitung von einem starken Verb der 7. Klasse:
Ahd. *fallan* (*fallu*) – *fial* – *fialum* – *gifallan*, davon ahd. *fellen* > mhd. *vellen* > nhd. *fällen* (< vorahd. **fall-ịan*, Ableitung von der 1. Stammform).

Weiterführend Riecke 1996, 531–683.

133

4.1

Wortformen

Das Verb

4.1.4 | Starke Verben – schwach geworden

Eine beträchtliche Anzahl von starken Verben ist im Laufe der Zeit zur schwachen Stammbildung übergegangen. Die Ursache liegt auf der Hand: Die schwache Präteritalbildung wurde von den Sprechern zunehmend als der »normale« oder »regelmäßige« Typus empfunden. Daraus wurde die Regel abgeleitet: Vergangenheitsformen sind durch Anhängen eines *–te* herzustellen, Partizipien mit *–t* am Ende. Nichts anderes macht ein Kind, wenn es sagt *ich habe mir die Hände gewascht*.

Manche Verben befinden sich heute im Übergangsstadium. Kaum jemand sagt oder schreibt noch *ich buk einen Kuchen*, sondern *ich backte einen Kuchen*. Im Präteritum folgt *backen* also bereits dem schwachen Bildungstyp. Allerdings gilt im Part. Prät. nach wie vor *gebacken*, und wohl (noch!) niemand sagt *ich habe einen Kuchen gebackt*. Bei einigen Verben besteht geradezu Unsicherheit: heißt es *sie fochten* oder *sie fechteten*? Heißt es *die Sonne scheinte* oder *die Sonne schien*? Diese Unsicherheit ist Symptom für ein Übergangsstadium.

Gebrauchsfrequenz: Es sind vor allem häufig verwendete starke Verben wie *nehmen, geben, laufen, essen, trinken*, die das Ablautprinzip konservieren. Hohe Gebrauchsfrequenz führt dazu, dass ablautende Formen im Gedächtnis bleiben. Verben mit geringer Gebrauchsfrequenz neigen dazu, wenn sie denn einmal gebraucht werden, sich dem gängigen Muster anzupassen. Da wir heute im alltäglichen Sprachgebrauch wesentlich öfter das Perfekt gebrauchen als das Präteritum, ist es auch leicht einzusehen, warum sich bei einem Verbum wie *backen* das starke Part. Prät. *gebacken* erhält, das eigentlich zugehörige Präteritum *buk* aber kaum mehr verwendet wird.

Vereinzelt kam es schon im Alt- und Mittelhochdeutschen zu schwacher Präteritalbildung bei ursprünglich starken Verben. Der große Schub setzte aber erst im Frühneuhochdeutschen ein und hält bis heute an. Er wird allerdings dadurch gebremst, dass für das Deutsche als Schrift- und Literatursprache kodifizierte Normen gelten und dass erwartbare Entwicklungen wenn nicht verhindert, so doch verzögert werden.

Beispiele   **»Klassenwechsler«**
Aus der 1. Klasse: *speisen, freien, geigen, weihen, neigen, bleichen, gleißen, greinen.*
Aus der 2. Klasse: *schmiegen, sprießen, niesen, triefen, sieden, saugen.*
Aus der 3. Klasse: *glimmen, hinken, bellen, gellen, schellen.*
Aus der 4. Klasse: *ziemen* (< mhd. *zëmen*), *rächen* (< mhd. *rëchen*), *flechten, fechten.*
Aus der 5. Klasse: *bewegen* (noch *was hat dich bewogen?*), *jäten* (< mhd. *jëten*), *kneten.*
Aus der 6. Klasse: *mahlen, nagen, waten, erwähnen, backen.*
Aus der 7. Klasse: *bannen, schalten, spannen, falten, (auf)wallen, walken, schweifen.*

Die Flexion
der starken und
schwachen Verben

Die umgekehrte Entwicklungsrichtung kommt nur sehr vereinzelt vor, z. B. wenn man von einem *verwunschenen Schloss* spricht. Hier ist das Part. Prät. von schwachem *wünschen* der 3. Klasse der starken Verben angeglichen worden.

4.1.5 | Die Flexion der starken und schwachen Verben

Von den bisher behandelten **Stammformen** der starken und schwachen Verben aus werden die einzelnen **Flexionsformen** gebildet. Bei den schwachen Verben ist die Zuordnung einfach: vom Präsensstamm (1. Stammform) aus werden sämtliche Präsensformen gebildet, vom Präteritalstamm (2. Stammform) das gesamte Präteritum und vom Stamm des Part. Prät. (3. Stammform) die einzelnen Formen des Part. Prät. Die Zuordnung von Stammform und Flexion bei den starken Verben ist etwas komplizierter. Hier gelten folgende Zuordnungen:

- 1. Stammform: alle Präsensformen und der Infinitiv.
- 2. Stammform: 1. und 3. Sg. Ind. Prät.
- 3. Stammform: Ind. Pl. Prät., aber auch 2. Sg. Ind. Prät. und der gesamte Konjunktiv (sowohl Singular als auch Plural!).
- 4. Stammform: Part. Prät.

Stammform und
Flexionsform
starker Verben

Im Indikativ des Präsens stimmen starke Verben und schwache Verben der 1. Klasse überein:

Indikativ Präsens
der starken Verben
und der 1. Klasse
der schwachen
Verben

		ahd.	mhd.
Sg.	1	-u: nimu / sterku	-e: nime / sterke
	2	-is: nimis / sterkis	-es(t): nimes(t) / sterkes(t)
	3	-it: nimit / sterkit	-et: nimet / sterket
Pl.	1	-ēn: nëmēn / sterkēn	-en: nëmen / sterken
	2	-et: nëmet / sterket	-et: nëmet / sterket
	3	-ent: nëment / sterkent	-ent: nëment / sterkent

Im **Mittelhochdeutschen** entsteht in der 2. Sg. die Endung *–st* durch den Kontakt des nachgestellten Personalpronomens: *nimes du > nimestu*, was als *nimest du* segmentiert werden konnte. In der Folge wurde *nimest* als Form der 2. Sg. empfunden.

   Im **Frühneuhochdeutschen** wurde die 3. Pl. an die 1. Person angeglichen (älter *nement*, jünger *nemen*, *nehmen*).

   Die schwachen ōn- und ēn-Verben zeigen im Alt- und Mittelhochdeutschen in der 1. Sg. Ind. Präs. die Endung *-n* (z. B. ahd. *ih salbōn* > mhd. *ich salben*, ahd. *ih dagēn* > mhd. *ich dagen*). Diese Flexionsweise bezeichnet man als »athematisch«. Im Frühneuhochdeutschen erfolgt Anpassung an die starken Verben und die schwachen *jan*-Verben. Die Endung der 1. Sg. Ind. Präs. ist nun durchwegs *-e*.

4.1

Wortformen

Das Verb

Zum Begriff

> → **Athematische Verben** (die schwachen *ōn*- und *ēn*-Verben, eben-
> so die alt- und mittelhochdeutschen Vorformen von *stehen*, *gehen*,
> *tun* und *sein*) zeigen die Besonderheit, dass die 1. Sg. Ind. Präs. nicht
> wie bei den starken Verben und den schwachen *jan*-Verben auf
> ahd. *-u* > mhd. *-e* endet, sondern auf *-n* (im frühesten Althochdeut-
> schen war die Endung *-m*). Von »athematischen Verben« spricht
> man deshalb, weil ursprünglich zwischen Stamm und Flexionsen-
> dung kein Zwischenvokal (»Themavokal«) vorhanden war. Andere
> Bezeichnungen für diese Gruppe sind **Wurzelverben** oder – nach
> der indogermanischen Endung benannt – ***mi*-Verben**. Nur nhd. *bin*
> zeigt als letztes Relikt noch einen Reflex der alten Konjugation.
> Zu vergleichbaren Erscheinungen in der Flexion der Substantive
> s. S. 150.

Im Konjunktiv des Präsens tritt kein Umlaut ein. Infolge der Endsilbenabschwächung sind im **Mittelhochdeutschen** die Endungen des Konjunktivs mit denen des Indikativs nahezu identisch. Unterschiede zwischen
den schwachen Klassen sind nivelliert. Das hat zur Folge, dass zunächst
in der 1. und 2. Pl. Indikativ und Konjunktiv formal nicht mehr zu unterscheiden sind:

Konjunktiv
Präsens der
starken und
schwachen Verben

		ahd.	mhd.
Sg.	**1**	*-e: neme /sterke / salbōe / dagēe*	*-e: neme / sterke / salbe / dage*
	2	*-ēs: nemēs / sterkēs / salbōs / dagēs*	*-es(t): nemes(t) / sterkes(t) / salbes(t) / dages(t)*
	3	*-ē: nemē / sterkē / salbōe / dagēe*	*-e: neme / sterke / salbe / dage*
Pl.	**1**	*-ēn: nemēn / sterkēn / salbōn / dagēn*	*-en: nemen / sterken / salben / sterken*
	2	*-ēt: nemēt / sterkēt / salbōt / dagēt*	*-et: nemet / sterket / salbet / sterket*
	3	*-ēn: nemēn / sterkēn / salōn / dagōn*	*-en: nemen / sterken / salben / sterken*

Im Frühneuhochdeutschen fallen Indikativ und Konjunktiv auch für die
1. Sg. und 3. Pl. zusammen, denn mhd. *ich nime* wird in Analogie zum
Infinitiv und Plural umgeformt zu *ich nehme*. In der 3. Pl. entsteht formale
Gleichheit dadurch, dass *-nt* im Indikativ durch *-n* verdrängt wurde.

Im **Neuhochdeutschen** sind Indikativ und Konjunktiv bei den starken
Verben nur noch in der 2. und 3. Sg. formal zu unterscheiden (*du nimmst*
: *du nehmest* und *man nimmt* : *man nehme*). Bei den schwachen Verben
und denjenigen starken Verben, die keinen Vokalwechsel aufweisen, unterscheidet sich nur noch die 3. Sg. durch die Endung (*er stärkt sich*: *er stärke sich* bzw. *er singt*: *er singe*). Folge ist, dass der Konjunktiv des Präsens
aus der Gegenwartssprache weitgehend verschwunden ist.

Der Imperativ ist bei den **starken Verben** im Singular schon im Althochdeutschen endungslos und weist den Stammvokal der 2. Sg. Ind. auf

136

4.1
Wortformen

Starke Verben –
schwach geworden

(z. B. ahd., mhd. *nim*). Die Pluralendung ist *-et* (z. B. ahd., mhd. *nëmet*). Bei den **schwachen Verben** erscheint auf althochdeutscher Stufe noch der jeweils klassentypische Vokal (z. B. Sg. *salbō, dagē*, Pl. *salbōt, dagēt*). Aufgrund der Reduktion der Nebensilben erhalten im Mittelhochdeutschen alle schwachen Verben im Singular die Endung *-e* bzw. *-et* (also Sg. *sterke, salbe, dage*, Pl. *sterket, salbet, daget*). Diese Verhältnisse bleiben im **(Früh-)Neuhochdeutschen** bestehen. Allerdings führt die Reduktion der Nebensilben zum weiteren Schwund des Endungsvokals (mhd. *nëmet* > nhd. *nehmt* usw.).

Das Präteritum der starken Verben wird von der 2. und 3. Stammform gebildet:

		ahd.		**mhd.**
Sg.	1	-: *nam* 2. Stammform		-: *nam*
	2	-*i*: *nāmi* 3. Stammform!		-*e*: *næme*
	3	-: *nam* 2. Stammform		-: *nam*
Pl.	1	-*um*: *nāmum*	3. Stammform	-*en*: *nāmen*
	2	-*ut*: *nāmut*		-*et*: *nāmet*
	3	-*un*: *nāmun*		-*en*: *nāmen*

Indikativ
Präteritum der
starken Verben

Die 2. Sg. Prät. der starken Verben wird im **Althochdeutschen** auf der Grundlage der 3. Stammform gebildet, die ansonsten den Pluralformen vorbehalten ist. Es handelt sich hierbei um eine Besonderheit, die alle frühen **westgermanischen Sprachen** aufweisen, s. S. 9. Die Endung *-i* verursacht bei umlautfähigen Stammvokalen im **Mittelhochdeutschen** Sekundärumlaut. Die Formen der einzelnen starken Verbalklassen lauten beispielsweise:

2. Sg. Ind. Prät. starker Verben   Beispiel
1a: ahd. *grifi* > mhd. *grife*, mit grammatischem Wechsel: ahd. *gidigi* > mhd. *gedige* (zu ahd. *gidīhan*, mhd. *gedīhen*)
2a: ahd. *bugi* > mhd. *büge*, mit grammatischem Wechsel: ahd. *zugi* > mhd. *züge* (zu ahd. *ziohan*, mhd. *ziehen*)
3a: ahd. *sungi* > mhd. *sünge*
4: ahd. *nāmi* > mhd. *næme*
5: ahd. *gābi* > mhd. *gæbe*,
    mit grammatischem Wechsel (Rhotazismus): ahd. *wāri* > mhd. *wære* (zu ahd. *wësan*, mhd. *wesen*)
6: ahd. *gruobi* > mhd. *grüebe*
7: ahd. *hialti* > mhd. *hielte*

Im **Frühneuhochdeutschen** wurden diese formal aus dem Rahmen fallenden Formen beseitigt. Es wurde generell entweder der Vokal der 2. Stammform auf die 3. Stammform (z. B. *halfen* statt *hulfen*) übertragen

137

Das Verb

oder umgekehrt (z. B. *ritt* statt *reit*). Der auf jeden Fall einheitliche Präteritalstamm wurde mit der Endung *–st* kombiniert, die im Präsens vorgegeben war. Auf diese Weise ergab sich als neue Form der 2. Sg. Prät. *du nahm-st*, *du gab-st* usw.

Die schwachen Verben zeigen diese Besonderheit in der 2. Sg. des Präteritums nicht. Die Flexion der *jan*-Verben ist folgende:

Indikativ Präteritum der schwachen *jan*-Verben

		ahd.		mhd.	
		kurzsilbig	**langsilbig**	**kurzsilbig**	**langsilbig**
Sg.	1	*zelita*	*starkta*	*zelete*	*starkte*
	2	*zelitōs*	*starktōs*	*zeletes(t)*	*starktes(t)*
	3	*zelita*	*starkta*	*zelete*	*starkte*
Pl.	1	*zelitum*	*starktum*	*zeleten*	*starkten*
	2	*zelitut*	*starktut*	*zeletet*	*starktet*
	3	*zelitun*	*startktun*	*zeleten*	*starkten*

Im **Frühneuhochdeutschen** wurde der Rückumlaut weitgehend beseitigt (s. S. 132).

Die Flexion der *ōn-* und *ēn*-Verben unterscheidet sich im **Althochdeutschen** von der der *jan*-Verben nur dadurch, dass vor der eigentlichen Endung das klassenspezifische *ō* bzw. *ē* erscheint (also *salbōta, dagēta* usw.). Im **Mittelhochdeutschen** erfolgt Abschwächung zu *e* (folglich *salbete, dagete*), das auf **frühneuhochdeutscher** Stufe völlig synkopiert werden konnte (*salbte, dagte*).

Der Konjunktiv des Präteritums wird bei den **starken Verben** durchwegs von der 3. Stammform aus gebildet. Die **schwachen Verben** weisen nach dem Dentalsuffix dieselben Endungen auf:

Konjunktiv Präteritum

		ahd.	mhd.
Sg.	1	*nāmi / zeliti / starkti / salbōti / dagēti*	*næme / zelete / starkte / salbete / dagete*
	2	*nāmīs / zelitīs / starktīs …*	*næmes(t) / zeletes(t) / starktes(t) …*
	3	*nāmi / zeliti …*	*næme / zelete …*
Pl.	1	*nāmīm / zelitīm …*	*næmen / zeleten …*
	2	*nāmīt / zelitīt …*	*næmet / zeletet …*
	3	*nāmīn / zelitīn …*	*næmen / zeleten …*

Auf **althochdeutscher** Stufe unterschieden sich die Klassen der schwachen Verben noch hinschtlich des klassenspezifischen Vokals vor dem Dentalsuffix. Die eigentlichen Endungen sind gleich. Seit dem **Mittelhochdeutschen** ist der Konjunktiv des Präteritums der schwachen Verben formgleich mit dem Indikativ. Bei den starken Verben bleibt im Präteritum ein formaler Unterschied zwischen Indikativ und Konjunktiv dann erhal-

4.1

Wortformen

Die Präteritopräsentia

ten, wenn der Stammvokal des betreffenden Verbs umlautfähig ist (z. B. nhd. *ich/er nahm – ich/er nähme*). Ist das nicht der Fall, unterscheiden sich nur 1. und 3. Sg. (*ich/er griff – ich/er griffe*).

4.1.6 | Die Präteritopräsentia

> → **Präteritopräsentia** (Singular »Präteritopräsens«) haben mit den starken Verben den Ablaut, mit den schwachen Verben die Präteritalbildung mittels Dentalsuffix gemeinsam. Diese Merkwürdigkeit ist darauf zurückzuführen, dass es sich **ursprünglich um starke Verben** gehandelt hat, deren 2. und 3. Stammform mit Präsensbedeutung verwendet wurden. Dadurch kam das »eigentliche« Präsens außer Gebrauch. Das folglich fehlende Präteritum wurde mit Dentalsuffix neu gebildet. Die Zahl der Verben, die zu dieser historischen Klasse gehören, ist zwar klein (vgl. Ebert u. a. 1993, 295–304; Braune/Reiffenstein 2004, 303–307; Paul 2007, 265–272), doch sind die Präteritopräsentia mehrheitlich Modalverben und kommen als solche in Texten vergleichsweise häufig vor.

Zum Begriff

Etymologie, Semantik und Morphologie: Das Prinzip kann am Beispiel von nhd. *wissen* verdeutlicht werden. *Wissen* geht zusammen mit lat. *videre* ›sehen‹ auf ein und dieselbe indogermanische Verbalwurzel *$\underset{\cdot}{u}e\underset{\cdot}{i}d$-* mit der Bedeutung ›erblicken‹ zurück. Zugehörig ist auch gr. *oida* ›ich weiß‹. Die **Perfektformen** des indogermanischen Verbs konnten mit **Gegenwartsbezug** verwendet werden: Was man einmal erblickt oder gesehen hat, das kennt oder weiß man (im Normalfall). Genau das trat im Urgermanischen (und parallel dazu im Altgriechischen) ein. ›Ich habe gesehen‹ wurde in der Bedeutung ›ich weiß‹ verwendet. Die entscheidende Veränderung spielt sich auf dieser **semantischen Ebene** ab. Die **morphologische Form** des Verbs mit der Ablautstufe des Perfekts (das dem germanischen Präteritum zugrunde liegt) blieb dagegen erhalten: abgetönte Grundstufe im Singular und Schwundstufe im Plural.

Diese Verwendung der Perfektformen mit Gegenwartsbezug in der Bedeutung ›ich weiß, du weißt‹ usw., die für das Urgermanische anzunehmen ist, hatte eine doppelte Konsequenz:

- Das »alte« Präsens mit der Bedeutung ›erblicken‹ kam außer Gebrauch.
- Das »neue« Präsens mit der Bedeutung ›wissen‹ hatte kein Präteritum.

Nun ist es eine Tatsache, dass man etwas, das man weiß, auch wieder aus dem Gedächtnis verlieren kann. Das heißt: Es muss die sprachliche Möglichkeit geben, zum Ausdruck zu bringen, dass man etwas einmal wusste, aber wieder vergessen hat. Unmittelbar nach der eben skizzierten Bedeutungsverschiebung gab es diese Möglichkeit noch nicht, denn das neue Präsens war ja formal immer noch identisch mit dem alten Perfekt. Die Sprecher mussten zwangsläufig nach einer Möglichkeit suchen, unter den

139

neuen semantischen und morphologischen Bedingungen die Vergangenheit auszudrücken. Und sie wurden fündig: Das **Dentalsuffix** der schwachen Verben bot die Möglichkeit, neue Vergangenheitsformen zu bilden.

Ähnliche semantische Verschiebungen gibt es auch im heutigen Deutschen und in anderen Sprachen. Wenn man, um seinen Widerwillen gegen etwas zum Ausdruck zu bringen, sagt *das hab' ich vielleicht gefressen*, dann ist das formal gesehen Perfekt. Semantisch bezieht sich die Aussage jedoch keineswegs auf die Vergangenheit.

Das Verbum *wissen* ist nicht das einzige Präteritopräsens. Es gibt zu jeder starken Verbalklasse außer der siebten mindestens ein Verb, mit ähnlichen morphologischen Besonderheiten wie *wissen*. Dabei zeigt der Singular des Präsens die Ablautstufe der 2. Stammform der entsprechenden starken Verben, der Plural des Präsens folglich die Ablautstufe der 3. Stammform. Auf einer frühen Stufe müssen bei jedem dieser Verben ähnliche semantische Verschiebungen passiert sein wie im entsprechenden Stadium von *wissen*.

Dass es sich um einstige Präterita handelt, kann man bei genauerem Hinsehen noch heute erkennen, denn im Unterschied zu den starken und schwachen Verben ist die Form 1./3. Sg. Ind. Präs. endungslos (*ich / er kann, darf, soll, mag, muss*, nicht *ich kanne, darfe, solle, mage, musse* bzw. *er kannt, darft, sollt, magt, musst*). *Ich / er kann* usw. stimmt formal mit dem Präteritum der starken Verben überein (*ich / er schwamm, warf* usw.). Aus demselben Grund haben übrigens die entsprechenden englischen Verben in der 3. Sg. Ind. Präs. kein *–s* (*he can, shall, may, must*, nicht *he cans, shalls, mays, musts*). Die historische Sichtweise macht die Regel hinter der scheinbaren »Unregelmäßigkeit« sichtbar!

Anders als bei den schwachen Verben wie z. B. ahd. *salb-ō-ta* stand bei den Präteritopräsentia zwischen der Stammsilbe und dem Dentalsuffix kein Bindevokal. Es kam deshalb zum unmittelbaren Kontakt des jeweils stammauslautenden Konsonanten mit dem anlautenden Dental des Suffixes, was zu besonderen Entwicklungen führen konnte. Man spricht vom **Primärberührungseffekt**. Im Frühneuhochdeutschen führen Analogievorgänge zu Vereinfachungen innerhalb der Paradigmen.

Die folgende Übersicht enthält die Grundformen der alt- und mittelhochdeutschen Präteritopräsentia und skizziert die weitere Entwicklung.

1. Klasse: Die starken Verben (a-Reihe) zeigen im Alt- und Mittelhochdeutschen in der 2. und 3. Stammform den Ablaut *ei : i* (s. S. 119 f.):

- Inf.: Ahd. *wiȝȝan* > mhd. *wiȝȝen* > nhd. *wissen*.
- 1./3. Sg. Ind. Präs.: Ahd./mhd. *weiȝ* > nhd. *weiß*.
- 2. Sg. Ind. Präs.: Ahd./mhd. *weist* mit *–st* aus Primärberührungseffekt; nhd. *weißt* in Analogie zur 1./3. Sg.
- 1./3. Pl. Ind. Präs.: Ahd. *wiȝȝun* > *wiȝȝen* > *wissen*.
- 1./3. Sg. Ind. Prät.: Ahd. *wissa / wëssa* > mhd. *wisse / wësse* mit *-ss-* aus Primärberührungseffekt. Die Formen mit *-ë-* sind durch *a*-Umlaut aus *-i*-Formen entstanden. Im Mittelhochdeutschen wurden Formen wie *wiste* und *wëste* mit restituierter Präteritalendung *-te* in Analogie zu

4.1
Wortformen

Die Präteritopräsentia

den schwachen Verben gebildet. Frühneuhochdeutsch entwickelte sich *wi-* > *wu-*, deshalb gilt heute *wusste* und *gewusst*.

- Part. Prät.: Ahd. *giwiʒʒan*. Im Mittelhochdeutschen wird nach dem Muster der schwachen Verben *gewist* gebildet. Nhd. *Gewissen* basiert auf ahd. *giwiʒʒanī*, einer Abstraktbildung auf der Grundlage des alten Part. Prät.

In diese Klasse gehört auch ahd. *eigan* > mhd. *eigen* ›besitzen‹, von dem aber nur einzelne Formen bezeugt sind. Im Neuhochdeutschen existiert davon nur noch das ursprüngliche Part. Prät. *eigen* als Adjektiv.

2. Klasse: Die starken Verben (a-Reihe) zeigen im Alt- und Mittelhochdeutschen in der 2. und 3. Stammform den Ablaut *ou: u* (s. S. 121 f.): Hierher gehört das Präteritopräsens ahd. *tugan* > mhd. *tugen* ›taugen‹ mit folgenden Grundformen:

- Inf.: Ahd. *tugan* > mhd. *tugen*.
- 1./3. Sg. Ind. Präs.: Ahd. *toug* > mhd. *touc* (mit Auslautverhärtung). Die 2. Person ist nicht belegt.
- 1. Pl. Ind. Präs.: Ahd. *tugun* > mhd. *tugen*.
- 3. Pl. Ind. Präs.: Ahd. *tugun* > mhd. *tugen*.
- 1./3. Sg. Ind. Prät.: Ahd. *tohta* > mhd. *tohte* mit *o* < **u* durch *a*-Umlaut und *-ht-* aus Primärberührungseffekt.
- 1./3. Sg. Konj. Prät.: Mhd. *töhte* (ahd. **tohti* ist nicht belegt, kann aber aus der mittelhochdeutschen Form erschlossen werden).
- Part. Prät. ist weder alt- noch mittelhochdeutsch belegt.

Im **Frühneuhochdeutschen** entstand aus mhd. *touc* infolge des qualitativen Diphthongwandels *ou* > *au* (s. S. 73) die Form *taug*. Davon ausgehend wurde nach dem Muster der schwachen Verben ein komplettes neues Paradigma gebildet. Heute ist *taugen* ein schwaches Verb. Etymologisch gehört es zu *Tugend* und *tüchtig*, und hier ist indirekt auch noch der Ablaut erkennbar.

3. Klasse: Die starken Verben zeigen im Alt- und Mittelhochdeutschen in der 2. und 3. Stammform den Ablaut *a – u*.

- Inf.: Ahd. *kunnan* > mhd. *kunnen* (Nebenformen *künnen, können*) > nhd. *können* und ahd. *unnan* > mhd. *(g)unnen* (Nebenformen *günnen, gönnen* mit Präfix *g-* < *ge-* vor Vokal) > nhd. *gönnen*, ahd. *durfan* > mhd. *durfen* (Nebenform *dürfen*) > nhd. ›benötigen, bedürfen‹ > nhd. *dürfen* und mhd. *(ge-)turren* ›wagen‹, dessen althochdeutsche Grundlage nicht belegt ist, aber als **(gi-)turran* erschlossen werden kann. Dieses Verb kam im Laufe des Frühneuhochdeutschen rasch außer Gebrauch, ist aber in Texten des 15. Jh.s noch gut bezeugt.
- 1./3. Sg. Ind. Präs.: Ahd./mhd. *kann* > nhd. *kann*, ahd./mhd./nhd. *darf*, ahd./mhd. *gan, tar*.
- 2. Sg. Ind. Präs.: Ahd./mhd. *kanst, darf(s)t, tarst*, nur mhd. *ganst*. Der Wortausgang *-st* ist nur in *tarst* ursprünglich. In *turren* ist *-rr-* durch Assimilation **-rs-* > *-rr-* entstanden, die vor *t* nicht eintrat. In *darfst, kanst* und *ganst* liegt Analogie zu *tarst* vor. Eine Rolle kann auch gespielt haben, dass sich im Mittelhochdeutschen bei Verben generell *-st* als Endung der 2. Person durchsetzte (s. S. 135).

141

Das Verb

- 1./3. Sg. Konj. Präs.: Ahd. *kunni* > mhd. *künne*, nhd. *könne*, ahd. *durfi* > mhd./nhd. *dürfe*, ahd. *unni*, mhd. *(g)ünne*, nhd. *gönne*, ahd. *giturri*, mhd. *getürre*.
- 1. Pl. Ind. Präs.: Ahd. *kunnun, unnun, durfun, turrun* > mhd. *kunnen, (g)unnen, durfen, turren*. Im Mittelhochdeutschen werden zunehmend die Umlautformen *künnen, günnen, dürfen, türren* gebräuchlich, die in Analogie zum Konjunktiv entstanden sind.
- 1./3. Sg. Ind. Prät.: Ahd. *konda* > mhd. *konte*, nhd. *konnte*, ahd. *dorfta* > mhd. *dorfte*, Nebenform *durfte* > nhd. *durfte*, ahd. *onda* > mhd. *(g)onde*, ahd. *torsta* > mhd. *torste*. Diese *o*-Formen sind durch *a*-Umlaut aus voralthochdeutschen **u*-Formen hervorgegangen (s. S. 65). In ahd. *torsta*, mhd. *torste* zeigt sich wieder der Erhalt von vorahd. **-rs-* vor *t*.
- 1./3. Sg. Konj. Präs.: Ahd. *durfti* > mhd., nhd. *dürfte*; von den übrigen sind erst mittelhochdeutsche Formen belegt: *künde* (nhd. *könnte*), *günde*, *törste*.
- Part. Prät. ist im Althochdeutschen nicht belegt und hat wohl auch nicht existiert. Im Mittelhochdeutschen wurden nach dem Vorbild der schwachen Verben Formen wie *gekunt* und *gegunt* neu gebildet.

Nhd. *können* : *kann* und *dürfen*; *darf* zeigen bis heute Ablaut. Der Stammvokal *ö* in *können* und *gönnen* ist durch Vokalsenkung *ü* > *ö* (s. S. 73 f.) entstanden. Allerdings ist *gönnen* restlos zu den schwachen Verben übergegangen.

4. Klasse: Die starken Verben zeigen im Alt- und Mittelhochdeutschen in der 2. und 3. Stammform den Ablaut *a* : *ā*. Ursprünglich wurde die 3. Stammform jedoch wie in den Klassen 1 bis 3 von der Schwundstufe gebildet, was durch das Präteritopräsens bewiesen wird.

- Inf.: Ahd. *skolan* > mhd. *soln* (Nebenform *suln*) > nhd. *sollen*.
- 1./3. Sg. Ind. Präs.: Ahd. *skal* > mhd. *sal* (mit Nebenformen *schal, sol, schol*). Die eigentlich zu erwartende Entwicklung ahd. *sk* > mhd. *sch* (s. S. 81) tritt zwar teilweise ein, doch setzen sich die *s*-Formen durch, was damit zusammenhängt, dass ›sollen‹ im Satz häufig unbetont ist. Auch die *o*-Formen werden auf die Unbetontheit zurückgeführt.
- 2. Sg. Ind. Präs.: Ahd. *skalt* > mhd. *salt* (Nebenform *solt*). Die Endung *-t* hält sich lange. Erst frühneuhochdeutsch erscheint die Analogieform *sol(l)st*.
- 1./3. Sg. Konj. Präs.: Ahd. *skuli* > mhd. *süle*.
- 1. Pl. Ind. Präs.: Ahd. *skulun* > mhd. *suln* (Nebenform *süln*).
- 1./3. Sg. Ind. Prät.: Ahd. *skolta* > mhd. *sollte* mit *o* durch *a*-Umlaut aus **u*.
- 1./3. Sg. Konj. Prät.: Mhd. *sölde*. Die althochdeutsche Form ist nicht belegt.
- Part. Prät. ist im Alt- und Mittelhochdeutschen noch nicht belegt.

Nhd. *sollen* zeigt in keiner Form mehr Ablaut, denn schon mittelhochdeutsch standen neben den *a*-Formen auch *o*-Varianten, und im Prät. Sg. ergab sich **u* > *o* durch *a*-Umlaut. Der *o*-Vokalismus wurde auf die anderen Formen übertragen. Das etymologisch zugehörige Substantiv *Schuld*

4.1

Wortformen

Die Präteritopräsentia

zeigt den unveränderten Stammvokal und den lautgesetzlichen, auf ahd. *sk* zurückgehenden Anlaut.

5. Klasse: Die starken Verben dieser Klasse zeigen im Alt- und Mittelhochdeutschen in der 2. und 3. Stammform ebenfalls den Ablaut *a – ā*.

- Inf.: Das hierher gehörende Präteritopräsens ahd. *magan* ›können, vermögen‹ (niemals ›mögen‹!) zeigt keine Vokalabstufung, sondern durchwegs den Stammvokal *a*. Allerdings tritt bereits im Althochdeutschen in Analogie zu *kunnun* und *skulun mugun* statt *magun* in Erscheinung. Im Mittelhochdeutschen gilt nur noch *mugen* (Nebenform *mügen*). Seit dem Frühneuhochdeutschen setzt sich zunehmend die Form *mögen* durch.
- 1./3. Sg. Ind. Präs.: Ahd. *mag* > mhd. *mac* (mit Auslautverhärtung) > nhd. *mag*.
- 2. Sg. Ind. Präs.: Ahd., mhd. *maht* mit *-ht-* aus Primärberührungseffekt; nhd. *magst* ist eine Neubildung aus Verbalstamm *mag* und Flexionsendung *–st*.
- 1./3. Sg. Konj. Präs.: Ahd. *megi*, mhd. *mege*; daneben treten bereits Formen mit Stammvokal *-u-* und *-ü-* (*muge*, *müge*) auf.
- 1. Pl. Ind. Präs.: Ahd. *magun*, jüngere Analogieform *mugun* > mhd. *mugen*, mit Umlaut in Analogie zum Konjunktiv *mügen*.
- 1./3. Sg. Ind. Prät.: Ahd. *mahta*, Nebenform *mohta* (*-ht-* ebenfalls aus Primärberührungseffekt) > mhd. *mahte*, *mohte* > nhd. *mochte*.
- 1./3. Sg. Konj. Prät.: Mhd. *möhte* > nhd. *möchte*. Es handelt sich hierbei also nicht um die Form eines Verbums *möchten* (das so nicht existiert), sondern um eine Flexionsform von *mögen*.
- Part. Prät. ist im Alt- und Mittelhochdeutschen noch nicht belegt.

6. Klasse: Die starken Verben dieser Klasse zeigen im gesamten Präteritum (2. und 3. Stammform) ahd., mhd. *uo*, das auch im Präteritopräsens ›müssen‹ vorliegt.

- Inf.: Mhd. *muoȝen*, Nebenform mit Umlaut in Analogie zum Konjunktiv *müeȝen* > nhd. *müssen*.
- 1./3. Sg. Ind. Präs.: Ahd., mhd. *muoȝ* > nhd. *muss*.
- 2. Sg. Ind. Präs.: Ahd., mhd. *muost* (*-st* aus Primärberührungseffekt) > nhd. *musst* (*ss* in Analogie zu Infinitiv und 1./3. Sg.).
- 1./3. Sg. Konj. Präs.: Ahd. *muoȝt* > mhd. *müeȝe* > nhd. *müsse*.
- 1. Pl. Ind. Präs.: Ahd. *muoȝun* > mhd. *muoȝen*, Nebenform mit Umlaut in Analogie zum Konjunktiv *müeȝen* > nhd. *müssen*.
- 1./3. Sg. Ind. Prät.: Ahd. *muosa* (mit Vereinfachung *s* < *ss* nach Diphthong; dieses aus Primärberührungseffekt) > mhd. *muose*, Nebenform *muoste* mit *–te* in Analogie zu den schwachen Verben; nhd. *musste* mit *-ss-* in Analogie zu den entsprechenden Präsensformen.
- 1./3. Sg. Konj. Prät.: Mhd. *müese*, Nebenform *müeste*, nhd. *müsste*.
- Part. Prät. ist im Alt- und Mittelhochdeutschen noch nicht belegt.

143

4.1

Wortformen

Das Verb

4.1.7 | Weitere Verben

Einige Verben weisen Sonderformen auf und können deshalb nicht oder nur in einzelnen Formen den bisher besprochenen Klassen zugerechnet werden.

Das Verbum *wollen*: *Wollen* weist heute die Besonderheit auf, dass im Singular des Präsens der Stammvokal *i* ist (*ich will, du willst, er will*), im Plural jedoch *o* (*wir wollen, ihr wollt, sie wollen*). Im Präteritum gilt ebenfalls *o* (*ich wollte, du wolltest* usw.), was aber nichts mit Ablaut zu tun hat. Ursache ist, dass auf einer frühen Stufe aufgrund der semantischen Affinität zum Konjunktiv Konjunktivformen indikativisch verwendet wurden. Mit *wollen* wird vielfach zum Ausdruck gebracht, dass etwas gewünscht wird, was (noch) nicht Realität ist. Folgende Übersicht zeigt die Formenentwicklung (Weiteres in Braune/Reiffenstein 2004, 312 f.; Paul 2007, 272–274; Ebert u. a. 1993, 304 f.):

Das Präsens
von *wollen*

		ahd.		mhd.		nhd.	
		Ind.	**Konj.**	**Ind.**	**Konj.**	**Ind.**	**Konj.**
Sg.	1	*willu*	*welle*	*wille, wil*	*welle*	*will*	*wolle*
	2	*wili*	*wellēs*	*wile, wilt*	*wellest*	*willst*	*wollest*
	3	*wili*	*welle*	*wile, wil*	*welle*	*will*	*wolle*
Pl.	1	*wellēn*	*wellēn*	*wellen*	*wellen*	*wollen*	*wollen*
	2	*wellet*	*wellēt*	*welt*	*wellt*	*wollt*	*wollet*
	3	*wellent*	*wellēn*	*wellent*	*wellen*	*wollen*	*wollen*

Vom Althochdeutschen bis zur Gegenwartssprache kam es im Präsens zu mehreren Umformungen:

Die Entwicklung
der Präsensflexion
von *wollen*

- **1. Sg.:** Ahd. *willu* ist in Analogie zu den schwachen *jan*-Verben gebildet (vgl. ahd. *zellu* ›ich zähle‹). Diese Form liegt mhd. *wille* zugrunde, doch wurde auf mittelhochdeutscher Stufe bereits in Analogie zu *sol* die Form *wil* neu gebildet, die auch nhd. *will* zugrunde liegt.
- **2./3. Sg.:** Ahd. *wili* > mhd. *wile* ist ein alter Konjunktiv. Daneben wurden in Analogie zu *solt* und *sol* die neuen Formen *wilt* und *wil* gebildet. Nhd. *willst* zeigt wie *sollst* Analogie zur 2. Sg. der starken und schwachen Verben.
- **Im Plural** entwickelt sich die Anlautgruppe *we-* zu *wo-*. Dieser Prozess setzte regional bereits im Althochdeutschen ein.
- **Der Konjunktiv** ist insgesamt analog zu den entsprechenden Formen der kurzsilbigen schwachen *jan*-Verben neu gebildet.
- **Das Präteritum** folgt dem Muster der schwachen Verben: 1. Sg. Ind. Prät. ahd. *wolta* > mhd. *wolte* > nhd. *wollte* usw. Erst im späteren Mittelhochdeutschen entstand auch ein Part. Prät. mit den Varianten *gewellet*, *gewölt* u. ä. Die Partizipialform *wollen* (z. B. *sie hat mich besuchen wollen*) ist eine relativ junge Neubildung.

4.1

Wortformen

Weitere Verben

Die Verben *stehen* und *gehen*: Diese beiden Verben weisen auf frühen Stufen des Deutschen im **Präsens** Doppelformen auf: Neben den starken Verben ahd. *stantan* (6. Klasse) und *gangan* (7. Klasse) mit entsprechenden Stammformen sind ahd./mhd. *stān* und *stēn* sowie *gān* und *gēn* belegt (Braune/Reiffenstein 2004, 311 f.; Paul 2007, 278 f.; Ebert u. a. 1993, 306–309). Dabei treten die *ā*-Formen vor allem im Westen des Sprachgebietes auf, die *ē*-Formen im Osten.

Diese kürzeren Formen unterscheiden sich im Alt- und Mittelhochdeutschen in der **1. Sg. Ind. Präs.** aufgrund ihrer athematischen Bildung von anderen Verben. Diese Form lautet ahd. *stām* > mhd. *stān*, entsprechend *stēm* > mhd. *stēn* und ahd. *gām* > mhd. *gān* bzw. *gēm* > mhd. *gēn*. Unsere heutigen Verbformen *steh-e* und *geh-e* haben die Endung –*e* analog von den starken und schwachen Verben übernommen (z. B. *ich sprech-e, red-e*). Dass *gehen* und *stehen* im neuhochdeutschen Infinitv und im Plural zweisilbig sind, ist Ergebnis der analogen Anpassung an die dominierende zweisilbige Verbstruktur. Im Neuhochdeutschen haben sich zudem die Formen mit Stammvokal *e* (*gehen*, *stehen*) als Standard durchgesetzt. In alemannischen Dialekten gelten jedoch nach wie vor die *a*-Formen.

Das Verbum *tun*: Nhd. *tun* weist mehrere historisch bedingte Besonderheiten auf (Braune/Reiffenstein 2004, 309–311; Paul 2007, 274–276; Ebert u. a. 1993, 305 f.). Zunächst das Präsensparadigma (ohne regional gültige Sonderformen):

Das Präsens von *tun*

		ahd.		mhd.		nhd.	
		Ind.	Konj.	Ind.	Konj.	Ind.	Konj.
Sg.	**1**	tuon	tuo	tuon	tuo	tu(e)	tue
	2	tuos	tues	tuos(t)	tuos(t)	tust	tust
	3	tuot	tuo	tuo	tuo	tut	tue
Pl.	**1**	tuon	–	tuon	tuon	tun	tun
	2	tuot	tuot	tuot	tuot	tut	tuet
	3	tuont	tuon	tuont	tuon	tun	tun

Auch bei diesem Verb haben Umstrukturierungen einzelner Formen in Angleichung an die Masse der anderen Verben stattgefunden:

- **1. Sg. Ind.:** Im Alt- und Mittelhochdeutschen endet diese Form auf –*m* > –*n* und stimmt darin mit mhd. *bin*, *stēn* und *gēn* überein. Es liegt ebenfalls **athematische** Bildung vor. Erst auf frühneuhochdeutscher Stufe wird (wie bei *geh-e* und *steh-e*) die Analogieform *tu-e* gebildet.
- **Der Plural** zeigt die Flexionsendungen der starken Verben, ist jedoch einsilbig. Zum Neuhochdeutschen hin erfolgt Monophthongierung *uo* > *ū*. Analoge Angleichung an die Zweisilbigkeit der meisten Verben unterbleibt, was nicht ausschließt, dass es individuell zu Analogieformen wie *wir tuen das* kommen kann. Solche Formen, die in Schulaufsätzen gar nicht selten sind, zeigen, dass nach wie vor die Tendenz zu analogen zweisilbigen Verbalformen besteht, auch wenn diese von der normativen Grammatik nicht akzeptiert werden.

Formenentwicklung von *tun*

145

Das Verb

Im **Präteritum** erscheint ein auslautendes *t*, das aber nichts mit dem Dentalsuffix der schwachen Verben zu tun hat. Das Anlaut-*t* ist Relikt einer Reduplikationssilbe. Das Präteritum von *tun* hat sich in folgender Weise entwickelt:

Das Präteritum von *tun*

		ahd.		mhd.		nhd.	
		Ind.	Konj.	Ind.	Konj.	Ind.	Konj.
Sg.	1	*tëta*	*tāti*	*tëte*	*tæte*	*tat*	*täte*
	2	*tāti*	*tātis(t)*	*tæte*	*tætest*	*tatest*	*tätest*
	3	*tëta*	*tāti*	*tëte*	*tæte*	*tat*	*täte*
Pl.	1	*tātun*	*tātīm*	*tāten*	*tæten*	*taten*	*täten*
	2	*tātut*	*tātīt*	*tātet*	*tætet*	*tatet*	*tätet*
	3	*tātun*	*tātīn*	*tāten*	*tæten*	*taten*	*täten*

Auch hier haben Analogien zu Umstrukturierungen geführt:

Präsensformen von *sein*

- **1./3. Sg. Ind.:** Im Alt- und Mittelhochdeutschen ist die Reduplikation (*të-ta*) noch sichtbar. Nhd. *tat* ist eine Neubildung in Analogie zu den starken Verben der 4. und 5. Klasse (z. B. *ich / er nam, gab* usw.).
- **2. Sg. Ind.:** Diese Form zeigt bereits im Althochdeutschen Analogie zu den starken Verben der 4. und 5. Klasse (*tāti* wie *nāmi, gābi*); entsprechend erfolgte im Mittelhochdeutschen Umlaut (*tæte* wie *næme, gæbe*). Die neuhochdeutsche Form ist neu gebildet aus dem Stamm *tat-*, der bereits im Plural vorgegeben war, und der Endung *-est*.
- **Ind. Pl. und Konj.:** Hier besteht bereits im Althochdeutschen Parallelität zu den starken Verben der 5. Reihe.
- **Part. Prät.:** Ahd. *gitān* > mhd. *getān* > nhd. *getan*.

sein: Einzelne Formen dieses häufigsten aller deutschen Verben sind von unterschiedlichen, ursprünglich nicht zusammengehörenden Wortstämmen gebildet (»Suppletivparadigma«). Das Präteritum (ahd. *was, wārum, giwesan* > mhd. *was, wāren, gewesen* > nhd. *war, waren, gewesen* usw.) wird von einem starken Verbum der 5. Klasse beigesteuert. Im Präsens jedoch erscheinen Formen mit unterschiedlichem Anlaut (nhd. *ist*; **b**in, **b**ist; *sind*):

Das Präsens von *sein*

		ahd.		mhd.		nhd.	
		Ind.	Konj.	Ind.	Konj.	Ind.	Konj.
Sg.	1	*bim*	*sī*	*bin*	*sī*	*bin*	*sei*
	2	*bist*	*sīs*	*bist*	*sīst*	*bist*	*seist*
	3	*ist*	*sī*	*ist*	*sī*	*ist*	*sei*
Pl.	1	*birum*	*sīm*	*birn / sīn*	*sīn*	*sind*	*seien*
	2	*birut*	*sīt*	*birt / sīt*	*sīt*	*seid*	*seiet*
	3	*sint*	*sīn*	*sint*	*sīn*	*sind*	*seien*

4.1

Wortformen

Weitere Verben

Vom Althochdeutschen bis zur Gegenwartssprache kam es zu folgenden Entwicklungen:

- **Sg. Ind.:** Mhd. *bin* zeigt gegenüber ahd. *bim* nur die reguläre Entwicklung *m > n* im Auslaut. Hier hat sich die »athematische« Flexion bis heute gehalten. Die Form *bist* ist ebenso wie *ist* stabil.
- **1. Pl. Ind.:** Ahd. *birum* setzt sich im Mittelhochdeutschen in der Abschwächungsform *birn* zwar noch fort, wird aber zunehmend von *sīn* abgelöst, das aus dem Konjunktiv übernommen worden ist. Daraus ergab sich zwischenzeitlich fnhd. *sein*, das jedoch standardsprachlich durch *sind*, die Form der 3. Pl., verdrängt wird.
- **2. Pl. Ind:** Ahd. *birut* > mhd. *birt* wurde ähnlich wie *birn* durch die entsprechende Konjunktivform, nämlich mhd. *sīt*, verdrängt. Diphthongierung führte zu nhd. *seid*. Die Schreibung mit <d> ist orthographische Konvention zur Unterscheidung von der Präposition *seit*.
- **3. Pl. Ind.:** Ahd. *sint* ist kontinuierlich in mhd. *sint* und nhd. *sind* fortgesetzt.
- **Konjunktiv:** Im Neuhochdeutschen werden die alt- und mittelhochdeutschen Vorgängerformen lautgesetzlich fortgeführt.

Kontrahierte Verben: Einige Verben sind aufgrund von Kontraktionen (s. S. 86 f.) im Infinitv den Verben mit athematischen Präsensformen ähnlich geworden:

- *hāhen* ›hängen‹ > mhd. *hān*
- *vāhen* ›fangen‹ > mhd. *vān*
- *smāhen* ›schmähen‹ > *smān*
- *slahen* ›schlagen‹ > *slān*
- *lāʒen* ›lassen‹ > *lān*
- *haben* > *hān*

Diese Ähnlichkeit führte dazu, dass weitere Flexionsformen in Analogie zu *stān*, *gān* gebildet wurden, z. B. mhd. *ich vān*, *du vās(t)* usw. Im Laufe des Frühneuhochdeutschen wurden diese Formen aber wieder aufgegeben.

Verbklassen und -formen in einem Beispieltext   **Beispiele**

Textbeispiel 8, S. 89 f., bietet mehrere vergleichbare mittel- und frühneuhochdeutsche Verbformen. In den folgenden Anmerkungen steht »stv.« für starkes Verb und »swv.« für schwaches Verb.

1   ***marhte***: 3. Sg. Ind. Prät. von ***merken*** (swv.1) mit Rückumlaut. Die Schreibung <ht> ist oberdeutsch.
sante (A), ***sandte*** (B, C): 3. Sg. Ind. Prät. von ***senden*** (swv.1) mit Rückumlaut. Die Schreibung in A ist lautgerecht, <dt> in B, C berücksichtigt bereits die morphologische Struktur.
chominne: nach ***ze*** flektierter Infinitiv von mhd. ***kumen*** (stv.4), dazu unflektiert ***komen*** (B,C).
wollt B, ***wolt*** C: apokopierte 3. Sg. Ind. Prät. von ***wollen***.

147

4.1
Wortformen

Das Verb

2   *sprah* (A), *sprach* (B, C): 3. Sg. Ind. Prät. von *sprechen* (stv.4).

3   *Bittet* (B, C): Imp. Pl. von *bitten* (stv.5 mit *jan*-Präsens); diese Form auch in *bitnt* (A), das jedoch eine regionale (schwäb.-alem.) Form repräsentiert.
sende (A, B, C): 2. Sg. Konj. Präs. von *senden* (swv.1).

4   *Get* (A), *Gehet* (B, C) Imp. Pl. von mhd. *gēn*, nhd. *gehen* (stv.7). Die frühneuhochdeutschen Texte zeigen bereits die zweisilbige Form.
Sehet (B): Imp.Pl. von *sehen* (stv.5); *sihe* (C) ist eine Kontamination aus Imp. Sg. (mhd. *sich*, nhd. *sieh*) und Konjunktiv *sehe*, die so nur bei diesem Verb vorkommt und in nhd. *siehe* fortgeführt wird.

6   *chomit* (A), *kompt* (B, C): 2. Pl. Ind. Präs. von mhd. *komen* (stv.4); -*it* zeigt noch volle Endung, *kompt* Synkope.
<p> steht für einen sekundären Übergangskonsonanten zwischen *m* und *t*.
sprechit (A), *sprecht* (B, C): Imp. Pl. zu mhd. *sprechen* (stv.4).
si (A), *sey* (B, C): 3. Sg. Konj. Präs. zu *sein*.

7   *belibet* (A): 3. Sg. Ind. Präs. von mhd. *belīben* ›bleiben‹ (stv.1).
wirt (B), *wird* (C): 3. Sg. Ind. Präs. von *werden* (stv.3b).
seyn (B), *sein* (C): Inf.
berugen (B, C): Inf. zu mhd. *beruowen*, nhd. *beruhen* (swv.): -*g*- deutet einen intervokalischen Übergangslaut an.

8   *cheret* (A): Imp. Pl. von mhd. *kēren* (swv.), *lencken* und *wenden* Inf. (swv.1).

9   *belibet* (A), *bleybt* (B), *bleibet* (C): Imp. Pl. zu mhd. *belīben* (stv.1).
ezinde (A): flektiertes Part. Präs. von mhd. *eʒʒen* (stv.5), dazu auch *esset* (B,C) Imp. Pl.
trinchinde (A): flektiertes Part. Präs. von mhd. *trinken* (stv.3a), dazu auch *trinckt* (B), *trincket* (C): Imp. Pl.
habinde (A): flektiertes Part. Präs., von mhd. *haben* (swv.); *haben* (B,C) 3. Pl. Ind. Präs.
sin (A): 3. Pl. Konj. Prs. von *sein*.

10   *get* (A): Imp. Pl. von mhd. *gēn* (stv.7); *gehen* (B,C): Inf.
sollt (B), *solt* (C): 2. Pl. Ind. Präs. zu mhd. *suln* (Präteritopräsens, 4. Klasse).

11   *enphahe* (A): 3. Sg. Konj. Präs. von mhd. *emphāhen* (stv.7) mit grammatischem Wechsel (2. und 3. Stammform *empfienc – empfiengen*).
auffnemen (B,C): 3. Pl. Ind. Präs. zu mhd. *ūfnëmen* (stv.4).
ezit (A), *esset* (B,C): Imp. Pl. zu mhd. *eʒʒen* (stv.5).
sezze (A): 3. Sg. Konj. Präs. von mhd. *setzen* (stv.5, mit *jan*-Präsens).
furgetragen (B,C): Part. Prät. zu mhd. *vortragen* (stv.6).

12   *heilit* (A), *heylet* (B), *heilet* (C): Imp. Pl. von mhd. *heilen* (swv.*jan*).
sein (A): 3. Pl. Konj. Präs. von *sein*, dazu auch *sind* (B,C): 3. Pl. Ind. Präs.
sagit (A), *saget* (B,C): Imp. Pl. zu mhd. *sagen* (swv.).
nahit (A): 3. Sg. Ind. Präs. von *nāhen* (swv.) ›nahe kommen‹.
komen (B,C): Part. Prät. zu mhd. *kumen* (stv.4), hier noch ohne Präfix *ge*-!

13   *empfahint* (A): 3. Pl. Ind. Präs., s. 11.

14   *anehafte* (A): 3. Sg. Konj. Präs. von mhd. *anehaften* (swv.)
gehenget (B,C): Part. Prät. zu mhd. *hengen* > nhd. *hängen* (swv.*jan*).
wischen (A): 1. Pl. Ind. Präs. von mhd. *wischen* (swv.).
schlahen (B,C): 1. Pl. Ind. Präs. zu mhd. *slāhen* (stv.6), hier noch ohne Paradigmenausgleich wie in nhd. *schlagen*.

4.2 | Das Substantiv

4.2.1 | Allgemeines

Bekanntlich ist die Pluralbildung im heutigen Deutschen eine für Fremd-
sprachler sehr schwierige Angelegenheit, weil einer Nominativ-Singular-
Form nicht anzusehen ist, wie der zugehörige Plural lautet (zur Gegenwartssprache vgl. ausführlich Duden-Grammatik, 147–254). Es gibt:
- *e*-Plural ohne Umlaut (*Tag – Tage*)
- *e*-Plural mit Umlaut (*Gast – Gäste*)
- *en*-Plural (*Last – Lasten*)
- *n*-Plural (*Kiste – Kisten*)
- reinen Umlaut-Plural (*Bruder – Brüder*)
- und sogar formal nicht gekennzeichneten Plural (*Mädchen – Mädchen*).

Manche Substantive haben sogar zwei Pluralformen (z. B. *Wort – Worte*
und *Wörter*). Synchron lassen sich diese Verhältnisse zwar **beschreiben**,
aber **nicht begründen**. Die wirkliche Ursache der Vielfalt ist nur dann zu
erkennen, wenn man die Dinge historisch betrachtet. Der Schlüssel zum
Verständnis der heutigen Verhältnisse liegt – genau wie bei den Verben
– in weit zurückliegenden Sprachzuständen, letztlich im Indogermanischen.

Indogermanisches Erbe sind noch im Neuhochdeutschen die drei **Genera** Maskulinum, Femininum und Neutrum, die zwei **Numeri** Singular
und Plural und die vier **Kasus** Nominativ, Genitiv, Dativ, Akkusativ. Schon
das Urgermanische muss die Zahl der indogermanischen Kasus reduziert
haben. Bei Verben und Pronomina kannte es noch einen **Dual** für die
Zweizahl, der beim Substantiv jedoch schon auf urgermanischer Stufe
aufgegeben worden ist.

4.2.2 | Stammbildung und Flexion der Substantive

Im Indogermanischen und Urgermanischen waren die meisten Substantive dreiteilig. Sie bestanden aus:
1. der Wurzel, die die lexikalische Bedeutung trug,
2. dem »Thema«, einem vokalischen oder konsonantischen thematischen
   Element, das zusammen mit der Wurzel den Wortstamm bildete,
3. der Flexionsendung, die die grammatischen Informationen trug.

Der Nom. Sg. des indo- und urgermanischen Wortes ›Wolf‹ beispielsweise
hatte folgende Struktur:

Beispiel

	Wortstamm		Endung
	Wurzel	Thema	
idg.	**ulk^u*	*o*	*s*
urg.	**wulf*	*a*	*z*

Das Substantiv

Ausschlaggebend für die Zugehörigkeit zu einer Stammklasse und damit für die weitere formale Entwicklung war das Thema (für das Urgermanische vgl. Bammesberger 1990, für das Althochdeutsche Braune/Reiffenstein 2004, 183–217, für das Mittelhochdeutsche Paul 2007, 183–199, stärker diachron orientiert ist die vorausgegangene Auflage Paul/Wiehl/Grosse 1998, 184–207, für das Frühneuhochdeutsche Ebert u. a. 1993, 164–180). Nur eine kleine Anzahl von Substantiven wies ursprünglich kein Thema auf und wird deshalb als »athematisch« bezeichnet. Mit der Stammbildung korreliert, wie folgende Übersicht zeigt, auch das Genus:

Stammklasse und Genus im Urgermanischen

Stammklasse		Thema	Genus
thematisch	vokalisch	*a*	Mask., Neutr.
		i̯a	Mask., Neutr.
		u̯a	Mask., Neutr.
		ō	Fem.
		i̯ō	Fem.
		i	Mask., Fem.
		u	Mask., Fem., Neutr.
		iz/az	Neutr.
	konsonantisch	*n*	Mask., Fem., Neutr.
		r	Mask., Fem.
		nt	Mask.
athematisch			Mask., Fem.

4.2.2.1 | *a*-Stämme

Diese Stammklasse umfasst nur Maskulina und Neutra. Am Beispiel von ›Wolf‹ können wichtige Veränderungen vom Urgermanischen bis zum Neuhochdeutschen gezeigt werden, die sich vergleichbar auch bei den anderen Stammklassen abgespielt haben:

Ein maskuliner a-Stamm vom Urgermanischen zum Neuhochdeutschen

		urg.	ahd.	mhd.	fnhd.	nhd.
Sg.	Nom.	*u̯ulf-a-z	wolf	wolf	wolf	Wolf
	Gen.	*u̯ulf-a-s(a)	wolfes	wolfes	wolf(e)s	Wolf(e)s
	Dat.	*u̯ulf-a-i	wolfe (-a)	wolfe	wolf(e)	Wolf(e)
	Akk.	*u̯ulf-a-n	wolf	wolf	wolf	Wolf
	Instr.	*u̯ulf-ō	wolfu	–	–	–
	Vok.	*u̯ulf-e	–	–	–	–

150

4.2

Wortformen

Stammbildung
und Flexion
der Substantive

		urg.	ahd.	mhd.	fnhd.	nhd.
Pl.	Nom.	*$u̯$ulf-ō-zez	wolfa	wolfe	wolf(e)	Wölfe
	Gen.	*$u̯$ulf-ō-n	wolfo	wolfe	wolf(e)	Wölfe
	Dat.	*$u̯$ulf-a-maz	wolfum	wolfen	wolfen	Wölfen
	Akk.	*$u̯$ulf-a-nz	wolfa	wolfe	wolf(e)	Wölfe

Die meisten urgermanischen Formen zeigen die dreiteilige Struktur. Für diese Sprachstufe können mit Instrumentalis und Vokativ im Singular noch zwei Kasus rekonstruiert werden, die auf jüngeren Sprachstufen nicht mehr fortgeführt worden sind. Der Vokativ als Anredekasus ist lautlich mit dem Nominativ zusammengefallen. Dass eine Handlung unter Zuhilfenahme von etwas oder jemandem ausgeführt wird, konnte im Althochdeutschen noch mit dem Instrumentalis ausgedrückt werden: Ahd. *wili mih dinu* **speru** *werpan* (*Hildebrandsl.* 40) muss im Neuhochdeutschen mit *du willst mich* **mit** *deinem* **Speer** *niederstrecken* wiedergegeben werden. Schon im Althochdeutschen wurde der Instrumentalis zunehmend durch Präpositionalkasus ersetzt.

Der Vergleich der (prä-)historischen Formen zeigt ferner, dass das Wort auf **althochdeutscher** Stufe in allen Formen »geschrumpft« ist. Im Nom. und Akk. Sg. ist nur noch der Wortstamm übrig geblieben. Auch die Kasus, die noch eine Endung aufweisen, sind kürzer als im Urgermanischen.

Im **Mittelhochdeutschen** ist der Instrumentalis völlig verschwunden. Singular und Plural umfassen noch jeweils vier Kasus, die aber teilweise formal gleich (geworden) sind. Vor allem im Plural macht sich die Endsilbenabschwächung bemerkbar. Die Endungen zeigen nur noch den Vokal <e>, der phonetisch gesehen wohl bereits den Reduktionsvokal [ə] wiedergibt.

Im **Frühneuhochdeutschen** führen Synkope und Apokope zu weiterer Verkürzung der Wortformen gegenüber dem Mittelhochdeutschen. Allerdings verhalten sich die einzelnen Sprachlandschaften nicht gleich.

Im **Neuhochdeutschen** kann der Gen. Sg. die Form *Wolfs* oder *Wolfes* haben. Das Dativ-*e* ist weitgehend ungebräuchlich geworden. Auffallend bei diesem Wort ist der Pluralumlaut, der durch Analogie mit den *i*-Stämmen zu erklären ist. Solche Analogieformen wurden jedoch nicht generell, sondern nur teilweise gebildet.

Neben einer großen Anzahl von **Maskulina** (neben *Wolf* z. B. auch *Hund*, *Berg*, *Fisch*, *Stuhl*, *Tisch*, *Tag*) gehören der *a*-Klasse auch zahlreiche **Neutra** an (z. B. *Fell*, *Jahr*, *Kind*, *Land*, *Weib*, *Wort*). Diese stimmen im Alt- und Mittelhochdeutschen im Singular sowie im Dat. und Gen. Pl. mit den Maskulina überein. Ein Unterschied besteht jedoch im **Nom. und Akk. Pl.**, denn in diesen Kasus sind die *a*-stämmigen Neutra **endungslos** und damit formal mit Nom. und Akk. Sg. gleich. Die Entwicklung verlief – in groben Zügen – folgendermaßen:

151

Das Substantiv

a-stämmige
Neutra

		ahd.	mhd.	nhd.
Sg.	Nom.	*land*	*lant*	*Land*
	Gen.	*landes*	*landes*	*Landes*
	Dat.	*lande*	*lande*	*Land(e)*
	Akk.	*land*	*land*	*Land*
	Instr.	*landu*	–	–
Pl.	Nom.	*land*	*lant*	*Länder, Lande*
	Gen.	*lando*	*lande*	*Länder, Lande*
	Dat.	*landum*	*landen*	*Ländern, Landen*
	Akk.	*land*	*lant*	*Länder, Lande*

Im **Frühneuhochdeutschen** wurde die Formengleichheit von Nom./Akk.
Sg. und Pl. beseitigt, indem der Plural zumeist nach dem Muster der *er*-
Neutra (s.u.) gebildet wurde: *Kinder, Weiber, Länder* usw. In einigen Fäl-
len (wie *Felle, Jahre*) erfolgte Analogie zu den maskulinen *a*-Stämmen.
Einige Substantive bildeten sogar analoge Doppelformen aus, z. B. *Lande*
: *Länder* und *Worte* : *Wörter*.

ja-**und *ua*-Stämme** sind Varianten der »reinen« *a*-Stämme und umfassen
ebenfalls Maskulina und Neutra. Bei den *ja*-Stämmen konnte im frühesten
Althochdeutschen vor der eigentlichen Flexionsendung teilweise noch *i* (<
*i̯) bzw. *w* (< **u̯*) erscheinen. Der Dat. Sg. des Maskulinums *hirti* ›Hirte‹
lautete dann *hirtie*, der Instr. Sg. des Neutrums *billi* ›Streitaxt‹ *billiu*, z. B.
nu scal mih suasat chind suertu hauwan, breton mit sinu billiu ›nun wird
mich das liebe Kind mit dem Schwert erschlagen, töten mit seiner Streitaxt‹
(*Hildebrandsl.* 53 f.). Im Althochdeutschen enden Nom. und Akk. Sg. auf
–i, im **Mittelhochdeutschen** folglich auf *–e*, das sich in einigen Wörtern
erhalten hat (nhd. *Hirte, Hirse, Käse*), vielfach aber apokopiert worden ist
(ahd. *rīhhi* > mhd. *rīche* > nhd. *Reich*, ahd. *betti* > mhd. *bette* > *nhd.* Bett).
Eine größere Gruppe bei den *ja*-stämmigen Maskulina sind die Personenbezeichnungen auf ahd. *-āri* > mhd. *-ære* > nhd. *–er* (z. B. *betalāri* > *betelære*
> *Bettler*), bei den Neutra Kollektivbildungen des Typs ahd. *gibirgi* > mhd.
gebirge > nhd. *Gebirge*. Die *ua*-Stämme (z. B. ahd. *sēo* > mhd. *sē* > nhd. *See*,
ahd. *snēo* > mhd. *snē* > nhd. *Schnee*) bewahren das für sie typische *w* vor
Flexionsendungen noch bis ins Mittel- und teilweise **Frühneuhochdeutsche** (z. B. Nom. Sg. mhd. *sē* ›See‹, aber Gen. Sg. *sēwes*, Dat. Sg. *sēwe* usw.).

4.2.2.2 | ō-Stämme

Es handelt sich hierbei ausschließlich um **Feminina**, die aus indogermanischen *ā*-Stämmen (wie z. B. lat. *puella*) hervorgegangen sind. Schon das
Althochdeutsche kannte bei dieser Klasse keinen Instrumental und Vokativ. Die Deklination vom Althochdeutschen bis zum Neuhochdeutschen
veränderte sich in folgender Weise:

4.2

Wortformen

Stammbildung und Flexion der Substantive

Feminine ō-Stämme

		ahd.	mhd.	nhd.
Sg.	Nom.	klaga	klage	Klage
	Gen.	klaga	klage	Klage
	Dat.	klagu	klage	Klage
	Akk.	klaga	klage	Klage
Pl.	Nom.	klaga	klage	Klagen
	Gen.	klagōno	klagen	Klagen
	Dat.	klagōm	klagen	Klagen
	Akk.	klaga	klage	Klagen

Die **althochdeutschen** Formen zeigen noch volle Endsilbenvokale, die zum **Mittelhochdeutschen** hin zu *e* abgeschwächt worden sind. Dadurch entstand ein Paradigma mit einheitlichem Singular und zwei Pluralformen (Nom. und Akk. *klage*), die sich formal nicht vom Singular unterschieden. Im **Frühneuhochdeutschen** wurde *–n* vom Gen. und Dat. Pl. analog auch auf Nom. und Akk. Pl. übertragen. Ergebnis war ein Paradigma mit klarer Numerusdifferenzierung.

i̯ō-**Stämme** sind Varianten davon. Ein erkennbarer Unterschied zu den »reinen« *ō*-Stämmen bestand nur im **Althochdeutschen**, denn einzelne Formen zeigen noch einen Reflex von germ. **i̯*. Das Wort für ›Sünde‹ ist ahd. *suntia* oder *suntea*; vgl. auch *to dero hiltiu* ›zum Kampf‹ (*Hildbrandsl.* 6). Nom. Sg. ist *hiltia*. Im **Mittelhochdeutschen** ist dieser Reflex verschwunden: Die Feminina dieser Klasse (z. B. mhd. *brücke*, *brünne* ›Brustpanzer‹, *helle* ›Hölle‹, *minne*, *sippe* sowie alle auf *–in* abgeleiteten Feminina wie *künigin*, *friundin*, *eslinin*) flektieren wie *klage*. Zugehörigkeit zu den *i̯ō*-Stämmen verrät aber noch der Umlaut des Stammvokals (soweit ein umlautfähiger Vokal vorhanden war). Die Weiterentwicklung zum **Neuhochdeutschen** hin verläuft in denselben Bahnen wie bei den *ō*-Stämmen.

4.2.2.3 | *i*-Stämme

Diese Stammklasse enthält Maskulina oder Feminina. Die Paradigmen im **Alt- und Mittelhochdeutschen** sind einander sehr ähnlich, aber nicht ganz identisch. Die Maskulina flektieren wie ahd., mhd. *gast*, nhd. *Gast*:

Maskuline *i*-Stämme

		ahd.	mhd.	nhd.
Sg.	Nom.	gast	gast	Gast
	Gen.	gastes	gastes	Gastes
	Dat.	gaste	gaste	Gast
	Akk.	gast	gast	Gast
	Instr.	gastu	–	–

153

4.2

Wortformen

Das Substantiv

		ahd.	mhd.	nhd.
Pl.	Nom.	*gesti*	*geste*	*Gäste*
	Gen.	*gesti*	*geste*	*Gäste*
	Dat.	*gestim*	*gesten*	*Gästen*
	Akk.	*gestio*	*geste*	*Gäste*

Die Singular-Flexion stimmt schon im **Althochdeutschen** mit der der *a*-Stämme (Typ *wolf*) überein (weitere Beispiele: ahd. *apful* ›Apfel‹, *wurm*, *wurf*). Im Plural bewirkt jedoch das klassentypische *i* im Althochdeutschen Primärumlaut (z. B. *gesti*), im Mittelhochdeutschen Sekundärumlaut (ahd. *kruogi* > mhd. *krüege* > nhd. *Krüge*). Schon auf mittelhochdeutscher Stufe resultierte daraus eine klare **Singular-Plural-Unterscheidung,** die bis ins **Neuhochdeutsche** funktioniert. Im Sprecherbewusstsein ließ sich eine Korrelation Umlaut/Plural und Nichtumlaut/Singular ableiten. Das wurde auf einen Teil der maskulinen *a*-Stämme übertragen, die ja im Plural zunächst keinen Umlaut hatten. So ist auch der schon angesprochene Umlautplural nhd. *Wölfe* zu erklären; die entsprechende mittelhochdeutsche Form war noch *wolfe* (< ahd. *wolfa*) ohne Umlaut. Gleiches ist zu beobachten z. B. bei mhd. *stuole*, aber nhd. *Stühle*, mhd. *halse* : nhd. *Hälse*, mhd. *frosche* : nhd. *Frösche*, mhd. *storche* : nhd. *Störche*. Die umlautenden Pluralformen haben sich erst im Laufe der **frühneuhochdeutschen** Periode durchgesetzt.

Die femininen *i*-Stämme flektieren wie ahd., mhd. *stat*, nhd. *Stadt*:

Feminine
i-Stämme

		ahd.	mhd.	nhd.
Sg.	Nom.	*stat*	*stat*	*Stadt*
	Gen.	*steti*	*stete*	*Stadt*
	Dat.	*steti*	*stete*	*Stadt*
	Akk.	*stat*	*stat*	*Stadt*
Pl.	Nom.	*steti*	*stete*	*Städte*
	Gen.	*stetio*	*stete*	*Städte*
	Dat.	*stetim*	*steten*	*Städten*
	Akk.	*steti*	*stete*	*Städte*

Im Gen. und Dat. Sg. sowie im ganzen Plural tritt je nach Stammvokal ggf. Primär- oder Sekundärumlaut ein. Ursache ist das klassentypische *i*. Anders als bei den Maskulina war bei den Feminina keine Korrelation von Umlaut und Plural vorgegeben, denn auch das Singularparadigma enthielt zwei Umlautformen. Diese wurden jedoch im Laufe des **Frühneuhochdeutschen** beseitigt. Gen. und Dat. Sg. wurden an den Nom. und Akk. angeglichen, d. h. umlaut- und endungslos. Sekundär bildete sich also auch bei diesen Feminina ein klarer **Singular-Plural-Gegensatz** heraus. Nach demselben Schema wie *stat* flektieren z. B. ahd., mhd. *fruht* >

154

4.2
Wortformen

Stammbildung
und Flexion
der Substantive

nhd. *Frucht*, ahd., mhd. *kraft* > nhd. *Kraft*, ahd., mhd. *hūt* > nhd. *Haut* und
alle Abstrakta auf ahd. *-skaf* > mhd., nhd. *–schaft*.

Stadt, Stätte, Statt, statt, stattfinden

Zur Vertiefung

Die Wörter nhd. *Stadt* und *Stätte* kann man zwar noch intuitiv als zusammengehörig empfinden. Der tatsächliche Zusammenhang erschließt
sich aber erst vor dem Hintergrund des soeben Dargestellten: Das Paradigma von *Stadt* mit seiner klaren Zuordnung des Umlauts zum Plural
kam – wie gesehen – dadurch zustande, dass Umlautformen aus dem
Singular eliminiert wurden. Auch im Fall von *Stätte* hat ein Analogieausgleich statt(!)gefunden, jedoch in die entgegengesetzte Richtung:
Hier wurden Nom. und Akk. Sg. dem Gen. und Dat. Sg. angeglichen, die
beide im Mittelhochdeutschen Umlaut und die Endung *-e* aufwiesen.
Das hängt sicher damit zusammen, dass bei diesem Wort der Dat. Sg.
die meistverwendete Form ist: Lokale Präpositionen (*in*, *bei*, *zu* usw.)
werden mit dem Dativ verwendet. Folge davon war nun aber der formale Zusammenfall von Singular und Plural. Es musste also eine neue
Möglichkeit gefunden werden, hinsichtlich der Numeri zu differenzieren. Diese Möglichkeit bot das Muster der sich allmählich herausbildenden gemischten Flexion (s.u.), dem sich *Stätte – Stätten* anpasste.
Etwas überspitzt kann man sagen: Lautliche und morphologische
Veränderungen haben dazu geführt, dass aus **einem** mittelhochdeutschen Wort (*stat*) **zwei** neuhochdeutsche wurden (*Stadt* und *Stätte*). Die
unterschiedliche Schreibweise von *Statt* (das in der Gegenwartssprache
fast nur noch in Komposita wie *Werkstatt*, *Bettstatt* gebraucht wird) und
Stadt ist eine orthographische Konvention. Historisch gesehen handelt
es sich um ein und dasselbe Wort. Die Präposition *statt* (z. B. *statt Lob
erntete er Vorwürfe*) geht auf dieses *Statt* zurück: (*an*) *statt von* hieß zunächst ›an der Stelle von‹. Verbalbildungen wie *stattfinden* oder *stattge-
ben* mit der ursprünglichen Bedeutung ›Platz finden‹ bzw. ›Platz geben‹
sind zu einem Wort verschmolzene Fügungen aus Verb und Substantiv,
bei denen *statt* jedoch die konkret-räumliche Bedeutung verloren hat.

4.2.2.4 | *u*-Stämme

Diese Klasse umfasste auf frühen Vorstufen des Deutschen noch Substantive aller drei Genera. Sie sind jedoch schon im **Althochdeutschen**
im Schwinden begriffen. Man muss teilweise bis ins Gotische zurückgehen, um *u*-Stämme sicher als solche identifizieren zu können (z. B. Mask.
sunus ›Sohn‹, Fem. *handus* ›Hand‹, Neutr. *faihu* ›Vieh‹). Ein »Auffangbe-
cken« für alte *u*-Stämme waren vor allem die *i*-Stämme. Deshalb haben
wir heute *Sohn – Söhne* und *Hand – Hände* mit *i*-Stamm-typischem Umlaut
im Plural. Zu *Vie(c)h* wird nur umgangssprachlich ein Plural *Viecher* gebildet, der wie *Länder* oder *Wörter* dem Muster der *er*-Neutra folgt.

155

4.2.2.5 | *er*-Neutra

Hierbei handelt es sich um eine zunächst kleine, später aber aufgrund von Analogien stark expansive Klasse. Diese Substantive wiesen in einem frühen Stadium zwischen Stamm und Endung das ablautende thematische Element **iz/az* auf. Im **Althochdeutschen** war davon nur noch das Element *ir* im Plural übrig, dessen *i* Primärumlaut bewirkte. Im **Mittelhochdeutschen** trat in den entsprechenden Fällen Sekundärumlaut ein:

»Bauernhofneutra« mit *er*-Plural

		ahd.		mhd.		nhd.	
Sg.	Nom.	kalb	huon	kalp	huon	Kalb	Huhn
	Gen.	kalbes	huones	kalbes	huones	Kalbes	Huhnes
	Dat.	kalbe	huone	kalbe	huone	Kalb	Huhn
	Akk.	kalb	huon	kalb	huon	Kalb	Huhn
Pl.	Nom.	kelbir	huonir	kelber	hüener	Kälber	Hühner
	Gen.	kelbiro	huoniro	kelber	hüener	Kälber	Hühner
	Dat.	kelbirum	huonirum	kelbern	hüenern	Kälbern	Hühnern
	Akk.	kelbir	huonir	kelber	hüener	Kälber	Hühner

Diese zunächst nicht sehr umfangreiche Klasse enthielt mehrere Neutra, die überwiegend Tiere (z. B. ahd. *kalb, lamb, huon, rind, farh* ›Ferkel‹), Tierprodukte (ahd. *ei*), Pflanzen oder Pflanzenteile (ahd. *rīs* ›Reis, Pflanzentrieb‹, *blat, krūt* ›Kraut‹) bezeichnen. Man hat daher auch von den »Bauernhofneutra« gesprochen. Das ist nicht ganz korrekt, weil auch ahd. *rad* ›Rad‹, *abgot* ›Abgott‹, *lid* ›Glied‹ in diese Flexionsklasse gehören. Für die **expansive Entwicklung** dieses Flexionstyps, der, wie gesehen, vor allem auf die *a*-stämmigen Neutra übergriff, ist jedoch entscheidend, dass zum einen der Singular mit dem der *a*-Stämme formal bereits gleich war und zum anderen sich der Plural durch Umlaut und –*er* (< ahd. *-ir*) deutlich vom Singular abhob. Die schon im Althochdeutschen vorhandene Übereinstimmung im Singular erleichterte die Anpassung auch des Plurals. Schon auf alt- und mittelhochdeutscher Stufe schlossen sich deshalb einzelne ursprünglich *a*-stämmige Neutra dieser Klasse an oder bildeten Doppelformen (z. B. *feld, hol* ›Höhle‹, *hūs* ›Haus‹), doch erst im **Frühneuhochdeutschen** wurde der *er*-Plural bei den Neutra zum morphologischen Regeltyp. Vereinzelt griff der *er*-Plural auch auf Maskulina über (z. B. nhd. *Mann – Männer, Geist – Geister, Gott – Götter*).

4.2.2.6 | *n*-Stämme

Man bezeichnet diese Klasse, deren Vertreter bis heute überwiegend *n*-Formen aufweisen, auch als **schwache Flexion**. Die Maskulina flektieren wie z. B. ahd. *hano* (mhd. *hane*, nhd. *Hahn*), ahd. *brunno* (> *brunne* > *Brunnen*), *garto* (> *garte* > *Garten*), *swano* (> *swane* > *Schwan*). Umlautbe-

4.2

Wortformen

Stammbildung
und Flexion
der Substantive

dingte Stammvarianten, die es im **Althochdeutschen** noch vereinzelt gab, wurden schon früh ausgeglichen.

Die Maskulina zeigen im Mittelhochdeutschen ein fast monotones Paradigma: Nur der Nom. Sg. auf *–e* hebt sich von den übrigen Formen auf *–en* ab. Bis in die Gegenwartssprache bildete sich keine klare Numerusdifferenzierung heraus, vielmehr wurde das *–n* zumeist auch in den Nom. Sg. übertragen. Der Gen. Sg. hat das *–s* der vokalischen Stämme übernommen. Umgangssprachlich wird der Plural von *Wagen* oder *Bogen* mitunter durch Umlaut gekennzeichnet (*Wägen*, *Bögen*).

Eine Reihe ursprünglich *n*-stämmiger Maskulina hat sich komplett dem Muster der vokalischen Stämme angeschlossen, z. B. mhd. *grīse* > *Greis* (Pl. *Greise*), *lenze* > *Lenz* (Pl. *Lenze*), mhd. *mane* > *Mond* (mit Epithese, s. S. 88, Pl. *Monde*), *meie* > *Mai*. Wo im Plural zusätzlich Umlaut vorliegt, haben die *i*-Stämme das Muster vorgegeben, so im Fall von mhd. *herzoge* > nhd. *Herzog* (Pl. *Herzöge*), *hane* > *Hahn* (Pl. *Hähne*), *swane* > *Schwan* (Pl. *Schwäne*) u. a.

Maskuline
n-Stämme

		ahd.	mhd.	nhd.
Sg.	Nom.	*hano*	*hane*	*Hahn*
	Gen.	*hanen (henin)*	*hanen*	*Hahn(e)s*
	Dat.	*hanen (henin)*	*hanen*	*Hahn*
	Akk.	*hanon*	*hanen*	*Hahn*
Pl.	Nom.	*hanon*	*hanen*	*Hähne*
	Gen.	*hanōno*	*hanen*	*Hähne*
	Dat.	*hanōm*	*hanen*	*Hähnen*
	Akk.	*hanon*	*hanen*	*Hähne*

Feminina flektieren in großer Anzahl wie z. B. ahd. *zunga* (>*zunge* > *Zunge*), *bluoma* (> *bluome* > *Blume*), *sunna* (> *sunne* > *Sonne*) oder *hosa* (> *hose* > *Hose*). Eine Reihe von Abstrakta wie *hōhī* (> *hœhe* > *Höhe*), *wīhī* (> *wīhe* > *Weihe*) endet im althochdeutschen Singular auf *–ī* (> mhd., nhd. *-e*) und weist das klassenspezifische *n* nur noch im Gen. und Dat. Pl. auf.

Anders als die schwachen Maskulina haben die Feminina wiederum eine eindeutige **Singular-Plural-Differenzierung** ausgebildet, denn die Substantive des Typs mhd. *zunge* haben ihren Singular nach dem Muster der alten *ō*-Stämme (Typ mhd. *klage*) umstrukturiert, zeigen also durchwegs auslautendes *-e*. Diese Anpassung wurde dadurch begünstigt, dass im Plural ohnehin bereits Formengleichheit (mhd. *klagen* wie *zungen*) bestand und auch der Nom. Sg. jeweils auf *–e* endete (mhd. *klage* wie *zunge*). Die übrigen Kasus (Gen., Dat. und Akk. Sg.) verloren das auslautende *–n*. Damit war der Singular der *ō*- und *n*-stämmigen Feminina uniform. Im Plural verlief die Anpassung in die entgegengesetzte Richtung: Hier wurde auf den Nom. und Akk. Pl. der alten *ō*-Stämme das *–n* des Gen. und Dat. Pl. übertragen (s. o.). Die femininen *n*-Stämme, die bereits im ge-

157

Das Substantiv

samten Plural die Endung –*n* aufwiesen, haben diese Analogie zusätzlich unterstützt. So entstand im Laufe des Frühneuhochdeutschen die heutige **gemischte Flexion der Feminina**.

Feminine
***n*-Stämme**

		ahd.		mhd.		nhd.	
Sg.	Nom.	*zunga*	*hohī*	*zunge*	*hœhe*	*Zunge*	*Höhe*
	Gen.	*zungūn*	*hohī*	*zungen*	*hœhe*	*Zunge*	*Höhe*
	Dat.	*zungūn*	*hohī*	*zungen*	*hœhe*	*Zunge*	*Höhe*
	Akk.	*zungūn*	*hohī*	*zungen*	*hœhe*	*Zunge*	*Höhe*
Pl.	Nom.	*zungūn*	*hohī*	*zungen*	*hœhe*	*Zungen*	*Höhen*
	Gen.	*zungōno*	*hohīno*	*zungen*	*hœhen*	*Zungen*	*Höhen*
	Dat.	*zungōm*	*hohīm*	*zungen*	*hœhen*	*Zungen*	*Höhen*
	Akk.	*zungūn*	*hohī*	*zungen*	*hœhe*	*Zungen*	*Höhen*

Die Neutra – es handelt sich nur um ahd. *ouga* (> *ouge* > *Auge*), ahd. *hërza* (> *hërze* > *Herz*) und ahd. *ōra* (> *ōre* > nhd. *Ohr*) – flektieren folgendermaßen:

***n*-stämmige**
Neutra

		ahd.	mhd.	nhd.
Sg.	Nom.	*ouga*	*ouge*	*Auge*
	Gen.	*ougen, ougin*	*ougen*	*Auges*
	Dat.	*ougen, ougin*	*ougen*	*Auge*
	Akk.	*ouga*	*ougen*	*Auge*
Pl.	Nom.	*ougun*	*ougen*	*Augen*
	Gen.	*ougōno*	*ougen*	*Augen*
	Dat.	*ougōm*	*ougen*	*Augen*
	Akk.	*ougun*	*ougen*	*Augen*

Bei *Ohr* und *Auge* erfolgte im Singular Angleichung an die *a*-Stämme. Im Plural wurde –*en* beibehalten. Auch das führte zu einer klaren Numerusdifferenzierung. Nur das *Herz* blieb – warum auch immer – schwach. Anders gesagt: Es schloss sich der Flexion der Maskulina vom Typ *Wagen*, *Brunnen* usw. an.

Zur Vertiefung

> **Relikte älterer Flexionen in der Komposition**
>
> In vielen Fällen haben Erstglieder in Komposita alte Kasusendungen, die das jeweilige einfache Wort aufgegeben hat, beibehalten. Man kann nachts im *Mondenschein* spazieren gehen, vielleicht sogar bis zum ersten *Hahnenschrei*. Besonders schön ist das zur *Maienzeit*. Was auf den ersten Blick aussieht wie eine Pluralendung, aber schon aus

4.2

Wortformen

Stammbildung
und Flexion
der Substantive

semantischen Gründen keine solche sein kann, ist in Wirklichkeit die
alte Endung des Gen. Sg. Ähnliches gilt bei femininen Vordergliedern
in Wortzusammensetzungen. Ein *Sonnenbrand* kann nur von einer
einzigen *Sonne* herrühren, und ein *Hosenbein* gehört niemals zu mehr
als einer einzigen *Hose*. Vom Standpunkt der synchronen Wortbildung
aus spricht man deskriptiv von **Fugenelementen** (vgl. Duden-Grammatik, 721 f.). Erst die diachrone Sicht der Dinge liefert die eigentliche
Erklärung.

4.2.2.7 | *r*-Stämme

Diesem Flexionstyp gehören Verwandtschaftsbezeichnungen an, die naturgemäß nur Maskulina oder Feminina sein können. Hierher gehören die
Vorformen von *Vater* und *Bruder* sowie von *Mutter*, *Tochter* und *Schwester*.
In einem voralthochdeutschen Stadium waren diese Stämme im ganzen
Singular und im Nom., Akk. Pl. endungslos. Doch schon im Althochdeutschen bildeten sich Formen in Analogie zu anderen Flexionsklassen
heraus. Die beiden Maskulina zeigen bereits auf althochdeutscher Stufe
Beeinflussung durch die *a*-Stämme. Im Mittelhochdeutschen setzt sich zunehmend im Plural Umlaut, also Analogie zu den *i*-Stämmen durch:

		ahd.	mhd.	nhd.
Sg.	**Nom.**	*fater*	*vater*	*Vater*
	Gen.	*fater, fateres*	*vaters*	*Vaters*
	Dat.	*fater, fatere*	*vater*	*Vater*
	Akk.	*fater*	*vater*	*Vater*
Pl.	**Nom.**	*fatera*	*vatere, veter*	*Väter*
	Gen.	*fatero*	*vatere, veter*	*Väter*
	Dat.	*faterum*	*vatern, vetern*	*Vätern*
	Akk.	*fatera*	*vatere, veter*	*Väter*

Maskuline
r-Stämme

Ahd./mhd. *muoter* und *tohter* hatten im Singular keine Flexionsendungen. Im mittelhochdeutschen Plural treten umlautende Nebenformen auf,
die sich zum Neuhochdeutschen hin dann endgültig durchsetzen.

		ahd.	mhd.	nhd.
Sg.	**Nom.**	*muoter*	*muoter*	*Mutter*
	Gen.	*muoter*	*muoter*	*Mutter*
	Dat.	*muoter*	*muoter*	*Mutter*
	Akk.	*muoter*	*muoter*	*Mutter*

Feminine
r-Stämme

4.2

Wortformen

Das Substantiv

		ahd.	mhd.	nhd.
Pl.	Nom.	muoter	muoter, müeter	Mütter
	Gen.	muotero	muotere, müeter	Mütter
	Dat.	muoterum	muotern, müetern	Müttern
	Akk.	muoter	muoter, müeter	Mütter

Der nicht phonetisch, sondern morphologisch bedingte Umlaut führte sowohl bei *Vater* und *Bruder* als auch bei *Mutter* und *Tochter* wieder zu einer
klaren Numerusdifferenzierung. *Schwester* wurde, weil *e* keinen Umlaut
zuließ, der gemischten Flexion angeglichen, was einen entsprechenden
Effekt hatte.

nt-**Stämme** (oder **alte Partizipialstämme**) sind im **Althochdeutschen**
nur *friunt* ›Freund‹ und *fiant* ›Feind‹. Sie gehen auf Verben mit der Bedeutung ›lieben‹ bzw. ›hassen‹ zurück (ein *Freund* ist also ursprünglich ein
›Liebender‹, ein *Feind* ein ›Hassender‹). Schon im Althochdeutschen haben
beide Maskulina ihre flexionsmorphologischen Besonderheiten weitgehend aufgegeben und sich den *a*-Stämmen angeschlossen.

4.2.2.8 | Athematische Substantive

Eine kleine Gruppe von Substantiven wies seit ältester Zeit zwischen
Stamm und Endung kein thematisches Element auf.

Die Maskulina haben sich früh den *i*-Stämmen angepasst. Besonderheiten zeigt nur noch das Paradigma von ahd./mhd. *man* ›Mann,
Mensch‹, das im **althochdeutschen Singular** neben Formen, die bereits
die Endungen der *a*-Stämme übernommen haben, endungslose Kasus
fortsetzt. Auch Nom. und Akk. Pl. sind zunächst endungslos, was sich bis
ins **Mittelhochdeutsche** erhalten hat. Auf dieser Stufe treten vorübergehend sogar endungslose Formen in allen Kasus und in beiden Numeri auf.
Daneben werden auch Pluralformen in Analogie zu den *a*-Stämmen gebildet. Erst im **Frühneuhochdeutschen** treten verstärkt Analogieformen
auf *–er* (nhd. *Männer* nach dem Muster der *iz/az*-Stämme) und *-en* (nhd.
Mannen nach dem Muster der *n*-Stämme) auf. Im **Neuhochdeutschen** stehen deshalb drei Pluralformen nebeneinander, die allerdings semantisch
unterschiedlich konnotiert sind. Normalform ist *Männer*. Der endungslose Plural *Mann* wird nur bei Kollektiven, vor allem in festen Fügungen
verwendet (etwa *alle Mann an Deck*). Dem stilistisch markierten Plural
Mannen haftet etwas Altertümliches an. Man kann ihn verwenden, wenn
man von Gefolgsleuten eines Königs, vielleicht auch mit leicht ironischem
Unterton eines Bundestrainers spricht (*Jogi Löws Mannen*). Die Flexion
mit klarer Numerusdifferenzierung hat sich folgendermaßen entwickelt:

160

4.2

Wortformen

Stammbildung
und Flexion
der Substantive

		ahd.	**mhd.**	**nhd.**
Sg.	Nom.	*man*	*man*	*Mann*
	Gen.	*man, mannes*	*man, mannes*	*Mannes*
	Dat.	*man, manne*	*man, manne*	*Mann(e)*
	Akk.	*man*	*man*	*Mann*
Pl.	Nom.	*man*	*man, manne*	*Männer, Mannen, Mann*
	Gen.	*manno*	*manne, man*	*Männer, Mannen, Mann*
	Dat.	*mannum*	*mannen, man*	*Männern, Mannen, Mann*
	Akk.	*man*	*man, manne*	*Männer, Mannen, Mann*

Ein »athema-
tisches« Masku-
linum

Mann, man, jemand (und englisch *woman*)

Das Maskulinum *Mann* und das Indefinitpronomen *man* werden
nicht nur gleich ausgesprochen, sondern es handelt sich – historisch
gesehen – tatsächlich um dasselbe Wort. Der Unterschied besteht in der
Schreibung – und in der Bedeutung. Während *Mann* heute den erwachsenen Menschen männlichen Geschlechts bezeichnet, kann mit *man*
Bezug genommen werden auf beliebige Personen: *Das kann **man** mir
glauben* gilt für Frauen ebenso wie für Männer (und Kinder beiderlei
Geschlechts). Diese Verwendungsweise ist nicht – was VerfechterIn-
nen einer verkürzten Sprachbetrachtung gelegentlich behaupten – mit
Geringschätzung der Frauen (und Kinder) zu begründen, die neben
den Männern nicht der Rede wert wären, sondern damit, dass *man*
zu der Zeit, als es begann, ohne begleitenden Artikel als **Indefinitpronomen** verwendet zu werden (nämlich im Althochdeutschen) allgemein ›Mensch‹ bedeutete. Wollte man damals auf einen erwachsenen
männlichen *man*, d. h. *Mann*, Bezug nehmen, verwendete man (!) das
Kompositum *gomman* (eigentlich ›Mannmensch‹). Im Altenglischen
entstand dagegen für den erwachsenen weiblichen Menschen das
unterscheidende Kompositum *wīfman* (eigentlich ›Weibmensch‹), das
heutigem *woman* zugrunde liegt. Das Element *man* steckt auch in ahd.
*io**man*** > mhd. *ie**man*** > nhd. *je**man**d* ›irgendein Mensch‹ (mit epithe-
tischem –*d*; s. S. 88). Je*man*d, der oder die neben *man* ein indefinites
frau zu etablieren versucht, müsste – entsprechende Kenntnisse natürlich vorausgesetzt – konsequenterweise auch dafür sein, parallel dazu
ein weibliches *je*-Indefinitpronomen zu etablieren. Schwer vorzustellen,
dass sich *jefrau* dafür findet!

Zur Vertiefung

Athematische Feminina zeigen schon früh die Tendenz zur Anpassung
an die *i*-Stämme. Besonderheiten, die mit der alten athematischen Stammbildung zusammenhängen, konnten sich jedoch nur in einigen Formen
von ahd., mhd. *naht* (<*ht*> entspricht hier [χt]) > nhd. *Nacht* halten:

4.2

Wortformen

Das Substantiv

Ein
»athematisches«
Femininum

		ahd.	mhd.	nhd.
Sg.	**Nom.**	*naht*	*naht*	*Nacht*
	Gen.	*naht*	*naht, nahte, nähte*	*Nacht*
	Dat.	*naht*	*naht, nahte, nähte*	*Nacht*
	Akk.	*naht*	*naht*	*Nacht*
Pl.	**Nom.**	*naht*	*naht, nahte, nähte*	*Nächte*
	Gen.	*nahto*	*nahte, nähte*	*Nächte*
	Dat.	*nahtum*	*nahten, nähten*	*Nächten*
	Akk.	*naht*	*naht, nahte, nähte*	*Nächte*

Im **Mittelhochdeutschen** wurden neue Formen nach dem Muster der $\bar{o}$-
und i-Stämme gebildet: Dem Muster der $\bar{o}$-Stämme folgen die Formen mit
Endung, aber ohne Umlaut, den i-Stämmen die Umlautvarianten, die sich
letztlich durchgesetzt haben. Heute stimmt die Flexion von nhd. *Nacht*
völlig mit der von *Stadt* überein. Ein Relikt der alten Bildungsweise haben
wir aber noch in *Weih**nachten***. Das ist – historisch gesehen – der alte Dat.
Pl. Zugrunde liegt mhd. *ze wīhen nahten* ›an den heiligen Nächten‹.

Textbeispiel 14

Substantivklassen und -formen in einem Beispieltext
A, B und C stellen unterschiedliche Versionen des neutestamentlichen
Gleichnisses vom reichen Prasser und armen Lazarus dar. A ist dem althochdeutschen *Tatian* (361,25–365,19) entnommen, B einer um 1300 entstandenen Predigtsammlung (*Oberalt. Pred.* 117,13–36) und C der Übersetzung Martin Luthers von 1545. Anhand dieser Texte können Entwicklungen
der Substantivflexion beispielhaft gezeigt werden.

	A	B	C
1	*sum mán uuas otag Inti garauuita sih mit gotauúebbe Inti mit lininimo Inti goumota gitágo berahto.*	*Unser herre sait (...) von einem richen mann, des gewæt waz phelle und ander tiurs gewant, und waz ze allen ziten mit grozzer wirtscheft.*	*ES war aber ein reicher Man / der kleidet sich mit Purpur vnd kŏstlichem Linwad / vnd lebet alle tage herrlich vnd in freuden.*
2	*Inti uuas sum árm betalari ginemnit la-zarus ther lag zi sinen turun fol gisuúeres*	*vor dez selben richen mannes tứr lag ein armer sicher der hiez Lazarus, der waz ser und voller aize*	*Es war aber ein Armer / mit namen Lazarus / der lag fur seiner Thứr voller Schweren /*
3	*gerota sih zigisatone fon then brosmon thiedar nidar fielun fon themo disgæ thes otagen.*	*der selb sich gert der bro-sem die abe des richen mannes tische vielen, die engab im nieman.*	*vnd begeret sich zu setti-gen von den Brosamen / die von des Reichen tische fielen.*

162

4.2
Wortformen

Stammbildung
und Flexion
der Substantive

4	óh hunta quamun Inti leccodun siniu gisuuer	die hunt die giengen auch úber in und lekchten im sein wunden	Doch kamen die Hunde / vnd lecketen im seine Schweren.
5	uuárd thó gitan. thaz arstárp ther betalari Inti uuas gitragan fon éngilon In barm abrahames	der selb arm der verschiet und furten in die heiligen engel in sant Abrahams schozz (...)	Es begab sich aber / das der Arme starb / vnd ward getragen von den Engeln in Abrahams schos.
6	arstarp ouh ther otago Inti uuard bigraban In helliu	der rich man der verschied auch und wart ze helle gefúrt.	Der Reiche aber starb auch / vnd ward begraben.
7	úf heuenti siniu ougun mit thíu her uúas In uuizin. gisah abrahaman rumana Inti lazarum In sinemo bárme Inti her ruofenti quad.	der rich man, do er in der helle waz, in den grozzen nóten, do sach er den armen Lazarum in den genaden, in sant Abrahams schozze und sprach also:	Als er nun in der Helle vnd in der qual war / hub er seine Augen auff / vnd sahe Abraham von fernen / vnd Lazarum in seinem Schos / rieff vnd sprach /
8	fater abraham milti mír Inti senti lazarum thaz her dunco thaz lezzista teil sines fingares In uuazzar thaz her gicuole mina zungun (...)	›vater Abraham, erbarm dich úber mich und sent Lazarum zú mir, daz er mit sinem vinger in ein wazzer greif und mir mein zunge erchúlk.	Vater Abraham / Erbarme dich mein / vnd sende Lazarum / das er das eusserste seines Fingers ins wasser tauche / vnd kúle meine Zungen (...)
9	tho quad imo abraham kind gihugi bithíu thú Intfiengi guotiu In thinemo libe Inti lazarus sosama ubiliu nu ist theser gifluobrit thu bist giquelit (...)	des antwurt sant Abraham also: ›sun, du scholt gedenchen, so du lebest, do hiet du senfte und allen dinen willen, aver diser arme het unsenft und ungenade‹ (...)	Abraham aber sprach / Gedencke Son / das du dein gutes empfangen hast in deinem Leben / vnd Lazarus da gegen hat bóses empfangen / Nu aber wird er getróstet / Vnd du wirst gepeiniget (...)
10	ih bitiu thih fater thaz inan sentes In hús mines fater haben finf bruoder thaz her In cunde min si quęmen In thesa stát uuizo	do bat er daz er in sines vater haus gieng, da het er inne fúmf brú der, das er die warnt, daz si in diu selben not icht chómen	DA sprach er / So bitte ich dich Vater / das du in sondest in meines Vaters haus /Denn ich habe noch fúnff Brúder / das er inen bezeuge / Auff das sie nicht auch komen an disen Ort der qual.
11	tho quad imo abraham habent moysen Inti uuizogon horen sie.	dez antwurt im sant Abraham und sprach also: ›sie habent diu puch diu Moyses geschriben hat, si habent auch diu buch der heiligen wissagen‹ (...)	Abraham sprach zu im / Sie haben Mosen vnd die Propheten / Las sie dieselbigen hóren.

163

4.2

Wortformen

Das Substantiv

12	*tho quad hér. ni fater abraham óh oba uuer fon toten gengit zi In. riuua tuont*	*do sprach er: ›erstǔnde ein tote, dem gelaubten si und becherten sich‹.*	*Er aber sprach / Nein / Vater Abraham / sondern wenn einer von den Todten zu inen gienge / so wǔrden sie busse thun.*
13	*tho quad her imo. oba sie moysen Inti uuizogon nihorent. noh oba uuer fon tode arstentit giloubent.*	*do sprach Abraham: ›ob si den buchen nicht gelaubten, erstǔnd ein toter, si gelaubten auch dem nicht‹.*	*Er sprach zu im / Hŏren sie Mosen vnd die Propheten nicht / so werden sie auch nicht gleuben / ob jemand von den Todten auffstǔnde*

Anmerkungen

1 *man* (A): athematisches Mask., Nom. Sg.; *mann* (B) ist Dat. Sg. und zeigt Apokope.
gewæt (B): *i̯a*-Stamm, Neutr., Nom. Sg. (ahd. *giwāti* > mhd. *gewæte*), ebenfalls mit Apokope.
gotauúebbe (A): *i̯a*-Stamm, Neutr., Dat. Sg. (ahd. *gotawebbi* ›kostbares Gewand‹.
phelle (B): Mask., Nom. Sg., nicht ›Fell‹, sondern entlehnt aus lat. *palliolum* ›Seidengewand‹; flektiert analog zu den *n*-Stämmen.
ziten (B): *i*-Stamm, Fem., Dat. Pl. (ahd., mhd. *zīt*, nhd. *Zeit*).
wirtscheft (B): *i*-Stamm, Fem., Dat. Sg. (ahd. *wirtskaft*, mhd. *wirtschaft*, nhd. Wirtschaft); *-scheft* im Dat. Sg. ist umlautbedingt (ahd. *–skefti* > mhd. *-schefte*).
freuden (C): *ō*-Stamm, Fem., Dat. Pl.

2 *betalari* (A): *i̯a*-Stamm, Mask., Nom. Sg.
turun (A): *i*-Stamm, Fem., Dat. Pl., *tǔr* (B); *Thǔr* (C), Dat. Sg.
gisuúeres (A): *a*-Stamm, Neutr., Gen. Sg.
aize (B): *a*-Stamm, Mask., Gen. Pl.
Schweren (C): *n*-Stamm (mhd. *swëre*), Mask., Gen. Pl.

3 *brosmon* (A): *n*-Stamm, Fem., Dat. Pl. (Nom. Sg. ahd. *brōsma*); *Brosamen* (C), Dat. Pl., mit volksetymologischer Anlehnung an *Samen*.
disgæ (A), *tische* (B, C), *a*-Stamm, Mask., Dat. Sg. Die Graphie <æ> in A ist als graphische Variante für *e* zu werten.

4 *hunta* (A), *hunt* (B), *Hunde* (C): *a*-Stamm, Mask., Nom. Pl.; Apokope in B.

5 *éngilon* (A), *engel* (B), *Engeln* (C): *a*-Stamm, Mask., Dat. Pl. in A/C, Nom. Pl. in B.
barm (A): *a*-Stamm, Mask., Akk. Sg.; dazu Dat. Sg. *bárme* in 7.
schozz (B): *schos* (C): *a*-Stamm, Mask., Akk. Sg. Dazu Dat. Sg. *schozze* in A, Schos in C (ohne Dat.-*e*).

6 *helliu* (A), *helle* (B): *i̯ō*-Stamm, Fem., Dat. Sg.; nur in A ist mit *–iu* noch Reflex des *i̯* vorhanden.

7 *ougun* (A), *Augen* (C): *n*-Stamm, Neutr., Dat. Pl.
uuizin (A): *i̯a*-Stamm, Neutr., Dat. Pl.
nǒten (B): *i*-Stamm (deshalb Umlaut), Fem., Dat. Pl.
genaden (B): *ō*-Stamm, Fem., Dat. Pl.
qual (C): *ō*-Stamm (ahd. *quāla* > mhd. *quāle* > nhd. Qual).

8   *fater* (A), *vater* (B), *Vater* (C): *r*-Stamm, Mask., Nom. Sg. (s. auch 10).
teil (A): *a*-Stamm, Neutr., Akk. Sg.
fingares (A), *vinger* (B), *Fingers* (C): *a*-Stamm, Mask., Gen. Sg. A/C,
Dat. Sg. B.
uuazzar (A), *wazzer* (B), *wasser* (C): *a*-Stamm, Neutr., Akk. Sg.
zungun (A), *zunge* (B), *Zungen* (C): *n*-Stamm, Fem., Akk. Sg. B zeigt sogar
gegenüber C bereits die *n*-lose und damit die »modernere« Form mit endungs-
losem Singular.

9   *kind* (A): *a*-Stamm, Neutr., Nom. Sg.
sun (B), *Son* (C): *u*-Stamm, Mask., Nom. Sg.
libe (A): *a*-Stamm, Mask., Dat. Sg. (nhd. *Leib*), *Leben* (C) ist substantivierter
Infinitiv, der nach dem Muster der *n*-Stämme flektiert.
willen (B): *n*-Stamm, Mask., Akk. Sg.
ungenade (B) wie *genaden* in 7, jedoch Akk. Sg.

10   *fater* (A), *vater* (B), *Vaters* (C): s. 7, hier jedoch Gen. Sg.; A/B zeigen noch die
s-lose Form, C bereits die analog eingeführte Genitivendung -*s*.
hus (A), *haus* (B, C): *a*-Stamm, Neutr., Akk. Sg.
bruoder (A), *brŭder* (B), *Brŭder* (C): *r*-Stamm, Mask., Akk. Pl., B/C bereits mit
analoger Umlautbezeichnung des Plurals.

11   *uuizogon* (A), *wissagen* (B): *n*-Stamm, Mask., Akk. Pl. in A, Gen. Pl. in B.
puch, *buch* (A): *a*-Stamm, Neutr., Akk.; der analoge *er*-Plural ist noch nicht
eingetreten.

12   *riuua* (A): *ō*-Stamm, Fem., Akk. Sg.
busse (C): *ō*-Stamm, Fem., Akk. Sg.

4.3 | Das Adjektiv

4.3.1 | Allgemeines

Vom indogermanischen Standpunkt aus kann man Substantive und Adjektive unter dem Begriff **Nomen** subsumieren. Der Unterschied zwischen
beiden Wortarten besteht jedoch darin, dass Substantive ein festes Genus
haben, Adjektive aber je nach Bezugswort als Maskulina, Feminina oder
Neutra flektieren können. Dieser Zustand ist beispielsweise im Lateinischen noch bewahrt. Adjektive flektieren hier mehrheitlich wie Substantive der *o*-Deklination (*dominus bonus, domini boni* usw., *verbum bonum,
verbi boni* usw.) bzw. wie Feminina der *ā*-Deklination (*domina bona, do-
minae bonae* usw.).

Starke Adjektivflexion: Ausschlaggebend für das Genus des Adjektivs
ist jeweils das Genus des Bezugswortes. Im Laufe der urgermanischen
Periode wurde die Parallelität der Flexion von Adjektiven und Substantiven dadurch gestört, dass zunehmend pronominale Flexionsendungen in
die Adjektivflexion eindrangen. Die Adjektivflexion, die Formen mit teils
substantivischen, teils pronominalen Endungen enthält, bezeichnet man
als starke Adjektivflexion. Diese Flexion ist letztlich aus dem Indogerma-

Das Adjektiv

nischen ererbt und setzte sich über das Urgermanische, Alt-, Mittel- und Frühneuhochdeutsche bis in die Gegenwartssprache fort.

Schwache Adjektivflexion: Daneben führte schon das Urgermanische eine weitere Neuerung durch: Unter bestimmten Bedingungen konnten Adjektive auch wie die *n*-stämmigen Substantive flektiert werden, was zu der schwachen Adjektivflexion führte. Ob ein Adjektiv stark oder schwach flektiert wird, hängt vom Urgermanischen bis heute von syntaktischen Faktoren ab:

Bedingungen für starke oder schwache Adjektivflexion

- Enthält eine Konstruktion aus Adjektiv und Substantiv zusätzlich ein determinierendes Element (Artikel oder Pronomen), dann wird das Adjektiv in **schwacher Flexion** verwendet (*der gute Weg – des guten Weges*; *die gute Lehre – der guten Lehre*; *das gute Wort – des guten Wortes* und *–en*-Formen des Adjektivs jeweils in allen weiteren Kasus aller drei Genera).
- Zeigt hingegen das Adjektiv selbst Numerus und Kasus des Bezugswortes an, werden genusdifferenziert die **starken Formen** verwendet (*guter Weg, gute Lehre, gutes Wort*). Mehrheitlich handelt es sich um pronominale Formen (s. dazu Kap. 4.4).
- Im Mittelhochdeutschen konnte beim **unbestimmten Artikel** im Nom. Sg. sowohl die schwache als auch die starke Form verwendet werden (*ein guote wec*, aber auch *ein guoter wec*). Seit dem Frühneuhochdeutschen hat sich zunehmend die Verwendung der starken Form (*ein guter Weg*) durchgesetzt.

4.3.2 | Die starke Adjektivflexion

Die starke Flexion des Maskulinums zeigt folgenden Formenbestand:

Starke Adjektivflexion, Maskulinum

		ahd.	mhd.	nhd.
Sg.	Nom.	*guot* (*weg*) *guotēr* (*weg*)	*guot* (*wec*) *guoter* (*wec*)	*guter* (*Weg*)
	Gen.	*guotes* (*weges*)	*guotes* (*weges*)	*guten* (*Weges*)
	Dat.	*guotemo* (*wege*)	*guotem* (*wege*)	*gutem* (*Weg*)
	Akk.	*guotan* (*weg*)	*guoten* (*wec*)	*guten* (*Weg*)
	Instr.	*guotu* (*wegu*)	–	–
Pl.	Nom.	*guote* (*wega*)	*guote* (*wege*)	*gute* (*Wege*)
	Gen.	*guotero* (*wego*)	*guoter* (*wege*)	*guter* (*Wege*)
	Dat.	*guotēm* (*wegum*)	*guoten* (*wegen*)	*guten* (*Wegen*)
	Akk.	*guote* (*wega*)	*guote* (*wege*)	*gute* (*Wege*)

- Im **Nom. Sg.** konnten im Alt- und Mittelhochdeutschen sowohl (substantivisches) *guot* als auch (pronominales) *guotēr* bzw. *guoter* verwendet werden, im Neuhochdeutschen nur noch die pronominale Form auf

4.3

Wortformen

> Die starke
> Adjektivflexion

-er. Bei prädikativer Verwendung war bereits im Alt- und Mittelhochdeutschen die substantivische Form die Regel: *der wec ist guot* > nhd. *der Weg ist gut*. Nur selten wurde im älteren Deutschen auch die pronominale Form gebraucht (z. B. ahd. *der weg ist guotēr*).

- Im **Gen. Sg.** galt im Alt- und Mittelhochdeutschen die Form *guotes*, die dieselbe (substantivische) Endung zeigt wie *weges*. Erst auf einer vergleichsweise späten Stufe (19. Jh.) trat dafür die schwache Form ein (z. B. *sei guten Mutes*).
- Der **Dat. Sg.** zeigt die pronominale Form.
- Das Althochdeutsche zeigt beim Adjektiv wie beim Substantiv im Singular noch eine Form des **Instrumentalis**. Die Endung ist substantivisch.
- Im **Plural** liegen durchwegs pronominale Formen vor.

Die starke Flexion des Femininums entwickelt sich in folgender Weise:

		ahd.	mhd.	nhd.
Sg.	Nom.	*guot (lēra)* *guotiu (lēra)*	*guot (lēre)* *guotiu (lēre)*	*gute (Lehre)*
	Gen.	*guotera (lēra)*	*guoter (lēre)*	*guter (Lehre)*
	Dat.	*guoteru (lēru)*	*guoter (lēre)*	*guter (Lehre)*
	Akk.	*guota (lēra)*	*guote (lēre)*	*gute (Lehre)*
Pl.	Nom.	*guoto (lēra)*	*guote (lēre)*	*gute (Lehren)*
	Gen.	*guotero (lērōno)*	*guoter (lēren)*	*guter (Lehren)*
	Dat.	*guotēm (lērom)*	*guoten (lēren)*	*guten (Lehren)*
	Akk.	*guoto (lēra)*	*guote (lēre)*	*gute (Lehren)*

> Starke Adjektiv-
> flexion,
> Femininum

- Im **Nom. Sg.** waren im Alt- und Mittelhochdeutschen sowohl substantivische als auch pronominale Formen möglich. Im Neuhochdeutschen wird nur noch die pronominale Form verwendet.
- Im **Gen. und Dat. Sg.** gelten sprachstufenübergreifend pronominale Formen.
- Der **Akk. Sg.** stimmt in der Endung mit *lēra* überein.
- Die Endungen im **Plural** sind insgesamt pronominaler Herkunft.

Die starke Flexion des Neutrums zeigt folgende Formen:

		ahd.	mhd.	nhd.
Sg.	Nom.	*guot (wort)* *guotaʒ (wort)*	*guot (wort)* *guoteʒ (wort)*	*gutes (Wort)*
	Gen.	*guotes (wortes)*	*guotes (wortes)*	*guten (Wortes)*
	Dat.	*guotemo (worte)*	*guotem (worte)*	*gutem (Wort)*
	Akk.	*guot (wort)* *guotaʒ (wort)*	*guot (wort)* *guoteʒ (wort)*	*gutes (Wort)*
	Instr.	*guotu (wortu)*	–	–

> Starke Adjektiv-
> flexion,
> Neutrum

167

		ahd.	mhd.	nhd.
Pl.	Nom.	*guotiu* (wort)	*guotiu* (wort)	*gute* (Worte)
	Gen.	*guotero* (worto)	*guoter* (worte)	*guter* (Worte)
	Dat.	*guotēm* (wortun)	*guoten* (worten)	*guten* (Worten)
	Akk.	*guotiu* (wort)	*guotiu* (wort)	*gute* (Worte)

- Im **Nom. und Akk. Sg.** stehen im Alt- und Mittelhochdeutschen substantivische und pronominale Formen nebeneinander. Im Neuhochdeutschen ist – außer bei prädikativem Gebrauch (*das Wort ist gut*) – nur noch die pronominale Form möglich.
- **Gen. und Dat. Sg. sowie der gesamte Plural** zeigen pronominale Formen. Wie beim Maskulinum hat im Neuhochdeutschen eine schwache Form (*guten*) die ältere pronominale (*gutes*) verdrängt.
- Der nur im Althochdeutschen vorhandene **Instr. Sg.** zeigt die Endung des Substantivs.

i̯a-und *u̯a*-stämmige Adjektive: Einige Adjektive flektieren in den Formen des Maskulinums und Neutrums als *i̯a*-Stämme, bei femininer Flexion als *i̯ō*-Stämme und zeigen im Nom. Sg. der substantivischen Form in allen Genera ahd. *-i* (z. B. *muodi*) > mhd., nhd. *-e* (*müede* > *müde*), das Umlaut bewirken konnte. In den meisten Fällen ist das *-e* jedoch apokopiert (z. B. ahd. *engi* > mhd. *enge* > nhd. *eng*, ahd. *skōni* > mhd. *schœne* > nhd. *schön*). Die *u̯a*-stämmigen Maskulina und Neutra sowie die *u̯ō*-stämmigen Feminina zeigen im Nom. Sg. aller Genera die Endung ahd. *-o* (z. B. *grāo* ›grau‹). Im Alt- und Mittelhochdeutschen kann vor den Endungen ansonsten das ursprünglich thematische *w* erscheinen (z. B. ahd. *grāwēr nebul* > mhd. *grāwer nebel* > nhd. *grauer Nebel*). In diese Klasse von Adjektiven gehören auch nhd. *blau* (ahd. *blāo* ›blau‹), *lau* (ahd. *lāo*), *froh* (ahd. *frō*) und *roh* (ahd. *rō*).

4.3.3 | Die schwache Adjektivflexion

In schwacher Flexion besteht im Alt- und Mittelhochdeutschen völlige Übereinstimmung mit den parallelen Substantivflexionen. Das Paradigma der Maskulina entspricht exakt dem von ahd. *hano*, das der Feminina dem von ahd. *zunga* und das der Neutra dem von ahd. *ouga*.

4.3.4 | Komparation

Auf allen Vorstufen des Deutschen bis zurück zum Indogermanischen bestand die Möglichkeit, mit morphologischen Mitteln zu Adjektiven **Komparativ** und **Superlativ** zu bilden. Die nicht komparierte Normalform bezeichnet man als **Positiv**.

4.3

Wortformen

Komparation

Im Althochdeutschen wurden zur Bildung des Komparativs zwei im Ablautverhältnis zueinander stehende Suffixe verwendet, nämlich *-ir-* und *–ōr-*, zur Bildung des Superlativs entsprechend *-ist-* und *-ōst-*. Eine klare Verteilung zeichnet sich nicht ab, doch dominiert bei den *i̯a*-stämmigen Adjektiven die *i*-Variante, sonst eher die *ō*-Variante.

Im Mittelhochdeutschen ist aufgrund der Nebensilbenabschwächung dieser Unterschied verschwunden. Allerdings zeigen Adjektive mit der *i*-Variante im Althochdeutschen Primärumlaut (z. B. *kalt – keltir – keltist*), im Mittel- und **Frühneuhochdeutschen**, sofern ein entsprechender Stammvokal vorliegt, auch Sekundärumlaut (z. B. *junc – jünger – jüngest*).

Sowohl im Alt- als auch im Mittelhochdeutschen flektierten die Komparationsformen nur wie schwache Adjektive; vgl. ahd. *her uuas heroro man* ›er war der ältere Mann‹ (*Hildebrandsl.* 7). Im Mittelhochdeutschen wurden im Komparativ und Superlativ zunehmend starke Formen gebräuchlich. Seit dem Frühneuhochdeutschen gelten für die Steigerungsstufen dieselben Flexionsregeln wie für den Positiv.

Einige Adjektive bildeten Komparativ und Superlativ nicht mittels Suffixen, sondern suppletiv, von anderen Wortstämmen. Im Neuhochdeutschen ist diese Art der Steigerung nur noch bei *gut – besser – bester* und *viel – mehr – meiste* bewahrt. Im Alt- und Mittelhochdeutschen wurden auch einige andere Adjektive suppletiv kompariert:

- ahd. *guot – beʒʒiro – beʒʒisto* > mhd. *guot – beʒʒer – beste*
- ahd. *ubil – wirsiro – wirsisto* > mhd. *übel – wirser – wirsest* (engl. *bad – worse – worst*!)
- ahd. *mihhil – mēro – meisto* > mhd. *michel – mēre – meiste*
- ahd. *lutzil – minniro – minnisto* > mhd. *lützel – minner – minnest*

Mhd. *michel* und *lützel* sind im Laufe des Frühneuhochdeutschen aufgegeben worden. Mhd. *lützel* wurde durch *klein* verdrängt, *michel* durch *groß*. Das Adjektiv nhd. *übel* wird *übler, übelster* kompariert, hat sich also der »regelmäßigen« Komparation angeschlossen.

Suppletive Komparation im Alt- und Mittelhochdeutschen

Die Adjektivformen in Textbeispiel 14, S. 162–164.

Beispiele

1 *otag* (A): prädikative Verwendung, deshalb starke (substantivisch flektierte) Form.
goumota gitágo **berahto** (A): ›Er speiste täglich aufs köstlichste‹: Adverbialbildung auf *-o* zum Adj. *beraht* ›glänzend, köstlich‹.
*einem rich**en** mann* (B): attributive Verwendung mit Artikel, deshalb schwache Form.
*ein reich**er** Man* (C): Attributive Verwendung mit unbestimmtem Artikel, hier bereits mit starker (pronominaler) Form des Nom. Sg. Mask.
tiurs gewant (B): Nom. Sg. Neutr., starke Flexion (die normalisierte Form wäre mhd. *tiureʒ*).
*kŏstlich**em** Linwad* (C): Dat. Sg. Neutr., starke Flexion.
lebet alle tage **herrlich** (C): Adverbial verwendetes *herrlich* zeigt keine Kennzeichnung (mehr).

2 *árm betalari* (A): Nom. Sg. Mask., starke (substantivisch flektierte) Form.
*dez selben rich**en** mannes* (B): Gen. Sg. Mask., schwache Form nach bestimmtem Artikel *dez*.

169

4.3 Wortformen

Das Adjektiv

ein armer sicher (B): Nom. Sg. Mask., starke (pronominale) Form nach unbestimmtem Artikel *ein*, ebenso *ein Armer* (C).
der waz ser (B): prädikative, deshalb starke (substantivisch flektierte) Form.

3 *thes otagen* (A), *des Reichen* (C): substantivierter Dat. Sg. Mask., jeweils schwache Form nach bestimmtem Artikel.

4 *der waz ... voller aize* (B): nachgestellter Nom. Sg. Mask. (pronominal flektiert). Aus solchen Verwendungsweisen mit maskulinem Bezug wird *voller* isoliert und kann unverändert auch auf Feminina oder Neutra übertragen werden (z. B. **die** Katze ist *voller Flöhe*, **das** *Fernsehen ist voller Unsinn*).

5 *der arm* (A): substantivierter Nom. Sg. Mask., zu rechnen wäre mit *der arme*; die vorliegende Form wohl durch (oberdeutsche) Apokope; *der Arme* (C) zeigt die unapokopierte (ostmitteldeutsche) Vollform.
die heiligen engel (B): Nom. Pl. Mask., schwache Form nach bestimmtem Artikel *die*.

7 *in den grozzen nôten* (B): Dat. Pl. Fem., schwache Form nach bestimmtem Artikel.
den armen Lazarum (B): Akk. Sg. Mask., schwache Form nach bestimmtem Artikel.

8 *thaz lezzista teil* (A): Akk. Sg. Neutr., Superlativ, schwache Form nach bestimmtem Artikel.
das eusserste (C): substantivierter Akk. Sg. Neutr., schwache Form nach bestimmtem Artikel.

9 *guotiu* (A): substantivierter Akk. Pl. Neutr., starke Form ohne Artikel.
diser arme (B): substantivierter Akk. Sg. Mask., schwache Form nach Demonstrativpronomen.
dein gutes (C): substantivierter Akk. Sg. Neutr., starke Form ohne Artikel

10 *diu selben not* (B): Akk. Sg. Fem., schwache Form nach bestimmtem Artikel.

12 *fon toten* (A): substantivierter Dat. Pl., starke Form.
ein tote (B): substantivierter Nom. Sg. Mask., schwache Form nach unbestimmtem Artikel.
von den Todten (C): substantivierter Dat. Pl., schwache Form nach bestimmtem Artikel.

13 *ein toter* (B): substantivierter Nom. Sg. Mask., hier starke (pronominale) Form nach unbestimmtem Artikel; diese Form repräsentiert im Gegensatz zu der schwachen Form *ein tote* in 12 den neuhochdeutschen Stand.

4.3.5 | Adjektivadverbien

Adverbial gebrauchte Adjektive werden im heutigen Deutschen – anders als etwa im Englischen – nicht (mehr) formal markiert. Im Deutschen gilt heute bei adverbialer Verwendung die flexionslose Form des Adjektivs. Im Englischen ist bei adverbialer Verwendung eines Adjektivs Suffigierung mit *-ly* die Regel. Die Verse *had we never loved so kind**ly**, had we never loved so blind**ly*** (Robert Burns), müssen im Deutschen wiedergegeben werden als *hätten wir uns doch niemals so innig geliebt, hätten wir uns doch niemals so blind geliebt* (*inniglich* wäre im heutigen Deutsch altmodisch, *blindlich* völlig unmöglich).

4.4
Wortformen

Adjektivadverbien

Auf älteren Stufen des Deutschen war die formale Kennzeichnung von Adjektivadverbien ebenfalls die Regel. Im **Althochdeutschen** ist Suffigierung mit *–o* der häufigste Fall; vgl. *pidiu ist durft mihhil allero manno uuelihemo ... daz er kotes uuillun kerno tuo enti hella fuir harto uuise,* ›deshalb ist es für jeden Menschen wichtig, dass er Gottes Willen gerne tue und so das Höllenfeuer sorgsam vermeide‹ (*Musp.* 18–21).

Adjektivadverbien wurden aber auch mit ahd. *–līhho* gebildet. Dieses komplexe Suffix ist zunächst dadurch entstanden, dass zu Adjektiven auf ahd. *–līh* (> mhd. *-līch* > nhd. *–lich*) ebenfalls Adverbien auf *–o* gebildet wurden. Es wurde dann aber als ganzes zur Bildung von Adverbien verwendet, die von Adjektiven abgeleitet waren, die das Suffix *–līh* nicht enthielten; vgl. *notthurft ist ci euuigeru heili, thaz ... gihuuelih truhtin unseran heilanton Christ gitriulicho gilaube* ›Voraussetzung für das ewige Heil ist, dass jeder an unseren Herrn, den Erlöser Jesus Christus getreu glaube‹ (*Weißenb. Kat.* 88 f.). Das Adverb *gitriulicho* ist eine Ableitung von *gitriuwi*. Es wurde im Althochdeutschen neben gleichbedeutendem *gitriuwo* verwendet.

Im **Mittelhochdeutschen** wurde das auslautende *–o* zu *–e* abgeschwächt und konnte im Lauf der Zeit infolge der Apokope völlig schwinden. Deshalb nahm die deutlichere Adverbialbildung auf mhd. *–līche* (< ahd. *-līhho*) zu. Daneben wurden Adverbien auch auf *–līchen* gebildet. Im **Frühneuhochdeutschen** war die Adverbialbildung auf *–lich* zwar nicht die strikte Regel, aber doch eine starke Tendenz. In seinem Wormser Redekonzept (Textbeispiel 13, S. 108 f.) schreibt Luther beispielsweise, er sei angereist um das, was man ihm vorhalte, *unthenig**lich** unnd gehorßam**lich** anzuhoren* ›untertänig und gehorsam anzuhören‹. Erst auf einer späteren Stufe des Frühneuhochdeutschen ging diese syntaktisch bedingte Kennzeichnung adverbial verwendeter Adjektive zurück. Die Gegenwartssprache kennt jedoch noch einige lexikalisch fest gewordene Relikte wie z. B. *freilich, schwerlich* oder *reiflich* (ausführlich Schmid 1998; Winkler 1995).

4.4 | Pronomina

Es ist zu unterscheiden zwischen **genusindifferenten** (auch »ungeschlechtigen«) Pronomina und **genusdifferenzierenden** (»geschlechtigen«) Pronomina, die als Maskulina, Feminina und Neutra von teilweise unterschiedlichen Stämmen gebildet werden. Gerade die Pronomina bilden im Laufe der Sprachgeschichte zahlreiche Varianten mit nur begrenzter zeitlicher oder regionaler Gültigkeit aus. Hier können nur die Hauptentwicklungslinien nachgezeichnet werden.

4.4.1 | Genusindifferente (»ungeschlechtige«) Pronomina

Keine Genusdifferenzierung zeigen die Pronomina der 1. und 2. Person und – in einigen Formen – das Reflexivpronomen.

Das Pronomen der 1. Person zeigt folgende Entwicklung der Formen:

Flexion des Personal-pronomens der 1. Person

		ahd.	mhd.	nhd.
Sg.	Nom.	ih	ich	ich
	Gen.	mīn	mīn	mein, meiner
	Dat.	mir	mir	mir
	Akk.	mih	mich	mich
Pl.	Nom.	wir	wir	wir
	Gen.	unsēr	unser	unser
	Dat.	uns	uns	uns
	Akk.	unsih	uns	uns

- Im **Nom. und Akk. Sg.** besteht Kontinuität der Formen. Die gängige althochdeutsche Schreibweise ist *ih* und *mih*, wobei <h> für den Reibelaut [χ] steht. Es kann jedoch schon im Althochdeutschen *ich* und *mich* vorkommen, umgekehrt die Variante *ih* und *mih* auch noch im Mittelhochdeutschen.
- Der **Gen. Sg.** ist im Alt- und Mittelhochdeutschen gleichermaßen *mīn*. Im Laufe des Frühneuhochdeutschen setzt sich neben *mein* die Form *meiner* durch. Die Endung *–er* ist in Analogie zum Plural *unser* gebildet.
- Im **Dat. Sg. und Nom. Pl.** ist zum Neuhochdeutschen hin Dehnung des Stammvokals eingetreten, was jedoch in der Schreibung *mir* und *wir* nicht zum Ausdruck kommt.
- Der **Akk. Pl.** *unsih* zeigt im Althochdeutschen Analogie zum Akk. Sg., die im Mittelhochdeutschen rückgängig gemacht wird.

Das Pronomen der 2. Person weist mehrere dazu parallele Entwicklungen auf:

Flexion des Personal-pronomens der 2. Person

		ahd.	mhd.	nhd.
Sg.	Nom.	dū, du	dū, du	dū, du
	Gen.	dīn	dīn	dein, deiner
	Dat.	dir	dir	dir
	Akk.	dih	dich	dich
Pl.	Nom.	ir	ir	ihr
	Gen.	iuwēr	iuwer [ū]	euer
	Dat.	iu	iu [ū]	euch
	Akk.	iuwih	iuwih	euch

Im **Nom. Sg.** bestanden im Alt- und Mittelhochdeutschen kurz- und langvokalische Formen nebeneinander. Im Neuhochdeutschen wird die gesprochene Länge orthographisch nicht gekennzeichnet.

Für **Gen., Dat. und Akk. Sg.** gilt Gleiches wie in den entsprechenden Formen der 1. Person.

Im **Nom. Pl.** erfolgte zum Neuhochdeutschen hin Dehnung (s. S. 74).

Im **Gen. und Dat. Pl.** kommt ahd. und mhd. <iu> nicht derselbe Lautwert zu: Ahd. <iu> steht noch für einen Diphthong, mhd. <iu> für den daraus entstandenen Langvokal [ǖ], der im Frühneuhochdeutschen diphthongiert wurde (s. S. 72). Im Laufe des Frühneuhochdeutschen wurde die Form des Dat. Pl. der des Akk. Pl. angeglichen.

Das Reflexivpronomen ›sich‹ kennt keinen Nom. Sg., sondern kommt nur flektiert vor. Es ist in einigen Formen ebenfalls genusindifferent:

		ahd.	mhd.	nhd.
Sg.	**Gen.**	sīn		(seiner, ihrer)
	Dat.	(Personalpronomen der 3. Pers.)		
	Akk.	sih	sich	
Pl.	**Gen.**	(Personalpronomen der 3. Pers.)		
	Dat.			
	Akk.	sih	sich	

Die Flexion des Reflexivpronomens

- Der **Gen. Sg.** wurde im Laufe des Frühneuhochdeutschen um- oder neugebildet. Der Stamm *sein-* wurde als dem Maskulinum bzw. Neutrum zugehörig empfunden und in Analogie zu *meiner* zu *seiner* erweitert. Dazu wurde als Femininum *ihrer* gebildet.
- Im **Dat. Sg. und Pl. und Gen. Pl.** wurden generell die genusdifferenzierenden Formen des Personalpronomens auch reflexiv verwendet.
- Im **Akk. Sg. und Pl.** gelten kontinuierlich seit dem Althochdeutschen genusindifferente Formen.

4.4.2 | Genusdifferenzierende (»geschlechtige«) Pronomina

Genusdifferenzierung weisen das **Personalpronomen der 3. Person** auf, ebenso die **Demonstrativpronomina** und der **bestimmte Artikel** (zum unbestimmten Artikel, der aus dem Zahlwort *ein* hervorgegangen ist, s. S. 178).

Die Personalpronomina der 3. Person zeigen folgende Formenentwicklung:

4.4 Wortformen

Pronomina

Personal-pronomina der 3. Person

		Mask.			Neutr.			Fem.		
		ahd.	mhd.	nhd.	ahd.	mhd.	nhd.	Ahd.	mhd.	nhd.
Sg.	Nom.	ër, hë(r)	ër, hë(r)	er	ëȝ	ëȝ	es	siu, si	siu, si	sie
	Gen.	ës	ës, sīn	sein	ës	ës, sīn	sein	ira	ir(e)	ihrer
	Dat.	imo	im(e)	ihm	imo	im(e)	ihm	iru	ir(e)	ihr
	Akk.	in(an)	in	ihn	ëȝ	ëȝ	es	siu, si	siu, si	sie
Pl.	Nom	sie, si	sie, si	sie	siu, si	siu, si	sie	sia, si	sie, si	sie
	Gen.	iro	ir(e)	ihrer	iro	ir(e)	ihrer	iro	ir(e)	ihrer
	Dat.	im	in	ihnen	im	in	ihnen	im	in	ihnen
	Akk.	sie, si	sie, si	sie	sie	sie	sie	sie, si	sie, si	sie

- Im **Nom. Sg. des Maskulinums** ist die Form *ër* im Alt- und Mittel-hochdeutschen stabil. Im Frühneuhochdeutschen tritt wiederum die (orthographisch nicht gekennzeichnete) Dehnung ein. Mitteldeutsche Dialekte kennen auch die Formen *hë* und *hër*. Beim **Neutrum** führt der frühneuhochdeutsche Zusammenfall von *ȝ* (< *t) und *s* (< *s) zur Form *es*. Das **Femininum** zeigt im Alt- und Mittelhochdeutschen Formen mit Diphthong *iu* neben solchen mit Kurzvokal *i*. Die Formen mit *iu* wer-den im Frühneuhochdeutschen noch regional (speziell im Bairischen) fortgeführt und diphthongiert, woraus sich *seu* ergibt. Nhd. *sie* basiert jedoch auf mhd. *si*, das der frühneuhochdeutschen Vokaldehnung un-terlag. Für **Akk. Sg. Neutr. und Fem.** gilt Gleiches.
- Der **Gen. Sg.** zeigt beim **Maskulinum und Neutrum** übereinstimmend die Form *ës* (mit *s* < *s), die nicht mit dem Nom. Sg. des Neutrums ver-wechselt werden darf. Im Mittelhochdeutschen wird zunehmend *sīn* – ursprünglich die Form des Dat. Sg. Reflexivpronomens (s. o.) – verwen-det. Im heutigen Deutschen bestehen noch Relikte des alten Genitivs in Konstruktionen wie *ich bin es müde* oder *überdrüssig* fort. Hier ist *es* – historisch gesehen – die alte Pronominalform des Gen. Sg. Neutr., nicht etwa Nom. oder Akk. Sg.
- Im **Gen. und Dat. Sg.** musste es beim Femininum aufgrund der End-silbenabschwächung im Mittelhochdeutschen zum Zusammenfall der Formen kommen. Zum Neuhochdeutschen hin entwickelt sich im Gen. Sg. auch hier die erweiterte Form *ihrer* (mit Vokaldehnung vor *r*).
- **Dat. Sg. Mask. und Neutr.** zeigen zunächst Abschwächung des unbe-tonten auslautenden ahd. *–o* > mhd. *–e*. Zum Neuhochdeutschen hin erfolgt Dehnung des *i* in Analogie zu den zweisilbigen Pronomina und den Formen mit Dehnung vor *r*.
- Im **Akk. Sg. Mask.** kann mhd. *in* ebenso auf das kürzere ahd. *in* zu-rückgeführt werden wie auf ahd. *inan*, das über *inen* in unbetonter Satzstellung ebenfalls zu *in* werden konnte. Im Laufe des Frühneu-hochdeutschen erfolgte wiederum analoge Dehnung des Stammvo-kals.

4.4

Wortformen

Genusdifferenzieren-
de (»geschlechtige«)
Pronomina

- Im **Nom. und Akk. Pl.** unterscheiden sich im Althochdeutschen die drei Genera. Neben den Formen *sie* (Mask.), *siu* (Neutr.) und *sia* (Fem.) stand jedoch schon früh jeweils die kurzvokalische Variante ahd., mhd. *si*, die nhd. *sie* (mit langem [ī]) zugrunde liegt.
- Im **Gen. Pl.** ergibt ahd. *iro* nach Abschwächung mhd. *ire* und nach Apokope *ir*, das auch bereits die frühneuhochdeutsche Form ist. Die Form nhd. *ihrer* entstand daneben in Analogie zu *unser* und *euer*.
- Im **Dat. Pl.** ist *im* die geltende Form aller drei Genera des Althochdeutschen. Im Auslaut wurde ahd. *-m* > mhd. *-n*. Nhd. *ihnen* ist eine Erweiterung in Analogie zu den Demonstrativpronomina.

Die Possessivpronomina werden von verschiedenen Pronominalstämmen aus gebildet.
- Den **Formen des Singulars** liegt für die **1. und 2. Person** der Genitiv des Personalpronomens (ahd., mhd. *mīn*, *dīn* > nhd. *mein*, *dein*, ahd. *unsēr* > mhd., nhd. *unser*, ahd. *iuwēr* > mhd. *iuwer* > nhd. *euer*) zugrunde.
- Das Possessivpronomen der **3. Person** basiert für **Maskulinum und Neutrum** auf dem Reflexivpronomen (ahd., mhd. *sīn* > nhd. *sein*).
- Die **Flexion** des Possessivpronomens der 1. und 2. Person sowie des Maskulinums der 3. Person entspricht der der starken Adjektivflexion. Im Nom. Sg. wird jeweils die substantivische Form verwendet (deshalb nhd. *mein Herr*, nicht *meiner Herr* und entsprechend auch schon im Mittel- und Althochdeutschen).
- Possessive Relationen für das **Femininum** wurden mit dem Genitiv ahd. *ira* > mhd. *ir* ausgedrückt; vgl. *irn schadet der winter noch envrumt an ir schœne niht ein hâr* ›ihr schadet der Winter nicht, noch nützt er ih**r**er Schönheit im geringsten‹ (*Iwein* 578 f.). Erst im Laufe des Frühneuhochdeutschen wurden Analogieformen mit pronominalen Endungen in Kongruenz zum Bezugssubstantiv gebildet.
- Im gesamten **Plural der 3. Person** drückt der Genitiv des Personalpronomens (ahd. *iro* > mhd. *ir* > nhd. *ihr*) possessive Relationen aus; vgl. *sî vürhtent mich als **ir** meister unde **ir** herren* ›sie respektieren mich als ih**r**en Meister und ih**r**en Herrn‹ (ebd., 494 f.). Es handelt sich jeweils um den Gen. Pl. Auch hier bildeten sich erst im Laufe der frühneuhochdeutschen Phase flektierte Formen in Kongruenz mit dem Bezugssubstantiv heraus wie in der Übersetzung des Zitats das Pronomen *ihren* mit Bezug auf *Meister* bzw. *Herrn*.

Das einfache Demonstrativpronomen ist Grundlage für die Ausbildung des bestimmten Artikels, die sich bereits im Laufe der althochdeutschen Periode anbahnte. Die Flexion verläuft weitgehend parallel zu der des Personalpronomens der 3. Person.

175

Pronomina

Einfaches Demonstrativpronomen (bestimmter Artikel)

		Mask.			Neutr.			Fem.		
		ahd.	mhd.	nhd.	ahd.	mhd.	nhd.	ahd.	mhd.	nhd.
Sg.	Nom.	dër	dër	der	daʒ	daʒ	das	diu	diu	die
	Gen.	dës	dës	des	dës	dës	des	dëra	dër(e)	der
	Dat.	dëmo	dëm(e)	dem	dëmo	dëm(e)	dem	dëru	dër(e)	der
	Akk.	dën	dën	den	daʒ	daʒ	das	dia	die	die
	Instr.	diu	–	–	diu	–	–	–	–	–
Pl.	Nom.	die	die	die	diu	diu	die	dio	die	die
	Gen.	dëro	dër(e)	der	dëro	dër(e)	der	dëro	dër(e)	der
	Dat.	dēm	den	den	dēm	den	den	dēm	den	den
	Akk.	die	die	die	diu	diu	die	dio	die	die

Im Althochdeutschen stehen vor allem in frühen Quellen neben den mit *d*- anlautenden Formen auch noch *th*-Varianten. Der **Instr. Sg.** ist im althochdeutschen Maskulinum und Neutrum noch gut belegt. Im Mittelhochdeutschen ist die Neutrumsform noch in der konjunktionalen Fügung *von(e) diu* ›weil‹ erhalten.

Das zusammengesetzte Demonstrativpronomen ist aus der Verbindung von einfachem Demonstrativum und der nicht flektierten hinweisenden Partikel *se* hervorgegangen (in der Kindersprache kommt es gelegentlich zu vergleichbaren Konstruktionen, z. B. *ich mag **die da** Puppe* statt *ich mag die Puppe da*). Das musste dazu führen, dass in einem frühen, noch voralthochdeutschen Stadium diese Pronomina zunächst im Wortinneren flektiert wurden, was jedoch dem Flexionssystem insgesamt zuwider lief. Deshalb verlagerte sich die Flexion ans Wortende. Schon im Althochdeutschen ist die Endflexion vollständig durchgeführt (ältere Formen wie z. B. *þat-si* sind noch auf frühen Runeninschriften belegt). Das *s* in heutigen Pronominalformen wie *dieser*, *diese*, *dieses* ist noch ein Reflex der alten Partikel.

Schon im späteren Althochdeutschen haben sich Formen mit dem Wortstamm *dis*- (statt *dës*-) durchgesetzt: Sie sind durch analoge Übertragung aus denjenigen Formen entstanden, die aufgrund einer *i*-haltigen Endung Umlaut aufweisen (Nom., Akk. Pl. Neutr. und Nom. Sg. Fem.). Die Flexion hat sich auf folgende Weise entwickelt:

Zusammengesetztes Demonstrativpronomen

		Mask.			Neutr.			Fem.		
		ahd.	mhd.	nhd.	ahd.	mhd.	nhd.	ahd.	mhd.	nhd.
Sg.	Nom.	dëse, dësēr	diser, dirre	dieser	ditz	ditz	dieses	dësiu, disiu	disiu	diese
	Gen.	dësses	dises	dieses	dësses	dises	dieses	dësera	diser(e), dirre	dieser
	Dat.	dësemo	disem	diesem	dësemo	disem	diesem	dëseru	diser(e), dirre	dieser
	Akk.	dësan	disen	diesen	ditz	ditz	dieses	dësa	dise	diese
	Instr.	–	–	–	dësiu	–	–	–	–	–

4.4

Wortformen

Genusdifferenzieren-
de (»geschlechtige«)
Pronomina

		Mask.			Neutr.			Fem.		
		ahd.	mhd.	nhd.	ahd.	mhd.	nhd.	ahd.	mhd.	nhd.
Pl.	**Nom**	*dëse*	*dise*	*diese*	*dësiu, disiu*	*disiu*	*diese*	*dëso*	*dise*	*diese*
	Gen.	*dësero*	*disere*	*dieser*	*dësero*	*disere*	*dieser*	*dësero*	*disere*	*dieser*
	Dat.	*dësēm*	*disen*	*diesen*	*dësēm*	*disen*	*diesen*	*dësēm*	*disen*	*diesen*
	Akk.	*dëse*	*dise*	*diese*	*dësiu, disiu*	*dise*	*diese*	*dëso*	*dise*	*diese*

- Im **Nom. Sg. Mask.** kann man die Entstehung der Endflexion noch erkennen, denn die ältere Form ist *dë-se* (neben älterem *thë-se*). Die Form
  dësēr repräsentiert bereits das Stadium mit Endflexion. Die Nebenform
  mhd. *dirre* basiert auf analoger Übertragung aus Formen mit *rr* (Gen.
  Pl. und Gen., Dat. Sg. Fem.). Sie ist im Mittelhochdeutschen sehr häufig, wurde aber nicht fortgesetzt. Nhd. *dieser* basiert auf mhd. *diser*,
  dessen *i* aus entsprechenden Formen des Neutrums und Femininums
  übertragen worden ist. Im Frühneuhochdeutschen erfolgte Dehnung
  in offener Tonsilbe.
- **Nom. und Akk. Sg. Neutr.** weichen mit der Affrikata *tz* im Alt- und
  Mittelhochdeutschen von den übrigen Formen ab. Die Ursache liegt in
  voralthochdeutscher Zeit. Auszugehen ist von einer reduplizierenden
  Vorform **þitþit*. Nhd. *dieses* ist im Frühneuhochdeutschen durch Analogie zustande gekommen. Das als Wortstamm empfundene *dies* wurde um die für das Neutrum –*es* typische Endung erweitert.
- Im **Nom. Sg. Fem.** musste die *i*-haltige Endung –*iu* zu Umlaut, also zu
  disiu führen (s. S. 66). Die Variante *dësiu* ist demgegenüber durch Analogie mit den im Paradigma vorhandenen *ë*-Formen zu erklären. Zum
  Mittelhochdeutschen hin nahm die Analogie jedoch genau die andere
  Richtung: Auf lange Sicht setzten sich die Formen mit mhd. *dis-* > nhd.
  dies durch.
- Der **Gen. Sg. Mask. und Neutr.** zeigt im Mittelhochdeutschen die Um-
  bildung zu **dis**es und zum Neuhochdeutschen hin die zu erwartende
  Dehnung.
- Im **Gen. und Dat. Sg. Fem.** ist im Mittelhochdeutschen Assimilation *sr* >
  rr eingetreten. Es ist von einem Kontinuum *dësera* > *dësra* > *dërra* (bzw.
  dëseru > *dësru* > *derru*) auszugehen. Abschwächung des auslautenden
  -*a* (bzw. -*u*) und analoge Durchführung des *i*-Vokalismus ergaben dann
  jeweils die Form *dirre*, die allerdings schon im Frühneuhochdeutschen
  wieder durch die durchsichtigere Form *dieser* verdrängt wurde.
- Die **Pluralformen** erklären sich insgesamt durch analoge Verdrängung
  der *dës*-Formen durch *dis-* und Endsilbenabschwächung im Mittelhochdeutschen.

Weitere Pronomina wie das **Demonstrativum** ahd. *jenēr* > mhd. *jener* >
nhd. *jener*, ebenso das nur im Singular verwendete **Interrogativpronomen** ahd. *(h)wër* > mhd. *wër* > nhd. *wer* und ahd. *(h)waʒ* > mhd. *waʒ* >
nhd. *was* (bei dem nur Maskulinum = Femininum vom Neutrum unter-

177

schieden wird), flektieren parallel zum einfachen Demonstrativpronomen. **Indefinitpronomina** wie ahd. *(h)welīh* > mhd. *welih* > nhd. *welch*,
ahd. *sum* > mhd. *sum* (vgl. engl. *some*), *sumelīh* > mhd. *sumelich* ›irgendein‹ und ahd., mhd. *dëhein* ›irgendein‹ > nhd. *kein* (zum Bedeutungsüber-
gang vom Indefinit- zum Negationspronomen s. Kap. 5.3) flektieren nach
den Regularitäten der starken Adjektivflexion.

4.5 | Zahlwörter

Bei Zahlwörtern (oder **Numeralia**) wird unterschieden zwischen **Kardinalzahlen** (*ein, zwei, drei, vier ...*) und **Ordinalzahlen** (*erster, zweiter,
dritter, vierter ...*).

4.5.1 | Kardinalzahlen

Die Zahlwörter ›ein‹, ›zwei‹, ›drei‹ wurden im Alt- und Mittelhochdeutschen flektiert. Ab ›vier‹ sind Kardinalzahlen indeklinabel (zu Besonderheiten vgl. Braune/Reiffenstein 2004, 235f.).

Die Formen des Zahlworts ›**ein**‹, das als solches natürlich nur im Singular gebraucht werden kann, stimmen mit der starken Adjektivflexion
überein, wobei im Nominativ aller drei Genera die substantivische (endungslose) Form gilt. Seit dem späteren Althochdeutschen wird ›ein‹ zunehmend auch als Indefinitpronomen in der Bedeutung ›irgendein‹ und
als unbestimmter Artikel verwendet.

Die Zahlwörter ›**zwei**‹ und ›**drei**‹ haben naturgemäß nur Pluralformen.
Vom Alt- bis zum Frühneuhochdeutschen gelten – stark vereinfacht – folgende Flexionsformen:

Flexion des Zahlworts ›zwei‹

	Mask.			Neutr.			Fem.		
	ahd.	mhd.	fnhd.	ahd.	mhd.	fnhd.	ahd.	mhd.	fnhd.
Nom.	zwēne	zwēne	zwen	zwei	zwei	zwei	zwō	zwō	zwo
Gen.	zweio	zweier	zweier	zweio	zweier	zweier	zweio	zweier	zweier
Dat.	zweim	zwein	zweien	zweim	zwein	zweien	zweim	zweien	zweien
Akk.	zwēne	zwēne	zwen	zwei	zwei	zwei	zwō	zwō	zwo

- Im **Gen. aller Genera** wurde im Übergang vom Alt- zum Mittelhochdeutschen in Analogie zu den Pronomina *–er* eingeführt.
- Im **Dat. aller Genera** trat zum Mittelhochdeutschen hin die Abschwächung *-m* > *-n* im Auslaut ein. Im Frühneuhochdeutschen entstand in
  Analogie zu Substantiven und Adjektiven die zweisilbige Form *zwei-
  en*.
- Im **Nom. und Akk.** wurde erst im Neuhochdeutschen die ursprüngliche Neutrumsform *zwei* auch auf Maskulinum und Femininum über-

tragen. Auch Gen. und Dat. Pl. wurden entsprechend zu *zweier* und *zweien* umgebildet.

Beim Zahlwort **drei** verlief die Entwicklung vergleichbar:

	Mask.			Neutr.			Fem.		
	ahd.	mhd.	fnhd.	ahd.	mhd.	fnhd.	ahd.	mhd.	fnhd.
Nom.	drī	drī(e)	drei	driu	driu	drei	drīo	drī(e)	drei
Gen.	drīo	drīer	dreier	drīo	drīer	dreier	drīo	drīer	dreier
Dat.	drim	drin, drīen	dreien	drim	drin, drīen	dreien	drim	drin, drīen	dreien
Akk.	drī	drī(e)	drei	driu	driu	drei	drīo	drī(e)	drei

Flexion des Zahlworts ›drei‹

- Im **Gen.** setzte sich im Mittelhochdeutschen ebenfalls die Endung -*er* durch.
- Der **Dat.** hatte im Althochdeutschen kurzen Stammvokal, doch wurde im Mittelhochdeutsch in Analogie zu den anderen Formen *ī* verallgemeinert und die Endung –*en* übernommen.
- Auch im **Nom. und Akk. Neutr.** wurde im Frühneuhochdeutschen analog zu Maskulinum und Femininum der Stammvokal *ei* (< mhd. *ī*) eingeführt. Vereinzelt ist aber auch die lautgesetzlich zu erwartende Form *dreu* (mit *eu* < mhd. *ǖ*) belegt.

4.5.2 | Ordinalzahlen

Die Ordinalzahlen werden mit drei Ausnahmen vom Stamm der jeweiligen Kardinalzahl mit *t*-Suffix gebildet und schwach flektiert, z. B. ahd. *sibun-to* > mhd. *siben-de* > nhd. *sieb(en)-te*.

Ausnahmen sind die ersten drei Ordinalzahlen:
- Die Ordinalzahl zu ›ein‹ ist im Althochdeutschen entweder *ēristo* oder *furisto*. Etymologisch gesehen besteht kein Zusammenhang mit der Kardinalzahl, sondern *ēristo* ist Superlativ zu dem Adverb *ēr* ›früh‹ und *furisto* (vgl. engl. *first*) Superlativ zu *furi* ›vor‹. Etymologisch zugehörig ist *Fürst*. Fortgeführt wird nur *ēristo* > mhd. *ērste* > nhd. *erste*.
- Die Ordinalzahl zu ›zwei‹ ist ahd. *andar* > mhd., fnhd. *ander*. Erst im Neuhochdeutschen wird *zweite* in Analogie zu *vierte*, *fünfte* usw. neu gebildet.
- Die Ordinalzahl zu ›drei‹ ist ahd. *dritto* > mhd., nhd. *dritte*.

Im Althochdeutschen flektieren die Ordinalzahlen wie schwache Adjektive. Ausnahme ist *ander*, das pronominal flektiert wird. Im Mittel- und Frühneuhochdeutschen werden die Ordinalzahlen zunehmend wie »normale« Adjektive verwendet. Im Neuhochdeutschen stimmt die Flexion überein, z. B. *der fünfte Platz* (schwache Flexion nach bestimmtem Artikel wie in *der leere Platz*), (*ein*) *fünfter Platz* (starke Flexion bei Artikellosigkeit und unbestimmtem Artikel wie in *ein leerer Platz*).

4.5
Wortformen

Zahlwörter

Beispiele | **Artikel, Pronomina und Numeralia in Textbeispiel 13 (S. 108 f.)**

1   *sum man* (A): Indefinitpronomen, Nom. Sg. Mask., starke (substantivisch flektierte) Form. Dieses Pronomen wird im Frühneuhochdeutschen nicht fortgeführt; an seine Stelle tritt der unbestimmte Artikel, deshalb *von **einem** richen mann* (B) und *ein reicher Mann* (C).
ander tiurs gewant (B): *ander* ist hier nicht als Ordinalzahl, sondern als Adjektiv (starke, substantivische Flexion) gebraucht.

2   *dez selben richen mannes* (B): bestimmter Artikel, Gen. Sg. Mask. Die Schreibung mit <z> deutet auf den Zusammenfall der *s*-Laute hin (s. S. 87); als »normalmittelhochdeutsche« Form wäre *des* zu erwarten.
ther lag ... (A), *der lag* ...(C), ebenso *der hiez* . (B): einfaches Demonstrativpronomen, Nom. Sg. Mask. In A erscheint noch die ältere *th*-Form.

3   *gerota **sih** zigisatonne* (A), *der selb **sich** gert* (B), *vnd begeret **sich** zu settigen* (C): jeweils Reflexivpronomen, Akk. Sg.
thiedar nidar fielun (A), *die abe des richen mannes tische vielen* (B), *die von des Reichen tische fielen* (C): jeweils Nom. Pl. Mask. des einfachen Demonstrativpronomens, das hier – syntaktisch gesehen – als Relativpronomen fungiert. Ahd. *thiedar* besteht aus Pronomen *thie* und Relativpartikel *dar*.
themo disgæ (A): Dat. Sg. Mask. des bestimmten Artikels.

4   *siniu gisuuer* (A): Possessivpronomen, Akk. Pl. Neutr.
*und lekchten **im sein** wunden* (B), *vnd lecketen **im seine** Schweren* (C): *im* ist jeweils Dat. Sg. Mask. des Personalpronomens, *sein* (B) Akk. Pl. Fem., *seine* Akk. Pl. Mask. (C) des maskulinen Possessivpronomens der 3. Person. Die Form in B ist aufgrund der (oberdeutschen) Apokope endungslos.

7   *úf heuenti **siniu** ougun* (A): Possessivpronomen, Akk. Pl. Neutr. (s. auch 4)
*mit **thíu*** (A): einfaches Demonstrativpronomen, Instr. Sg. Neutr.
*In **sinemo** bárme* (A): Possessivpronomen, Dat. Sg. Mask.
her (A), *er* (C): Personalpronomen, 3. Person, Nom. Sg. Mask. (*her* ist mitteldeutsche Variante).

8   *milti **mír*** (A): Personalpronomen, 1. Person, Dat. Sg.
sines fingares (A), *seines Fingers* (C): Possessivpronomen, Gen. Sg. Mask., 3. Person, *sinem vinger* (B): Dat. Sg. Possessivpronomen, Mask., 3. Person.
mina zungun (A), *mein zunge* (B), *meine Zungen* (C): Possessivpronomen, 1. Person, Akk. Sg. Fem. (apokopierte Form in B).
*erbarm **dich*** (B): Personalpronomen, 2. Person, Akk. Sg.
*über **mich*** (B): Personalpronomen, 2. Person, Akk. Sg.

9   *tho quad **imo** abraham* (A): Personalpronomen, 3. Person, Dat. Sg. Mask.
thú Intfiengi (A), *das **du** ... ampfangen hast* (C): Personalpronomen, 2. Person, Nom. Sg.
*In **thinemo** libe* ›in deinem Leben‹ (A): Possessivpronomen, 2. Person, Dat. Sg. Mask., *in **deinem** Leben* (C): Possessivpronomen, 2. Person, Dat. Sg. Neutr.
diser arme (B): zusammengesetztes Demonstrativpronomen, Nom. Sg. Mask. (nicht kontrahierte Form).

10   *ih bitiu thih* (A), *So bitte **ich** dich* (C): Personalpronomen, 1. Person, Nom. Sg.
*thaz **inan** sentes* (A), *das du **in** sendest* (C): Personalpronomen, Akk. Sg. Mask.
finf bruoder (A), *fŭmf brŭder* (B), *fŭnff Brŭder* (C): unflektiertes Zahlwort.
*das er **inen** bezeuge* (C): Personalpronomen, Dat. Pl. (bereits um –*en* erweitert).
*In **thesa** stát* (A): zusammengesetztes Demonstrativpronomen, Akk. Sg. Fem., *an **disen** Ort* (C): Akk. Sg. Mask.

4.6 | Wortformen

Morphologischer Wandel

11 *tho quad **imo** abraham* (A), *dez antwurt **im** sant Abraham* (B), *Abraham sprach zu **im*** (C): Personalpronomen, 3. Person, Dat. Sg. Mask.

12 ***einer** von den Todten* (C): substantiviertes Numerale, Nom. Sg. Mask. (pronominal flektiert).

13 *si gelaubten auch **dem** nicht* (B): einfaches Demonstrativpronomen, Dat. Sg. Mask.

4.6 | Morphologischer Wandel

Der phonetisch-morphologische Interessenkonflikt: Im »Interesse« einer ökonomischen Artikulation liegt es, Lautfolgen zu entwickeln, die mit möglichst geringem physiologischem Aufwand produziert werden können. Deshalb ist es in den germanischen Sprachen u.a. zur Endsilbenreduktion und zu den diversen Umlauten gekommen. Die Morphologie hat nichts mit Physiologie zu tun, sondern mit Kognition. Deshalb strebt sie nach möglichst konsequent aufgebauten, durchsichtigen Flexionsparadigmen. Daraus ergibt sich zwangsläufig ein Interessenkonflikt. Lautveränderungen greifen in den Formenbestand ein und müssen geradezu zwangsläufig dazu führen, dass ehedem funktionstüchtige Paradigmen zerstört werden.

Formenreduktion: Wie wir zu Beginn dieses Morphologie-Kapitels am Beispiel der Geschichte des Wortes *Wolf* gesehen haben, war das urgermanische Paradigma insofern funktionstauglich, als jeder einzelne der sechs Singular- und vier Pluralkasus seine eigene, unverwechselbare Form hatte. Die Reduktion der Anzahl der Kasus, vor allem aber die **Endsilbenreduktion** führten dazu, dass spätestens im Mittelhochdeutschen drei der verbliebenen vier Pluralkasus und zwei der Singularkasus gleichförmig waren.

Formenvariation: Es konnte auch dazu kommen, dass lautliche Veränderungen Varianten innerhalb eines zunächst gleichförmigen Paradigmas verursachten. Die femininen *i*-Stämme (Typ ahd./mhd. *stat*) beispielsweise wiesen nach dem Eintritt des Umlauts zwei umgelautete Singularformen auf: Gen. und Dat. Sg. lauteten ahd. *steti* > mhd. *stete*. Lautliche Vorgänge haben hier die morphologische Uniformität »zerstört«. Auch Ablaut und Rückumlaut bei Verben führten zu intransparenten Stammvarianten.

Man kann es auch bildlich sagen: **Die Phonetik zerrt permanent an der Morphologie**. Wegen ihrer eigenen (semantischen) »Interessen« versucht die Morphologie, das Beste aus dem zu machen, was ihr die Phonetik hinterlassen hat. Es kommt zur nachträglichen morphologischen Interpretation und Funktionalisierung zuerst lautregulär entstandener Formen. Da z.B. schwerpunktmäßig der *i*-Umlaut in Pluralformen auftrat, wurde Umlaut im frühneuhochdeutschen Sprecher(unter)bewusstsein generell als Pluralmarker interpretiert. Substantive mit zunächst umlautlosen Pluralformen konnten deshalb Formen mit Umlautplural bilden. Nichts anderes als eine übergeneralisierende Analogie macht übrigens ein dreijähriges Kind, das erzählt, wie *drei Hünde* über die Straße rannten, weshalb *zwei Büsse* abbremsen mussten. Diese *Hünde* sind hier im Prinzip genauso zustande gekommen wie Jahrhunderte zuvor die *Wölfe* und *Füchse*. Der Unterschied besteht nur darin, dass das Frühneuhochdeutsche eine Phase enormer morphologischer Fluktuation und Variation war. Analogieformen hatten es damals wesentlich leichter, sich durchzusetzen, als heute. Auch die Dialekte gingen (und gehen) häufig andere Wege als die normierte deutsche Standardsprache der Neuzeit, die *Büsse* und *Hünde* nicht mehr akzeptiert.

Wer oder was entscheidet über Erfolg oder Misserfolg einer Variante? Hier wirken verschiedene Kriterien zusammen:

Das Quantitätskriterium besagt, dass eine größere morphologische Klasse eine kleinere eher absorbiert als umgekehrt. Das war beispielweise der Fall bei den historischen *u*-Stämmen, die schon im Althochdeutschen bis auf ganz wenige Reste in der *i*-Klasse aufgegangen waren. Ein anderes Beispiel liefert das Verbalsystem. Die im Laufe der deutschen Sprachgeschichte immer größer werdende (und aufgrund von Entlehnung und Neubildung immer noch anwachsende) Menge der schwachen Verben zog die starken Verben so in ihren Sog, dass eine ganze Reihe einstmals starker Verben sich dem nun als »regelmäßig« empfundenen Stammbildungsmuster der schwachen Verben anschloss.

Das Transparenzprinzip besagt, dass eine in sich stimmige, durchschaubare Variante mehr Aussicht auf Erfolg hat, als eine Form, deren Bildungsregeln nicht (mehr) durchschaubar sind. Auch in dieser Hinsicht sind beispielsweise die schwachen Verben gegenüber den starken im Vorteil.

Das Frequenzkriterium schränkt die Gültigkeit des Quantitäts- und Transparenzkriteriums jedoch wiederum ein. Es besagt, dass ein morphologisches Muster, das häufig aktiviert und damit ins Gedächtnis gerufen wird, größere Chance auf analoge Verallgemeinerung hat, als ein selten auftretendes Muster. Deshalb wurden vor allem selten verwendete Verben in den starken Sog der schwachen Verben gezogen, während sich häufiger verwendete Verben dem Sog bis heute entziehen können (weiterführend Nübling 2008, 55–58).

Das Relevanzprinzip, das man für Analogien mit verantwortlich gemacht hat, besagt, dass bestimmte grammatische Kategorien einen höheren Relevanzgrad besäßen als andere. So sei beispielsweise Numerus »relevanter« als Kasus, Tempus als Modus usw. (so z.B. Nübling 2008, 44–68). Die historischen Entwicklungen speziell im Deutschen legen in der Tat derartige Postulate nahe. Allerdings ist zu bedenken, dass Analogieformen nur aus solchen morphologischen Bausteinen gebildet werden konnten, die aufgrund phonetischer Entwicklungen zur Verfügung standen. Hätte sich beispielsweise bei *i*- und *iz/az*-Stämmen die umlautende Numerusdifferenzierung nicht aufgrund lauthistorischer Gesetzmäßigkeiten ergeben, hätte sie auch die hohe Relevanz des Plurals nicht herbeiführen können. Die Phonetik erzeugte ein Muster, das die Morphologie dann »in ihrem Sinne« weiter verwenden konnte.

4.6

Wortformen

Ordinalzahlen

Das konservative deutsche Flexionssystem wird innerhalb der germanischen Sprachen an Komplexität nur vom Isländischen und Färöischen übertroffen. Für die Verhältnisse dieser beiden Inselsprachen macht man die geringe Sprecherzahl und die Jahrhunderte andauernde Isolation infolge der geographischen Randlage verantwortlich. Auf das Deutsche trifft das alles nicht zu. Von Polenz (1994, 254) nimmt mit guten Gründen an, dass »die deutsche Sprache als Standardsprache heute sicher ähnlich flexionsarm ... wäre wie etwa das Niederländische oder Englische, wenn die deutsche Sprachentwicklung in der Zeit des bildungsbürgerlich kultivierten deutschen Absolutismus nicht so stark schreibsprachlich, akademisch, lateinorientiert, flexionsfreundlich und sprachideologisch gesteuert verlaufen wäre«.

Es sind also nicht nur sprachinterne Faktoren (phonetische und anders gerichtete morphologische »Interessen«), die zu morphologischen Entwicklungen führen, sondern es wirken sich vor allem in der jüngeren Sprachgeschichte auch äußere, das heißt **bildungs- und sozialgeschichtliche Faktoren** auf die Entwicklungsverläufe aus.

5. Satzbau

5.1 **Der einfache Satz und die Struktur von Wortgruppen**
5.2 **Komplexe Sätze**
5.3 **Negation**
5.4 **Syntaktischer Wandel**

Man könnte die Entwicklung von Lauten und auch von Flexionsformen vom Indogermanischen bis zum Neuhochdeutschen und in die heutigen deutschen Dialekte – zumindest theoretisch – nahezu lückenlos nachverfolgen. Der Versuch, alle syntaktischen Phänomene in historischer Perspektive darzustellen, wäre ein aussichtsloses Unterfangen, denn auf der Ebene der Syntax haben wir es mit Kombinationsstrukturen, teilweise auch nur mit Gebrauchstendenzen zu tun, nicht mit zählbaren Einzelelementen, deren Verwendung obligatorisch geregelt ist. In diesem Kapitel können deshalb nur ausgewählte zentrale Aspekte der syntaktischen Entwicklung skizziert werden.

5.1 | Der einfache Satz und die Struktur von Wortgruppen

Das Prädikatsverb als zentrale syntaktische Schaltstelle: Eine wichtige indogermanische Weichenstellung auf syntaktischer Ebene ist der **Verbalsatz**, in dem das Prädikatsverb Struktur und Semantik der von ihm geforderten Ergänzungen und damit die Kernstruktur des Satzes festlegt. Das gilt grundsätzlich auch in allen nachindogermanischen Einzelsprachen. Der Lateinbuchsatz *aquila non captat muscas* ›der Adler fängt keine Fliegen‹ enthält das Prädikatsverb *captat* ›fängt‹. Dieses fungiert als strukturelles Zentrum des Gesamtsatzes und erfordert in dieser semantischen Eigenschaft im Lateinischen wie im Deutschen zwei Ergänzungen: (1) ein Subjekt (*aquila* ›der Adler‹), das zum Ausdruck bringt, wer fängt, und (2) ein Objekt (*muscas* ›Fliegen‹), das das Objekt des Fangens bezeichnet. Zwar entsprechen sich in dem Beispielsatz lateinische und deutsche Struktur genau, doch ist die Kasuszuordnung bei den verschiedenen Verben in den Einzelsprachen sehr unterschiedlich. Das ändert aber nichts an der Grundgegebenheit, dass in indogermanischen Sprachen in der Regel das Prädikatsverb die Basisstruktur eines Satzes determiniert oder – anders gesagt – einen »Satzbauplan« festlegt. Sätze können natürlich über die Satzglieder, die das Prädikatsverb erfordert, hinaus noch eine potentiell unbegrenzte Zahl weiterer Satzglieder enthalten: Zeit-, Orts-,

Verbalsatz

5.1

Satzbau

Der einfache Satz und die Struktur von Wortgruppen

Modalangaben und anderes. Das Grammatikmodell, das Sätze unter dem Gesichtspunkt der Verb(un)abhängigkeit analysiert, bezeichnet man als **Valenzgrammatik** (zu den anzunehmenden indogermanischen Verhältnissen vgl. Fritz 2002, 250–254; zur Anwendung des Valenzmodells auf elementare Satzstrukturen älterer Sprachstufen des Deutschen Greule 1999; 2000; Greule/Lénárd 2005).

Valenzwandel hat auf allen Sprachstufen stattgefunden, was u.a. dadurch bedingt ist, dass im Laufe der Zeit einzelne Kasus abgebaut worden sind.

- Der schon im Althochdeutschen im Rückgang begriffene **Instrumentalis** wurde beispielsweise durch Präpositionalkasus ersetzt. Dieser Wandel ist im Mittelhochdeutschen endgültig vollzogen (s. S. 151).
- Mit dem **Dativ** konkurrierten im älteren wie im heutigen Deutschen Präpositionalkonstruktionen, vgl. *das Internet dient **dem schnellen Datentransfer**,* aber auch *das Internet dient **zum schnellen Datentransfer**.*
- Der **Genitiv als Objektskasus** ist heute nur noch resthaft vor allem in der Rechts- und Sakralsprache gebräuchlich (beide Varietäten neigen zu konservativer Ausdrucksweise). Juristendeutsch wäre z. B. *er wurde **der Körperverletzung** angeklagt,* standardsprachlich eher *er wurde **wegen Körperverletzung** angeklagt.* Im Gottesdienst wird gebetet *Herr erbarme dich unser,* während man sich ansonsten eher ***über** etwas* (oder *jemanden*) *erbarmt.* Im Alt-, Mittel- und Frühneuhochdeutschen verlangten noch wesentlich mehr Verben qua Valenz Ergänzungen im Genitiv, was teilweise auch durch die Textsorte bedingt ist (vgl. Schmid 2004a).

Nominalsatz

Der Nominalsatz, der kein verbales Prädikat enthält (Beispiel *ein Mann ein Wort*) ist verglichen mit dem Verbalsatz in der Geschichte des Deutschen und auch in der Gegenwartssprache nur eine Randerscheinung. Ein schon zitiertes althochdeutsches Beispiel ist *Vndes ars in tine nasu* ›den Arsch vom Hund in deine Nase‹ (zu Nominalsätzen auf verschiedenen Sprachstufen vgl. Fritz 2002, 250 f.; Greule 2000, 1211; Paul 2007, 322).

Subjektobligatorik

Das Subjekt als obligatorisches Satzglied: Eine Entwicklungstendenz auf der Ebene des althochdeutschen (und ebenso des altsächsischen) Einfachsatzes ist die Subjektobligatorik. Das heißt: die Subjektstelle muss zumindest **formal explizit** besetzt werden. An frühen Quellen lässt sich das gut zeigen. Schon in dem frühaltsächsischen Taufgelöbnis (s. Textbeispiel 4, S. 26 f.) schwört der Täufling allen möglichen heidnischen Dingen mit den Worten ab *ec forsacho* ›ich widersage‹. Seinen Glauben an zentrale christliche Lehrsätze tut er kund mit der Formel *ec gelobo* ›ich glaube‹. Hier ist mit der Setzung des Subjektpronomens – trotz des frühen Entstehungsdatums – schon der jüngere Zustand erreicht. Zwar ist in der Verbalform das Subjekt implizit; dennoch wird es auch explizit (pronominal) realisiert. In einem anderen altsächsischen Text dagegen lauten die entsprechenden Antworten *Farsaku* bzw. *Gilouiu* ohne Subjektpronomen. Die 1. Sg. ist hier (noch) implizit in den Verbalformen mit der Endung *-u* bzw. *-iu* enthalten.

186

5.1

Satzbau

Der einfache Satz
und die Struktur
von Wortgruppen

Die Subjektstelle muss auch dann formal explizit besetzt werden, wenn auf nichts Reales Bezug genommen wird, etwa bei den sogenannten »Witterungsimpersonalia«. In St. Galler Handschriften der späten althochdeutschen Zeit (11. Jh.) sind einige Sprichwörter überliefert. Eines davon lautet *so iz regenot, so naszcent te boumma* ›wenn **es** regnet, dann werden die Bäume nass‹, ein anderes *so iz uuath, so uuagont te bǒmma* ›wenn **es** stürmt, dann wanken die Bäume‹. Obwohl *iz* ›es‹ beide Male keinen sachlichen Bezug in der Realität hat (ebenso nhd. **es** *schneit*, **es** *regnet*, **es** *zieht* usw.) muss ein pronominales Subjekt stehen (vgl. Große 1990; Schrodt 2004, 73–76). Ausnahmen sind Imperativsätze des Typs *sei ruhig!*, denn Befehlssätze richten sich üblicherweise an ein vorhandenes Gegenüber, auf das kein expliziter Bezug genommen wird.

Zweitstellung des finiten Verbs im Aussagehauptsatz: Für das Indogermanische und wohl auch noch das Urgermanische ist von relativ freier (allerdings nicht regelloser) Wortabfolge auszugehen. Im einfachen Aussagesatz beginnt sich aber schon im Althochdeutschen und Altsächsischen die Zweitstellung des finiten Verbs als Normalstruktur zu etablieren (Behaghel 1932, 10–27; Schrodt 2004, 198–206). Dabei bleibt es bis zum Neuhochdeutschen (vgl. zum Frühneuhochdeutschen Ebert 1986, 10–105). Althochdeutsche Texte können jedoch noch mehr Stellungsvarianten aufweisen als die Gegenwartssprache.

Verbstellung

Verbstellung im *Hildebrandslied*

- Erststellung: **garutun** *se iro guðhamun*, **gurtun** *sih iro suert ana* ›sie bereiteten ihre Kampfgewänder, gürteten sich ihre Schwerter um‹ (*Hildebrandsl.* 5).
- Zweitstellung: *Ik* **gihorta** *ðat seggen* ›ich hörte das erzählen‹ (ebd., 1).
- Endstellung: *iro saro* **rihtun** ›sie richteten ihre Rüstungen‹ (ebd., 4).

Beispiele

Die Tendenz zur Zweitstellung des finiten Verbs verfestigte sich im Mittelhochdeutschen (vgl. Ebert 1978, 34–43; Paul 2007, 449–452). Im Frühneuhochdeutschen kam es zwar nochmals zu einer vorübergehenden Zunahme der Verberststellung, insbesondere bei Verben des Sprechens (vgl. Hartweg/Wegera 2005, 175 f.) wie z. B. *bli ich euch, ir wellet zeugen zu euch nemen und einen notari* (Textbeispiel 9, S. 94 f.). Die generelle Tendenz wird dadurch aber nicht in Frage gestellt. In der deutschen Gegenwartssprache ist Erststellung des finiten Verbs im Aussagehauptsatz ein Kennzeichen emphatischen Sprechens (**treffe** *ich doch gestern glatt meinen alten Mathelehrer*) oder der Textsorte Witz (**sagt** *der Mann zu seiner Frau* ...). In Liedern und Gedichten ist Verberst- und Letztstellung zulässig (**zogen** *einst fünf wilde Schwäne* bzw. *Mackie Messer trägt 'nen Handschuh, drauf man keine Untat* **liest**).

Endstellung des finiten Verbs im abhängigen Satz: Charakteristisch für Nebensätze, die mit einem Relativpronomen, einer Relativpartikel oder einer unterordnenden Konjunktion (Subjunktion) eingeleitet sind,

187

ist im heutigen Deutschen die Endstellung des finiten Verbs. Auch diese Struktureigenschaft bahnte sich bereits im Althochdeutschen an (vgl. Schrodt 2004, 206–208). Ein frühes Beispiel ist das Gefüge *dat gafregin ih mit firahim firiuuizzo meista Dat ero ni* **uuas** *noh ufhimil, noh paum noh pereg ni* **uuas** *... noh sunna ni* **scein** (*Wessobr. Ged.*) mit einem Hauptsatz (*dat ... meista*), von dem drei Objektsätze abhängen, deren erster zwar keine vollständige Endstellung, wohl aber Späterstellung des finiten Verbs aufweist. Die beiden anderen Nebensätze zeigen vollständige Endstellung des jeweiligen finiten Verbs. Diese Verbposition ist bis ins Frühneuhochdeutsche zwar noch keine syntaktische Regel im strengen Sinne, setzt sich aber mit zunehmender Konsequenz durch.

Beispiele

Verbstellung im abhängigen Satz (aus Textbeispiel 14, S. 162–164, Segment 3)
Frühneuhochdeutsch: *vnd begeret sich zu settigen von den Brosamen / die von des Reichen tische* **fielen** (Endstellung).
Mittelhochdeutsch: *der selb sich gert der brosem die abe des richen mannes tische* **vielen** ›derselbe verlangte nach den Brotkrümeln, die von des reichen Mannes Tisch fielen‹ (Endstellung).
Althochdeutsch: *gerota sih zigisatonne fon then brosmon thiedar nidar* **fielun** *fon themo disgæ thes otagen* (das Prädikat *nidar fielun* steht unmittelbar nach dem relativen *thiedar*, das den Nebensatz einleitet)

Diese wenigen Beispiele belegen die Entwicklungstendenz. In der Mittelhochdeutschen Grammatik (Paul 2007, 452) wird angegeben, dass 99% der untersuchten Belege aus Prosatexten (Verstexte wurden nicht ausgewertet) Späterstellung des finiten Verbs aufwiesen, 60% sogar vollständige Endstellung. Im Mittel- und Frühneuhochdeutschen verstärkt sich die Tendenz zur Endstellung weiter (vgl. Behaghel 1932, 43–46; Ebert 1986, 105–112; Betten 1987, 122–127; Schneider-Mizony 2005), allerdings in erkennbarer Abhängigkeit von Autor und Textsorte. Am konsequentesten sind in diesem Punkt professionelle Kanzleischreiber.

Im Frühneuhochdeutschen wird beim Perfekt in abhängigen Sätzen häufig das Hilfsverb eingespart, wie folgendes Beispiel aus dem 17. Jh. zeigt: Kinder sollen *die Eltern bey leibe nicht übel anfahren, noch Sie über die schnautze hauen, dergleichen ungerathene, eigensinnige Kinder wohl in der Welt gefunden werden, welche ihre Eltern nicht Vaters und Mutters titul* **gewürdiget**, *sondern Sie nur ihre alten, auch wohl Ihre alten jecken und Narren* **geheißen** (*Testament Dölau* 116). Zu beiden Partizipien ist *haben* zu ergänzen.

Uneingeleitete Nebensätze – es handelt sich fast nur um Konditionalsätze des Typs *schreibst du mir nicht, dann schreibe ich dir auch nicht* – haben im Gegensatz dazu seit jeher das finite Verb in Erststellung (s. S. 212).

5.1

Satzbau

Die Verbgruppe

5.1.1 | Die Verbgruppe

Die Subjektobligatorik ist nicht dadurch bedingt, dass sich im Althochdeutschen sozusagen aus dem Nichts eine Strukturregel Geltung verschafft hätte, sondern sie ist im Zusammenhang mit einer übergeordneten Entwicklungstendenz zu sehen, dem allmählichen **Übergang vom synthetischem zum analytischen Sprachbau**. Das Indogermanische und seine unmittelbaren Nachfolgesprachen (s. Kap. 2.1) vertreten den synthetischen Sprachbau. Das heißt: Grammatische Informationen werden in komprimierter Form direkt am flektierten Wort zum Ausdruck gebracht. Die Endung *–amus* in lat. *laudamus* ›wir loben‹ enthält fünf Informationen: 1. Person, Plural, Indikativ, Präsens und Aktiv. Ähnliches lässt sich noch im Althochdeutschen beobachten: Die Endung *-tun* in *garutun se iro guđhamun, gurtun sih iro suert ana* ›sie bereiteten ihre Kampfgewänder, gürteten sich ihre Schwerter um‹ (*Hildebrandsl.*) enthält vier grammatische Informationen: 3. Person, Plural, Indikativ und Präteritum. Die Tendenz zum analytischen Sprachbau führte dazu, dass in einem lange andauernden Wandelprozess solche grammatische Informationen mit eigenen Lexemen ausgedrückt wurden. Am Anfang dieses Wandelprozesses stand die bereits erwähnte »Auslagerung« der grammatischen Informationen **Person und Numerus** auf Pronomina – eben die Subjektobligatorik. Weitere Schritte in Richtung analytischer Sprachbau sind die Ausbildung **analytischer Tempusformen und des analytischen Passivs** (vgl. Betten 1987, 101–121). Analytische Verbformen werden auch als **Periphrasen** bezeichnet.

Synthetischer und analytischer Sprachbau

   Analytische Tempusformen: Das Urgermanische kannte nur zwei Tempusformen: **Präsens** und **Präteritum**. Mit dem Präteritum (das historisch gesehen ein indogermanisches Perfekt fortsetzt) wurde Bezug genommen auf Vergangenes, mit dem Präsens auf Nichtvergangenes (Gegenwart, überzeitliche Gültigkeit, Zukünftiges). Ursächlich für die weitere Ausdifferenzierung des Tempussystems war mit Sicherheit auch der Kontakt mit dem Lateinischen, das ein sechsstufiges Tempussystem aufweist (Präsens, Imperfekt, Perfekt und Plusquamperfekt, Futur I und Futur II). Althochdeutsche Übersetzer mussten versuchen, diese grammatische Diskrepanz zwischen lateinischer Ausgangs- und deutscher Zielsprache zu bewältigen.

   Das analytische Perfekt bildete sich auf althochdeutscher Stufe heraus. Die frühesten Belege für *haben* mit Part. Prät. sind jedoch noch keine Perfektformen im heutigen Sinne, wie ein Beispiel aus dem *Tatian* zeigt: *thin mna thia ih **habeta gihaltana*** ›deine Münze, die ich behalten hatte‹ oder ganz wörtlich: ›deine Münze, die ich hatte (als) Behaltene‹. Das Part. Prät. *gihaltana* ist noch flektiert und richtet sich in seiner Form nach *thia*, dem Akk. Sg. Fem. des Demonstrativpronomens. Der Akkusativ ist hier durch die Valenz des Verbs *habeta* bedingt. Perfekt im heutigen Sinne liegt erst dann vor, wenn ein unflektiertes Part. Prät. mit *haben* oder *sein* zu einer kombinierten Verbalform verbunden ist wie z. B. ahd. *Unsar trohtin **hat farsalt** sancte Petre giuualt* ›unser Herr hat übergeben dem

189

5.1

Satzbau

Der einfache Satz
und die Struktur
von Wortgruppen

heiligen Petrus die Macht‹ (*Petrusl. 1*). Die unflektierte Form *farsalt* kann hier nicht auf *giuualt* bezogen werden (die entsprechende Form müsste dann *farsaltiu* oder *farsalta* lauten). Damit ist die **Grammatikalisierung** des analytischen Perfekts eingeleitet (vgl. Ebert 1978, 57–60; Nübling 2008, 251–255).

Zum Begriff

→ **Grammatikalisierung** heißt, dass die ursprünglich »volle« Bedeutung eines Wortes verblasst, weil dieses zunehmend zur Wahrnehmung grammatischer Funktionen verwendet wird. Die Entwicklung des Verbs *haben* zum Hilfsverb ist dafür ein klassisches Beispiel. Ahd. *habēn* bedeutete ursprünglich ›besitzen, festhalten‹. Diese Bedeutung ist im zitierten *Tatian*-Beleg *thin mna thia ih habeta gihaltana* noch gut nachvollziehbar. Im heutigen Deutschen kann *haben* zwar auch noch in der Bedeutung ›besitzen‹ verwendet werden, etwa in dem Satz *Ute **hat** ein schickes Handy*. In diesem Fall ist *Handy* Akkusativobjekt zum Vollverb *hat*. Daneben kann *haben* aber auch **rein grammatische Funktion** übernehmen wie z. B. in *Sie **hat** mir lange keine Sms mehr **geschrieben***. Hier ist *hat* als Hilfsverb Konstituente der analytischen Perfektform *hat geschrieben* und nimmt innerhalb dieser Fügung die grammatische Funktion wahr, Tempus, Person, Numerus und Modus auszudrücken. Dagegen trägt *geschrieben* die lexikalische Bedeutung. Folglich hängt das Akkusativobjekt *keine Sms* auch davon (und nicht von *hat*) ab.
Im Zuge des Übergangs vom synthetischen zum analytischen Sprachbau vollzogen sich weitere, vergleichbare Grammatikalisierungsvorgänge (weiterführend Diewald u. a. 2008).

Im **Mittelhochdeutschen** tritt das analytische Perfekt als Vergangenheitstempus zunehmend in Konkurrenz zum synthetischen Präteritum. Auf dieser Stufe bildet sich die heute gültige Verteilung von *sein*- und *haben*-Perfekt heraus: *sein* wird als Hilfsverb in Perfektperiphrasen sowie mit intransitiven Verben, die einen Orts- oder Zustandswechsel ausdrücken, verwendet, ebenso mit dem Vollverb *sein*. Alle transitiven Verben und auch diejenigen intransitiven Verben, die keinen Orts- oder Zustandswechsel ausdrücken, bilden das analytische Perfekt mit *haben*.

Beispiele

Perfekt mit *sein* und *haben*
sein-Perfekt mit Vollverb *sein*: *got, du **bist gewesen** ie* ›Gott, du bist seit jeher gewesen‹ (*Brandan* 78).
sein-Perfekt mit intransitivem Verb (Ortsveränderung): *du **bist gevarn** ... in vil manch verborgen lant* ›du **bist gefahren** in viele verborgene Länder‹ (ebd. 1282 f.).

5.1

Satzbau

Die Verbgruppe

> *haben*-Perfekt mit transitivem Verb: *nu **hat** dich her **gesant** den du uns da vornennest* ›nun **hat** dich der hierher **gesandt**, von dem du uns Kunde gibst‹ (ebd. 1284 f.).
> *haben*-Perfekt mit intransitivem Verb (weder Orts- noch Zustandsveränderung): *ich **han** hie **gesezzen** wol zehn jar* ›ich habe hier gut und gerne zehn Jahre lang gesessen‹ (ebd. 369).

Beispiele

Im **Frühneuhochdeutschen** beginnt vor allem in den oberdeutschen Gebieten das analytische Perfekt das synthetische Präteritum zu verdrängen. Man spricht deshalb auch vom **oberdeutschen Präteritumsschwund**. Offenbar war die ursprüngliche Domäne des analytischen Perfekts die gesprochene Sprache. Darauf deutet hin, dass schon um 1400 in erzählenden Texten wörtliche Reden das Perfekt als Vergangenheitstempus präferieren, während in der Erzählprosa noch das Präteritum dominiert:

Perfekt in wörtlicher Rede (*Kazmair* 466)　　　　　　Textbeispiel 15

*Da **gieng** mein gesell Peter Chriml und ich in die vest und **funden** den hofmaister den Türlin und sprachen:*	Erzählung: Präteritum
*»lieber herr hofmaister, mein herr herzog Steffan **hat** uns **gesandt** zu unserm herrn herzog, daz wir ob dez genaden erfragen solten, ob der Waldekher und ander meins herrn rät sicher sein, alz ez der vizdomb und die purger zbischen meiner herrn rät **herbracht habnt**.«*	Wörtliche Rede: Perfekt
*Der hofmaister **sprach**: »sagt ez meinem herrn, der ist in der capel«. Wir **paten** den hofmaister mit uns zu geen zu dem herrn. Der **tet** daz. Da **hueb** ich an und sprach:*	Erzählung: Präteritum
*»genediger herr, wir **sein** von unser purger wegen bey meinem herrn herzog Steffan **gewesen**«.*	Wörtliche Rede: Perfekt

---

Während sich in der gesprochenen Sprache das Perfekt als Vergangenheitstempus weitgehend durchgesetzt hat – Präteritum ist nur noch bei *sein* (*war, waren* usw.) gebräuchlich – hat die geschriebene Hochsprache beide Möglichkeiten, auf Vergangenes Bezug zu nehmen, bis heute beibehalten (zu gegenwartssprachlichen Verwendungsregularitäten vgl. Duden-Grammatik, 503–510).

Das analytische Futur mit *werden* plus Infinitiv setzt sich erst im 15. Jh. gegen Periphrasen mit Modalverben – vor allem mit *sollen*, seltener mit *wollen* (dazu Wolff 1973) – durch. Im älteren Frühneuhochdeutschen konnte also auf ein und dasselbe zukünftige Ereignis mit Präsens (ohne expliziten Zukunftsbezug), mit einem Modalverbgefüge oder mit einer *werden*-Periphrase Bezug genommen werden.

191

5.1

Satzbau

Der einfache Satz
und die Struktur
von Wortgruppen

Beispiele

Zukunftsbezug in Endzeitprophezeiungen des 15. Jh.s

Eine dem hl. Hieronymus zugeschriebene Prophezeiung über 15 apokalyptische Vorzeichen des Jüngsten Tages wurde vom 12. bis zum 17. Jh. weit über hundert Mal ins Deutsche übertragen oder nacherzählt. Das erste schreckliche Vorzeichen wird sein, dass sich das Meer über die Berge erheben wird. In verschiedenen Textfassungen des 15. Jh.s ist das so formuliert:

- Mit Präsens: *An dem ersten tag so **lainet** sich das mer auff vierczig klafftern vber all perg.*
- Mit *sollen* + Infinitiv: *An dem ersten **sal** daz mer vff **stigin** vollig virzig mannes crafft.*
- Mit *werden* + Infinitiv: *Das erst zaychen ist, das sich das mer **aufheben vnd recken wirt** vierczig ellen pogen höch vber dy höchsten perg.*

Gegenüber dem Präsens hatte die *werden*-Periphrase den Vorzug, den Zukunftsbezug explizit zum Ausdruck zu bringen, gegenüber Fügungen mit Modalverben, dass keine Modalität (Erwartung oder Verpflichtung bei *sollen*, Absicht oder Wunsch bei *wollen*) in der Aussage mitschwang (weiterführend Ebert 1986, 140 f.; Kotin 2003). Für die Ursprünge der Fügung aus *werden* plus Infinitiv gibt es mehrere konkurrierende Erklärungsansätze von unterschiedlicher Plausibilität (zusammenfassend Schmid 2000). Da letztlich jede Aussage über Zukünftiges hypothetisch ist, konnte die *werden*-Periphrase sekundär zum Ausdruck einer Vermutung verwendet werden. Man spricht auch von **epistemischem Gebrauch**.

Zum Begriff

→ **Epistemisch** ist die Verwendung von Verben (insbesondere Modalverben) in einer Weise, die zum Ausdruck bringt, dass der im betreffenden Satz ausgesagte Sachverhalt einer subjektiven Einschätzung des Sprechenden unterliegt. So bringt beispielsweise *kann* in einem Satz wie *sie **kann** den Brief nicht geschrieben haben* zum Ausdruck, dass derjenige, der diesen Satz äußert, nur vermutet, dass sie nicht geschrieben hat (auch wenn die Vermutung auf starken Indizien basiert). Mit *sie **soll** den Brief nicht geschrieben haben* kommt zum Ausdruck, dass die Aussage einer anderen Person wiedergegeben wird, ohne dass der Sprechende sich für den Wahrheitsgehalt verbürgen will. Mit *sie **muss** den Brief nicht geschrieben haben* wird ausgedrückt, dass nach dem Dafürhalten des Sprechers keine Notwendigkeit für die Annahme besteht, dass sie geschrieben hat. In *sie **will** den Brief nicht geschrieben haben* kommt zum Ausdruck, dass die betreffende Person sagt, sie habe den Brief nicht geschrieben, der Sprechende, sich aber zum Wahrheitsgehalt der Aussage indifferent verhält. In einem Satz wie *sie **wird** den Brief nicht geschrieben haben* kommt der Vermutungscharakter zum Ausdruck.

Die epistemische Verwendung von *werden* plus Infinitiv ist in Quellen erst
später fassbar als das *werden*-Futur. Ein früher Beleg (1609) liegt z. B. vor
in *Es* **werden** *sich die Herrn Richter vnd andere Abgesandten wissen zu erinnern / wasmassen die Ständ eine Defension beschlossen haben* (vgl. Fritz
1991, 44).

Der analytische Konjunktiv mit *werden* plus Infinitiv (Typ *ich würde
ihr gerne eine Sms schreiben*) hat sich wohl ebenfalls sekundär aus der zunächst zukunftbezogenen *werden*-Periphrase entwickelt. Diese Konjunk-
tiv-Periphrase ist jedoch »im frühen 16. Jh. noch eine periphere Variante
gegenüber dem Konj. Prät.« (Ebert u. a. 1993, 421; vgl. auch Betten 1987,
120 f.). Im Frühneuhochdeutschen dominiert noch der synthetische Konjunktiv des Typs *ich schriebe ihr eine Sms (wenn sie es wollte).*

Das analytische Passiv: Das Urgermanische verfügte noch über ein
synthetisches Passiv, das im Gotischen noch intakt war (got. *haitada* bedeutet z. B. ›er wird genannt‹). Im Althochdeutschen findet sich davon aber
keine Spur mehr, sondern es sind nur noch analytische Passivformen mit
werden oder *sein* und Part. Prät. bezeugt, das (wie im Neuhochdeutschen)
meistens unflektiert ist (weiterführend: Ebert u. a. 1993, 417 f.; Paul 2007,
301–304; Schrodt 2004, 9–16).

Althochdeutsche Passivperiphrasen   Beispiele

- *sein-* und *werden*-Passiv mit unflektiertem Part. Prät.: *Mit so mihhiles
  hęrduomes urchundin* **ist** *nu so offenliihho* **armarit***, dhazs christ gotes
  sunu ęr allem uueraldim fona fater* **uuard chiboran** ›mit einem Zeugnis von so großer Autorität **ist** nun ganz offensichtlich **kundgetan**, dass
  Christus, der Sohn Gottes vor dem Anbeginn der Welt vom Vater **geboren wurde**‹ (*Ahd. Isidor* I,9–14).
- *werden*-Passiv mit flektiertem Part.Prät.: *fon đem thiu* **giquetanu uuvr-
  dun** *zi In* ›von dem, was gesprochen wurde zu ihnen‹ (*Tatian* 87,30 f.).
  Hier dürfte sich allerdings die lateinische Quelle ausgewirkt haben
  (*de his quae* **dicta erant** *a pastoribus ad ipsos*).

Schon im Althochdeutschen zeichnet sich ein funktionaler Unterschied
zwischen dem *werden*-Passiv und dem *sein*-Passiv ab, das zumindest tendenziell bereits – wie im Neuhochdeutschen – keine Vorgänge, sondern
Zustände bezeichnet wie z. B. im berühmten Schluss des zweiten *Merseburger Zauberspruchs*: *ben zi bena, bluot zi bluoda, lid zi geliden, sose
gelimida sin* ›Knochen zu Knochen, Blut zu Blut, Glied zu Glied, als **seien**
sie **zusammengefügt**‹. Die Zauberheilung wird nicht als Prozess gesehen,
sondern vom Ergebnis (dem wieder intakten Zustand des Pferdefußes) her.
Diese Funktionszuteilung von Zustandspassiv mit *sein* und Vorgangspas-
siv mit *werden* ist allerdings im Althochdeutschen noch nicht konsequent
durchgeführt (vgl. Eroms 1990). Sie setzt sich erst im Mittel- und Frühneuhochdeutschen endgültig durch (Ebert 1978, 61–64). Aufschlussreich
ist in diesem Zusammenhang Segment 9 im biblischen Gleichnis vom armen Lazarus (s. Textbeispiel 14, S. 162–164). Im althochdeutschen Text

5.1 Satzbau

Der einfache Satz
und die Struktur
von Wortgruppen

A heißt es *nu* **ist** *theser* **gifluobrit** *thu* **bist giquelit**, während Luther (Text C) dieselbe Stelle wiedergibt als *Nu aber* **wird** *er* **getröstet** / *Vnd du* **wirst gepeiniget**.

Verbale Klammer im Aussagehauptsatz: Die sich immer stärker herausbildenden verbalen Periphrasen, dazu Modalverbgefüge und Verben mit trennbarer Partikel, führten in selbständigen Aussagesätzen zur Ausprägung eines **Vor-, Mittel- und Nachfeldes**. Das finite Verb, dessen Zweitstellung sich zunehmend verfestigte, bildete zusammen mit dem später gestellten infiniten (oder nichtverbalen) Prädikatsteil eine Art Klammer (vgl. Nübling 2008, 94–99; speziell zum Althochdeutschen Schrodt 2004, 208–215). Zwischen den Klammerteilen liegt das Mittelfeld, vor dem finiten Verb das Vorfeld, nach dem infiniten Klammer- oder Prädikatsteil das Nachfeld. Sätze mit verbaler Klammer gibt es ansatzweise schon im Althochdeutschen. Ein Beispiel aus dem althochdeutschen *Hildebrandslied* (37):

Beispiel | **Vor-, Mittel- und Nachfeld im Althochdeutschen**

	1. Klammerteil	⟷	2. Klammerteil	
Vorfeld	finites Verb	Mittelfeld	infinites Verb	Nachfeld
mit geru	*scal*	*man geba*	*infahan*	*ort widar orte*
mit dem Speer	soll	man Geschenke	empfangen	Spitze gegen Spitze

Im Vorfeld steht hier eine instrumentale Angabe. Das Modalverbgefüge aus finitem Verb *scal* und Infinitiv *intfahan* bildet eine verbale Klammer. Dazwischen stehen das Subjekt *man* und das Akkusativobjekt *geba*. Das Nachfeld enthält zusätzlich noch eine modale Angabe. Die Abfolge der verbalen und nominalen Satzglieder entspricht hier bereits den neuhochdeutschen Regularitäten. Dennoch weist das Althochdeutsche noch zahlreiche Fälle auf, in denen die Prädikatsteile in direktem Kontakt stehen und sich noch keine Klammer und damit auch kein Mittelfeld öffnet. Noch in mittel- und frühneuhochdeutschen Texten finden sich solche Fälle:

Beispiele | **Fehlendes Mittelfeld (Ausklammerung) im Frühneuhochdeutschen**
(Luther 1545, Matthäus 28,18)

	1. Klammerteil	2. Klammerteil	
Vorfeld	finites Verb	infinites Verb	Nachfeld
Mir	*ist*	*gegeben*	*alle Gewalt im Himel vnd Erden*

194

Die Kontaktstellung der beiden potentiellen Klammerteile lässt hier kein Mittelfeld zu. Ein solches entstünde dann, wenn das, was hier im Nachfeld steht, zwischen die beiden Klammerteile verlagert würde, was der normalen gegenwartssprachlichen Abfolge entspräche: *mir ist alle Gewalt im Himmel und auf Erden gegeben*.

Die beiden Beispiele zeigen, dass die Ausbildung der verbalen Klammer kein linearer und konsequenter Entwicklungsprozess war. Dennoch wird die verbale Klammer immer mehr zum Regelfall (vgl. zum Frühneuhochdeutschen Ebert 1986, 112–115; Schildt 1976). Die Möglichkeit der Kontaktstellung von Prädikatsteilen, die zur Ausklammerung von Satzgliedern ins Nachfeld führt, blieb zu jeder Zeit als Stilmittel verfügbar, so beispielsweise bei Bertolt Brecht: *Von diesen Städten **wird bleiben**: der durch sie hindurchging, der Wind!* Ein Satz *von diesen Städten wird der Wind, der durch sie hindurchging, bleiben* wäre syntaktisch korrekt – und stilistisch farblos.

Die Klammerbildung in Nebensätzen ist anders geartet als die Hauptsatzklammer. Sie wird von dem einleitenden Element (Subjunktion, Relativpronomen oder Relativpartikel) eröffnet und vom finiten Verb in Später- oder Letztstellung geschlossen (vgl. ebd., 105–112).

Klammertypen **Beispiele**

Klammer aus Subjunktion und finitem Verb in Letztstellung: *Sagt er, **das** das wasser underhalb der Irlmul gen Alten Ramsperg **gehör** und das oberhalb gen Neuen Ramsperg, so requirirt den notari, **das** er euch solher sag instrument **geb und mach**.* ›Sagt er, **dass** das Wasser unterhalb der Irlmühle nach Alten Ramsperg **gehöre** und das oberhalb nach Neuen Ramsperg, dann zieht den Notar heran, **dass** er Euch über diese Aussage eine Bestätigung **anfertige**‹ (*Familienbriefe Rgb.* 81).

- Eine Klammer aus Relativpronomen und finitem Verb in Letztstellung belegen die Texte B und C in Absatz 3 der Lazarus-Erzählung (s. Textbeispiel 14, S. 162–164): *der selb sich gert der brosem **die** abe des richen mannes tische **vielen*** (B), *vnd begeret sich zu settigen von den Brosamen / **die** von des Reichen tische **fielen*** (C). Dagegen zeigt der althochdeutsche Text (A) noch Kontaktstellung von Relativpronomen und Verb: *gerota sih zigisatonne fon then brosmon **thiedar nidar fielun** fon themo disgæ thes otagen* (*thierdar* ist eine Verbindung aus Pronomen und Partikel).
- Klammer aus Relativpartikel und finitem Verb: *der schulde, **so** yn der rat beschuldiget **hat*** (*Leipz. Ratsb.* I,194,3).

Auch bei **zweigliedrigen** Prädikaten (Periphrasen, Modalverbgefügen) in abhängigen Sätzen bildet sich zunehmend die Endstellung des finiten Teils aus, z. B. *nachdem ir lannge zeit in der art umb Ramsperg und zu Rattenperg **gewesen seit*** (s. Textbeispiel 9, S. 94 f.). Es finden sich jedoch auch davon abweichende Abfolgen: *das man sich darnach **wiss zu richten*** (ebd.).

Bei **dreigliedrigen** Prädikaten setzt sich die Letztstellung des finiten Teils erst langsam im Laufe der frühneuhochdeutschen Periode durch. Ein Beispiel aus einer Chronik des 15. Jh.s (*Veit Arnpeck* 688) zeigt unterschiedliche Abfolgen innerhalb ein und desselben Satzgefüges: *und all vergangen sachen, wie sich di allenthalben under den partheien für sich selbs, iren zugehörungen, verwandten oder wie di in der sach **verdacht sein mochten*** (finites Verb an 3. Stelle) ... ***sollen gericht und geschlichtt sein*** (finites Verb an 1. Stelle). Hier kommen individual- und textsortenstilistische Faktoren zum Tragen (vgl. Ebert 1986, 128–134).

Zur Vertiefung

SOV und/oder SVO?

Typologen unterscheiden generell zwischen Sprachen mit der Normalabfolge Subjekt-Objekt-Verb (SOV) und Subjekt-Verb-Objekt (SVO). Das Deutsche hat im Laufe seiner Geschichte im Aussagehauptsatz SVO, z. B. *ich* (S) *schreibe* (V) *eine Sms* (O), im abhängigen Satz SOV, z. B. *wenn du* (S) *eine Sms* (O) *schreibst* (V) als Regelstruktur ausgebildet. Uneingeleitete Konditionalsätze wie *schreibst* (V) *du* (S) *mir* (O) *nicht (dann schreibe ich dir auch nicht)* zeigen sogar eine VSO-Struktur. Das hat Anlass zu Kontroversen darüber gegeben, was das Deutsche nun eigentlich für einen Sprachtyp repräsentiere. Nübling (2008, 99 f.) bezeichnet das Deutsche deshalb als »typologischen Mischtyp«. Ein weiteres Problem kommt hinzu: Infolge der Klammerbildung von Periphrasen und Modalverbgefügen nimmt **nur der finite Prädikatsteil** im Hauptsatz die Zweitposition ein, der infinite Prädikatsteil (mit dem für die Satzaussage und -struktur zentralen Vollverb!) jedoch Letzt- oder Späterstellung. Es stellt sich daher die Frage, was von beidem mit »V« zu identifizieren ist. Anders gesagt: Die SVO- und SOV-Typologie simplifiziert strukturelle Gegebenheiten, weil S(ubjekt) und O(bjekt) syntaktische Kategorien sind, V(erb) eine Wortartenkategorie, die sich auf komplexe Prädikate, die aus mehreren Verben zusammengesetzt sind, nicht sinnvoll anwenden lässt. Als Konsequenz daraus ergibt sich nicht, dass das Deutsche ein »Mischtyp« ist, sondern dass SVO, SOV (oder was auch immer) für das Deutsche und seine Vorstufen inadäquat ist. Schon Admoni (1990, 69) konstatierte, »daß die Wortstellungsgesetzmäßigkeiten im Deutschen zu kompliziert und mannigfaltig sind, um sie auf die Schemata S – V – O oder S – O – V zurückzuführen«. Diese Typologie spielt deshalb in dieser kurzen Skizze der historischen Syntax keine Rolle.

5.1.2 | Die Substantivgruppe

Das Umfeld von Substantiven in unterschiedlichen syntaktischen Funktionen erfährt Erweiterungen und strukturelle Veränderungen.

Substantivgruppe

Artikel: Die für die Verbalgruppe skizzierten Entwicklungen haben Parallelen auch im nominalen Bereich. Ähnlich wie schon früh neben dem Verb Pronomina die Funktion übernahmen, Person und Numerus zum

5.1

Satzbau

Die Substantivgruppe

Ausdruck zu bringen, übernahmen Artikel (oder andere Pronomina) die Funktion, beim Substantiv **Numerus und Kasus** auszudrücken. Auch in diesem Bereich zeigt sich die Tendenz zum analytischen Sprachbau. Darüber hinaus hatte der bestimmte Artikel, der sich historisch gesehen auf das einfache Demonstrativpronomen (s. S. 175 f.) zurückführen lässt, die Funktion, **Definitheit** auszudrücken (Ebert 1978, 43–45; Nübling 2008, 247–251). Erst im Übergang zum Mittelhochdeutschen etabliert sich auch der **unbestimmte Artikel**, der auf das Zahlwort *ein* zurückzuführen ist.

Im frühen Althochdeutschen war der Artikel noch nicht obligatorisch, vgl. *dat gafregin ih mit firahim firiuuizzo meista* (*Wessobr. Ged. 1*). Die Substantive *firahim* (Dativ von nur im Plural gebrauchtem *firaha* ›Menschen‹) und *firwizzo* (Gen. Pl. von *firiwiȝȝi* ›Wunder‹) stehen ohne Artikel. In einer neuhochdeutschen Übersetzung muss beide Male der Artikel stehen: ›Das erfuhr ich unter **den** Menschen das größte **der** Wunder‹. Im folgenden Vers *Dat ero ni uuas noh ufhimil* steht bei *ero* ›Erde‹ und *ufhimil* ›Himmel‹ kein Artikel. In der Übersetzung muss es heißen ›dass **die** Erde nicht existierte noch oben **der** Himmel‹. Seit dem Mittelhochdeutschen gelten dann insgesamt Regularitäten, die den Verhältnissen des Neuhochdeutschen vergleichbar sind (vgl. Dal 1966, 89–98; Ebert u. a. 1978, 314–317; Paul 2007, 378–383).

Attribute: Die häufigsten und prototypischen Attributstypen sind Adjektiv- und Genitivattribut.

Adjektivattribute gab es auf allen Vorstufen des heutigen Deutschen, das Ur- und Indogermanische eingeschlossen. Für diese Entwicklungsstufen ist anzunehmen, dass Adjektivattribute sowohl vor als auch nach dem Bezugssubstantiv stehen konnten (vgl. Dal 1966, 179 f.; Ebert 1978, 45 f.). Doch schon im Althochdeutschen ist eine starke Tendenz zur Voranstellung von Adjektiven zu beobachten. Im *Hildebrandslied* beispielsweise heißt es, Hildebrand sei *heroro man* ›der ältere Mann‹ (*Hildebrandsl. 7*) gewesen, und er habe *fohem uuortum* ›mit wenigen Worten‹ gefragt (ebd., 9). Beide Male steht das Adjektiv voran. Es gibt aber noch reihenweise Belege für die Nachstellung des Adjektivs wie z. B. *herron goten* ›einen guten Herren‹ (ebd., 47). Dass jedoch schon auf dieser frühen Stufe die Voranstellung den Regelfall darstellte, wird in Übersetzungstexten deutlich, wenn die lateinische Vorlage die Abfolge Substantiv – Adjektiv vorgibt, z. B. *ego sum **pastor bonus***, der althochdeutsche Text aber davon abweichend eine Abfolge Adjektiv – Substantiv durchführt, in diesem Fall *ih bin **guot hirti*** (*Tatian 461,16*).

In mittel- und frühneuhochdeutschen **Prosatexten** ist die Voranstellung des Adjektivattributs bereits der Normalfall. **Verstexte** lassen allerdings auch die Stellung attributiver Adjektive nach dem Bezugssubstantiv zu.

Attributstrukturen

Adjektivattribute in einem Verstext

Der Südtiroler Oswald von Wolkenstein (1377–1445) wurde immer wieder als »der letzte Minnesänger« bezeichnet. Er erzählt von einem amourösen Erlebnis mit einer *Graserin*. Das Lied (*Oswald 76*) beginnt so:

Textbeispiel 16

197

5.1

Satzbau

Der einfache Satz
und die Struktur
von Wortgruppen

> *Ain graserin durch* **külen tau**
> *mit* **weissen, blossen füsslin zart**
> *hat mich erfreut in* **grüner au;**
> *das macht* **ihr sichel brawn gehart**
>
> Über das männliche Pendant zur *sichel*, das *häcklin*, heißt es im weiteren
> Verlauf:
>
> *mein* **häcklin klein** *hett ich ir vor*
> *embor zu dienst gewetzet.*
>
> Die wenigen Zeilen belegen Voranstellung (*külen tau, grüner au*), Nachstel-
> lung (*füsslin zart, sichel brawn gehart, häcklin klein*) und die Kombination
> aus beidem (*mit weissen, blossen füsslin zart*). Nachgestellte Adjektive sind
> unflektiert (vgl. noch nhd. *Hänschen klein, Röslein rot* u. ä.).

Als Attribute können, wie das Textbeispiel zeigt, nicht nur einzelne Adjektive fungieren, sondern auch koordinierte oder nur gereihte Adjektive wie
mit weissen, blossen füsslin. Komplexe, in sich strukturierte Adjektivgrup-
pen treten in größerem Umfang allerdings erst im Frühneuhochdeutschen
auf (zu Strukturtypen vgl. Lötscher 1990). Eine Fundgrube hierfür sind
Dokumente aus Kanzleien und andere amtssprachliche Texte der frühen
Neuzeit.

Beispiel   **Eine komplexe Adjektivkonstruktion im (Amts-)Frühneuhochdeutsch**
In einem Dresdener Testament von 1646 kommt der Erblasser auf die
*Christliche, billiche, gleichmäßige Theilung meiner wohlerworbenen, größ-
ten theils von neuen durch Herren gnad ... ansehlichen Heyrath* (*Testament
Dölau* 108) zu sprechen. Auf *Theilung* sind drei gereihte Adjektive (*Christliche, billiche, gleichmäßige*) attributiv bezogen. Das attributive Gebilde zu
Heyrath ist weitaus komplexer: Unmittelbar auf das Kernsubstantiv bezogen sind *wohlerworbenen* und *ansehlichen*. Das erste (*wohlerworbenen*)
ist noch um das Possessivpronomen *meiner* erweitert. Das zweite Adjektiv
(*ansehlichen*) bildet strukturell gesehen das Zentrum einer umfangreichen
Attributgruppe, die eine adverbiale Genitivkonstruktion (*größten theils*)
und zwei Präpositionalkonstruktionen (*von neuen* und *durch Herren gnad*)
enthält. Mit der präpositionalen Gruppe *durch Herren gnad* ›durch des Herren Gnade‹ wird begründet, warum das Vermögen *ansehlich* ist. Das ge-
schah *größten theils von neuen* ›größten Teils zusätzlich‹ zu dem in die Ehe
mitgebrachten eigenen Vermögen (weiterführend Ebert 1986, 85–89; Ebert
u. a. 1993, 325–329).

Genitivattribute konnten auf den historischen Vorstufen des Deutschen
ebenfalls vor oder auch nach dem Bezugswort stehen, auf das sie sich beziehen (Dal 1966, 180 f.).

198

5.1
Satzbau

Die Substantivgruppe

Stellung des Genitivattributs (alle Belege aus Textbeispiel 14, S. 162 f.)
- **Voranstellung:** *dez selben richen mannes tŭr* (B, 2), *abe des richen mannes tische* (B, 3), *von des Reichen tische* (C, 3), *in sant Abrahams schozz* (B, 5), *in Abrahams schos* (C, 5), *in sant Abrahams schozze* (B, 7), *in sines vater haus* (B, 10), *in meines Vaters haus* (C, 10).
- **Nachstellung:** *fon themo disgæ thes otagen* ›von dem Tisch des Reichen‹ (A, 3), *In barm abrahames* (A, 5), *thaz lezzista teil sines fingares* (A, 8), *das eusserste seines Fingers* (C, 8), *In hús mines fater* (A, 10), *In thesa stát uuizo* (A, 10), *an disen Ort der qual* (C, 10), *diu buch der heiligen wissagen* (B, 11).

Beispiele

Wie diese Beispiele zeigen, stehen vor dem Kernsubstantiv seit jeher vor allem Namen oder Personenbezeichnungen im Genitiv. Nichtpersonale Genitivattribute tendieren dagegen immer stärker zur Nachstellung. Vor allem auf älteren Sprachstufen handelt es sich dabei aber noch nicht um eine strikt eingehaltene syntaktische Regel. Noch im Frühneuhochdeutschen ist die Stellung des Genitivs in hohem Maße abhängig von der Textsorte (vgl. Admoni 1990, 148–150; Hartweg/Wegera 2005, 173 f.). Texte mit gelehrter Diktion (Wissenschafts- und Fachprosa) weisen einen deutlich höheren Anteil vorangestellter Genitive auf als einfache Erzähltexte. In Luthers Wormser Redekonzept heißt es beispielsweise *mit meynß gewyßenß vorsehrung* (s. Textbeispiel 13, S. 108 f.). Das ist gebildete Ausdrucksweise der Zeit.

Im **Neuhochdeutschen** stehen in der Regel nur noch genitivische Personennamen und -bezeichnungen vor dem Bezugsnomen (z. B. *Utes Handy*, *Vaters Auto*). Aus besonderen stilistischen Gründen können aber auch nichtpersonale Genitivattribute vorangestellt werden. In Thomas Manns *Doktor Faustus* redet Adrian Leverkühn kurz vor seinem Tod im Fieberwahn von seinem Teufelsbund: *und war mein Gottesstudium heimlich schon **des Bündnisses Anfang*** (weiterführend Ebert 1986, 92–98). Robert Schneiders (!) später unter demselben Titel verfilmter Roman von 1992 heißt *Schlafes Bruder*.

Der **Genitivus partitivus**, der eine Teilmenge bezeichnet, wird seit dem Frühneuhochdeutschen zunehmend in andere Strukturen umgewandelt. Das Rezept von 1398 (Textbeispiel 12, S. 103 f.) empfiehlt bei Appetitlosigkeit noch *sůt waszer myt eyn wenich **meldensames*** ›koche Wasser mit ein wenig (des) Meldensamens‹ (*Melde* ist eine Heilpflanze). Im heutigen Deutschen entspräche *ein wenig Meldensamen*. Dieser Übergang zum appositiven Nominativ vollzieht sich erst seit dem 17. Jh. Mit zunehmender Tendenz treten präpositionale Fügungen an die Stelle des Genitivs. Der bereits zitierte Joachim von Döhlau verfügt in seinem Testament *Was nu einem und dem andern **von den Brüdern** ... zugetheilet werden solle* (Testament Dölau 109), nicht mit Genitiv *einem und dem andern der Brüder* (vgl. Ebert 1986, 89 f.; Erben 2000, 1587).

Insgesamt ist seit dem Frühneuhochdeutschen eine Tendenz zum Abbau nicht nur des Genitivobjekts, sondern auch des Genitivattributs zu

199

5.1

Satzbau

Der einfache Satz
und die Struktur
von Wortgruppen

beobachten (vgl. Ebert 1986, 89–91). Allerdings muss man differenzieren: Die geschriebene Sprache, vor allem formelle Textsorten, konservieren den attributiven Genitiv bis heute. In der gesprochenen Sprache und in Schriftlichkeitsbereichen, die ihr nahe stehen, ist der Genitiv dagegen kaum noch im Gebrauch.

Zur Vertiefung

Warum ist (angeblich) *der Dativ dem Genitiv sein Tod*?

Seit dem Erscheinen des gleichnamigen Buches (Sick 2006) scheint *dem Genitiv sein Todesurteil* gesprochen. Ob es in naher Zukunft zur Vollstreckung kommt, muss sich erst zeigen und ist hier nicht zu diskutieren. Von sprachhistorischem Interesse ist, woher diese bislang noch als umgangssprachlich geltende Ersatzkonstruktion mit dem Dativ gekommen ist.

Ausgangspunkt der Entwicklung sind syntaktische Konstruktionen wie *die hunt die giengen auch über in und lekchten **im sein wunden*** ›die Hunde stiegen über ihn und leckten **ihm seine Wunden**‹ (Textbeispiel 14, S. 162-164, 4B). Hier ist *sein wunden* Akkusativ-Objekt in Abgängigkeit von *lekchten*. Der Dativ *im* ist ein sogenannter **Pertinenzdativ** oder **possessiver Dativ**. Damit sind Dative gemeint, die eine Zugehörigkeitsrelation zum Ausdruck bringen. Meistens handelt es sich um Körperteile, Körperbereiche oder körpernahe Gegenstände, besonders Kleidungsstücke. Im zitierten Fall sind es die *wunden* des armen Lazarus. Solche Konstruktionen konnten sekundär in der Weise umgedeutet werden, dass der Dativ direkt (also quasi-attributiv) auf das Akkusativobjekt bezogen und nicht mehr als vom Verb abhängig verstanden wurde. Dann verselbständigte sich der Konstruktionstyp und man konnte z. B. sagen *dem seine Verletzung sieht schlimm aus*. Wann genau dieser skizzierte Umstrukturierungsprozess stattfand, müsste anhand von Quellen noch genauer untersucht werden (vgl. Ebert 1986, 91). In der Syntax der heutigen Umgangssprache ist der **attributive Dativ** fest verankert, auch wenn *ihm sein Existenzrecht* häufig noch nicht so recht zugestanden wird. Ob er endgültig *dem Genitiv sein Tod* wird, bleibt allerdings abzuwarten.

Weitere Arten von Attributen waren ebenfalls schon auf älteren Stufen des Deutschen vorhanden (vgl. Barufke 1995, 51, Ebert 1986, 98), wie folgende Belege aus den Textbeispielen zeigen:

- **Partizipien**, z. B. *Inti uuas sum árm betalari **ginemnit lazarus*** ›und es war ein armer Bettler, genannt Lazarus‹ (Textbeispiel 14, S. 162–164, 2 A).
- **Präpositionalgruppen**, z. B. *Es war aber ein Armer **mit namen Lazarus*** (ebd., 2C).
- **Numerale**, z. B. ***finf** bruoder, **fůmf** brůder, **fůnff** Brůder* (ebd., 10 A,B,C).
- **Adverbien**, z. B. *Durch was vorterbestu das volk **gemeine*** ›weshalb richtest du das Volk insgesamt zu Grunde‹ (Textbeispiel 10, S. 97 f.).
- Ein Sonderfall ist die **Apposition**. Darunter versteht man den Bezug eines nachfolgenden Substantivs auf ein vorausgehendes ohne verbin-

5.1

Satzbau

Die Substantivgruppe

dende Präposition oder Konjunktion. Es besteht jedoch Kasus- und Numeruskongruenz zwischen den beiden Substantiven, z. B.: *Paulus, das usserwelt fässli* (Textbeispiel 11, S. 100 f.).

- **Attributsätze** und **attributive Infinitive** (s. dazu S. 203–206).

Ausbildung der nominalen Klammer: Bei komplexen attributiven Erweiterungen, wie sie vor allem in der Kanzleisprache des 16. Jh.s, später auch in verschiedenen Bereichen der barocken Schriftlichkeit auftreten, handelt es sich um »sprachökonomisch verkürzende Ersatzformen für Nebensätze und damit Sparformen des komplexen Satzbaus« (Polenz 1994, 271). Die bereits zitierte *größten theils von neuen durch Herren gnad ansehliche Heyrath* des Herrn von Dölau war z. B. eine *ansehliche Heyrath*, die *größten theils durch Herren gnad* zustande gekommen ist. In solchen komplexen Attributstrukturen konnte keine Abfolgebeliebigkeit herrschen. Vielmehr bildeten sich Stellungsregularitäten heraus, die sich wiederum als Entwicklungstendenz zur Klammerbildung und damit als **Parallele zur Ausbildung der verbalen Klammer** verstehen lassen.

Für den Bereich vor dem Kernsubstantiv etablierte sich (mit Toleranzbreiten und stilistischen Variationsmöglichkeiten) die Normalabfolge Artikel oder Pronomen – Numerale – Adjektiv(e) – Bezugssubstantiv, wobei die einzelnen Komponenten wiederum weitere Zusatzbestimmungen bei sich haben können.

Nominale Klammer

Nominale Klammer im Frühneuhochdeutschen

Beispiel

1. Klammerteil	←		→	2. Klammerteil
Pronomen	Adj. 1	präpositionale Bestimmung zu Adj. 2	Adj. 2	Substantiv
meiner	*wohlerworbenen*		*ansehlichen*	*Heyrath*
		durch Herren gnad		

Vor dem Bezugssubstantiv stehen, wie dieses Beispiel zeigt, flektierende Attribute: *meiner, wohlerworbenen* und *ansehlichen* (*durch Herren gnad* ist *ansehlichen* untergeordnet). Dabei ist nur *meiner* stark flektiert und richtet sich in Kasus (Genitiv), Numerus (Singular) und Genus (Femininum) nach *Heyrath*. Die Adjektive *wohlerworbenen* und *ansehlichen* flektieren schwach (zur Adjektivflexion s. Kap. 4.3). Hier wird eine strukturelle Regel sichtbar, die sich im Frühneuhochdeutschen im Zusammenhang mit der Ausbildung der nominalen Klammer zunehmend durchsetzte, nämlich die **Monoflexion**.

201

5.2

Satzbau

Komplexe Sätze

Zum Begriff

> → **Monoflexion** heißt, dass in einer komplexen Nominalgruppe nur ein flektierendes Element in Kongruenz mit dem Bezugssubstantiv stark flektiert wird. Sehr häufig handelt es sich dabei um einen Artikel oder ein Pronomen, das die nominale Klammer eröffnet.

Nach dem Bezugssubstantiv und damit außerhalb der nominalen Klammer stehen mit zunehmender Konsequenz Genitiv-, Adverbial- und Präpositionalattribute und Appositionen, die mit dem Bezugssubstantiv nicht kongruieren (können), sowie Attributsätze. Wenn Adjektive unter bestimmten Bedingungen nachgestellt sind, wird die Kongruenz aufgegeben (z. B. *häcklin klein*, s. o.).

5.2 | Komplexe Sätze

Satzkomplexität

Soweit das Vergleichsmaterial früher Nachfolgesprachen des Indogermanischen (s. Kap. 2.1) Rückschlüsse erlaubt, gab es bereits in dieser Grundsprache die Möglichkeit der syntaktischen Subordination (vgl. Fritz 2002, 148–250). Es kann aber davon ausgegangen werden, dass Sprachen mit einer Schriftkultur (die klassischen Sprachen Griechisch und Latein ebenso wie das heutige Deutsche) über stärker ausdifferenzierte Möglichkeiten verfügen, logische Verhältnisse wie Kausalität, Konditionalität, Temporalität in komplexen Sätzen auszudrücken.

Zum Begriff

> Unter → **komplexen Sätzen** werden hier Gefüge verstanden, die aus mindestens einer über- und einer untergeordneten verbhaltigen Struktur bestehen. »Komplex« heißt also nicht notwendigerweise »kompliziert«. Bereits *wer wagt, gewinnt* ist ein komplexer Satz, denn *gewinnt* ist übergeordnetes Prädikat und bildet bereits alleine den Haupt»satz«, während *wer wagt* die Stelle des Subjekts einnimmt und somit den Status eines abhängigen Satzes hat. Umgekehrt können einfache Sätze mit mehreren Satzgliedern und Attributen sehr komplizierte Gebilde darstellen. Frühneuhochdeutsche Kanzlei- und Rechtstexte bieten dafür reichliches Anschauungsmaterial wie z. B. *Nach solchem sollen Sie mit zuziehung gewißenhaffter, verständiger, ehrlicher, der Hauß haltung erfahrener leute, ohne einigen falsch und vorteil, in Brüderlicher lieb und Trew, auffrichtig, ehrlich und redlich aestimiret, und nach landes art und gewohnheit; und dem valor der damahligen außträglichkeit und beschaffenheit, angeschlagen werden* (*Testament Dölau* 108). Das ist zwar kompliziert – aber nicht komplex!

Abgrenzungsprobleme: Ein Problem bei der Identifikation von Nebensätzen auf älteren Sprachstufen besteht vielfach darin, dass – anders als im Neuhochdeutschen – die haupt- und nebensatztypische Verbstellung noch nicht gefestigt war: Hauptsätze konnten wie auch Nebensätze Erst-, Zweit-, Später- und Letztstellung des Prädikatsverbs aufweisen. Wenn beispielsweise der alte Hildebrand sagt *ih wallota sumaro enti wintro sehstic ur lante* ›ich zog sechzig Sommer und Winter außer Landes umher‹ und dann hinzufügt *dar man mih eo scerita in folc sceotantero* (*Hildebrandsl.* 50f.), so kann das als Hauptsatz (›dort reihte man mich immer unter die Schar der Schützen ein‹), aber auch als Nebensatz (›wo man mich stets unter die Schar der Schützen einreihte‹) aufgefasst werden. Allerdings gibt es auch klare Fälle wie *her fragen gistuont ... wer sin fater wari* ›er begann zu fragen, wer sein Vater wäre‹ (ebd., 8). Die Endstellung des Verbs *wari* und der Konjunktiv lassen hier nur eine Deutung als indirekter Fragesatz und damit als abhängige Struktur zu.

Noch auf mittel- und frühneuhochdeutscher Stufe herrscht keine vollständige Eindeutigkeit: In *Es begab sich aber / das der Arme starb / vnd ward getragen von den Engeln in Abrahams schos* (Luther 1545, s. Textbeispiel 14, S. 162–164, 5C) muss die Klassifikation des Teilsatzes von *vnd ward getragen von den Engeln in Abrahams schos* offen bleiben. Es kann sich um einen selbständigen Satz handeln (dann müsste das Subjekt *er* ergänzt werden), aber auch um einen mit dem vorausgehenden *das der Arme starb* koordinierten *dass*-Satz (mit Anfangsstellung des Prädikats). Solche Klassifikationsprobleme muss man bedenken, wenn man Nebensatzstrukturen auf älteren Sprachstufen des Deutschen beschreibt (grundsätzlich zum Problem der Unterscheidung von Hypo- und Parataxe vgl. schon Paul 1920, 144–150; ferner Betten 1987, 138–160; Robin 2005).

Komplexitätsgrade: Schon in althochdeutschen Texten findet man Gefüge mit mehreren eingebetteten Nebensätzen. Die Satzkomplexität nimmt – allerdings in deutlicher Abhängigkeit vor der Textsorte – im Mittel- und Frühneuhochdeutschen zu. »Rekordhalter« ist ein kanzleisprachlicher Schachtelsatz in einer Urkunde von 1411 mit 44 Nebensätzen (vgl. Admoni 1980, 44 ff.; ferner Ebert 1986, 168–176).

5.2.1 | Attributsätze

> → **Attributsätze** sind Nebensätze, die sich auf ein Bezugssubstantiv beziehen. Im Alt-, Mittel- und Frühneuhochdeutschen erfolgte der Anschluss entweder durch (flektierbare) Pronomina, (unflektierbare) Partikeln, eine Kombination aus beidem oder durch eine Subjunktion.

Zum Begriff

5.2

Satzbau

Komplexe Sätze

Pronominale Einleitung stellt in der deutschen Gegenwartssprache den Normalfall dar und ist auch auf allen historischen Vorstufen häufig anzutreffen.

Beispiele

Relative Attributsätze (aus Textbeispiel 14, S. 162–164 Abs. 3)
- Frühneuhochdeutsch: *vnd begeret sich zu settigen von den Brosamen /* **die** *von des Reichen tische fielen.*
- Mittelhochdeutsch: *der selb sich gert der brosem* **die** *abe des richen mannes tische vielen.*
- Althochdeutsch: *gerota sih zigisatonne fon then brosmon* **thiedar** *nidar fielun fon themo disgæ thes otagen.*

Die einleitenden Pronomina sind hinsichtlich Genus und Numerus kongruent mit dem Bezugssubstantiv. Der zitierte althochdeutsche Satz zeigt eine Besonderheit, die es ähnlich auch noch im Mittel- und Frühneuhochdeutschen gibt, nämlich die Erweiterung des Relativums durch eine Partikel: *thiedar* ist eine Kombination aus Pronomen *thie* und unflektiertem *dar*. Das Neuhochdeutsche kennt davon noch Relikte in Fügungen wie *Leute,* **die da** *behaupten, die Studienreform wäre sinnvoll* u. ä. In solchen Verwendungsweisen ist *da* kein lokales Adverb (wie z. B. in *es sind Leute* **da**) und deshalb auch nicht mit *wo* erfragbar. Es bildet mit dem Pronomen eine funktionale Einheit (vgl. Ebert 1978, 23; 1986, 157–162).

Im Frühneuhochdeutschen erscheinen in größerem Umfang auch attributive **Relativsätze mit** *welche(r/s)*. In Luthers Übersetzung des Matthäusevangeliums (13,44) heißt es beispielsweise, das Himmelreich sei gleich *eynem verborgen schatz ym acker /* **wilchen** *eyn mensch fandt* (Luther 1522). Der Anschluss mit *welch(e/r)* konkurrierte im Frühneuhochdeutschen zunehmend mit *der* (*die, das*) und verdrängte im 19. Jh. diesen älteren Anschlusstyp nahezu. Erst im 20. Jh. verschoben sich die Verhältnisse wieder in die entgegengesetzte Richtung.

Adverbiale Einleitung erfolgt im Neuhochdeutschen meistens mit Pronominaladverbien auf *w-*, während im älteren Deutschen *d*-Formen den Normaltyp darstellen.

Beispiele

Adverbiale Attributsätze (Textbeispiel 8, S. 89 f., Segment 1)
- Frühneuhochdeutsch: *in alle Stedte vnd Ort/* **da** *er wolt* **hin** *komen.*
- Mittelhochdeutsch: *in alle die stete* **dar** *er chunftic was ze chominne.*
- Althochdeutsch: *in íogiuuelihha burg inti stat* **thara** *hér uuas zuouuart* (*Tatian* 221,8 f.).

Der Luthertext zeigt ein diskontinuierliches komplexes Adverb. Solche Distanzstellungen sind bereits im Althochdeutschen zu beobachten (z. B. Muspilli 100 f.: *daz frono chruci,* **dar** *der heligo Christ* **ana** *arhangan uuard* ›das hehre Kreuz, an das Christus geschlagen wurde‹). Erst im 17. Jh. werden Relativadverbien mit *wo(r)*- häufiger, z. B. *das untere Forwerg ..., wo-*

204

rauf weyland Wolff von Dölau gewohnet (*Testament Dölau* 108). Im Neuhochdeutschen setzt sich zunehmend Präposition + Artikel durch: *die
Orte, an die*; *das Kreuz, an das*; *das Vorwerk, auf dem.*

Mit Partikeln eingeleitete Attributsätze waren auf den historischen
Sprachstufen des Deutschen sehr häufig (vgl. Ebert u. a. 1993, 447 f., Paul
2007, 405–407). Im Mittelhochdeutschen wurde nicht selten *und* als Relativpartikel verwendet, das im Frühneuhochdeutschen außer Gebrauch
kam. Seit dem 15. Jh. nahmen Attributsätze mit einleitender Partikel *so*
stark zu (vgl. Ebert 1986, 163 f.).

- Frühneuhochdeutsch: *Solliche gutet, die jr beweist an den lewten, solli-*   **Beispiele**
  che genade, **so** *die lewt von euch empfahen, sollich lon,* **so** *ir den lewten
  gebt, sollich ende,* **so** *jr den leuten tut, schicke euch, der des tods vnd
  lebens gewaltig ist* (*Ackermann* 13,24–28).
- Mittelhochdeutsch: *die wîle* **und** *ich daz leben habe,* wörtlich: ›die
  Zeit, **in der** ich das Leben habe‹, d. h. ›solange ich lebe‹ (*Gottfried Trist.*
  1238).

Die heutige deutsche Schrift- und Standardsprache kennt keine Relativ-
partikeln. Anders jedoch in manchen Dialekten (vgl. Fleischer 2004), wie
folgendes Beispiel aus dem parodistischen *Briefwexel* des fiktiven bayerischen Landtagsabgeordneten Jozef Filser zeigt: *Das ist ein sichdbares
Wunder durch die Krafft des Gebedes,* **wo** *einen kleinwinzigen Brofeser zu
einem mechdigen Härscher macht* ›das ist ein sichtbares Wunder durch
die Kraft des Gebetes, das einen winzigen Professor zu einem mächtigen
Herrscher macht‹ (Thoma *Filser* 27).

Ein besonderer Typ von Attributsätzen sind **Explikativsätze**, bei denen
das Bezugswort ein Abstraktum oder ein Pronomen ist (vgl. Lühr 1992).
Der abhängige Satz ist mit ahd. *thaʒ* (mhd. *daʒ*, nhd. *dass*) eingeleitet.

Explikativsätze   **Beispiele**
- Frühneuhochdeutsch: *Vnd da acht tage vmbwaren,* **das** *das Kind beschnitten wuerde* (Luther 1546, Lukas 2,21).
- Mittelhochdeutsch: *Do ervollit wrdin hâht tage,* **daz** *daz chint besnîtin
  solti werdin* (*Spec. Eccl.* 15,2 f.).
- Althochdeutsch: *After thiu thô argangana uuarun ahto taga* **thaz** *thaz
  kind bisnitan uuvrdi* ›nachdem acht Tage vorüber waren, dass das Kind
  beschnitten wurde‹ (*Tatian* 89,6 f.).

Asyndetische Relativsätze: Das ältere Deutsche kannte einen Relativsatz-
typ, der in der deutschen Gegenwartssprache keine Fortsetzung gefunden hat, jedoch eine Strukturparallele im modernen Englischen aufweist. Gemeint sind Konstruktionen wie ahd. *then uueg sie fáran scoltun* (Otfrid
I,17,74). Dieser Satz lässt sich zwar 1:1 ins Englische umsetzen (*the way*

they should go), nicht jedoch ins Neuhochdeutsche, denn hier muss ein Relativpronomen stehen: *den Weg, **den** sie gehen sollten*. Im Alt- und Mittelhochdeutschen finden sich gelegentlich solche Strukturen, doch insgesamt ist dieser Typ eine Randerscheinung und verschwindet im Frühneuhochdeutschen (vgl. Gärtner 1981; Ebert 1986, 157 f., Ebert u. a. 1993, 444). Plattdeutsche Dialekte kennen diesen Typus noch (vgl. Fleischer 2004, 78 f.).

Attributive Infinitivsätze: Infinitivkonstruktionen unterscheiden sich dadurch von Nebensätzen, dass sie kein finites (flektiertes) Prädikat enthalten. Sie können aber aufgrund der Verbvalenz ihrerseits Leerstellen (mit Ausnahme der Subjektstelle) eröffnen und/oder adverbiale Angaben enthalten.

Beispiele
- Frühneuhochdeutsch: *Jch habe es macht **zulassen** / vnd habe es macht wider **zu nemen*** (Luther 1545, Johannes 10,18).
- Althochdeutsch: *ih haben giuualt **zisezzenne** sia Inti giuualt haben abur sia **zinemanne*** (Tatian 463,11–13).
- Eine mittelhochdeutsche Version desselben Satzes (allerdings mit erläuternden Zusätzen angereichert) belegt die Möglichkeit der Umstrukturierung in einen attributiven *daz*-Satz: *ich habe … die gewalt **daz** ich minen lib gebe zu der martere und zum tode und hab ouch die gewalt, **daz** ich in aber wider neme vonme tode* (*Leipz. Pred.* 179,22–24).

5.2.2 | Inhaltssätze

Zum Begriff

→ **Inhaltssätze** sind solche Nebensätze, die bezogen auf die übergeordnete Struktur in Subjekt- oder Objektposition stehen. Es handelt sich, anders gesagt, um satzwertige Füllungen von Leerstellen, die das jeweiligen Prädikatsverb aufgrund seiner Valenz eröffnet (vgl. Duden Grammatik, 1037).

Inhaltssätze können mit einer unterordnenden Konjunktion (Subjunktion) oder einem Pronomen eingeleitet sein. Daneben gibt es auf allen Sprachstufen auch uneingeleitete Inhaltssätze (vgl. Ebert 1986, 135–138; Paul 2007, 429; Schrodt 2004,147–149) und Infinitivkonstruktionen mit Subjektstatus (vgl. Ebert 1986, 141 f.).

Mit Subjunktion eingeleitete Inhaltssätze: Die häufigste einleitende Subjunktion zur Einleitung von Inhaltssätzen ist zeitübergreifend *dass* (bzw. dessen ältere Entsprechungen).

5.2
Satzbau

Inhaltssätze

Inhaltssätze mit *dass*

Beispiele

1. Subjektsätze

- Frühneuhochdeutsch: *die zawberjnn ... hilffet nit ... das sie reitten auff den ... bocken* ›den Zauberinnen nützt es nichts, **dass** sie auf Ziegenböcken reiten‹ (*Ackermann* 6,15–17).
- Mittelhochdeutsch: *daz sus der walt gienc under, daz was daz ander wunder* ›**dass** auf solche Weise der Wald (im Meer) unterging, war das zweite Wunder‹ (*Brandan* 189 f.).
- Althochdeutsch: *daz ist rehto paluuic dink, daz der man haret ze gote enti imo hilfa niquimit* ›das ist fürwahr eine schlimme Sache, **dass** der Mensch auf Gott hofft und ihm keine Hilfe kommt‹ (*Musp.* 26 f.).

2. Objektsätze

- Frühneuhochdeutsch: *Ich fueg euch zu wissen, das sich der pfleger von Neuen Ramsperg understet, mir des pachs ein tail zu entziehen* (*Familienbriefe Rgb.* 81).
- Mittelhochdeutsch: *in den buchen vant er ouch do, daz eine werlt were so gelegen under dirre erde* ›in den Büchern fand er, **dass** eine Welt unterhalb dieser Erde liegt‹ (*Brandan* 29–31).
- Althochdeutsch: *Ik gihorta ðat seggen, ðat sih urhettun ænon muotin* ›ich hörte das erzählen, **dass** sich Herausforderer einzeln gegenüberstanden‹ (*Hildebrandsl.* 1 f.).

Im Mittel- und Frühneuhochdeutschen wurde häufig auch *wie dass* zur Einleitung von Objektsätzen verwendet: *do vant Brandan der wise, **wie daz** zwei paradise uffer erden weren hie* ›da fand Brandan heraus, dass zwei Paradiese hier auf der Erde sind‹ (*Brandan* 23–25).

Pronominal eingeleitete Inhaltssätze sind vielfach **verallgemeinernde Relativsätze** wie z.B. ***wer wagt, gewinnt*** oder ***was sich liebt, das neckt sich***. Das einleitende Pronomen stimmt bei Sätzen dieses Typs im heutigen Deutschen zwar formal mit dem Interrogativpronomen überein, doch hat sich diese Gleichheit erst im Frühneuhochdeutschen herausgebildet. Noch im Mittelhochdeutschen lauteten die einleitenden Pronomina auf *sw-* an (*swer, swaz* usw.). Zugrunde liegen althochdeutsche Wortgruppen wie *sō hwer sō, sō hwaz sō* u. ä. (dazu Lühr 1998; Matzel 1992).

Verallgemeinernde Relativsätze in Subjektfunktion

Beispiele

Solche Strukturen finden sich naturgemäß häufig in der Rechtssprache, weil hier allgemein verbindliche Aussagen getroffen werden müssen.

- Frühneuhochdeutsch: ***wer** selber nit arbaiten mag der sol schickhen einen ehalten* ›wer selber nicht arbeiten will, soll einen Knecht schicken‹ (*Ehaltenbuch* 24).

207

5.2 Satzbau

Komplexe Sätze

Beispiele	• Älteres Frühneuhochdeutsch: **Swer** *eynen ossen stilet oder icht anders, vervaldich sol her iz gelden* ›wer einen Ochsen stiehlt oder etwas anderes, der soll den vierfachen Wert erstatten‹ (*Schwabenspiegel* 170).

• Althochdeutsch: **so hwer so** *suganti farah forstilit …* ›wer ein saugendes Ferkel stiehlt‹, **so hwer so** *farah forstilit fon ðemo sulage* ›wer Ferkel stiehlt aus dem Saustall‹ usw. (*Lex. Sal.* 56,23–27).
Der jüngste Belegsatz von ca. 1500 dokumentiert bereits den Zusammenfall von verallgemeinerndem Relativum und Fragepronomen.

Im Mittel- und Frühneuhochdeutschen traten daneben auch Konkurrenzformen mit *der* (*die*, *das*) oder *welche*(*r*, *s*) auf, z. B. *In dem selbin huse belibet. ezinde unt trinchinde* **daz** *si da habinde sin* ›in demselben Haus bleibt, esst und trinkt, was sie da haben‹ (*Bibelfragmente* 882–884); **Welche** *aber ihre Eltern verachten die sollen der Göttlichen strafe gewärtig seyn müssen* (*Testament Dölau* 115).

Pronominal eingeleitete Inhaltssätze haben jedoch nicht durchwegs verallgemeinernden Charakter (vgl. Ebert 1986, 158–162). Beispiel: *Du vollenbrengest an diner dochter,* **das** *du mit vnsen kinderen hast getan, wir wollen dich mit alle diner wonunge vorburnen* ›wenn du nicht mit deiner Tochter machst, **was** du mit unseren Kindern getan hast, werden wir dich mit deinem ganzen Palast verbrennen‹ (s. Textbeispiel 10, S. 97 f.).

Indirekte Rede- und Fragesätze haben generell Objektstatus. Sie konnten in allen historischen Stadien mit Pronomina, Adverbien (z. B. *wo*, *wann*, *wie*) oder der Subjunktion *ob* eingeleitet werden.

Beispiele	**Einleitung indirekter Fragesätze**

• Frühneuhochdeutsch (Einleitung mit *ob*): *Halt, las sehen,* **Ob** *Elias kome vnd jm helffe* (Luther 1545, Matthäus 27,49).
• Mittelhochdeutsch (Einleitung mit Interrogativadverb): **wannen** *er dar kumen were, des vragete in sente Brandan* ›woher er gekommen sei, das fragte ihn Sankt Brandan‹ (*Brandan* 364 f.).
• Althochdeutsch (Einleitung mit Interrogativpronomen): *her fragen gistuont fohem uuortum.* **wer** *sin fater wari* ›er begann zu fragen mit wenigen Worten, **wer** sein Vater sei‹ (*Hildebrandsl.* 8).
Diese Beispiele belegen nur einen Einleitungstyp pro Sprachstufe. Es handelt sich hierbei um keine Entwicklungsfolge!

Anders als in der Gegenwartssprache war in indirekten Rede- und Fragesätzen bis ins 19. Jh. **Konjunktiv** die Regel (in den Beispielen ahd. *wari*, mhd. *were*, fnhd. *kome* und *helffe*). In der heutigen Sprache wäre in allen drei Fällen auch der Indikativ möglich: *er fragte ihn, wer sein Vater* **ist**; *woher er gekommen* **ist**, *fragte er ihn*; *lass sehen, ob Elias* **kommt** *und ihm* **hilft** (zur Verwendung von Indikativ, Konjunktiv Präsens und Präteritum im Frühneuhochdeutschen vgl. Macha 2003).

208

5.2

Satzbau

Adverbialsätze

Infinitivsätze in Subjekt- und Objektfunktion: Valenzstellen von Verben können auch mit Infinitivkonstruktionen besetzt sein. Vom Verb, das im Infinitiv steht, können wiederum weitere Satzglieder abhängen.

Objektsinfinitive

- Frühneuhochdeutsch: *fúrchte dich nicht / **Mariam dein gemalh zu dir zu nemen*** (Luther 1545, Matthäus 1,20).
- Mittelhochdeutsch: *nicht furcht dich **zcu nemen Mariam dein hausfrauen*** (*Evangelien GM* 14,3 f.).
- Althochdeutsch: *nicuri thû forhtan **zinemanne mariun thina gimahhun*** (*Tatian* 83,18 f.).

Beispiele

In den Beispielsätzen hängt von *nehmen* (*nehmen*, *zinemanne*) das Akkusativobjekt *sein gemalh* (*dein hausfrauen*, *mariun dina gimahhun*) ab. Die Infinitivkonstruktion insgesamt ist Ergänzung zu *fuerchte* (*furcht*, *forhtan*) im Hauptsatz. Der althochdeutsche Satz zeigt noch eine flektierte Infinitivform (»Gerundium«) nach *zi*, die im Laufe des Frühneuhochdeutschen außer Gebrauch kommt, wie die beiden jüngeren Sätze belegen.

5.2.3 | Adverbialsätze

→ **Adverbialsätze** sind Nebensätze in der Position solcher Satzglieder, die weder in Subjekt- oder Objektposition stehen (also keine Inhaltssätze) noch attributiv zu beziehen sind. Es handelt sich um freie Angaben der Zeit, des Ortes, des Grundes, der Bedingung (usw.). Sie werden nicht ausschließlich, aber in den meisten Fällen mit Subjunktionen eingeleitet, die die sachliche oder logische Relation des Nebensatzes zum Hauptsatz ausdrücken.

Zum Begriff

Der Bestand an Subjunktionen und ihre Funktionen veränderten sich vom Althochdeutschen bis heute ganz erheblich (vgl. Erben 2000, 1589; Wolf 2000a, 1354 f.). Im folgenden Überblick über die einzelnen Adverbialsatztypen und die dafür jeweils typischen Einleitungselemente können solche Entwicklungen allerdings nur angedeutet werden.

Temporalsätze ordnen das im übergeordneten Satz ausgesagte Geschehen zeitlich ein. Es ist zu unterscheiden zwischen:

- **Vorzeitigkeit:** Das im abhängigen Satz ausgedrückte Geschehen liegt zeitlich vor dem Geschehen des Hauptsatzes: ***nachdem sie telefoniert hatte***, *setzte sie sich auf eine Parkbank.*

Beispiele

209

- **Gleichzeitigkeit:** Das im abhängigen Satz ausgedrückte Geschehen findet gleichzeitig mit dem des Hauptsatzes statt: *während sie telefonierte, saß sie auf einer Parkbank.*
- **Nachzeitigkeit:** Das im abhängigen Satz ausgedrückte Geschehen liegt zeitlich nach dem Geschehen des Hauptsatzes: *bevor sie telefonierte, setzte sie sich auf eine Parkbank.*

Im älteren Deutschen wurden unabhängig von solchen Zeitrelationen Temporalsätze sehr häufig mit ahd. *thō*, mhd. *dō*, fnhd. *do, da* eingeleitet (vgl. Schrodt 2004, 151–156; Paul 2007, 414–417; Ebert u. a. 1993, 456–460). Die Variante mit fnhd. *da* ergab sich aus dem Zusammenfall mit lokalem *da* < mhd. *dar*.

Beispiele **Temporalsätze mit ahd. *thō* > mhd. *dō* > fnhd. *dō / da***
- Frühneuhochdeutsch (vorzeitig): *Da her abir da mite sich nicht genvgen enlies vnde itczunt was der scaffe nicht me in dem lande, do dachten sie einen rat* ›als ihm das aber nicht mehr genügte und keine Schafe in dem Land mehr da waren, fassten sie einen Entschluss‹ (Textbeispiel 10, S. 97 f.).
- Mittelhochdeutsch (gleichzeitig): *der einer eselinne gab so getane sinne daz sie menschlichen sprach, **do** sie den engel vor ir sach* ›der einer Eselin solchen Verstand gab, dass sie wie ein Mensch redete, als sie den Engel vor sich sah‹ (*Brandan* 10 f.).
- Althochdeutsch (vorzeitig): ***tho*** *sie gisahun thaz her teta zeihhan quadun thaz theser ist uúarlihho uuizago* ›nachdem sie sahen / gesehen hatten, dass er Wunder wirkte, sagten sie, dass er wahrlich ein Prophet ist‹ (*Tatian* 253,4–6).

Die zitierten Sätze lassen auch kausale Interpretationen zu. Aus entsprechenden Verwendungsweisen erklären sich die heute in der gehobenen Schriftsprache gebräuchlichen Kausalsätze mit *da* (z. B. *ich weiß es, **da** man es mir erzählt hat*). Im Frühneuhochdeutschen wurden in zunehmendem Maße auch Fügungen aus mehreren Wörtern mit der Funktion von Subjunktionen verwendet.

Beispiele **Frühneuhochdeutsche Wortfügungen mit der Funktion von Subjunktionen**
- Vorzeitigkeit: z. B. *als bald, so bald, nach dem*; vgl. *Und **nach dem** mein jüngster Sohn George   dem Krieg in Franckreich und Holland, alß ein Soldat fleißig obgelegen   habe ich, alß ein treuer Vater   vor nützlich, rathsam und gut erachtet   ihme   das Ritterguth Stockhausen   zu assigniren* (*Testament Dölau* 110 f.).

Adverbialsätze

- Gleichzeitigkeit: z. B. *als bald, die weile, in* oder *mit dem (daß), unter des, als lange*; vgl. **Als balde** *ein man ein weip nympt ... hat er ... ein joch, ... ein fegtewfel, ein tegeliche rostfeyln ...* **die weil** *wir mit jm nicht thun vnser genade* (Ackermann 28,6–11).
- Nachzeitigkeit: z. B. *ehe (dem), unz (dass), bevor, bis (dass)*; vgl. *Denn ich sage euch warlich /* **Bis das** *Himel vnd Erde zurgehe / wird nicht zurgehen der kleinest Buchstab* (Luther 1545, Matthäus 5,18).

Lokalsätze ordnen das im übergeordneten Satz ausgesagte Geschehen hinsichtlich Ort, Richtung oder Herkunft ein. Als einleitende Elemente dienen Lokal- oder Richtungsadverbien.

- Frühneuhochdeutsch: **Wo** *yhr ynn eyn haus kompt / da sprecht zu erst / frid sey ynn disem hausze* (Luther, Textbeispiel 8, S. 89 f., Segment 6)
- Mittelhochdeutsch: *Ih nah uolge dir swar du gest* ›ich folge dir, wohin du auch gehst‹ (*Bibelfragmente* 846).
- Althochdeutsch: *ipu sia daz Satanazses kisindi kiuuinnit, daz leitit sia sar,* **dar** *iru leid uuirdit* ›wenn sie (die Seele) das Gesinde des Satans bekommt, das führt sie sogleich (dorthin), wo ihr Leid zugefügt wird‹ (*Musp.* 8 f.).

Beispiele

Kausalsätze benennen die Ursache für das im übergeordneten Satz ausgesagte Geschehen. Im Althochdeutschen erfolgt der syntaktische Anschluss häufig durch *wanta* oder *bithiu wanta* (vgl. Schrodt 2004, 163–166), das im Mittel- und Frühneuhochdeutschen stark reduziert noch in der Form *wan* fortgeführt wird. Allerdings werden damit vielfach auch begründende Hauptsätze eingeleitet.

Auch der Bestand an kausalen Subjunktionen nahm im Laufe des Mittel- und Frühneuhochdeutschen zu. Neben *wan* werden häufiger auch *sît / seit* und *nū* als kausale Subjunktionen verwendet (vgl. Ebert u. a. 1993, 473–476; Paul 2007, 421–423; Selting 1999). Im Frühneuhochdeutschen setzte sich zunehmend *(die) weil* durch. Ausgangspunkt hierfür waren temporale Ausdrucksweisen wie *des wis in ertriche hie* **die wile** *ez dir behegelich sie* ›bleib hier im Lande, solange es dir behagt‹ (*Brandan* 1908 f.). Ein temporales Verhältnis kann jedoch sekundär zu einem kausalen oder konditionalen umgedeutet werden. Auf dieses Beispiel angewendet: dass es in dem Land behaglich ist, kann als Ursache für das längere Bleiben verstanden werden.

- Frühneuhochdeutsch: *Du Schalckknecht / Alle diese Schuld habe ich dir erlassen /* **die weil** *du mich batest* (Luther 1545, Matthäus 18,32). Hier ist auch noch die temporale Lesart ›als du mich batest‹ möglich.

Beispiele

5.2 Satzbau

Komplexe Sätze

Beispiele

- Mittelhochdeutsch: *Sit ez niht bezzer mag gesîn, sô volget doch dem râte mîn* ›weil es nicht besser sein kann, folgt dennoch meinem Rat‹ (*Gottfried Trist.* 14417f.).
- Althochdeutsch: *niuuard In sun.* **bithiu uuanta** *elisabet uuas unberenti* ›nicht wurde ihnen ein Sohn (zuteil), weil Elisabeth unfruchtbar war / denn Elisabeth war unfruchtbar‹ (*Tatian* 67,6f.).

Konditionalsätze nennen die Bedingung für das im übergeordneten Satz ausgesagte Geschehen. Vom Althochdeutschen bis in die Gegenwartssprache gibt es den Typ des uneingeleiteten Konditionalsatzes, der formal wie ein Fragesatz strukturiert ist, also das Prädikatsverb in Erststellung hat.

Beispiele **Uneingeleitete Konditionalsätze**

- Frühneuhochdeutsch: **Sagt er,** *das das wasser underhalb der Irlmul gen Alten Ramsperg gehör und das oberhalb gen Neuen Ramsperg, so requirirt den notari* (aus Textbeispiel 9, S. 94f.).
- Mittelhochdeutsch: **hetten sie die wilden unde niht so hin geslagen,** *uns mohte niemant davon gesagen* ›hätten sie die wilden Wogen nicht dorthin verschlagen, dann könnte uns niemand davon erzählen‹ (*Brandan* 1132–1134).
- Althochdeutsch: **Ist ther in íro lante,** *iz állesuuio nintstánte Hiar hor er ío zi gúate, uuaz gót imo gibíete* ›ist jemand in ihrem Land, der es anders nicht versteht, der höre nun zu seinem Heil, was Gott ihm gebietet‹ (*Otfrid* I,1,119–121).

Häufig verwendete konditionale Subjunktionen sind ahd. *oba, ibu,* mhd., nhd. *ob* sowie ahd., mhd. *sō,* nhd. *so.* Im Frühneuhochdeutschen entstanden weitere Bildungen wie *wofer(n)* und *als fer(n)* u.ä. (vgl. Ebert u.a. 1993, 460–463; Paul 2007, 417–419; Schrodt 2004, 156–159). Die Subjunktionen *sofern* und *falls* sind erst jüngeren Datums.

Beispiele **Mit Subjunktionen eingeleitete Konditionalsätze**

- Frühneuhochdeutsch: *dieses aber soll ihm aus väterlicher gewalt und der Eltern affection eingeräumet seyn ...,* **woferne** *er anders dartzu lust und beliebung träget* (*Testament Dölau* 113).
- Mittelhochdeutsch: **so** *des niht me muge sin, so vare in daz riche min* ›wenn das nicht geschehen kann, dann fahren wir in mein Reich‹ (*Brandan* 1909f.).
- Althochdeutsch: **ibu** *du mi ęnan sages, ik mi de odre uuet* ›wenn du mir den einen sagst, weiß ich den andern‹ (*Hildebrandsl.* 12).

Für die Abfolge mehrerer Konditionalsätze insbesondere in der frühneuzeitlichen Rechtssprache haben sich Regularitäten etabliert (vgl. Schmid 2005).

Konzessivsätze bringen zum Ausdruck, dass das Geschehen, das im übergeordneten Satz ausgesagt wird, Gegengründen zum Trotz dennoch eintritt (z. B. *obwohl es schneit, nehme ich das Fahrrad*). Im Althochdeutschen wurden Konzessivsätze häufig mit *thoh* eingeleitet (vgl. Schrodt 2004, 159–161). Das setzte sich zwar in Sätzen mit mhd. *doch* fort, aber daneben traten mit *swie, ob, āne, nū* neue, konkurrierende Subjunktionen auf (vgl. Paul 2007, 419–421), die im Frühneuhochdeutschen weiterverwendet wurden, nun allerdings häufig in Verbindung mit Adverbien wie *wohl, gleich*. Hinzu kamen auch Ausdrücke wie *unerachtet* (*unangesehen*) *daß* u. ä. (vgl. Ebert u. a. 1993, 466–468).

- Frühneuhochdeutsch: ***Wiewol** nun die berichtung stuend ... denoch waz unser ... kainer sicher* ›obwohl nun die Vereinbarung getroffen war, trotzdem war keiner von uns sicher‹ (*Kazmair* 491).
- Mittelhochdeutsch: ***swie** wir‹z verswîgende sîn, ez ist doch wâr ein wortelîn* ›obwohl wir es verschweigen, ist es doch ein wahres Wort‹ (*Gottfried Trist.* 17801 f.).
- Althochdeutsch: ***thoh** iz búe innan mír, ist harto kúndera thir* ›obwohl es in meinem Inneren wohnt, ist es dir viel besser bekannt‹ (*Otfrid* I,2,24).

Beispiele

Finalsätze sagen aus, mit welcher Absicht oder Zielsetzung die im übergeordneten Satz prädizierte Handlung durchgeführt wird. Häufigste Subjunktion ist ahd. *thaʒ* > mhd. *daʒ* > nhd. *dass*:

- Frühneuhochdeutsch: *Also lasst ewer Liecht leuchten fur den Leuten / **das** sie ewre gute Werck sehen* (Luther 1545, Matthäus 5,16).
- Mittelhochdeutsch: *ûwer schin sol schinen vor den lûten, **daz** si sehn ûwer gûte werk* (*Leipz.Pred.* 162,30 f.), aber auch *ewer liecht ... daz schine vor den lûten, **uffe daz** si gesehn uwer gûten werk* (ebd., 89,10 f.).
- Althochdeutsch: *só liuhte iuuar lioht fora mannon **thaz** sie gisehén iuuaru guotu uúerc* (*Tatian* 137,38 f.).

Beispiele

Hauptsätze, von denen ein Finalsatz abhängt, enthalten im Mittel- und Althochdeutschen oft fakultativ ein darauf verweisendes Korrelat (vgl. Schrodt 2004, 161 f.), das sekundär mit der Subjunktion eine funktionale Einheit bilden konnte. Der zitierte mittelhochdeutsche Beleg zeigt das: Der erste Finalsatz ist mit *daz* eingeleitet, der zweite mit *uffe daz* (vgl. Paul 2007, 423). Im Frühneuhochdeutschen sind mehrteilige Subjunktionen wie *darum das, auf das, um das* häufig (vgl. Babenko 1988; Ebert u. a. 1993, 468–470).

5.2

Satzbau

Komplexe Sätze

Ausgangspunkt der Entwicklung von **finalen *damit*-Sätzen** sind Relativsätze des Typs *wie die Beschneitung Abrahe ein eusserlich Zeichen war / **damit** er seine gerechtigkeit im glauben beweisete / Also sind alle gute werck nur eusserliche zeichen* (Luther 1545, Vorrede zum Römerbrief). Hier kann der mit *damit* beginnende Satz relativ (attributiv) auf *Zeichen* bezogen, aber auch (adverbial) als Finalsatz interpretiert werden. Die Grammatikalisierung von *damit* als finale Subjunktion beweisen Gefüge, in denen keine attributive Bezugsmöglichkeit mehr gegeben war, z. B. *verleihe du deine Gnad in meiner Kinder Hertzen, daß sie mit gläubigen gehorsamb demselbigen nachdencken,* **damit** *es Ihnen beydes hie zeitlich und dort ewiglich wohl gehe* (Testament Dölau 116).

Finale Infinitive mit ahd. *zi* > mhd. *ze* > nhd. *zu* sind eine Ausdrucksalternative zu finalen *dass*-Sätzen. Im Alt- und Mittelhochdeutschen wird der Infinitiv flektiert; teilweise erfolgt formale Angleichung an das Partizip Präsens (*-nne* > *-nde*).

Beispiele
- Frühneuhochdeutsch: *Der Geist des HERRN ist bey mir / Derhalben er mich gesalbet hat / vnd gesand* **zu verkůndigen** *das Euangelium den Armen /* **zu heilen** *die zustossen Hertzen* (Luther 1545, Lukas 4,18).
- Mittelhochdeutsch: *dir geist dis herren ubir mih. durh daz er salbite mih.* **zerchundinne** *den armen sante er mih. un* **ze heilinde** *die gesertes herzin* (Bibelfragmente 730–733). Hier steht Infinitiv auf *–nne* neben *–nde*.
- Althochdeutsch: *truhtines geist ubar mih. thuruh thaz salbota mih inti* **zigótspellonne** *thurftigen santa hér mih.* **zipredigonne** *háften fórlaznessi. inti blinten gisiht* **zifórlazenne** *gibrochanne in fórlaznessi* **zipredigonne** *antphengi iár truhtines* (Tatian 121,24–30).

Im Laufe des Frühneuhochdeutschen wird die Variante mit *um zu* häufiger (Ebert u. a. 1993, 401 f.). Grundlage dieses Konstruktionstyps ist erstens die finale Präposition *um* (z. B. *er ging* **um** *Wasser*) und zweitens der finale Infinitiv mit *zu* (z. B. *er ging, Wasser* **zu holen**). Durch Kontamination aus beidem entstand der finale Infinitiv mit *um zu* (z. B. *er ging,* **um** *Wasser* **zu holen**).

Konsekutivsätze drücken aus, was sich als Konsequenz aus dem im übergeordneten Satz Ausgesagten ergibt. Die typische konsekutive Subjunktion ist ebenfalls ahd. *thaȝ* > mhd. *daȝ* > nhd. *dass*.

Beispiele
- Frühneuhochdeutsch: *Und alz wir darumb mit ainander kriegten. da gienng der herr her,* **daz** *wir schweigen mueßten* ›und als wir darüber miteinander stritten, ging der Herr dazwischen, so dass wir schweigen mussten‹ (Kazmair 469).
- Mittelhochdeutsch: *so vur der herre … sehs wochen unde ein jar* **daz** *er nie kein lant gesach* ›so fuhr der Herr [auf dem Meer] sechs Wochen und ein Jahr lang, dass er kein Land erblickte‹ (Brandan 161–163).

214

5.2

Satzbau

Adverbialsätze

- Althochdeutsch: *daz ist allaz so pald, **daz** imo nioman kipagan ni mak* ›das ist so stark, dass niemand dagegen ankämpfen kann‹ (*Musp.* 76).

Beispiele

Vielfach tritt in funktionaler Verbindung mit der eigentlichen Subjunktion ein Element *(al)so* u. ä. auf (vgl. Ebert u. a. 1993, 424 f.; Paul 2007, 470 f.; Schrodt 2004, 162 f.). Beispiel: *Es wurden aber je mehr zugethan, die da gleubeten an den HErrn, eine menge der Menner vnd der Weiber, **also das** sie die Krancken auff die gassen her aus trugen* (Luther 1546, Apostelgeschichte 5,12). Ähnlich wie bei den Finalsätzen konnten solche verweisenden Elemente als struktureller Bestandteil des übergeordneten Satzes oder der Subjunktion verstanden werden. Die Subjunktion nhd. *so dass* (neuerdings auch *sodass*) entstand durch Zusammenziehung (»Univerbierung«).

Die Entstehung der *dass*-Sätze

Zur Vertiefung

Dass-Sätze und ihre historischen Entsprechungen können also ganz unterschiedlichen syntaktischen Status haben und sehr verschiedene semantische Funktionen wahrnehmen: Es gibt attributive *dass*-Sätze, Subjekt-, Objekt- und Adverbialsätze, die mit *dass* eingeleitet sind. Doch woher kommt diese multifunktionale »Allerweltskonjunktion«? Am Anfang der Entwicklung stand wohl eine **syntaktische Umdeutung**. Ein Satz wie *wela gisihu ih in dinem hrustim dat du habes heme herron goten* (*Hildebrandsl.* 46 f.) lässt eigentlich zwei syntaktische Gliederungen zu: 1. ›wohl erkenne ich an deiner Rüstung das: du hast zu Hause einen guten Herrn‹ und 2. ›wohl erkenne ich an deiner Rüstung, dass du zu Hause einen guten Herrn hast‹. Die erste Lesart entspricht dem zu vermutenden älteren Strukturtyp, aus dem sich dann sekundär die zweite Lesart entwickelte. Aus zwei ursprünglich selbständigen Sätzen wurde so ein Satzgefüge aus Haupt- und Objektsatz.

Es gibt in althochdeutschen Texten zahlreiche Gefüge, die ein *thaʒ* (*ð̄at, daʒ* u. ä.) im Hauptsatz und ein weiteres im Nebensatz enthalten. Vgl. etwa *Ik gihorta ð̄at seggen, ð̄at sih urhettun ænon muotin* ›ich hörte **das** erzählen, **dass** sich Herausforderer einzeln gegenüberstanden‹ (*Hildebrandsl.* 1 f.). Das erste (pronominale) *ð̄at* weist hier auf den Objektsatz voraus, das zweite leitet ihn (als Subjunktion) ein. Solche Strukturen stützen die Annahme, dass *thaʒ* (u. ä.) ursprünglich ein voraus verweisendes pronominales Element war.

Die weitere Entwicklung zum **finalen und konsekutiven *tha*ʒ** (u. ä.) konnte sich aus Kontexten ergeben, die ebenfalls zwei Lesarten zuließen wie z. B. *pidiu ist durft mihhil … daz in es sin muot kispane, **daz** er kotes uuillun kerno tuo* ›deshalb ist es sehr nötig, dass ihn sein Streben anspornt, dass er Gottes Willen bereitwillig tue‹ (*Musp.* 18–20). Der *daz*-Satz kann als Objektsatz zu *kispane* interpretiert werden (**wozu** spornt das Streben an?), aber auch als Konsekutivsatz (**welche Folge** hat das?)

215

> Erweiterungen wie mhd. *um(be) da3*, fnhd. *auf das*, *um das* usw. (s.o.)
> dienten der funktionalen Differenzierung (vgl. Ebert 1978, 25–28).
> Die heutige Schreibung *dass* (bis zur »Rechtschreibreform« *daß*)
> gegenüber *das* für Pronomen und Artikel ist eine orthographische
> Konvention, die sich erst im 18. Jh. angebahnt hat. Am Anfang stand
> das Pronomen.

Modal- und Vergleichssätze bringen zum Ausdruck, auf welche Weise das
im übergeordneten Satz prädizierte Geschehen stattfindet. Die Einleitung
erfolgt mit ahd. *sō*, *sōso* (Variante *sōse*), *alsō* (vgl. Schrodt 2004, 167–170).
Im Mittelhochdeutschen werden weitere Subjunktionen (besonders *als*,
und, *sam*) in entsprechender Funktion verwendet (vgl. Paul 2007, 425–
428). Im Frühneuhochdeutschen kommt Einleitung mit *wie* (daneben,
aber seltener auch *gleich*, *ob*) hinzu (vgl. Ebert u.a. 1993, 477–482).

Beispiele **Modalsätze**
Als Beispiel lässt sich gut der Satz ›vergib uns unsere Schuld wie auch wir
vergeben unseren Schuldigern‹ aus Vaterunser–Versionen der verschiede-
nen Sprachepochen verwenden:
- Frühneuhochdeutsch: *Vnd vergib vns vnsere Schulde,* **wie** *wir vnsern
  Schuldigern vergeben* (Luther 1546, Matthäus 6,12).
- Mittelhochdeutsch: *unde uergib uns unsere sculde* **als** *uuir uergeben un-
  seren scolaren* (*Spec. Eccl.*, Textbeispiel 5, S. 69, 7 f.).
- Althochdeutsch: *oblâz uns sculdi unseero* **sô** *uuir oblâzêm uns sculdikêm* (*St. Galler Pn.*, ebd.).

Exzeptivsätze bringen zum Ausdruck, unter welchen Voraussetzungen
oder Bedingungen das im übergeordneten Satz Ausgesagte nicht gilt oder
eintritt. Man kann Exzeptivsätze deshalb auch als negative Konditionalsätze auffassen. Im Althochdeutschen werden Nebensätze mit dieser
Funktion mit *nibi*, *nub* (< *ni oba* ›nicht wenn‹) eingeleitet oder ohne Subjunktion und unpersönlich mit *ni sī tha3* ›nicht sei das‹ konstruiert (vgl.
Schrodt 2004, 158 f.). Im Mittelhochdeutschen und auch noch im älteren
Frühneuhochdeutschen dominiert ein gänzlich anderer Konstruktionstyp ohne Subjunktion. Die Wortstellung entspricht dabei der im Aussagehauptsatz, doch ist entweder Subjekt oder Prädikat negiert (vgl. Paul 2007,
402–404). Erst im Laufe des Frühneuhochdeutschen bilden sich neue Subjunktionen oder kombinierte Ausdrücke mit der Funktion von Subjunktionen aus wie z.B. *wenn, nur, außer* u.a., teilweise in Verbindung mit *daß*
(Ebert u.a. 1993, 463 f.).

5.2
Satzbau

Adverbialsätze

Beispiele

- Frühneuhochdeutsch: ***Wenn*** *jr nicht Zeichen vnd Wunder sehet / so gleubet jr nicht* (Luther 1545, Johannes 4,48).
- Mittelhochdeutsch: ***irn*** *geset ot wunder und zaichen, anders so ne welt ir niht gelouben* (Priester Konrad 166,36 f.).
- Althochdeutsch: ***nibi*** *ír zeichan inti uuvntar gisehet anderuúis nigiloubet ír ›wenn ihr nicht Zeichen und Wunder seht, glaubt ihr nicht‹* (*Tatian* 195,18 f.).

Übergeordnete Entwicklungstendenzen: Abstrahiert man von den Einzelentwicklungen, die hier nur angedeutet werden konnten, zeigt sich eine große Entwicklungstendenz im Bereich der Subjunktionen: Es zeichnet sich eine zunehmende Tendenz zur Ausbildung solcher Verknüpfungselemente ab, die das sachlich-logische Verhältnis der in einem Satzgefüge zu einander in Beziehung gesetzten Sachverhalte **explizit** zum Ausdruck bringen.

Im Alt- und Mittelhochdeutschen konnte eine Reihe von Subjunktionen zum Ausdruck unterschiedlicher logisch-sachlicher Relationen verwendet werden, z. B. *daʒ* zum Anschluss von Final-, Konsekutiv- und Kausalsätzen (daneben auch von Subjekt-, Objekt- und Attributsätzen). Solche Mehrdeutigkeit bezeichnet man als **Polysemie**. Umgekehrt wurden aber auch verschiedene Subjunktionen für ein und dieselbe Funktion verwendet. Eine Kausalrelation beispielsweise konnte (u. a.) mit *sīt, nū, wan(de)* und *daʒ* zum Ausdruck gebracht werden. Hier spricht man von **Synonymie**. Zwar ist im Bereich der Subjunktionen nie ein 1:1–Verhältnis von Funktion und Ausdrucksmittel erreicht worden, aber es lässt sich besonders im späteren Frühneuhochdeutschen eine deutliche Tendenz zum Abbau von Polysemie und Synonymie der Subjunktionen, das heißt zur **Monosemierung** (vgl. Betten 1987, 85–100; v. Polenz 2000, 187) beobachten. So wird beispielsweise *weil* nur noch zur Einleitung von Kausalsätzen, nicht mehr temporal verwendet. Die hochgradig polyseme Subjunktion *dass* wurde durch Zusätze vereindeutlicht: *auf dass* wurde nur final verwendet, *so dass* konsekutiv. Die Subjunktion *ob* wurde in konzessiver Verwendung zu *obwohl* und *obgleich* erweitert, während einfaches *ob*, das bis in frühneuhochdeutsche Zeit häufig Konditionalsätze einleitete, heute nur noch zum Anschluss indirekter Fragen verwendet wird.

Im Deutschen des 17. und 18. Jh.s kam es im Zusammenhang mit diesem Bestreben nach funktionaler Eindeutigkeit zur Bildung einer großen Anzahl neuer Subjunktionen und kombinierter subjunktionaler Ausdrücke wie z. B. *während, der weil(en), dieweil(e)* (temporal), *unerachtet dass, ungeachtet dass* (konzessiv), *was maßen, was gestalt, dergestalt* (modal), *sintemal(en), deshalben, allermaßen* (kausal), die zu einem guten Teil wieder aus der Sprache verschwunden sind (vgl. v. Polenz 1994, 275–278).

5.2.4 | Konjunktiv in abhängigen Sätzen

Modusfragen Die Verwendung des Konjunktivs auf älteren Sprachstufen des Deutschen unterscheidet sich in mancher Hinsicht vom neuhochdeutschen Gebrauch. Für das heutige Sprachgefühl ist der Konjunktiv in erster Linie der Modus des Nicht-Realen und dient zum Ausdruck von Irrealität, Möglichkeit, Wunsch usw. (vgl. Duden Grammatik, 523–529). Im Alt-, Mittel und Frühneuhochdeutschen war der Konjunktiv jedoch auch ein Signal der syntaktischen Abhängigkeit (vgl. Paul 2007, 432–447).

Gefüge mit negativem Hauptsatz: Das Prädikat eines abhängigen Satzes steht vielfach dann im Konjunktiv, wenn der übergeordnete Satz negativen Sinn hat.

Beispiele **Negativer Hauptsatz – Konjunktiv im Nebensatz**
- Mittelhochdeutsch: *ir sult **nicht** wenen das ich kumen **sey** zcu storen die ee oder die weissagen* ›ihr sollt nicht meinen, dass ich gekommen sei, das Gesetz oder die Propheten zu beseitigen‹ (*Evangelien GM* 170,27–29).
- Althochdeutsch: ***nicuret uúanen thaz ih quami euúa zuosenne odo uuizagon*** (*Tatian* 137,32–139,1).
- Luther verwendet jedoch zur Wiedergabe desselben Sachverhalts bereits den Indikativ: *Jr solt **nicht** wehnen / das ich komen **bin** / das Gesetz oder die Propheten auffzulôsen* (Luther 1545, Matthäus 5,17).

Gefüge mit imperativischem Hauptsatz: Konjunktivische Nebensätze hängen häufig von Hauptsätzen ab, die einen Befehl oder eine Aufforderung enthalten. Es handelt sich jedoch um keine strikte Regel, sondern, wie Gegenbeispiele zeigen, um eine Tendenz:

Beispiele **Aufforderung im Hauptsatz – Konjunktiv im Nebensatz**
- Mittelhochdeutsch: *Gebet dem cheiser daz sin **si**, unt gebet got daz sin **si*** (*Bibelfragmente* 159,179 f.).

Es konnte aber auch der Indikativ stehen:
- Frühneuhochdeutsch: *So gebet dem Keiser / was des Keisers **ist** / vnd Gott /, was Gottes **ist*** (Luther 1545, Matthäus 22,21).
- Althochdeutsch: *geltet thiu thes keisores **sint** themo keisore Inti thiu thar **sint** gotes gote* (*Tatian* 427,20–22).

Gefüge mit indirekter Rede: Wenn ein anhängiger Satz von einem Verb des Sprechens oder Denkens abhängt, also indirekt den Inhalt einer Äußerung oder eines Gedankens wiedergibt, steht im älteren Deutschen in der Regel der Konjunktiv:

5.2

Satzbau

Die Binnenstruktur
hypotaktischer
Gefüge

Konjunktiv in indirekter Rede	**Beispiele**

- Frühneuhochdeutsch: *Da fragten sie jn abermal / auch die Phariseer / wie er **were** sehend worden* (Luther 1545, Johannes 9,13).
- Mittelhochdeutsch: *Da fragten in aber die gleisner wie er gesehend **were*** (*Evangelien GM* 64,8 f.).
- Althochdeutsch: *abur fragetun ínan thie pharisei uuvo hér **gisahí*** (*Tatian* 453,19 f.).

Einige Typen von Adverbialsätzen (besonders Final–, Vergleichs–, Konditionalsätze) tendieren per se zum Konjunktiv (vgl. Paul 2007, 437–446).

5.2.5 | Die Binnenstruktur hypotaktischer Gefüge

Die Anordnung der an einem Satzgefüge beteiligten Elementarsätze ist stark von Mitteilungsperspektive, Darstellungsstrategie und stilistischen Faktoren abhängig. Eine Rolle spielen seit dem 14. Jh. auch die neuen Textsorten (s. Kap. 2.6.2), die geradezu exponentiell ansteigende Produktion schriftlicher Texte in der Volkssprache und der Übergang vom lauten zum leisen Lesen mit der Tendenz zur Ausbildung einer spezifischen »Syntax für die Augen« (Giesecke 1990). Zwar lassen sich schon in alt- und mittelhochdeutschen Texten stellenweise mehrfach gestufte Hypotaxen finden, doch aufs Ganze gesehen erhöhen sich Komplexitätsfrequenz und Komplexitätsgrad in der frühneuhochdeutschen Schriftlichkeit. Komplexität wird geradezu zu einem Prestigesignal (vgl. Lötscher 1998; Schwitalla 2002). Die Struktur solcher Satzgefüge vor allem im 15. und 16. Jh. wäre vom heutigen Standpunkt aus vielfach inakzeptabel, muss aber im Frühneuhochdeutschen systemgerecht gewesen sein (vgl. Lötscher 1998). Admoni (1980, 35) unterscheidet anhand von frühneuhochdeutschen Kanzleitexten grundsätzlich vier hypotaktische Strukturtypen:

1. »Abperlende Satzgefüge«, in denen der Hauptsatz an erster Stelle steht und die Nebensätze nach dem Grad ihrer Abhängigkeit folgen wie in folgendem Beispiel:

(1) *mein herr herzog Steffan hat uns gesandt zu unserm herrn herzog,* (2) *daz wir ob dez genaden erfragen solten,* (3) *ob der Waldekher und ander meins herrn rät sicher sein,* (4) *alz ez der vizdomb und die purger zbischen meiner herrn rät herbracht habnt* (*Kazmair* 466).

Am Anfang steht der Hauptsatz (1), dem folgen ein Finalsatz (2), eine indirekte Frage (3) und ein Modalsatz (4), wobei jeweils der nachfolgende Nebensatz dem vorausgehenden strukturell untergeordnet ist. Schon Behaghel (1932, 279) hat solche Strukturen als »Treppe« bezeichnet. Schematisch:

219

Komplexe Sätze

2. »Geschlossene Satzgefüge« haben den Hauptsatz am Ende. Die abhängigen Sätze gehen ihm voraus. Beispiel:

(1) *aber liest jr eurn lauf jezo all steen,* (2) *bis daz unsere vettern und wir gar ainig wurden,* (3) *da wolten wir euch vleissig umb piten* (ebd., 477).

Hier ist (3) die übergeordnete und gleichzeitig abschließende Struktur. Davon hängt ein Objektsatz (1) ab, in den wiederum ein Temporalsatz (2) eingebettet ist. Schematisch:

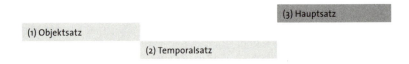

3. »Zentrierte Satzgefüge« enthalten einen Hauptsatz, der von zwei (oder mehr) abhängigen Sätzen umgeben ist. Beispiel:

(1) *Und alz wir darumb mit ainander kriegten,* (2) *da gienng der herr her,* (3) *daz wir schweigen mueßten* (ebd., 469).

Übergeordnete Struktur und »zentral« ist (2). Ein Temporalsatz (1) geht voraus, ein Konsekutivsatz (3) folgt nach. Schematisch:

4. »Gestreckte Satzgefüge« sind dadurch gekennzeichnet, dass ein abhängiger Satz den übergeordneten unterbricht. Beispiel:

(1a) *am montag nach mitag,* (2) *da man aber aufs haus kam* (1b) *da sprachen die vom rat* (ebd., 478).

Hier ist der Hauptsatz (1a) + (1b) durch einen eingeschalteten Temporalsatz (2) aufgespalten. Schematisch:

(1a) Hauptsatz, Teil 1		(1b) Hauptsatz, Teil 2
	(2) Temporalsatz	

Es handelt sich dabei um Grundtypen, die im Umfang erheblich variieren und in Kombination miteinander vorkommen können, sobald es zu mehrfach gestufter Unterordnung kommt.

5.3

Satzbau

Negation

Die Erhöhung des Komplexitätsgrades erforderte zunehmende Präzisierung und Strukturierung der Ausdrucksmittel, was wiederum zur weiteren Erhöhung des Komplexitätsgrades führte. Hier sieht v. Polenz (1994, 239 f.) einen Zusammenhang »mit der zunehmenden Bedeutung von Verwaltung und Wissenschaft für das Funktionieren des absolutistischen Staates und mit der dafür konstitutiven professionellen Rolle des Bildungsbürgertums, vom Verwaltungsjuristen und Gelehrten bis zum Sekretär, Hofmeister und Poeten«. Diese außersprachlichen Faktoren haben die strukturellen Gegebenheiten nicht verursacht, wohl aber ihre seit dem Frühneuhochdeutschen »oft extreme Beanspruchung für professionelle und/oder repräsentative Zwecke über die Grenzen des normalen Hörverstehens hinaus« (ebd.).

5.3 | Negation

Es werden zwei Arten von Negation unterschieden:

- adverbiale Negation mit *nicht* (*niemals, nie, keineswegs* usw.), z. B. *ich habe mein Geld* **nicht** *dabei.*
- adnominale Negation mit *kein*, z. B. *ich habe* **kein** *Geld dabei.*

Arten von Negation

Adverbiale Negation: Im Althochdeutschen erfolgte die Negation von Sätzen mit *ni* oder mit negativen Pronomina wie *nihheinig* ›keiner‹, *nioman* ›niemand‹ oder Adverbien wie *niomēr* ›niemals‹ u. ä. (vgl. Schrodt 2004, 135 f.). Es ist leicht zu erkennen, dass diese Negatoren aus *ni* und an sich positiven Elementen zusammengesetzt sind: *nioman* geht beispielsweise zurück auf *ni io man*, wörtlich: ›nicht jemals (ein) Mensch‹. Durch Zusammenziehung zu einem Wort (»Univerbierung«) entstand erst sekundär das negative Pronomen *nioman*.

Schon im Althochdeutschen konnte sich dieses *ni* »proklitisch« (in verschiedenen Formvarianten) nicht nur an Pronomina, sondern auch an Verben anlehnen und damit zu einer Wortform verschmelzen. Im **Mittelhochdeutschen** war das der Regelfall (vgl. Wolf 2000a, 1355 f.). In dieser Phase konnte es auch »enklitisch« an Pronomina angeschlossen werden. Sowohl bei pro- als auch enklitischer Verwendung unterlag es der Nebensilbenreduktion, wie die beiden folgenden Beispiele zeigen:

Proklitische und enklitische Negation im Mittelhochdeutschen

Beispiele

- Proklitisch: *der envar niht verrer danne her* ›der gehe nicht weiter als bis hierher‹ (*Gottfried Trist.* 124).
- Enklitisch: *ern hât mir leides niht getân* ›er hat mir nichts Böses getan‹ (ebd., 1043).

Die beiden Belegsätze zeigen noch eine weitere Besonderheit der mittelhochdeutschen Negation: Mit dem Adverb *niht* kommt noch ein weiteres

221

Negation

negierendes Element hinzu. Diese Doppelung ist dadurch zu erklären, dass man das mittlerweile aufgrund der Nebensilbenreduktion lautlich abgeschwächte Negationselement zusätzlich stützen oder verstärken musste. Das konnte sogar zu dreifacher Negation führen:

| Beispiele | **Dreifachnegation im Mittelhochdeutschen** |

*ine vernam von jegerîe solher liste **nie niht** mê* ›ich habe von der Jägerei noch nie solche Kunst erlebt‹ (ebd., 3304 f.).

Solche Mehrfachverneinungen heben sich – anders als im Neuhochdeutschen – gegenseitig nicht auf. Das hat eine Parallele in der englischen / amerikanischen Umgangssprache, z. B. wenn Bruce Springsteen singt *don't say **nothing**, if you don't have **nothing** nice to say*. In verschiedenen Dialekten gilt Ähnliches. Ein nicht konstruiertes, sondern authentisches Beispiel wäre bair. *mir sogt ja eh **koa** Mensch **nia neamd nix***, wörtlich: ›mir sagt ja sowieso kein Mensch nie niemand nichts‹. Gemeint ist natürlich: ›mir sagt ja sowieso kein Mensch was‹.

Bereits im späteren Mittelhochdeutschen übernahm *ni(c)ht*, das zunächst nur der Verstärkung diente, zunehmend die Funktion der Satznegation. Im Frühneuhochdeutschen setzt sich – allerdings mit sprachlandschaftlicher Differenzierung – die Mononegation mit *nicht* durch (vgl. Pensel 1976). Man kann also drei Stadien unterscheiden:

| Beispiele | **Veränderung der Satznegation** |

- Frühneuhochdeutsch *du achtest **nicht** das ansehen der Menschen* (Luther 1545, Matthäus 22,16).
- Mittelhochdeutsch: *du **ne** sihest **niht** an die under schidunge der mennischen* (*Bibelfragmente* 170 f.).
- Althochdeutsch: ***ni** scouuos thu heit manno* (*Tatian* 427,7–9).

Im Frühneuhochdeutschen ist zumindest im Bereich der gehobenen Schriftlichkeit der heutige Zustand erreicht, wie das zitierte Beispiel Martin Luthers zeigt.

| Zur Vertiefung | **Die Etymologie von *nicht*** |

Auch unser *nicht* gehört in die Reihe der univerbierten Negatoren. Es hat zwei Quellen: 1. ahd. *ni io wiht* ›nicht jemals etwas‹ und 2. *ni wiht* ›nicht etwas‹. Das erste ergab noch im Althochdeutschen *niowiht*, das zweite *niwiht*. Im Mittelhochdeutschen fällt beides in *niht* zusammen (dabei ist *h* wie *ch* in nhd. *nicht* auszusprechen). Das darin enthaltene Element ahd. *wiht* gehört etymologisch zu nhd. *Wicht* und bezeichnet irgendetwas Kleines, Geringfügiges. Ganz wörtlich genommen bedeuten die beiden althochdeutschen Varianten *niowiht* und *niwiht* also ›nicht (jemals) etwas Geringes‹. Vor allem in mittelhochdeutschen Dichtungen wurden weitere (metaphorische) Negationen verwendet, die auf demselben Prinzip basieren: Ein Wort, das etwas Kleines, Geringfügiges oder Minderwertiges bezeichnet, wird in adverbialer Funktion dazu verwendet, einen Satz zu negieren oder eine Negation zu verstärken, z. B. *und vürhte iuch alle* **niht ein strô**, wörtlich: ›und fürchte euch alle nicht ein Stroh‹, gemeint ist ›ich fürchte euch alle nicht im geringsten‹ (*Gottfried Trist.* 8869; zu ähnlichen bildlichen Verneinungen vgl. Paul 2007, 388; Zingerle 1862). Vergleichbares haben wir auch in der heutigen Umgangssprache: *das geht dich einen Dreck an* oder *das interessiert mich nicht die Bohne.* Auch *kein bisschen* gehört hierher, denn *bisschen* ist nichts anderes als ein Diminutiv zu *Biss* – etwas Kleines oder Geringfügiges eben.

Adnominale Negation: Auf allen Stufen des älteren Deutschen gab es die Möglichkeit, auch nur einzelne Satzglieder zu negieren. Das negierende Element ist dann adnominal auf die zu negierende Größe bezogen:

Adnominale Negation   **Beispiele**

- Frühneuhochdeutsch: **Kein** *Prophet ist angenem in seinem Vaterlande* (Luther 1545, Lukas 4,24).
- Mittelhochdeutsch: **en hein** *wissage ist gename in siner heimmv̂te* (*Bibelfragmente* 737 f.).
- Althochdeutsch: **nihéin** *uuizago antphengi ist in sinemo fatervodile inti in sinemo hús* (*Tatian* 243,18–20).

In den Belegen aus dem Alt- und Mittelhochdeutschen liegt proklitisch negiertes *ein* vor. Die beiden Sätze können paraphrasiert werden als ›nicht ein Prophet ist geachtet in seiner Heimat‹.

Das negierende fnhd. *kein*, das Luther verwendet, geht jedoch nicht direkt darauf zurück, sondern auf das ursprünglich positive Indefinitpronomen mhd. *dehein* ›irgendein‹. Die Betonung lag auf der zweiten Silbe (*dehéin*), weshalb *e* in der ersten Silbe schwand. Aus der dadurch entstandenen Konsonantenverbindung *dh* entstand *k*. Wie konnte es dazu kommen, dass ein positives Pronomen zur Negation umfunktioniert wurde? Folgende drei Beispielssätze zeigen *dehein* in unterschiedlichen Verwendungsweisen:

5·3 Satzbau

Negation

Beispiele **Das Funktionsspektrum von mhd. *dehein*: positives Indefinitpronomen und adnominale Negation**

- Positives Indefinitpronomen: *do erschein ain sterne, der was schoner vnde liehter denne **dehein** sterne* ›da erschien ein Stern, der war schöner und heller als irgendein (anderer) Stern‹ (*Spec. Eccl.* 32,19 f.).
- Positives Indefinitpronomen plus Negation: *Daz sint dei kint, dei nu getȯfet sint, dei habint **deheiner** sundin **niht***, wörtlich: ›das sind die Kinder, die jetzt getauft sind; die haben irgendwelche Sünden nicht‹ = › die haben keine Sünden‹ (ebd., 51,4 f.).
- Adnominale Negation: *In der helle ist **dehein** urlôse, **dehein** nuzziv bîhte* ›in der Hölle gibt es keine Erlösung, keine nützliche Beichte‹ (ebd., 41,24).

Der zweite Satz repräsentiert das Übergangsstadium vom positiven Pronomen zur adnominalen Negation: Zwar ist *deheiner sundin* für sich genommen nicht negativ verwendet, aber die Verbindung *deheiner sundin niht* konnte insgesamt als negierend verstanden werden (›irgendwelche Sünden nicht‹ = ›keine Sünden‹). In solchen Fügungen wurde von den Sprechern im Spätmittel-/Frühneuhochdeutschen das Element *dehein* (oder in jüngerer Form *kein*) als der eigentliche Träger der Negation interpretiert, so dass ein weiteres negierendes Element entbehrlich wurde. Es gibt sogar Fälle, in denen das aus *dehein* entstandene *kein* noch positiv-indefinit verwendet wird! In einer Leipziger Verfügung von 1380 heißt es: *Were aber, das der obgnanten gerber, schuster ader vunser burger **keyner** diß briefs scheydunge in **dekeynre** wyß bruchhafftig wurde* ›sollte es aber vorkommen, dass von den erwähnten Gerbern, Schustern oder unseren Bürgern **irgendeiner** die Anordnung dieser Verfügung in **irgendeiner** Weise übertritt‹. Bemerkenswert ist hier auch das Nebeneinander der Formvarianten *keyner* und *dekeynre*.

Die Kombination aus *kein* und *nicht* ist heute noch in den bairisch-österreichischen Dialekten üblich. Der schon in anderem Zusammenhang zitierte bayerische Zentrumsabgeordnete Filser schreibt an seinen Freund: *Halz Mäu und sag es **keinen** Menschen **nichd**, sonzt sag ich es auch von dir* ›halt's Maul und sag es keinem Menschen, sonst sage ich es auch von dir‹ (Thoma *Filser* 26). Ursprünglich war also dieser dialektale Negationstyp keine doppelte Verneinung, sondern eine Fügung mit *nicht* und Indefinitpronomen. Die theoretische Frage, wie es im Dialekt zur doppelten Verneinung kommen konnte, ist falsch gestellt. Zu erklären wäre allenfalls, warum sie nicht gänzlich außer Gebrauch kam, sondern in bestimmten (geographischen und soziologischen) Sprachbereichen fortlebte. Dass noch Johann Christoph Gottsched (1700–1766) gegen die doppelte Negation polemisierte (*heute zu Tage spricht nur noch der Pöbel so*, vgl. Pensel 1976, 324 f.), legt die Annahme nahe, dass dieser Typus erst unter dem Einfluss der normativen Grammatik verschwunden ist.

5.4 | Syntaktischer Wandel

Beim syntaktischen Wandel – das müsste aus dem Gesagten und den ausgewählten Belegen deutlich geworden sein – wirken sehr heterogene, teils sprachinterne, teils sprachexterne Faktoren zusammen. Eine Rolle spielen sicher auch Kontakte mit anderen Sprachen.

Sprachinterne Faktoren sind beispielsweise die Auswirkungen phonetisch-phonologischer Veränderungen und morphologischen Wandels auf den Satzbau. So hat etwa die Apokope (s. S. 70) dazu geführt, dass – speziell im Oberdeutschen – bei schwachen Verben im Präteritum die 1. und 3. Person Indikativ und Konjunktiv mit der 3. Person Singular (und 2. Person Plural) des Präsens formal zusammenfiel. In Wien, Nürnberg oder auch Straßburg konnte *glaubt* folglich bedeuten ›glaubt‹ oder ›glaubte‹ oder ›würde glauben‹. Solche Mehrdeutigkeit einer Form musste zwangsläufig dazu führen, dass deutlichere Ausdrucksalternativen – konkret heißt das Periphrasen (s. Kap. 5.1.1) – begünstigt wurden. Das wiederum brachte den Einstieg in die Entwicklung der für das Deutsche typischen Verbalklammer mit sich (vgl. Nübling 2008, 92–100). Auch Veränderungen der Konstituentenabfolge innerhalb von Nominalgruppen und der Genitivabbau (ebd., 102–104) sind Veränderungen, deren Faktoren innerhalb des Sprachsystems liegen. Sprachinterne Faktoren wirken sich vor allem im Bereich der elementaren syntaktischen Strukturen (Bau von Wortgruppen, Einfachsatz, Valenz) aus.

Sprachexterne Faktoren sind beispielsweise stilistische Absichten eines Autors, textsortentypische Ausdruckskonventionen (vgl. Wolf 2000a, 1355), pragmatisch motivierte Satzgestaltung (vgl. Ziegler 2005), aber auch veränderte Kommunikationsbedingungen und -bedürfnisse, wie sie im Schriftverkehr der frühneuzeitlichen Kanzleien des 15. Jh.s und im Rahmen der politischen und religiösen Auseinandersetzungen des 16. und 17. Jh.s gegeben waren. In verstärktem Maß spielt seit der frühen Neuzeit auch (bildungs-)bürgerliches Sprachprestige eine Rolle (vgl. Ebert 1980; von Polenz 1994, 274–279; 2000, 190 f.; Schwitalla 2002). Solche Faktoren wirken eher im Bereich des komplexen Satzes.

Sprachkontakt führt zum einen dazu, dass man versucht, syntaktische Strukturen einer fremden Sprache in die eigene zu transferieren. So haben sich althochdeutsche Übersetzer oft redlich bemüht, typisch lateinische Konstruktionen, die dem zeitgenössischen Deutschen fremd waren, wie z. B. Ablativus absolutus, Partizipialkonstruktionen oder den Akkusativ mit Infinitiv im Deutschen zu imitieren (vgl. Lippert 1974). Mit ähnlichen Ergebnissen, wenn auch mit ganz anderen Intentionen, haben Jahrhunderte später humanistische Autoren wie z. B. Niklas von Wyle (ca. 1410–1478) versucht, deutsche Sätze nach lateinischem Vorbild zu strukturieren. Man spricht hier mit Recht von **Lehnsyntax**, deren Domäne naturgemäß Übersetzungstexte sind. Versuche, dem Deutschen völlig fremde Strukturen aufzuzwingen, waren zwar kaum erfolgreich, doch konnte Sprachkontakt auch dazu führen, dass bestimmte Strukturmuster besonders aktiviert wurden. Erben (2000, 1590) rechnet mit solchen

Einflüssen beispielsweise dann, wenn »eine von mehreren konkurrierenden heimischen Möglichkeiten gestützt und vorrangig gemacht werden konnte, wie vielleicht im Falle der Endstellung des Verbs im Nebensatz oder der funktionalen Annäherung deutsche Infinitivkonstruktionen an das lateinische Gerundiv«.

Insgesamt ist syntaktischer Wandel ein komplexes Phänomen, dem mit monokausalen Erklärungsversuchen – seien es typologische »Modellierungen« oder soziolinguistisch-kulturhistorische Ansätze – nicht beizukommen ist.

6. Wortschatz

6.1 Allgemeines
6.2 Die indogermanische Wortschicht im Deutschen
6.3 Die germanische Wortschicht im Deutschen
6.4 Althochdeutsche Entwicklungen
6.5 Mittelhochdeutsche Entwicklungen
6.6 Frühneuhochdeutsch
6.7 Warum verändert sich der Wortschatz?

6.1 | Allgemeines

Der Wortschatz ist der sprachliche Bereich, der sich am schnellsten verändert, weil die Sprecher mithilfe von Wörtern in einem weitaus größeren Umfang auf Gegebenheiten und Veränderungen der außersprachlichen Welt reagieren können und müssen als mit Phonemen oder Flexionsformen. Die Folge ist, dass neue Wörter entstehen, vorhandene Wörter mit veränderter Bedeutung verwendet werden oder ganz außer Gebrauch kommen. Die Wörter, die in einem gegenwartssprachlichen Text verwendet werden, haben eine unterschiedlich lange und unterschiedlich bewegte Geschichte hinter sich. Das soll vorab an einem Beispiel kurz gezeigt werden. Im *Spiegel* vom 9.2.2009 ist auf S. 56 folgender Kurztext zu lesen:

Blues durch Chatten   Textbeispiel 20

Junge Mädchen besprechen ihre Nöte und Sorgen gern mit Gleichaltrigen, oft auch in Internet-Netzwerken wie Facebook oder MySpace. Doch das Problemewälzen führt nicht zu Lösungen, sondern bewirkt eher das Gegenteil. Zu diesem Ergebnis kommt eine jetzt im »Journal of Adolescence« veröffentlichte Studie der New Yorker Stony Brook Universität. Die Psychologinnen Lisa Starr and Joanne Davila befragten unter Aufsicht eines Elternteils 83 Mädchen im Alter von 13 und 14 Jahren und fanden heraus, dass die Teenies, die ihre Sorgen besonders intensiv besprechen, eher Anzeichen für Ängste und Depressionen zeigten. Ursache sei, dass quälende Fragen immer wieder von neuem durchgekaut würden, weil die pubertierenden Chatterinnen keine Übung im Lösen von Problemen haben. Reale und gewachsene Freundschaften hingegen können bei der Problemlösung helfen. Bei Jungs in diesem Alter gibt es laut Davila die Gefahr nicht – Jungs besprechen bisher ihre Probleme selten im Internet.

Eine gründliche etymologische Analyse aller Einzelwörter kann hier nicht vorgenommen werden. Es sollen nur anhand herausgegriffener Beispiele »Altersschichten« von Wörtern gezeigt werden:

6.1 Wortschatz

Allgemeines

- Der Text enthält einen hohen Anteil an Fremdwörtern aus dem Englischen. Dabei sind *Facebook* und *MySpace* eher dem besonderen Wortschatzbereich der Namen zuzuordnen, Wörter wie *Chatten*, *Teenies* und *Internet* dem »normalen« Substantivwortschatz. Dabei sind *Chatten*, *Facebook* und *MySpace* Entlehnungen, die erst **in allerjüngster Vergangenheit** im Zusammenhang mit neuen Entwicklungen der Internetkommunikation ins Deutsche gekommen sind, während *Teeny*, eine Kurzform von *Teenager*, schon seit Jahrzehnten zum deutschen Wortschatzbestand gehört. Das Wort *Internet* dürfte in den Achtziger Jahren des 20. Jh.s allgemeine Verbreitung gefunden haben.
- *Blues* ist zwar schon in der ersten Hälfte des 20. Jh.s ins Deutsche übernommen worden, doch ist im vorliegenden Text nicht der Musikstil gemeint. Die Bedeutung ist hier ›Niedergeschlagenheit, Schwermut‹. Ebenso wird das Wort auch im Englischen gebraucht (*I've got the blues*). In dieser jüngeren Bedeutung ist das Wort – vermutlich in den **siebziger Jahren des 20. Jh.s** – ein zweites Mal entlehnt worden.
- Das Adjektiv *intensiv* ist ein Lehnwort aus dem Französischen und hat sich – zunächst sicher im bildungsbürgerlichen Deutsch – im **18. Jh.** verbreitet.
- Wörter wie *Depressionen* und *Probleme* wiederum sind im Zusammenhang mit humanistischer Gelehrsamkeit im **16. Jh., also im Frühneuhochdeutschen**, aus dem Lateinischen ins Deutsche übernommen worden: Lat. *depressio* bedeutet ›Bedrückung‹, *problema* (das schon im Lateinischen ein Fremdwort aus dem Griechischen ist!) bedeutet zunächst ›das Vorgelegte‹. Das Verbum *pubertieren* ist von *Pubertät* abgeleitet. Zwar ist das Substantiv ebenfalls im 16. Jh. entlehnt worden (aus lat. *pubertas* ›Mannbarkeit, Geschlechtsreife‹), doch ist die Verbalbildung erheblich jünger.
- Bei den bisher besprochenen Beispielen handelt es sich um Fremdwörter, für die sich das Übernahmedatum vergleichsweise leicht ermitteln lässt (ein ausgezeichnetes Hilfsmittel ist das DFWB). Es gibt aber auch solche Wörter, die aus genuin deutschen »Bausteinen« zusammengesetzt sind. Beispiele aus dem Text wären *Mädchen* und *Ursache*. Das Wort *Mädchen* ist ursprünglich eine Diminutivform von *Magd*, womit im mittelalterlichen Deutschen nicht die Dienstmagd bezeichnet wurde, sondern Kinder und Jugendliche weiblichen Geschlechts. Aus *Mägdchen*, das sich im **15. Jh.** nachweisen lässt (und so noch von Lessing verwendet wird), wurde durch Vereinfachung der Dreifachkonsonanz *Mädchen*. Auch das Wort *Ursache* ist erst seit dem 15. Jh. nachzuweisen. Die Bestandteile *Ur-* und *Sache* sind jedoch älter.
- Das Wort *Lösung* hat die Vorformen ahd. *lōsunga*, mhd. *lœsunge*, ist also **im früh- und hochmittelalterlichen Deutschen** (und seither kontinuierlich) bezeugt. Es handelt sich um eine Ableitung vom Verbum ahd. *lōsen*, mhd. *lœsen* ›lösen, frei machen‹. Auch hier wurde ein deutsches Wort aus heimischen Bestandteilen zusammengesetzt, allerdings nach fremdem Bauplan, wie der Vergleich eines frühen alt-

6.1
Wortschatz

Allgemeines

hochdeutschen Belegs mit dem zugrundeliegenden lateinischen Text zeigt. Im *Tatian* (521,18) übersetzt *íuuer losunga* ›eure Erlösung‹ lat. *redemptio*. Dieses lateinische Abstraktum ist ebenso von einem Verb (*redimere*) abgeleitet wie ahd. *lōsunga* von *lōsen*. Der Unterschied zu *Depression* und *Problem* ist der, dass nicht ein fremdes Wort importiert wurde, sondern nur dessen Bauplan.

- Das Verbum *fragen* geht zurück auf ahd. *frāgēn*, das zusammen mit altsächsischen und altfriesischen Entsprechungen auf eine **westgermanische** Grundlage verweist (vgl. Kluge/Seebold 2002, 311 f.).
- *Not* und *Sorge* – oder genauer gesagt: die historisch zugrundeliegenden Wörter – kannten offenbar alle Germanen. Darauf deuten ahd. *nōt*, as. *nōd*, ae. *nēad*, an. *nauð*, got. *nauþs*, bzw. ahd. *sorga*, as. *sorga*, ae. *sorg*, an. *sorg*, got. *saurga* hin. Aus diesen frühen einzelsprachlichen Wortformen lassen sich schon für das **Urgermanische** zwei zugrundeliegende Feminina rekonstruieren (vgl. ebd., 656, 858). Andere indogermanische Sprachen kennen zwar etymologisch verwandte Wörter, aber keine genaue formale und semantische Entsprechung.
- Die beiden Verben *haben* und *geben* lassen sich noch weiter zurückverfolgen. Auch wenn es auf ersten Blick befremdlich erscheint, entspricht *haben* (ahd. *habēn*, got. *haban*) nicht lat. *habere* ›haben‹, sondern *capere* ›fassen, greifen‹. Dagegen geht unser Verb *geben* zusammen mit lat. *habere* auf eine gemeinsame **indogermanische Grundlage** zurück (ebd., 380).

Diese Beispiele aus dem kurzen *Spiegel*-Text zeigen, dass in einem ganz gewöhnlichen Text »Wortsedimente« von sehr unterschiedlichem Alter enthalten sein können (und normalerweise auch enthalten sind). Wir gebrauchen, ohne uns dessen bewusst zu sein, in unserer Alltagskommunikation einen bunten Mix aus ganz neuen und uralten Wörtern, die schon vor Jahrhunderten oder sogar vor Jahrtausenden geprägt worden sind. In diesem Kapitel werden in chronologischer Abfolge die lexikalischen »Sedimentschichten« des Deutschen kurz beschrieben.

Zwei Begriffe

Etymologie und Wortgeschichte sind sprachwissenschaftliche Richtungen, die sich mit historischen Aspekten des Wortschatzes befassen. Beide Sehweisen berühren oder überschneiden sich zwar, doch besteht auch eine deutliche Aufgabenteilung.
Die → **Etymologie** fragt nach Alter, Herkunft und Entstehungsbedingungen von Wörtern. Nochmals ein Beispiel aus dem zitierten Text, nämlich *Junge*. Für einen Etymologen ist dieses Wort die Substantivierung des Adjektivs *jung*, das zusammen mit engl. *young*, isl. *ungur* usw. auf urg. **jung-a-* zurückgeht und sich mit etymologisch verwandten Wörtern wie lat. *juvenis* auf eine gemeinsame indogermanische Wurzel zurückführen lässt. Die Substantivierung mit der heute gebräuchlichen Bedeutung ist erstmals im 16. Jh. fassbar (vgl. Kluge/Seebold 2002, 454).

229

6.2

Wortschatz

Die indogermanische
Wortschicht
im Deutschen

> Die → Wortgeschichte bzw. historische Semantik fragt z. B. danach,
> wo, warum und in welchen Zusammenhängen in der frühen Neu-
> zeit *Junge* neben *Knabe* verwendet wurde und wie sich dieses Wort
> beispielsweise zu *Bub* oder *Bursche* verhält, in welchen Bedeutungen
> es in den dazwischen liegenden Jahrhunderten gebraucht worden
> ist. Eine wortgeschichtliche Frage wäre auch, was mit dem verhält-
> nismäßig neuen Plural *Jung-s* (statt älterem *Jung-en*) ausgedrückt
> wird (weiterführend Seebold 1981, 15–60).

6.2 | Die indogermanische Wortschicht im Deutschen

Zentrale Wortschatzbereiche noch des heutigen Deutschen haben direkte
oder indirekte Wurzeln im Indogermanischen. Hierher gehören beispielsweise die **primären Verwandtschaftsbezeichnungen:**

- *Mutter*: mhd., ahd. *muoter*, as. *mōdar*, ae. *mōdor*, an. *móðir* ermöglichen einen Ansatz urg. **mōder*, der u. a. zusammen mit lat. *māter*, air.
  māthir, aind. *mātár* auf eine Grundlage idg. **mātēr* (mit Akzent auf der
  ersten Silbe) zurückgeführt werden kann.
- *Vater*: mhd., ahd. *fater*, as. *fadar*, ae. *fæder*, an. *faðir*, got. *fadar* aus urg.
  *fader; dieses basiert z. B. mit lat. *pater*, gr. *patēr*, air. *athir*, aind. *pitā*
  auf idg. **pətēr* (mit Akzent auf der zweiten Silbe).
- *Schwester*: ahd., mhd. *swester*, as. *swestar*, ae. *sweostor*, an. *systir*, got.
  swistar aus urg. **swester*; dieses basiert z. B. mit lat. *soror*, gr. *éor*, air.
  siur, aind. *svásar* auf idg. **swesor* (die *t*-Formen treten erst im Urgermanischen auf).
- *Bruder*: mhd., ahd. *bruoder*, as. *brōðar*, ae. *brōðor*, an. *bróðir*, got. *brōþar*
  aus urg. **brōþēr*; dieses geht z. B. mit lat. *frāter*, air. *bráthair*, aind.
  bhrātar auf idg. **bʰrātēr* (mit Akzent auf der ersten Silbe) zurück.

Ähnliche Wortentsprechungen ermöglichen es beispielsweise für die **Ele-
mentarzahlen** *eins* bis *zehn* (auch *hundert*), ur- und indogermanische
Grundlagen zu rekonstruieren. Auch ein Großteil der ablautenden (starken) Verben geht auf das Indogermanische zurück.

Von indogermanischem Alter sind ferner Bezeichnungen für

- **Tiere**, z. B. *Wolf, Gans, Maus*
- **Naturerscheinungen**, z. B. *Sonne, Mond, Stern, Nacht*
- **Körperteile und -funktionen**, z. B. *Haupt, Hals, Arsch, Fuß; atmen, es-
  sen, gehen, stehen*
- **Dinge des einfachen Ackerbaus**, z. B. *Acker, säen*

Auch einige **Pronomina** (z. B. *der, die, das, er, sie, es, mein, dein, sein*) sind
– bei allen Metamorphosen im Laufe der Sprachgeschichte – letztlich auf
indogermanische Grundformen rückführbar (weiterführend Stroh 1974).

230

6.3

Wortschatz

Die germanische
Wortschicht
im Deutschen

Wortrekonstruktion

Zur Vertiefung

Aussagen über Wortschatz und Grammatik prähistorischer Sprachstufen, die keinerlei schriftliche Zeugnisse hinterlassen haben, können
nur auf dem Wege der Rekonstruktion gemacht werden. Dabei können
lautliche und semantische Ähnlichkeiten zwar Indizien für gemeinsame Vorformen sein, beweisen für sich genommen jedoch nichts. Ein
gutes Beispiel, von dem schon die Rede war, ist die scheinbare Wort-
gleichung von *haben* und lat. *habere*. Auch hat das lateinische Wort für
›Gott‹, nämlich *deus*, nichts mit gleichbedeutendem *theos* (von dem sich
z. B. *Theologie* herleitet) zu tun. Die Kehrseite dieser Einsicht ist, dass
Wörter, die auf ersten Blick keine besondere Formen- oder Bedeutungs-
ähnlichkeit aufweisen, etymologisch auf eine gemeinsame Grundlage
zurückgeführt werden können. Ein Beispiel wäre das deutsche Wort
Hure (mhd. *huore*), das mit lat. *cārus* ›lieb‹ und air. *cara* ›Freund‹ auf ein
und dieselbe Wurzel idg. *kā-* zurückgeht, von der mit anderen formalen Mittel aind. *kāma* abgeleitet ist, das in *Kamasutra* enthalten ist. Eine
methodisch saubere etymologische Wortrekonstruktion muss lautge-
schichtliche, morphologische und semantische Kriterien kombinieren,
gegebenenfalls aber auch die wissenschaftliche Redlichkeit haben,
unsichere oder nur hypothetische Ansätze als solche zu kennzeichnen
(weiterführend: Birkhan 1985, 25–31; Meier-Brügger 2002, 42–63; Seebold 1981, 35–53).

6.3 | Die germanische Wortschicht im Deutschen

Eine weitere, jüngere »Sedimentschicht« im heutigen Deutschen stellen solche Wörter dar, die erstmals im Germanischen greifbar werden,
also Wörter mit mittel- und althochdeutschen Vorformen, die ihrerseits
Entsprechungen in den nächstverwandten germanischen Sprachen
(s. Kap. 2.2) aufweisen. Der Terminus »urgermanisch« wird hier bewusst
vermieden, denn er würde suggerieren, dass bestimmte Wörter auf einer gemeinsamen Vorstufe der historischen Einzelsprachen geprägt und
danach beibehalten wurden. Es ist jedoch auch damit zu rechnen, dass
sich Wörter zusammen mit den Sachen, die sie bezeichnen, innerhalb der
Germania verbreitet haben. Die Herkunft »neuer« germanischer Wörter
ist in der Forschung vielfach umstritten. Konsens besteht praktisch nur
dann, wenn gesichert ist, dass es sich um Lehnwörter aus einer bekannten Kontaktsprache handelt (s. Kap. 6.3.2). Das nicht zu leugnende Vorhandensein einer Reihe von Wörtern im Germanischen, die sich weder
indogermanisch anschließen noch als Importe aus einer gesicherten historischen Kontaktsprache erweisen lassen, hat zu mancherlei Hypothesen
von unterschiedlicher Plausibilität Anlass gegeben. Ein Beispiel wäre der
Versuch, das »Vaskonische«, eine prähistorische Vorform des Baskischen,

231

oder »Atlantiker« bzw. »Paläo-Phönizier« ins Spiel zu bringen (z. B. Vennemann 2000; 2003).

6.3.1 | Neuerungen im germanischen Wortschatz

In bestimmten Wortschatzbereichen zeigen die altgermanischen Einzelsprachen deutliche gemeinsame Konturen:

- **Waffen, Kampf und Krieg:** Nhd. *Schwert* (mhd., ahd. *swert*) entspricht engl. *sword* (ae. *sweorð*), an. *sverð* (das Gotische hat dafür ein anderes Wort) und weist damit auf **swerda-* zurück. Weitere Lexeme aus diesem Wortbereich sind *Bogen* (das vom Verb *biegen* abgeleitet ist), *Helm* (zu ahd. *hëlan*, nhd. *hehlen*, das ursprünglich ›verhüllen, verbergen‹ bedeutete), *Waffe*, *Schild*, *Speer* (vgl. Hüpper-Dröge 1983). Die germanischen Einzelsprachen kannten auf ihren älteren Stufen mehrere »Kriegswörter«, die auf gemeinsame Grundlagen zurückgehen. Der Anfang des *Hildebrandsliedes* (Textbeispiel 1, S. 20, Z. 5) enthält das Kompositum *guðhamon* ›Kampfgewänder‹, dessen erste Konstituente *guð-* ein germanisches Wort mit der Bedeutung ›Kampf‹ fortstetzt, und Entsprechungen in ae. *gūð* und an. *gunnr* (Variante *guðr*) hat. Es ist auch in den Namen *Gunter*, *Günter*, *Gunnhild*, *Hildegund* u. ä. enthalten. Gleich die nächste Verszeile bietet ein weiteres Wort: *hiltiu* ist Dat. Sg. zum Femininum *hiltia* mit den Entsprechungen as. *hildi*, ae. *hild*, an. *hildr*. Auch dieses Wort ist noch in Personennamen (*Hildegard*, *Hildebrand*) enthalten (vgl. Stroh 1974a, 37–39).
- **Seefahrt:** Nhd. *See* (mhd. *sē*, ahd. *sēo*) weist zusammen mit engl. *sea* (ae. *sǣ*), an. *sjór*, got. *saiws* auf eine gemeinsame Grundlage **saiwi* zurück. Vergleichbare Verhältnisse bestehen bei *Ebbe*, *Kiel*, *Mast*, *Segel*, *Steuer* und den Bezeichnungen der Himmelsrichtungen (ebd., 39–41).
- **Herrschaft und Recht:** Das Wort *König* (mhd. *künic*, ahd. *kuning*) setzt mit seinen Entsprechungen engl. *king* (ae. *cyning*), an. *konungr* eine Bildung **kuning-/ *kunung-* fort. In diesen Wortschatzbereich gehören beispielsweise auch *Graf*, *Herzog*, *Ding* mit der ursprünglichen Bedeutung ›Rechtssache‹ oder ›Rechtsversammlung‹ (ausführlich Karg-Gasterstädt 1958), *Sache*, *Dieb*, *Raub* (vgl. Munske 1973; Stroh 1974a, 41–46).
- **Poetischer Wortschatz:** Eine Reihe von Wörtern ist in mehreren frühen germanischen Literatursprachen belegt, jedoch ausschließlich in poetischen Texten. Das lässt den Rückschluss zu, dass es bereits früh eine Art gemeingermanisches dichterisches Vokabular gegeben haben muss. Dabei muss offen bleiben, ob solche Wörter auf ein voreinzelsprachliches Stadium zurückgehen, oder ob sie innerhalb eines noch anzunehmenden Verständigungskontinuums weitergegeben wurden. Dafür zwei Beispiele aus bereits in anderem Zusammenhang behandelten Texten: Ein umschreibendes Kompositum für den Seefahrer ist ahd. *sēolīdanti*, wörtlich ›über das Meer Gleitender‹ (vgl. *dat sagetun mi sẹolidante westar ubar wentilsẹo* ›das sagten mir Seeleute von west-

6.3

Wortschatz

Germanische
Lehnwort-
beziehungen

lich des Wendelmeeres‹, *Hildebrandsl.* 42 f.). Für das Altsächsische ist die genaue Entsprechung belegt (*the sêolîðandean naht neƀulo biuuarp* ›die Seefahrer umhüllte die Nacht mit Nebel‹, *Heliand* 2908 f.). Auch im altenglischen *Beowulf*-Epos kommt das entsprechende Kompositum *sǣlīðende* mehrmals vor. In ahd. *Dat gafregin ih ... dat ero ni uuas noh ufhimil* ›das erfuhr ich, dass die Erde nicht existierte noch der Himmel‹ (*Wessobr.Ged.* 1 f.) liegt der einzige Beleg für *ûfhimil*, wörtlich ›Obenhimmel‹ vor. Genaue Entsprechungen sind für das Altsächsische (*huand he thit uueroldrîki, erðe endi uphimil ... giuuarhte* ›weil er diese Welt, Erde und Himmel erschuf‹, *Heliand* 2885–7), das Altenglische und auch das Altnordische nachzuweisen (hier z. B. in der *Völuspá*, einem Gedicht über Entstehung und Untergang der Welt: *iǫrð fannz æva né upphinn* fast wörtlich übereinstimmend mit dem althochdeutschen Vers: ›die Erde war nicht da, auch nicht der Himmel‹).

- **Verben:** Eine Reihe abgeleiteter (also schwacher) Verben muss schon auf einer germanischen Sprachstufe gebildet worden sein, so z. B. die einstigen *jan*-Verben *bluten* (ahd. *bluoten*, ae. *blēdan* > engl. *bleed*, an. *blœða*), *leisten* (ahd. *leistek*, as. *lēstian*, ae. *lǣstan* > engl. *last*, got. *laistjan*), *teilen* (ahd. *teilen*, as. *dēlian*, ae. *dǣlan* > engl. *deal*, an. *deila*, got. *dailjan*) u. a. (vgl. Riecke 1996, 394 f.).

- **Adjektive:** Zahlreiche Adjektive des Deutschen können aufgrund von Entsprechungen auf germanische Grundlagen zurückgeführt werden. Teilweise besteht zwar eine (mehr oder weniger sichere) Verbindung zu indogermanischen Wortstämmen, doch scheint die eigentliche Adjektivbildung erst auf germanischer Stufe erfolgt zu sein. Nur wenige Beispiele hierfür sind *arm* (mhd., ahd., as. *arm*, ae. *earm*, an. *armr*), *bleich* (mhd., ahd. *bleih*, as. *blēk*, ae. *blǣce* > engl. *bleak*), *blind* (mhd., ahd., as., ae. *blind*, an. *blindr*, got. *blinds*). Die Adjektive *groß* (mhd., ahd *grōʒ*, as. *grōt*, ae. *grēat* > engl. *great*) und *klein* (mhd., ahd. *klein*, as. *klēni*, ae. *clǣne* > engl. *clean*) sind nur in den frühen westgermanischen Sprachen verbreitet und dürften deshalb einer jüngeren Schicht angehören (ausführlich Heidermanns 1993).

6.3.2 | Germanische Lehnwortbeziehungen

6.3.2.1 | Germanen und Römer

Bereits in prähistorischer Zeit befanden sich germanische Stämme in Nachbarschaft mit anderen Ethnien. Am nachhaltigsten haben sich die Berührungen mit dem Imperium Romanum auf Sprache und Kultur der Germanen ausgewirkt. Diese Kontakte müssen sehr verschiedenartig gewesen sein: Germanische Scharen drangen immer wieder zu Raubzügen auf römisches Gebiet vor, bis schließlich im 5. Jh. das Imperium unter dem Ansturm der »Barbaren« aus dem Norden kollabierte. Doch nicht wenige Germanen leisteten auch auf römischer Seite Militärdienste (teilweise sogar in hohen Diensträngen) und kehrten danach wieder in ihre

233

6.3 Wortschatz

Die germanische Wortschicht im Deutschen

alte Heimat zurück. An Donau, Rhein und Limes muss es auch zu einer Art von kleinem Grenzverkehr mit Austausch von Handelswaren in beide Richtungen gekommen sein (zur germanisch-römischen »Konfrontation und Koexistenz« über 400 Jahre hinweg vgl. Krause 2005, 118–147). So konnten gegenseitige sprachliche Beeinflussungen nicht ausbleiben.

Römische (lateinische) Lehnwörter im Germanischen: Es zeichnen sich deutlich einige Sachbereiche ab (vgl. Henkel 2004, 3174; Stroh 1974a, 46–49):

- **Waffen, Kampf und Krieg:** Es konnte nicht ausbleiben, dass Germanen, die häufig gegen die Römer kämpften, teilweise aber auch in deren Legionen dienten, mit der überlegenen Waffentechnologie auch die zugehörigen Bezeichnungen übernahmen. Wörter dieses Bereichs, die sich kontinuierlich bis heute erhalten haben, wären z. B. *Pfeil* (lat. *pīlum* ›Wurfspieß‹) und *Pfahl* (lat. *pālus*). Das römische Straßennetz hatte vor allem strategische Bedeutung, deshalb können auch Wörter wie *Straße* (lat. *via strata* ›gepflasterter Weg‹) oder *Meile* (lat. *mīlia* ›Strecke von 1000 Schritten‹) hier genannt werden. Nhd. *Kampf* ist auf lat. *campus* ›Feld‹ zurückzuführen. Das Wort konkurrierte im Alt- und Mittelhochdeutschen mit den bereits genannten germanischen Begriffen.
- **Handel und Verkehr:** Wörter wie *kaufen* (lat. *caupo* ›Händler, Wirt‹), *Pfund* (lat. *pondus*, *Münze* (lat. *monēta*), *Sack* (lat. *saccus*) weisen auf den antiken römisch-germanischen Warenaustausch zurück.
- **Hausbau:** Die Germanen lebten in einfachen Hütten. Um senkrechte Pfosten wurden Weidenruten gewunden (dt. *Wand* leitet sich vom Verbum *winden* her) und mit Lehm verschmiert. Von den Römern übernahm man die Steinbautechnik und im Zusammenhang damit die zugehörigen Wörter. Zu dieser Lehnwortschicht gehören z. B. *Mauer* (lat. *mūrus*; Femininum wohl in Analogie zu *Wand*), *Ziegel* (lat. *tēgula*), *Fenster* (lat. *fenestra*) und *Kammer* (lat. *camera*). Wichtig für die Stabilität von Steinbauten ist *Kalk* (lat. *calx*).
- **Interieur und Hausrat:** Der original-germanische Hausrat muss im Vergleich zu dem, was in römischen Villen Standard war, sehr bescheiden gewesen sein. Wer es sich im römisch beeinflussten Germanien leisten konnte, stellte sich einen *Schrein* (lat. *scrīnium*) ins Haus, ruhte auf einem *Kissen* (lat. *coxīnus*) und legte die Beine dabei auf einen *Schemel* (lat. *scamillus*). Gekocht wurde nicht über einem offenen Feuer im einzigen Raum, sondern in einer abgetrennten *Küche* (lat. *coquina*). In *Schüsseln* (lat. *scutella*) wurden auf einem Tisch (lat. *discus*) verschiedene *Früchte* (lat. *fructus*) zum *Wein* (lat. *vīnum*) serviert, z. B. *Kirschen* (lat. *cerēsia*) oder *Pflaumen* (lat. *prūma*), soweit diese nicht zu *Most* (lat. *mustum*) verarbeitet wurden.
- **Herrschaft und Verwaltung:** Zum tradierten Wortschatz in diesem Bereich (s. o.) kamen durch den Kontakt mit Herrschafts- und Organisationsformen der Römer Wörter wie *Kaiser* (lat. *Caesar*) und *Zoll* (lat. *toloneum*). Residenz und Verwaltungszentrum war eine *Pfalz* (lat. *palantia*), in deren Bereich sich vielleicht auch ein *Kerker* (lat. *carcer*)

234

6.3

Wortschatz

Germanische Lehnwortbeziehungen

befand. Um *sicher* (lat. *securus*) zu sein, schloss man verbindliche Verträge. Erst im Mittelhochdeutschen ist *pfaht* (lat. *pactus*) belegt, doch muss dieses Wort schon wesentlich früher entlehnt worden sein, sonst wäre es nicht von der zweiten Lautverschiebung ($p > pf$ und $k > \chi$) betroffen worden. Nhd. *Pakt* ist eine Neuentlehnung erst des 16. Jh.s. Mit den Verwaltungsstrukturen wurde auch die römische Siebentagewoche übernommen. Die lateinischen Benennungen der Tage wurden dabei jedoch germanisiert: In *Donnerstag* (lat. *Jovis dies* ›Tag des Jupiter‹) kam der Gott *Donar* zu Ehren, derselbe, dem um 800 im sächsischen Taufgelöbnis (s. Textbeispiel 4, S. 26 f.) abgeschworen werden musste. Den *Freitag* (lat. *Veneris dies* ›Tag der Venus‹) benannte man nach der Liebes- und Fruchtbarkeitsgöttin *Freia*. Nhd. *Mittwoch* (Maskulinum nach den übrigen Tagesnamen auf *–tag*) verdrängte ab dem 11. Jh. den viel älteren ›Tag des Wodan‹, der noch in engl. *Wednesday* fortlebt. Umsetzungen sind auch *Sonn-* und *Montag* für lat. *dies Solis* bzw. *Lunae* (vgl. Schuppener 2007, 18–45).

Germanische Lehnwörter im Lateinischen: Die Hauptentlehnungsrichtung verlief in den Jahrhunderten der römischen Antike von Süden nach Norden, was eine ganz natürliche Folge des Macht- und Kulturgefälles in den Jahrhunderten der Spätantike war. Aber einige germanische Wörter nahmen auch die umgekehrte Richtung. Es handelt sich dabei um Bezeichnungen von Dingen, die aus römischer Sicht Besonderheiten des Landes oder der Bewohner Germaniens waren. Eine frühe Entlehnung, die bereits im 2. Jh. v. Chr. belegt ist, ist *brācas* ›Hosen‹. Zugrunde liegt germ. **brōk-*. Anders als die Germanen trugen die Römer keine Hosen. Das Wort lebt noch fort in engl. *breeches*, bair. *Bruoch* und in nordischen Sprachen. Angeblich färbten sich die Germanen, bevor sie in den Kampf zogen, die Haare mit einem Gemisch aus Talg, Asche und Pflanzenextrakten rot, um sich ein furcherregendes Aussehen zu geben. Diese Mixtur wird in römischen Quellen als *sāpo* bezeichnet, das eine latinisierte Form desselben Wortes ist, das nhd. *Seife* zugrunde liegt (vgl. Kluge/Seebold 2002, 838).

Begehrtes Import- und Luxusgut bei den Römern war Bernstein. Das lateinische Wort dafür ist *glēsum*, das nhd. *Glas* entspricht. Die Germanen an der Ostseeküste haben offenbar für Glas, das sie von den Römern kennenlernten, nicht das lateinische Wort (*vitrum*) verwendet, sondern das ihnen unbekannte Material mit ihrem Wort für Bernstein bezeichnet. Die Römer bezogen von den Germanen mit der Sache auch das Wort.

Caesar weiß von großen gehörnten Tieren zu berichten, die es in den germanischen Wäldern gab. Diese Tiere nennt er *alces*. Das Wort ist unschwer als latinisierte Form des Wortes *Elch* bzw. einer germanischen Vorform zu erkennen. Auch lat. *ūrus* ›Auerochse‹, der Name eines Wildrindes, das in diesen Gebieten, nicht aber in Italien heimisch war, ist germanischen Ursprungs (der anlautende Vokal ist der Name des zweiten Runenzeichens; s. S. 60). Von den Germanen lernten die Römer auch den Met (latinisiert *medus*) und die Harfe (lat. *harpa*) kennen.

6.3

Wortschatz

Die germanische
Wortschicht
im Deutschen

6.3.2.2 | Germanen und Kelten

Die Nachbarschaft zu den Kelten hat dazu geführt, dass auch aus deren Sprache(n) einzelne Lexeme von den Germanen übernommen worden sind. Es zeichnen sich zwei Sach- und damit Wortbereiche ab (vgl. Birkhan 1985, 248–250):

- **Technik:** Die Kelten der Antike waren in der Metallgewinnung und -verarbeitung wesentlich weiter fortgeschritten als die Germanen ihrer Zeit, die diese Fertigkeiten von ihren westlichen Nachbarn lernten. Das fand seinen Niederschlag in einer Reihe von Wörtern, die zusammen mit der Sache ins Germanische übernommen wurden und noch in heutigen germanischen Sprachen vorhanden sind. Nhd. *Eisen* beispielsweise geht über ahd. *īsan* zurück auf germ. **īsarn*, das auch die Grundlage für engl. *iron* und isl. *járn* ist. Aus diesem Material wurden Brustpanzer (ahd. *brunia*, mhd. *brünne*, got. *brunjo*) hergestellt. Zugrunde liegt wohl ein keltisches Wort mit der Bedeutung ›Brust‹. Dem englischen *lead* ›Blei‹ entspricht dt. *Lot* (davon abgeleitet *löten*). Beides weist zurück auf ein urgermanisches Grundwort, das aus dem Keltischen übernommen worden ist.
- **Herrschaft und Verwaltung:** Die Kelten waren den Germanen nicht nur technologisch überlegen, sondern sie verfügten auch über eine effektivere Sozialordnung. Aus dem Keltischen stammt die ganze Wortsippe um nhd. *Reich* und *reich*, zu der auch das Namenssegment in *Fried-rich*, *Hein-rich* usw. gehört (vgl. Kluge/Seebold 2002, 753), ebenso das Wort *Amt*. Nhd. *Zaun* geht zusammen mit engl. *town* zurück auf germ. **tūnaz*, das ›eingefriedeter Platz‹ bedeutet haben muss. Grundlage dafür war wiederum keltisches *dūnos*, das in zahlreichen Ortsnamen (von *Campodunum* = Kempten in Deutschland über *Lugdunum* = Lyon in Frankreich bis *Segodunum* = Sigtuna in Schweden) enthalten ist.

6.3.2.3 | Weitere germanische Lehnbeziehungen

Sehr frühe Lehnwörter aus dem Germanischen finden sich in nördlichen und östlichen Kontaktsprachen. Von besonderem Interesse sind Entlehnungen ins **Finnische**, denn dort haben sich Wortformen in einer Altertümlichkeit erhalten, die in keiner historischen Einzelsprache mehr bezeugt ist (grundlegend Ritter 1993). Man kann geradezu von Wortfossilien sprechen: In finn. *rengas* ›Ring‹, *kuningas* ›König‹, *vantus* ›Handschuh‹, *kana* ›Huhn‹ (eigentlich handelt es sich um das Wort für ›Hahn‹), *kansa* ›Volk‹ (zu got. *hansa* ›Schar‹, dt. *Hanse*) sind urgermanische Formen konserviert. Die Endsilben *-as* und *–us* zeigen noch die einstige Zugehörigkeit zu den historischen *a-*und *u*-Stämmen (s. Kap. 4.2.2).

6.4 | Althochdeutsche Entwicklungen

Die volkssprachlichen Texte des Frühmittelalters erlauben wegen ihrer thematischen Begrenztheit nur bedingt Einblick in die Sprachwirklichkeit der Zeit. Der größte Teil der althochdeutschen Überlieferung ist direkt oder indirekt von lateinischen Quellen abhängig (s. Kap. 2.3.2 und 2.4.2) und zumindest im weiteren Sinne kirchlich geprägt. Dementsprechend ist unsere Kenntnis des Spezialwortschatzes im religiösen Bereich vergleichsweise gut (vgl. Fuß 2000). Dennoch ist nicht jedes Wort, das in einem religiösen Zusammenhang verwendet wird, per se religiöse Lexik. Das heißt: Es besteht auch Kontinuität zu älteren Sprachstadien: Ein Teil des althoch- und altniederdeutschen Wortschatzes kann auf west-, ur- und indogermanische Grundlagen zurückgeführt werden.

Innerhalb des Althochdeutschen und Altsächsischen lassen sich aber auch lexikalische Innovationen feststellen. Sie gehen teilweise auf kontaktsprachliche Einflüsse zurück, können aber auch durch autochthone Wortbildung entstanden sein (zur Frage der Kontinuität des althochdeutschen Wortschatzes in die andere Richtung, nämlich bis ins Neuhochdeutsche, vgl. Köppe 1996).

6.4.1 | Lexikalisches Lehngut

Wörter, die einer Kontaktsprache entlehnt, unter fremdem Einfluss aus eigenem Sprachmaterial gebildet oder in ihrer Bedeutung verändert worden sind, kann man zunächst ganz allgemein als lexikalisches Lehngut bezeichnen. Für diesen gesamten Bereich hat Betz (1974) folgendes Klassifizierungsmodell vorgeschlagen:

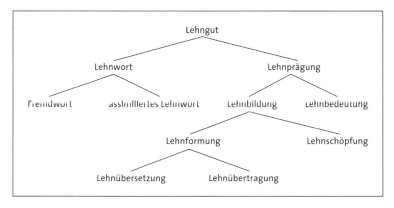

Klassifikation des Lehngutes nach Betz

Lehnwörter sind solche Wörter einer fremden Sprache, die **mit ihrer Lautform und ihrem Wortinhalt** übernommen worden sind. Von **assimilierten Lehnwörtern** spricht Betz dann, wenn die phonetische und morphologische Anpassung so weit fortgeschritten ist, dass die fremde Her-

6.4
Wortschatz

Althochdeutsche Entwicklungen

kunft synchron nicht mehr erkennbar ist. Das trifft auf die in Kap. 6.3.2 besprochenen frühen Entlehnungen aus dem Lateinischen ebenso zu wie auf zahlreiche Wortübernahmen des Frühmittelalters. Althochdeutsche Lehnwörter stammen aus mehreren Kontaktsprachen.

Latein: Vieles von dem, was das Christentum an Neuerungen brachte und was Klostermauern beherbergten, war den Menschen bis dahin unbekannt. Folglich konnte es dafür (noch) keine volkssprachlichen Bezeichnungen geben. Eine Reihe von Wörtern, die wir heute noch gebrauchen, aber längst nicht mehr als »fremd« empfinden, kam zwischen dem 8. und 10. Jh. im Zusammenhang mit der frühmittelalterlichen Klosterkultur und der auch politisch gewollten christlichen Mission ins Deutsche. Es zeichnen sich verschiedene Lebens- und damit Wortschatzbereiche ab. Hier nur einige Beispiele (weiterführend Betz 1974; Keller 1986, 207–228; Sonderegger 2003a, 372 f.):

Lateinisch beeinflusste Wortschatzbereiche

- **Personen:** *Abt*, ahd. *abbat* (*abbas*); *Mönch*, ahd. *munih* (*monachus*); *Nonne*, ahd. *nunna* (*nunna*); *Probst*, ahd. *probost* (*propositus*); *Vogt*, ahd. *fogat* ›Rechtsbevollmächtigter‹ (*advocatus*); *Pilger*, ahd. *piligrīm* (*peregrinus*).
- **Gebäude, Gebäudeteile und –komplexe:** *Kloster,* ahd. *klōstar* (*claustrum*); *Münster*, ahd. *munistri* (*monasterium*); *Klause*, ahd. *klūsa* ›Klause‹ (*clūsa*); *Zelle*, ahd. *cella* (*cella*); *Pforte*, ahd. *pforta* ›Pforte‹ (*porta*).
- **Sakralbereich, Frömmigkeit:** *Altar*, ahd. *altari* (*altare*); *Kreuz*, ahd. *crūzi* (*crux, cruc-is*); *Kelch*, ahd. *kelih* (*calix, calic-is*); *segnen*, ahd. *seganōn* (*signare*); *Almosen*, ahd. *alamuosa* (*elemosyna*).
- **Schule, Bibliothek, Schreibstube:** *Meister*, ahd. *meistar* (*magister*; nhd. *Magister* ist eine humanistische Neuentlehnung); *Pergament* ahd. *pergamin* (*pergamēnum*); *schreiben*, ahd. *skrīban* (*scrībere*); *Schule*, ahd. *skuola* (*schola*); *Schüler*, ahd. *skuolāri* (*schōlārius*); *dichten*, ahd. *dihtōn* ›schreiben‹ (*dictare*); *Tinte*, ahd. *tincta* (*aqua tincta* ›gefärbtes Wasser‹).
- **(Kloster-)Garten:** *Balsam*, ahd. *balsama* (*balsamum*); *Lattich*, ahd. *lattuh* ›Lattich‹ (*lactuca*); *Lorbeer*, ahd. *lōrberi* und *lōrboum* (*laurus*); *Mandel*, ahd. *mandala* (*amandula*); *Maulbeere*, ahd. *mūrberi* und *mūrboum* (*morum*); *Rose*, ahd. *rosa* (*rosa*); *Salbei*, ahd. *salbeia* (*salvegia*); *Petersilie*, ahd. *petersilia* (*petrosilium*); *Pilz*, ahd. *buliʒ* (*boletus*); *Weiher*, ahd. *wīhāri* ›Weiher‹ (*vivārium*).
- **Krankenpflege:** *Arzt*, ahd. *arzat* (*archiater*); *laben*, ahd. *labōn* ›waschen‹ (*lavare*); *sauber*, ahd. *sūbar* (*sobrius*).
- **Küche, Lebensmittel:** *Trichter*, ahd. *trihtere* (*traiectorium*); *Mörser*, ahd. *mortāri* (*mortārium*); *Brezel*, ahd. *brezitella* (*brachialettum*).
- **Übernatürliches:** *Engel*, ahd. *engil* (*angelus*); *Teufel*, ahd. *tiufil* (*diabolus*); beides sind bereits im Lateinischen Lehnwörter aus dem Griechischen und wohl über eine spätantike »vulgärlateinische« Varietät ins Deutsche gelangt.

Griechisch: Einige Wörter griechischer Herkunft müssen andere Wege genommen haben. Da es keine unmittelbaren griechisch-althochdeutschen Sprachkontakte gegeben haben kann, hat man z. B. bei *Pfaffe*, ahd. *pfaffo* (gr. *papa*), *Heide*, ahd. *heidan* (gr. *ethnē*, hierzu Seebold 1971, 2002,400) und anderen, z. B. den bairischen Wochentagsnamen *Ergetag* ›Dienstag‹, *Pfinztag* ›Donnerstag‹, an **gotische** Vermittlung gedacht (vgl. Feulner 2005; Holzberg 2004), bei *Kirche*, ahd. *kirihha* (gr. *kyriakos* ›zum Herrn gehörend‹), *Bischof* und weiteren Wörtern an Import aus der spätantiken Kirchensprache im **galloromanisch-germanischen Kontaktgebiet** an Rhein und Mosel mit dem Zentrum Trier (vgl. Weisweiler/Betz 1974, 97–99).

Irisch: Schon im 7. und frühen 8. Jh. waren irische Missionare auf dem Kontinent missionarisch tätig. Der heilige Gallus († 640), Gründer des nach ihm benannten Klosters St. Gallen, war Ire. Vor allem in Süddeutschland und in der späteren Schweiz war der irische Einfluss auf die frühe Klosterkultur groß. In der Sprache hat das aber nur wenige Spuren hinterlassen. Als einziges gesichertes Lehnwort im Deutschen gilt *Glocke*, ahd. *glocka* (< air. *clocc*). Die irischen Wandermissionare hatten Handglocken im Gepäck. Später wurde die Bezeichnung auf große Turmglocken übertragen. Auch für einige Lehnwörter aus dem Lateinischen hat man aufgrund auffallender Lautungen altirische Vermittlung angenommen. So hätte lat. *fēria* ›Festtag‹ im Althochdeutschen die Lautform **fiara* annehmen müssen (zur Diphthongierung $\bar{e}_2$ > *ia* s. Kap. 3.3.1), was mhd. **fiere*, im Neuhochdeutschen Aussprache mit langem $\bar{\imath}$ und demzufolge eine Schreibung **Fiere* hätte ergeben müssen. Das Wort lautet aber nhd. *Feier* und geht auf ahd. *fīra* zurück. Das lange ahd. $\bar{\imath}$ hat man als irischen Einfluss interpretiert, denn lateinische Wörter zeigen im Irischen die Entwicklung $\bar{e}$ > $\bar{\imath}$ (vgl. Bammesberger 1999). Dagegen ist die mehrfach geäußerte Annahme, das süddeutsche *Grüß Gott* gehe auf eine entsprechende altirische Grußformel zurück, höchst unwahrscheinlich (vgl. Rowley 2004).

Lehnprägungen sind Wörter, die nur ihre Bedeutung und/oder Struktur aus einer Kontaktsprache bezogen haben, nicht aber den Ausdruck selbst.

Lehnbedeutung: Die frühen Missionare haben, um christliche Vorstellungen zu vermitteln, die den Franken, Sachsen, Baiern (usw.) fremd waren, auf vorhandenes Vokabular zurückgegriffen und dieses – bildlich ausgedrückt – »zweckentfremdet«. Wörter wie beispielsweise *Gott*, *Himmel*, *Hölle*, *glauben* existierten (natürlich in anderer Lautform) bereits im Voralthochdeutschen, wurden aber in der Missionszeit mit christlichen Bedeutungsinhalten in Verbindung gebracht. Das Maskulinum ahd. *got* (< germ. **guþ-*) ›Gott‹ war ursprünglich ein Neutrum und hat sein Genus und seine Bedeutung von lat. *deus* übernommen (vgl. Kluge/Seebold 2002, 366). Ahd. *himil* ›Himmel‹ geht zusammen mit ae. *heofon* (> engl. *heaven*), got. *himins* auf ein germanisches Wort zurück, das möglicherweise ›Stein‹ bedeutet hat (ebd., 412 f.). Unter der *Hölle*, ahd. *hella*, ae. *hell*, got. *halja* (< germ. *haljō*) stellten sich die vorchristlichen Germanen ein verborgenes Totenreich vor. Das Wort gehört etymologisch vermutlich zum Verbum *hehlen* mit der ursprünglichen Bedeutung ›verbergen‹ (ebd., 419). Das Verbum *glauben* (ahd. *giloubén*, ae. *geliefan*, got. *galaubjan*) bedeutete zunächst ›vertraut machen‹. Vermutlich steckt darin sogar das Wort *Laub*. Man macht sich ein Tier vertraut, indem man ihm Blätter als Lockmittel vors Maul hält (ebd., 360).

6.4
Wortschatz

**Althochdeutsche
Entwicklungen**

Lehnbildungen sind strukturierte Wörter, also Wortbildungen. Wird ein Kompositum oder eine Ableitung gebildet, um den Bedeutungsinhalt eines fremdsprachlichen Wortes zu fassen, ohne gleichzeitig dessen Struktur zu übernehmen, spricht Betz von **Lehnschöpfung**. Beispiele wären *findunga* (nhd. entspräche *Findung*) für lat. *experimentum* oder *skeitjudo* ›Jude, der sich von anderen absondert‹ für *pharisaeus*. Schlägt die Struktur des wiedergegebenen Wortes auf die neue Wortbildung durch, so liegt eine **Lehnformung** vor. Je nach Grad der Übereinstimmung spricht Betz von **Lehnübersetzung** oder **Lehnübertragung**. Lehnbildungen übernehmen die Struktur des zugrunde liegenden Wortes vollständig. Beispiele wären ahd. *smid-līh* ›zum Schmied gehörig‹ für lat. *fabri-lis* oder *ubarfluot-ida* für lat. *super-flui-tas* ›Überfluss‹. Lehnübertragungen sind demgegenüber graduell freier wie z. B. morphologisch gesehen dreiteiliges *fora-gi-sehan* für zweiteiliges lat. *pro-videre* oder die Ableitung *mez-haft* für das Partizip lat. *mensuratus*. Solche Lehnformungen, die sich sehr zahlreich in Übersetzungstexten und Glossen finden, wurden von ihren Schöpfern kaum mit der Intention vorgenommen, die deutsche Sprache lexikalisch zu bereichern, sondern eher mit der Absicht, lateinische Wortstrukturen transparent zu machen.

Die ältesten »Anglizismen«: Den Begriff »Anglizismen« bringt man üblicherweise nicht in Zusammenhang mit dem Althochdeutschen, sondern mit dem immensen Einfluss des Englischen und Amerikanischen auf die deutsche Gegenwartssprache. Doch schon das Altenglische der Missionszeit hat – wenn auch nur punktuell – das Althochdeutsche beeinflusst. Das wichtigste angelsächsische Zentrum im deutschen Sprachraum war Fulda, die Gründung des heiligen Bonifatius († 754). Dort und in anderen Schreibstädten, die unter altenglischem Einfluss standen, übersetzte man lat. *spiritus sanctus* mit *heilago geist*. Das ist eine Umsetzung von ae. *sē hālga gāst*. Für *Evangelium* verwendete man im Altsächsischen *godspell* und im Althochdeutschen als *gotspell*. Dahinter steht ae. *godspell* (engl. *gospel*). Das Wort *Heiland* (< ahd. *heilant*), eine Partizipialbildung zum Verb *heilen* ist ae. *hǣlend* nachgebildet. Mit *hēliand* wird im gleichnamigen altsächsischern Epos Christus bezeichnet (s. Kap. 2.4.2). Die in Fulda entstandene *Tatian*-Übersetzung weist deutliche angelsächsische Spuren im Wortgebrauch auf (vgl. schon Braune 1918; Weisweiler/Betz 1974, 90–92).

Beispiel

Lexikalisches Lehngut in zwei *Vaterunser*-Versionen

In Textbeispiel 5 (S. 69) sind zwei *Paternoster*-Versionen gegenübergestellt. Die ältere stammt noch aus dem 8. Jh., die jüngere aus dem 12. Jh. Beide Texte bieten Beispiele für lexikalisches Lehngut.

1   ***Fater / uater*** ›Vater‹: Lat. *pater* bezeichnet in bestimmten religiösen Kontexten nicht den biologischen Vater, sondern ist eine Anrede für Gott. Den vorchristlichen Germanen, die natürlich ein entsprechendes Wort für ›Vater‹ hatten, war eine solche Vorstellung fremd. Insofern handelt es sich um Lehnbedeutung. ***himile / himelen*** ›Himmel‹: s. dazu oben (Plural im jüngeren Text nach lat. *coelis*).

2   ***uuihi*** ›weihe‹ ist Imperativ und gibt die Passivform lat. *sanctificetur* nicht
exakt wieder. Ursache dieses »Fehlers« könnte es sein, dass sich der Übersetzer scheute, ein Einzelwort des zugrunde liegenden Sakraltextes durch
eine Passivperiphrase wiederzugeben. Das Verbum ahd. *wīhen* (as. *wīhian*,
got. *weihan*) kann für das Germanische vorausgesetzt werden. Es ist ein
jan-Verb zu einem Adjektiv **wīχ-*, dessen weitere Herkunft kontrovers
beurteilt wird (vgl. Heidermanns 1993, 664 f.). Für lat. *sanctificare* : ahd.
wīhen kommt am ehesten Lehnbedeutung in Betracht.
     geheilegot werde ›geheiligt werde‹: Lehnübertragung von *sanctificetur*.

3   ***zŏ chome*** ›(herbei) komme‹: Lehnübersetzung nach *adveniat*.
     rihhi / riche ›Reich‹: Lehnbedeutung. Es handelt sich zunächst um eine
frühe Entlehnung aus dem Keltischen (s. Kap. 6.3.2), die aber erst im Zusammenhang mit christlichen Vorstellungen auf das Bedeutungskonzept
›Reich Gottes‹ angewandt wurde.

6   ***prooth / brot*** ›Brot‹: Germanisches Wort, hier in Abhängigkeit von lat.
panem pars pro toto in der Bedeutung ›Nahrung, Lebensgrundlage‹ verwendet; Lehnbedeutung.
     tagelich ›täglich‹: Lehnübertragung von lat. *cottidianum*.

7   ***oblaz / uergib*** ›erlasse, vergib‹: zwei unterschiedliche Lehnübersetzungen
von lat. *dimitte*.
     sculde / sculde ›Schuld‹: Aufgrund von ae., an. *scyld* schon für das Germa-
nische vorauszusetzende Abstraktbildung zum Verbum ›sollen‹ mit der
Bedeutung ›Geschuldetes‹ im materiellen Sinn. In religiöser Verwendung
(lat. *debita*) Lehnbedeutung.

9   ***firleiti / uerleitet werden*** ›leiten, führen‹: Lehnübersetzung nach dem
Muster von lat. *dimitte*.
     khorunka ›Versuchung‹: Lehnübersetzung von *temptationem*, präfigiertes
bichorunge ist Lehnübertragung.

10   ***losi / erlose*** ›erlöse‹: Ahd. *lōsen* entspricht genau as. *lōsian*, ae. *līsan*, got.
lausjan, an. *leysa*, geht also wohl auf eine germanische Bildung zurück, die
konkret ›lösen, losbinden‹ bedeutet haben muss (s. S. 131). Hier ist jedoch
›erlöse uns‹ im christlichen Sinne gemeint. Das althochdeutsche Verb wird
hier mit der (Lehn-)Bedeutung von *libera* des Originaltextes verwendet.
Darauf basiert auch das jüngere, bereits präfigierte *erlose*.
     ubile / ubele: Das althochdeutsche Wort geht aufs Germanische zurück;
vgl. as. *uƀil*, ae. *yfel*, got. *ubils*. Ursprüngliche Bedeutung war wohl
›schlecht, verdorben‹ in einem konkreten Sinne. Hier in der Bedeutung von
›böse‹ in einem moralischen Sinn, folglich Lehnbedeutung.

Da althochdeutsche und altsächsische Quellen zu einem großen Teil
Übersetzungen und Glossen sind und auch nicht übersetzte Texte wie
z. B. das *Evangelienbuch* des Otfrid von Weißenburg »Mönchsdichtungen«
zu religiösen Themen sind, ist der Anteil an lexikalischem Lehngut er-
wartungsgemäß hoch. Man hat einen Anteil von ca. 15 Prozent am überlieferten Gesamtwortschatz errechnet; der Anteil der Lehnwörter wird
mit 3 Prozent veranschlagt (vgl. Splett 2000, 1197 f.). Zahlenangaben sind
jedoch problematisch, denn nicht jede lateinisch-volkssprachliche Strukturparallele deutet zwingend auf ein Lehnverhältnis hin. So entspricht
z. B. ahd. *liob-lich* (samt seinen Entsprechungen as. *lioflīk*, afr. *liaf-lik*, ae.
lēoflīc, an. *ljufligr*) ›lieblich‹ exakt lat. *ama-bilis*. Eine Wortbildung wie
diese konnte durchaus auch ohne lateinisches Vorbild zustande kommen,

6.4

Wortschatz

Althochdeutsche
Entwicklungen

»denn strukturelle Gleichheit impliziert nicht ohne weiteres Abhängig-keit« (Splett 2000a, 1197 f.).

6.4.2 | Wortbildung im Althochdeutschen

Strukturierte Wörter, Komposita, Suffixableitungen, Präfixbildungen, können aus vorausgegangenen Sprachstufen ererbt, aber auch (abhängig oder unabhängig von fremden Vorbildern) neu gebildet sein.

Komposita sind Zusammensetzungen aus potentiell selbständigen Wörtern. Im Althochdeutschen und Altsächsischen handelt es sich vor-wiegend um Nominalkomposita wie z.B. ahd. *herbistmānōth* ›Herbst-monat‹, *erdgruoba* ›Erdgrube‹ oder as. *tresekamera* ›Schatzkammer‹. Zusammensetzungen aus mehr als zwei Konstituenten wie z.B. ahd. *hasel-nuȝȝe-cherno* ›Haselnusskern‹ sind selten. Es dominiert der Typus der **Determinativkomposita**, bei denen die erste Komponente (das Be-stimmungswort) die zweite (das Grundwort) in irgendeiner Weise näher bestimmt. Das semantische Verhältnis zwischen den Konstituenten ist unterschiedlich: Eine *erdgruoba* ist eine *gruoba*, die sich in der *erda* be-findet, eine *tresekamera* eine *kamera*, in der sich ein *treso* befindet. Dieses letzte Beispiel zeigt, dass Komposita auch aus entlehnten Komponenten zusammengesetzt werden konnten. **Possessivkomposita** kommen auf den frühmittelalterlichen Sprachstufen zwar vor, sind aber (wie im Neu-hochdeutschen) im Vergleich zu den Determinativkomposita selten. Bei-spiele wären *manahoubit* ›Lebewesen mit Menschenkopf‹ (also kein Kopf) oder *niunouga* ›Neunauge‹ (eine Fischart, kein Auge). Mehrfach werden Komposita mit substantivischem Grundwort adjektivisch verwendet, z.B. *mihhilmuot* ›großmütig‹, *goldfahs* ›goldhaarig‹.

Suffixableitungen: Mit Suffixen können von Verben und Adjektiven Substantive abgeleitet werden, von Adjektiven und Substantiven Verben und von Verben sowie Substantiven Adjektive. Ableitung bedeutet aber nicht notwendigerweise Wortartwechsel. Es gibt auch Substantive, die von Substantiven abgeleitet sind (usw.).

- **Substantivische Ableitungen von Verben** sind vielfach **Nomina agen-tis**, mit denen jemand bezeichnet wird, der eine Handlung oder eine Tätigkeit ausführt. Den älteren Typus stellen Bildungen auf *–o* dar: *sprehho* ›Sprecher‹, *loufo* ›Läufer‹. Zu diesen Bildungen treten zuneh-mend Ableitungen mit dem Lehnsuffix *–āri* (< lat. *-ārius*) in Konkur-renz, z.B. *sprehh-āri*, *louf-āri*. Von Verben abgeleitet sind ferner **No-mina actionis**, die Tätigkeiten oder Vorgänge bezeichnen, z.B. *gëba* ›Gabe, Geschenk‹ zu *geben*, *helfa* ›Hilfe‹ zu *hëlfan*, *fëhta* ›Kampf‹ zu *fëhtan* usw. (vgl. Henzen 1965, 129 f.). Abstrakta wurden im Althoch-deutschen häufig ohne Ableitungssuffix gebildet. Man spricht in Fällen wie *kouf* ›Kauf‹ von *koufōn* ›kaufen‹ oder *kus* ›Kuss‹ von *kussen* ›küs-sen‹ von »Nullableitungen«. Historisch adäquater ist die Bezeichnung **Nomina postverbalia** (ebd., 127–130), die zum Ausdruck bringt, dass bestimmte Nomina auf Verben zurückgehen, nicht umgekehrt. Zwar

242

6.4

Wortschatz

Wortbildung im Althochdeutschen

kann man vom Neuhochdeutschen aus die Prioritätsverhältnisse nicht erkennen oder würde sogar Verben wie *kaufen* auf *Kauf* oder *küssen* auf *Kuss* zurückführen, doch ermöglicht die historische Perspektive Einsicht in die tatsächliche Abfolge der Wortbildungsprozesse.

- **Substantivische Ableitungen von Adjektiven** sind **Adjektivabstrakta**. Einen alten Bildungstyp stellen Ableitungen auf *–ī* dar wie ahd. *mārī* ›Berühmtheit‹, *skōnī* ›Schönheit‹, *sterkī* ›Stärke‹. Der Funktionsbereich dieses Suffixes überschneidet sich mit dem von *–ida*. Neben *mārī* ›Berühmheit‹ stand z. B. mit ähnlicher Bedeutung *mārida*, neben *sterkī* stand *sterkida*. Mit beiden Suffixen in Konkurrenz trat *–heit*, das bis heute produktiv geblieben ist. Mit *armida* ›Armut‹ beispielsweise konkurrierte *armheit*, mit *kleinī* ›Klugheit‹ *kleinheit* (vgl. ebd., 170–172).

- **Substantivische Ableitungen von Substantiven** liegen dann vor, wenn z. B. von einem primären Maskulinum ein Femininum gebildet wird (»Motion«), z. B. zu *friunt* das Femininum *friunt-in* oder zu *fīant* ›Feind‹ ein *fīant-in* (vgl. ebd., 152–155). Ebenfalls sekundäre Substantive sind Kollektivbildungen wie *stein-ahi* ›steiniges Land‹ oder *dorn-ahi* ›Dornengestrüpp‹, *agan-ahi* ›Spreuhaufen, Abfall‹ zu *agan* ›Spreu‹.

- **Adjektivische Ableitungen von Substantiven** wurden reihenweise mit *–īg* vorgenommen, z. B. ahd., as. *skuld-īg* ›schuldig‹, ahd. *bluot-īg*, as. *blōd-ig* ›blutig‹ (vgl. ebd., 196–199). Hochproduktiv ist auch die Adjektivbildung auf *–līh*, as. *-līk*, z. B. ahd. *friuntlīh* und as. *friundlīk* ›freundlich‹ (das althochdeutsche Gesamtmaterial bei Schmid 1998). Erst in Ansätzen greifbar sind Ableitungen auf *-bāri*, z. B. ahd. *dank-bāri* ›dankbar‹, *fluoh-bāri* ›abscheulich‹. In diesen Bildungen ist noch die Herkunft des Suffixes – es handelt sich um eine Ableitung von *bëran* ›tragen‹ – zu erkennen: *fluohbāri* ist ›mit Fluch beladen‹ oder ›Fluch tragend‹ (vgl. Flury 1964; Henzen 1965, 206 f.; Nübling 2008, 73–77). Auch Adjektive auf *–isk* beginnen erst allmählich, zahlreicher zu werden. Eines der ältesten ist *diut-isk* (s. S. 12 f.) ›zum Volk gehörig‹ (vgl. Henzen 1965, 200–202). Das Suffix dient wie in den Fällen *frenk-isk* ›fränkisch‹ oder *krieh-isk* ›griechisch‹ zur Bildung von Zugehörigkeitsadjektiven von Volksnamen (vgl. Hornbruch 1996), wird aber auch schon zur Bildung von pejorativen Adjektiven wie *huntisk* ›hündisch‹ verwendet. Begrenzt ist auch die Anzahl von Adjektiven mit *–sam* (vgl. Henzen 1965, 205 f.; Müllmann 1994).

- **Adjektivische Ableitungen von Verben** bezeichnet man auch als **Verbaladjektive**. Aus dem Germanischen ist ein Bildungstyp ererbt, der mit Ablaut, also nur bei starken Verben, funktioniert. Vom selben Stamm wie der präteritale Plural des Verbums *ëӡӡan* (also *āӡun*) wurde ahd. *āӡi* gebildet. Solche Adjektive drückten häufig aus, dass die Aktion, die mit dem Verb bezeichnet wird, durchgeführt werden kann (also Passivität und Potentialität). Ahd. *āӡi* bedeutet demnach ›was gegessen werden kann‹, oder kurz ›essbar‹. Die Bildung lebt noch fort in mhd. *æӡe*; ein nhd. **äße* (was die Fortsetzung wäre) existiert nicht mehr. Ebenso gebildet sind z. B. ahd. *nāmi* ›(an)nehmbar‹ (mhd. *næme*) oder *gābi* ›was gegeben werden kann‹ (noch erhalten in *gang und gäbe*). Der

243

Bildungstyp ist in allen altgermanischen Sprachen verbreitet und demzufolge alt (vgl. Henzen 1965, 193 f.; Matzel 1974; 1975; 1991; 1992a). Von nicht ablautenden Verben konnten solche Adjektive nicht mehr gebildet werden. An die Stelle dieses alten Strukturtyps traten auch aus diesem Grund zunehmend Verbaladjektive auf *-līh/-līk* wie z. B. *kouflīh* ›was gekauft werden kann, käuflich‹. Diese Bildungsweise griff auch auf starke Verben über. Ableitungsgrundlage ist dann wie bei den Adjektiven von schwachen Verben der Präsensstamm, z. B. *bittelīh* ›wer gebeten werden kann, für Bitten zugänglich‹. In älteren Quellen bildete vielfach das Part. Präs. die Basis, z. B. *bittentlīh*. Man hat für die Bildungen dieses Typs altenglische Vorbilder vermutet (Wissmann 1963). Die passivische und modale Bedeutungskomponente ging verloren, d. h. es wurden in zunehmendem Umfang auch Ableitungen wie *blāslīh* ›was bläst, luftförmig‹ (nicht ›was geblasen werden kann‹) gebildet (ausführlich Schmid 1998, 565–608). Im Althochdeutschen bahnt sich – allerdings erst sehr zögerlich – der deverbale Bildungstyp mit *–bāri* (> mhd. *-bære* > nhd. *–bar*) an, z. B. *hībāri* ›heiratsfähig‹ zu *hīwen* ›heiraten‹ (vgl. Henzen 1965, 206 f.).

- **Verbale Ableitungen** von Substantiven, Adjektiven und auch Verben können bereits für das Germanische nachgewiesen werden. Die schwachen Verben sind fast durchwegs sekundär gebildet (zum Zusammenhang von Morphologie und Semantik schwacher Verben s. Kap. 4.1.3).

Präfixbildungen haben ihre Domäne im Bereich der verbalen Wortbildung. Das Althochdeutsche und Altsächsische verfügten über eine Reihe untrennbarer und trennbarer Präfixe (untrennbar: *bi-, fir-, gi-, int-, ir-, zi-/ti-*, trennbar: *aba-, ana-, fram-, hina-, nidar-/nithar-* u. a.) zur Modifikation der Bedeutung des jeweiligen Simplex. Zu *gëban* ›geben‹ sind folgende Bildungen belegt: *aba-gëban* ›aufgeben, ablassen‹, *bi-gëban* ›verlassen, aufgeben‹, *fir-gëban* ›hingeben, erweisen, vergeben‹, *fora-gëban* ›vorauszahlen‹, *hina-gëban* ›hingeben, übergeben‹, *ir-gëban* ›herausgeben, ausliefern‹, *zisamane-gëban* ›zusammengeben, verheiraten‹, *umbi-gëban* ›umgeben, umstellen‹, *untar-gëban* ›unterwerfen‹, *ūჳ-gëban* ›herausgeben‹, *widari-gëban* ›übergeben‹, *zi-gëban* ›sich öffnen‹, *zir-gëban* ›zerbrechen, teilen‹, *zuo-gëban* ›hinzufügen‹ (vgl. ebd., 103–108).

6.4.3 | Lexikographie des Althochdeutschen

Man kann den Wortschatz einer Sprache von zwei gegensätzlichen Aspekten her erschließen:

- **Onomasiologisch:** vom Bezeichneten zum Bezeichnenden.
- **Semasiologisch:** vom Bezeichnenden zum Bezeichneten.

Eine **onomasiologische** Aufarbeitung des althochdeutschen (ebenso des altsächsischen) Wortschatzes ist bisher nicht systematisch unternommen worden. Es liegen jedoch Einzeluntersuchungen zu bestimmten Begriffsfeldern vor. Beispiele sind die Untersuchungen von Munske 1973 (Rechtssprache), Mikeleitis-Winter 2001 (Nahrungszubereitung) und Riecke 2004 (Heilkunde).

Das maßgebliche **semasiologische** Wörterbuch des Althochdeutschen, das vom Wort ausgehend dessen Bedeutung(en) angibt, hat aktuell etwa die Hälfte des gesamten überlieferten Wortschatzes bewältigt. Es ist das an der Sächsischen Akademie der Wissenschaften zu Leipzig angesiedelte *Althochdeutsche Wörterbuch* (AWB). Das auf 10 Bände angelegte Werk folgt dem Thesaurusprinzip, was bedeutet, dass jeder Beleg für jedes einzelne Wort dokumentiert und lautlich, morphologisch sowie semantisch interpretiert wird (zu Konzept und Durchführung vgl. Köppe 1999). Dieses Wörterbuch ersetzt fortschreitend mit jeder erscheinenden Lieferung den veralteten *Althochdeutschen Sprachschatz* (Graff 1834–42). Basierend auf Material des Leipziger Wörterbuchs wurde ein lateinisch-althochdeutsches Wörterbuch verfasst (Götz 1999).

Handlich ist das einbändige Althochdeutsche Wörterbuch von Schützeichel (2006). Den gesamten althochdeutschen und altsächsischen Glossenwortschatz umfasst Schützeichel (2004).

Das zweibändige chronologische Wörterbuch von Seebold (2001; 2008) ermöglicht den Zugriff auf den ältesten deutschen Wortschatz unter dem Aspekt der Erstbezeugung jedes einzelnen Wortes. Es wird angegeben, in welchem Viertel des 8. bzw. 9. Jh.s und in welcher Quelle die einzelnen Wörter mit welcher Bedeutung zum ersten Mal nachweisbar sind.

Kein Wörterbuch im herkömmlichen Sinne, sondern eine Erschließung des althochdeutschen Wortschatzes unter dem Aspekt der Wortfamilienstrukturen (zu *naht* beispielsweise auch verbale Ableitungen wie *nahtēn* samt Präfixbildungen, Komposita wie *naht-farawa* ›Schwärze der Nacht‹, Adverbialbildungen wie *nahtes* ›nachts‹ und Ableitungen wie *nahtlīh*) bietet Splett (1993).

6.5 | Mittelhochdeutsche Entwicklungen

6.5.1 | Kontinuitäten

Allein aufgrund der wesentlich umfangreicheren Quellengrundlage (s. Kap. 2.5.2) weiß man über den mittelhochdeutschen Wortschatz viel mehr als über den althochdeutschen. In zentralen Bereichen besteht sicher **(germanisch-) althochdeutsch-mittelhochdeutsche Kontinuität**, denn es ist nicht anzunehmen, dass alle die mittelhochdeutschen Wörter, die vorher nicht belegt sind, erst neu erfunden worden seien. Sie sind nur zufällig nicht aufs Pergament gekommen. In manchen Fällen ist der Ansatz einer nicht belegten althochdeutschen (oder schon germanischen) Vorform geradezu zwingend. So setzt beispielsweise das Verbaladjektiv mhd. *vlücke* ›in der Lage zu fliegen‹ ahd. **flucki* voraus, das wiederum auf einer schon im Germanischen gebildeten Ableitung vom starken Verbum ›fliegen‹ basiert. Nhd. *flügge* ist aus dem Niederdeutschen übernommen und muss letztlich über das Altniederdeutsche auf dieselbe germanische Grundlage zurückgeführt werden, obwohl es dort nicht belegt ist. Die Annahme einer kontinuierlichen Fortsetzung ist zwingend **morphologisch** begründet, weil im Mittelhochdeutschen solche Verbaladjektive nicht mehr neu gebildet wurden (s. S. 243 f.).

In anderen Fällen sind es **lautliche Kriterien**, die ein mittelhochdeutsches Wort als deutlich älter erweisen. Ein Beispiel wäre das Lehnwort *pfaht* ›Recht, Gesetz‹, dem lat. *pactus* zugrunde liegt. Der Entlehnungszeitpunkt muss vor der zweiten Lautverschiebung, also sogar noch vor dem Althochdeutschen liegen. Anders wären *pf* und *ht* (für [χt]) nicht zu erklären. Das Wort war im Althochdeutschen also schon da, nur hat es niemand aufgeschrieben.

6.5.2 | Innovationsbereiche

Andererseits ist natürlich auch damit zu rechnen, dass der Wortschatz im Laufe der Zeit erweitert wurde, und zwar entweder durch Wortimport, also **Entlehnungen** aus Kontaktsprachen, oder durch **Neubildung**, wobei kontaktsprachliche Strukturmuster eine Rolle spielen konnten (aber nicht notwendigerweise mussten). Im Folgenden werden exemplarisch einige Innovationsbereiche skizziert.

6.5.2.1 | Der religiöse Wortschatz

Zwischen dem althochdeutschen und dem älteren (früh-)mittelhochdeutschen Wortschatz des religiösen Bereichs – das ist der Wortschatzbereich, über den wir aus den Quellen am besten informiert sind – gibt es keine erkennbaren Brüche, wohl aber Entwicklungen. Wörter wie *leit, ēre, edel, getriuwe*, die im Althochdeutschen mit eher profan-konkreten Bedeutungen ›Schmerz‹, ›Prestige‹, ›vornehme Herkunft‹, ›zuverlässig‹ verwendet wurden, werden in religiösen Kontexten mit abstrakteren, ethischen Konnotationen gebraucht. Beispiele aus Predigten des 12. Jh.s:

Beispiele   **Religiöse Wortverwendungen**

*lat iv **leit** sin, daz ir îe wider sinen huldin getâtit* ›lasst es euch leid sein, dass ihr irgendwann gegen seine (= Gottes) Huld verstossen habt‹ (*Spec. Eccl.* 57,29 f.)

*Daz svngen die engele, daz lop vnde **ere** si got in den himelen* ›das sangen die Engel, dass Lob und Ehre sei Gott im Himmel‹ (ebd., 21,9)

*sâm derbit ubirâzze unde ubirtrûchenheit ûnser **edele** sêle* ›ebenso verdirbt Gefräßigkeit und Trunkenheit unsere edle Seele‹ (ebd. 40,13 f.).

Frühmittelhochdeutsche »Neologismen« sind *laster* im Sinne von ›moralische Verwerflichkeit‹ und *skōlāri* ›Schuldiger, Sünder‹ (s. Textbeispiel 5,

6.5

Wortschatz

Innovationsbereiche

S. 69, Z. 8). Eine Reihe von Lehnprägungen nach lateinischen Vorbildern ist erstmals für die religiösen Texte der älteren mittelhochdeutschen Periode belegt, z. B. *bediutesal* nach *mysterium* (Lehnschöpfung), *anblāsunge* nach *inspiratio* (Lehnübersetzung), *genamhaft* nach *nominatus* (Lehnübertragung) und zahlreiche weitere (vgl. Freytag 1974, 171–173).

Sprach- und besonders wortkreativ waren im späten 13. und frühen 14. Jh. Vertreter einer **mystischen** Religiosität, soweit sie sich der Volkssprache bedienten. Autoren dieser religiösen Richtung (s. S. 32) waren mit dem Paradox konfrontiert, Erlebnisse, die einer simplen Alltagslogik und einer naiven Frömmigkeit eigentlich nicht zugänglich waren, mit Worten der Alltagssprache ausdrücken zu müssen. Das führte zu sehr charakteristischen Wortneubildungen.

Typische »mystische« Wortbildungsmuster   **Beispiele**

- Komposita mit *niht-*: *nihtgeist, nihtgot, nihtbilde, nihtsuochen, nihtwellen.*
- Negative Bildungen mit *un-*: *unwesen, unwortlīch,* Adjektive häufig zum Ausdruck einer Unmöglichkeit: *ungedenklīch, ungruntlīch, unsprechelīch, unsehelīch.*
- Verben mit *ent-*: *entnemen, entsetzen, entsinken, entsweben, entvormen, entwerden.*
- Verben mit *ver-*: *versmelzen, vervliezen, verwerden.*
- Adjektive mit *–lōs*: *bildelōs, endelōs, grundelōs, vormelōs, wortelōs.*
- Abstrakta auf *–heit*: *geschaffenheit, gewordenheit, einvaltecheit, heimelicheit.*
- Abstrakta auf *–unge*: *bewegunge, bezeichenunge, begrīfunge, schouwunge, betrahtunge, īnfliezunge.*
- Konversion (Überführung in eine andere Wortart ohne zusätzliches Ableitungsmorphem): *daʒ al, daʒ eigen, daʒ līdensuln, daʒ gelitenhān, ein insweben, ein inbilden gotes.*

Mystische Texte wurden von Geistlichen vor allem des **Dominikaner- und Franziskanerordens** verfasst, von Nonnen und theologisch gebildeten Laien rezipiert (vgl. Eggers 1986, 461–482). Am Zustandekommen waren sicher auch lateinische Vorbilder beteiligt, denn die bedeutenden mystischen Verfasser haben selbst umfangreiche lateinische Werke verfasst und auch beim Schreiben »lateinisch gedacht« (vgl. Köbele 1993).

Im Laufe des späten Mittelalters kam es aber auch zu einer Popularisierung über diese ursprünglichen elitären Zirkel hinaus. Damit gelangten viele der Begriffe in die gewöhnliche Kirchensprache und von dort aus schließlich in die profane Alltagssprache. Wenn wir heute Wörter wie *formlos, grundlos, Betrachtung, Heimlichkeit* oder *das All* verwenden, bedienen wir uns, ohne es zu wissen, eines Vokabulars, das auf die mittelalterliche Mystik zurückgeht. Aber nicht nur Einzelwörter verbreiteten sich, sondern – und das ist für die Wortschatzentwicklung weitaus folgenreicher – die Wortbildungsmuster, die von den Mystikern zwar nicht erfunden, aber extensiv genutzt worden sind (vgl. Möhn/Schröder 2000, 1446 f.).

6.5.2.2 | Höfischer Wortschatz

Lehnwörter: Obwohl sich die einst angenommene homogene Sprache der staufisch-höfischen Literatur als Produkt einer ahistorischen Idealisierung erwiesen hat (s. S. 33 f.), zeigen sich auf der Ebene des Wortschatzes doch charakteristische Züge. Infolge des höfischen **Kulturtransfers** um 1200 gelangte eine große Anzahl von **französischen Lehnwörtern** ins Mittehochdeutsche. Es zeichnen sich einige signifikante Sach- und damit Wortschatzbereiche ab. Die folgenden Beispiele sind nur eine Auswahl (Weiteres z. B. bei Eggers 1986, 401–405; Ehrismann 1995, 36–41; Öhmann 1974, 323–355; Weddige 2003, 92–137; Wiessner / Burger 1974, 207–222):

Französisch beeinflusste Wortschatzbereiche

- **Personen:** mhd. *amīs* ›Geliebter‹ (*amis*); *barūn* ›Baron‹ (*baron*); *bovel* ›(Kriegs-)Volk‹ (*poblus*); *garzūn* ›Knappe‹ (*garçon*); *kumpān* ›Gefährte‹ (*compain*); *massenīe* ›Gefolge‹ (*maisnie*); *prinze* ›Prinz‹ (*prince*); *serjant* ›Fußsoldat, Knappe‹ (*serjant*); *schahtelān* ›Burgvogt‹ (*chastelain*); *chevalier* ›Ritter‹ (*chevalier*).
- **Ritterliche Ausrüstung:** *baniere* ›Fahne, Banner‹ (*baniere*); *barbiere* ›Gesichtsschutz‹ (*barbiere*); *harnas* ›Harnisch‹ (*harnais*); *kollier* ›Halsschutz‹ (*collier*); *kovertiure* ›kostbare Pferdedecke‹ (*covertiure*); *kropiere* ›Decke am Pferdebug‹ (*cropiere*); *lanze* ›Lanze‹ (*lance*); *zimiere* ›Helmschmuck‹ (*cimiere*); *veitiure* ›Ausrüstung‹ (*faiture*).
- **Kampf, Jagd, Turnier:** *batalje* ›Kampf‹ (*bataille*); *birsen* ›jagen mit Hunden‹ (*berser*); *būhurt* ›Kampf zweier Gruppen‹ (*bouhourt*); *tjost* ›Zweikampf mit dem Speer‹ (*jouste*); *punieren* ›mit der Lanze angreifen‹ (*poignier*); *turnei* ›Turnier‹ (*tornei*); *turnieren* ›im Turnier kämpfen‹ (*torneier*).
- **Höfische Geselligkeit:** *schach* ›Schach‹ (*eschac*); *mat* ›Schachmatt‹ (*mat*); *roch* ›Turm im Schach‹ (*roc*); *prīs* ›Lob, Preis‹ (*pris*).
- **Luxusgegenstände, Kleidung:** *bliāt*, ein kostbarer Seidenstoff (*bliaut*); *kursīt* ›Pelzrock‹ (*corset*); *schapel* ›Haarschmuck‹ (*chapel*); *wambeis* ›Wams‹ (*wambais*); *schandel* ›Kerze‹ (*chandele*).
- **Speisekultur:** *kaneel* ›Zimt‹ (*canele*); *rosīne* ›Rosine‹ (*roisin*); *saffrān* ›Safran‹ (*safran*); *plateel* ›Teller‹ (*platel*); *tabelit* ›Tablett‹ (*tablet*); *intremeis* ›Zwischenimbiss‹ (*entremes*).
- **Architektur:** *barbigān* ›Vorbau, Festung‹ (*barbecane*); *erkere* ›Schießscharte‹ (*arquiere*); *palas* ›Palast‹ (*palais*); *schahtel* ›Schloss‹ (*schastel*).
- **Literatur, Kunst, Musik:** *aventiure* ›ritterliches Unternehmen, Erzählung davon‹ (*aventiure*); *rīm* ›Reim‹ (*rime*); *pusīne* ›Posaune‹ (*buisine*); *vloyte* ›Flöte‹ (*floite*); *schalemīe* ›Schalmei‹ (*chalemie*); *tambūre* ›Tamburin‹ (*tambourin*); *stampenīe* eine Liedgattung (*estampie*); *tanz* ›Tanz‹ (*dance*).
- **Umgangsformen:** *contenanze* ›Haltung‹ (*contenance*); *saluieren* ›grüßen‹ (*saluer*); *parlieren* ›sich unterhalten‹ (*parler*); *kurteis* ›höfisch, höflich‹ (*curtois*); *merzi* ›danke‹ (*merci*).

6.5

Wortschatz

Innovationsbereiche

Für manche dieser Wörter standen durchaus **heimische Synonyme** zur Verfügung. Als Bezeichnung für den Geliebten oder die Geliebte gab es bereits im Althochdeutschen das Wort *fridil*, das in der Form mhd. *vri(e)-del* weitergeführt wurde; *amīs* erweckte aber offenbar vornehmere Assoziationen. Für ›Volk, Leute‹ konnte man *liute*, *volk*, *diet* sagen; doch wer als Adeliger von *povel* sprach, konnte mit dieser Wortwahl zum Ausdruck bringen, dass er selbst gerade dazu nicht gehörte. So gesehen war die mit französischen Fremdwörtern durchsetzte Sprache auch die Sprache einer sich abgrenzenden sozialen Schicht, ein **Soziolekt**. Gelangten Dinge erst im Zuge des Waren- und Kulturtransfers von Frankreich nach Deutschland, mussten die entsprechenden Bezeichnungen mit übernommen werden. Bei einer Reihe von Wörtern und Sachen war allerdings das Französische nur Vermittler: Die ganze Schachterminologie kommt wie das Spiel über Frankreich aus dem Orient. Auch viele Musikinstrumente oder Textilstoffe sind wie ihre Bezeichnungen orientalischen (arabischen oder persischen) Ursprungs und wurden im deutschen Sprachraum erst durch den Kontakt mit französischen Adelskreisen bekannt.

Ein Teil des französischen Lehnwortschatzes dürfte aber nicht durch direkten französisch-deutschen Austausch, sondern auf dem Umweg über das **Mittelniederländische** ins Hochdeutsche gelangt sein. Das Einflechten mittelniederländischer Wörter – von den Zeitgenossen als *vlæmen* bezeichnet – galt als sprachliches Prestigesignal. Relativ häufig in der höfischen Literatur verwendete Wörter sind z. B. *baneken* ›spazieren gehen‹, *wāpen* ›Waffen‹, *dörpære* ›Bauer, Dorfdepp‹ und *ors* ›Pferd‹. Mnl. *wāpen* entspricht mit unverschobenem germ. $*p$ genau ahd., mhd. *wāfen* und trat – als vornehmeres Synonym – dazu in Konkurrenz. Erst sekundär bildete sich die Bedeutungsdifferenzierung heraus: *Waffen* sind das, womit man kämpft, das *Wappen* ist das ritterliche »Logo« auf den *Waffen* und anderen ritterlichen Accessoires. Aus dem *dörpære* wurde durch Dissimilation (s. S. 87) der beiden *r* zunächst *dörpel*, dann durch Assimilation *dölpel* und schließlich mit *t* für *d* der *Tölpel*. Mnl. *ors* geht wie ahd. *ros* (> mhd. *ros* > nhd. *Ross*) zurück auf älteres *hros* (dazu auch engl. *horse*). Durch Schwund des anlautenden *h* vor Konsonant (wie im Deutschen) und Metathese (s. S. 97) entstand die mittelniederländische Form. Ein beliebtes Stilmittel waren auch Diminutiva auf mnl. *-kīn*, dem Pendant zu mhd. *–chen*.

Eine Parodie sprachlichen Imponiergehabes   **Textbeispiel 18**

Sprachliches Imponiergehabe wurde schon im 13. Jh. parodiert. Im folgenden Textstück (*Helmbr.* 717–768) ist es allerdings nicht ein Adeliger, der sich durch sein Reden lächerlich macht, sondern ein Bauernlümmel (ein *dörpære* eben), der nach längerer Abwesenheit und einer zwischenzeitlichen Karriere als Raubritter in sein Dorf zurückkommt und dort seine Familie wieder trifft. Er versucht, sich mit möglichst vielen fremdsprachigen Floskeln als Ritter aufzuspielen.

249

6.5 Wortschatz

Mittelhochdeutsche Entwicklungen

1	*Er sprach: »vil liebe soete kindekîn*	Er sprach: »vil liebe soete kindekîn
2	*got lât iuch immer sælic sîn.«*	Gott lasse euch allzeit selig sein!«
3	*diu swester engegen im lief*	Die Schwester lief ihm entgegen
4	*mit den armen si in umbeswief*	und umfing ihn mit den Armen.
5	*dô sprach er zuo der swester:*	Da sagte er zu der Schwester
6	*»gracia vester«*	»gracia vester«
7	*hin für was den jungen gâch*	die Jungen rannten voraus,
8	*die alten zugen hinden nâch.*	die Alten kamen hinterher.
9	*si enphiengen in beide âne zal*	Sie begrüßten ihn überschwenglich.
10	*zem vater sprach er: »deu sal.«*	Zum Vater sagte er: »deu sal«
11	*zuo der muoter sprach er sâ*	Zur Mutter sagte er dann
12	*bêheimisch »dobra ytra«*	auf Böhmisch »dobra ytra«
13	*si sâhen beide einander an*	Sie sahen sich beide an,
14	*beide daz wîp und der man.*	beide, die Frau und der Mann.
15	*diu hûsfrou sprach: »herre wirt*	Die Frau sagte: »Lieber Mann
16	*wir sîn der sinne gar verirrt.*	wir sind total verrückt,
17	*er ist niht unser beider kint [...]*	er ist ja gar nicht unser Kind [...]
18	*»entriuwen«, sprach der vrîman*	»Wahrhaftig«, sprach der Knecht,
19	*»als ich von im vernomen hân*	»nach dem, was ich von ihm gehört habe,
20	*sô ist er ze Sahsen*	ist er in Sachsen
21	*oder ze Brâbant gewahsen.*	oder Brabant groß geworden.
22	*er sprach ›liebe soete kindekîn‹,*	Er sagte ›liebe soete kindekîn‹.
23	*er mac wol ein Sahse sîn« [...]*	Er kann gut ein Sachse sein« [...]
24	*»Ey waz snacket ir gebûrekîn*	»He, was redet Ihr, Bäuerchen
25	*und jenez gunêrte wîf?*	und das schäbige Weib da?
26	*mîn parit, mînen klâren lîf*	Mein Pferd, meinen edlen Leib
27	*sol dehein gebûric man*	soll ein gewöhnlicher Bauer
28	*zewâre nimmer gegrîpen an.«*	wahrhaftig niemals anfassen.«

Dass das nicht gut gehen kann, versteht sich von selbst. Helmbrecht wird bald darauf gefangengenommen, verstümmelt und (nach einiger Zeit als lästiger Krüppel auf dem väterlichen Hof) von Bauern aufgeknüpft.

Anmerkungen

1 **soete kindekîn** ›süße Kindchen‹ ist mittelniederländisch. Die Entsprechung wäre mhd. *süeʒe kindelîn*; vgl. auch 22.

6 **gratia vester** ist (pseudo-)lateinisch. Korrekt wäre *gratia vestra*, was wörtlich ›eure Gnade‹ bedeutet und so etwas wie ›Gottes Gnade sei mit euch‹ meint. Der Fehler ist sicher beabsichtigt, nicht nur dem Reim auf *swester* geschuldet: Der *dörpære* will also Latein sprechen und kann es nicht.

10 **deu sal** ist eine französische Grußfloskel und bedeutet ›Gottes Heil (sei mit dir)‹

12 **dobra ytra** ist *beheimisch* ›böhmisch‹ (also Tschechisch) und bedeutet ›guten Morgen‹. Das gehört zwar nicht zu den höfischen Prestigesprachen, zeugt aber doch von Weltläufigkeit des Sprechers.

20 **Sahsen:** gemeint ist Niederdeutschland, nicht das heutige Sachsen.

21 **Brâbant** steht für die Niederlande

24 **snacket:** mnd., mnl. *snacken* ›sprechen‹
gebûrekîn: Diminutiv zu mhd. *gebûr* ›Bauer‹ mit Diminutivsuffix mnl. *-kîn* wie in *kindekîn*.

25 **wîf:** mittelniederländische/mittelniederdeutsche Entsprechung zu mhd. *wîp* ›Frau‹.

26 **parit:** mittelniederländische Entsprechung zu mhd. *pfer(i)t* ›Pferd‹ ohne Verschiebung *p > pf*.
klâren: Lehnwort aus afrz. *claire* und/oder mnl. *claer* ›hell, glänzend, vornehm‹ (nhd. *klar*).
lif: mittelniederländische/mittelniederdeutsche Entsprechung zu mhd. *lîp* ›Leib‹.

28 **gegrîpen:** mittelniederländische/mittelniederdeutsche Entsprechung zu mhd. *grîfen* ›greifen, anfassen‹.

Semantische Neubesetzung ererbter Wörter findet sich vor allem im Bereich der ethischen Begrifflichkeit. Es handelt sich um Schlüsselwörter wie beispielwesie *êre, mâ̄ze, minne, sǣlde, stǣte, triuwe* (weiterführend Ehrismann 1995; Götz 1957).

- **Mhd. *êre*** ist die ältere (Schreib-) Form von nhd. *Ehre* und ist als *êra* ›Ehre, Ansehen, Glanz, Vorzug, Auszeichnung, Ehrerweisung, Zierde, Würde‹ schon im Althochdeutschen gut bezeugt (AWB III, 346–352). Es weist mit seinen altenglischen und altnordischen Entsprechungen auf ein germanisches Wort mit ähnlicher Bedeutungsbreite zurück (EWA II, 1110 f.). In Kontexten der höfischen Literatur beinhaltet *êre* aber eine innerliche, ethische Qualität, die nicht notwendigerweise vom äußeren Prestige abhängt (diesem aber durchaus zuträglich sein kann). Für dieses Verständnis war *êre* »die Norm, die die adelige Gesellschaft in Bezug auf das wünschenswerte Handeln ihrer Mitglieder setzte und die diese internalisiert hatten. Sie war deshalb anthropozentrisch und soziozentrisch zugleich« (Ehrismann 1995, 66; vgl. Hübner 2006 198 f.).
- **Mhd. *mâ̄ze*** geht zurück auf ahd. *mâ̄za* ›Maß, Dimension‹, eine Ableitung vom Verbum *mëȝȝan* ›messen‹, hatte also ursprünglich eine sehr konkrete Bedeutung. Diese Bedeutung lebt auch weiter, z. B. im Bereich der Künste und Architektur. Im neuen, höfisch-ethischen Sinn bedeutet *mâ̄ze* jedoch die Charakterstärke, die es dem Individuum ermöglicht, Affekte und Leidenschaften zu beherrschen.
- **Mhd. *minne***, der wohl zentrale Begriff der klassischen mittelhochdeutschen Dichtung, geht zurück auf ahd. *minna* und bedeutete zunächst ›Liebe, Zuneigung‹, und zwar auch mit sexuellen Konnotationen. Man hat im Laufe der Forschungsgeschichte viel in dieses Wort hinein (und wieder heraus) gelesen. Überblickt man die Masse der Belege, so ergibt sich ein Bedeutungsspektrum, das von »Liebe im Vollzug« bis zu »entsagende Liebe« reicht. Unter Bezug auf Walther von der Vogelweide wurde ein Gegensatz von *hôher* und *niderer minne* konstruiert. Die *hôhe minne* ermöglicht es, so Walther, *daȝ der muot nâch hôher wirde ûf swinget* ›dass sich der Geist zu edler Vollkommenheit aufschwingt‹. Sie bringt

also die Motivation zur Realisierung aller höfischen Tugenden, und das jenseits aller erotischen Konnotationen (vgl. Ehrismann, 1995, 136–147).

- **Mhd. *sælde*** (< ahd. *sālida*), das als Abstraktum vom selben Stamm (*sāli-*) abgeleitet ist wie das Adjektiv *sælīg* diente in althochdeutschen Übersetzungen und Glossen vorwiegend zur Wiedergabe von lat. *felicitas* und *fortuna*, hatte die meist positive Bedeutung ›günstiges Geschick, Glück, gute Lebensumstände‹. Im Kontext von Minnesang und Artusepik bezeichnet *sælde* das letztlich von Gott geschenkte Glücksgefühl, das aus gelungenem Frauen- und Ritterdienst resultiert.

- **Mhd. *stæte***, eine alte Abstraktbildung zum Adjektiv ahd. *stāti* ›beständig‹ (im Mittelhochdeutschen gleichlautend ebenfalls *stæte*) ist Grundbedingung für *minne*, *sælde*, *triuwe* und andere höfische Tugenden (vgl. Bumke 2002, 418 f.).

- **Mhd. *triuwe***, ebenfalls ein Abstraktum neben einem gleichlautenden Adjektiv, geht zurück auf ahd. *triuwa*, das auch in rechtlichen Kontexten verwendet wurde und ›Vertragstreue‹ bedeutete (vgl. ebd.). Schützeichel (2006, 360) gibt für das Stichwort ahd. *triuwa* die neuhochdeutschen Gegenwerte »Treue, Glaube; Beständigkeit, Obhut«. Präpositionale Fügungen wie *mit triuwōn, ze triuwōn* sind bekräftigende Formeln mit der Bedeutung ›in der Tat, fürwahr‹. Mhd. *triuwe* bezeichnet ähnlich wie *stæte* eine Grundtugend, ist also ebenfalls in den ethischen Bereich transferiert. »Die durch die *triuwe* gestiftete Identität bestand in der Verläßlichkeit [...] der Person in bezug auf ihren Charakter sowie die von ihr eingegangenen Bindungen und Verpflichtungen« (Ehrismann 1995, 213).

Damit sind nur einige zentrale Begriffe des einst viel diskutierten »ritterlichen Tugendsystems« genannt (kritisch zu diesem Terminus Bumke 2002, 416). In epischen Texten werden diese Tugenden mehrfach (weiblich) personifiziert. Keines dieser höfischen Wörter ist um 1200 neu erfunden worden. Die Autoren bedienten sich vorhandener Begriffe, denen sie einen neuen zeit-, man könnte auch sagen szenegemäßen Sinn beilegten.

6.5.2.3 | Sach- und Alltagswortschatz

»Wissenschaftlicher« Fachwortschatz im mittelalterlichen Verständnis war grundsätzlich lateinisch. Es muss aber »unterhalb« der kanonischen Gelehrsamkeit bereits Fachsprachen z. B. der Landwirtschaft, der Architektur oder der Heilkunde gegeben haben. So wie für das Althochdeutsche fehlen auch für das Mittelhochdeutsche noch längere zusammenhängende Texte aus solchen profanen Bereichen. Praxiswissen ist fast ausschließlich mündlich weitergegeben worden. Manches kann indirekt aus Texten, die vorrangig eine ganz andere Thematik behandeln (z. B. Bibel, Predigt), erschlossen werden. Vergleichsweise früh (im 12. Jh.) sind volkssprachliche heilkundliche Texte und Prognostika (Vorhersagen z. B. über das künftige Schicksal von Neugeborenen) verfasst worden (vgl. Janota 2004, 409–411), in denen fachspezifische historische Lexik greifbar wird, z. B. im *Innsbrucker Kräuterbuch* des 12. Jh.s, wo u. a. zu lesen

6.5
Wortschatz

Wortbildung im
Mittelhochdeutschen

ist: *Scellewrze soch ist gŏt den tunchelen ŏgen. ŏbe si getemperet wirt mit wine vnte mit oleo unte mit wizeim ingiber* ›Saft von der Schöllwurz ist gut gegen schwache Augen, wenn sie gemischt wird mit Wein und mit Öl und mit weißem Ingwer‹ (WDP 43,12–14). Das Wort *soch* ›Saft‹ ist – obwohl der Beleg aus dem 12. Jh. stammt – bisher lexikographisch nicht gebucht, auch nicht ein (Tri-)Kompositum *schellewurzesoch* ›Schöllwurzsaft‹. Mit *temperen* ›mischen‹ liegt ein fachsprachliches Lehnwort vor. Die Fügung *tunchele ougen* scheint ein Fachausdruck für ›Sehschwäche‹ zu sein.

6.5.3 | Wortbildung im Mittelhochdeutschen

Komposition, Ableitung und Präfixbildung haben auch auf mittelhochdeutscher Stufe zur Wortschatzerweiterung beigetragen. In dieser Hinsicht steht das Mittelhochdeutsche in Kontinuität zum Althochdeutschen (ebenso wie zum nachfolgenden Frühneu- und Neuhochdeutschen). Teilweise wirkten althochdeutsche Strukturtypen fort, teilweise wurden sie modifiziert oder durch neue Bildungsmuster verdrängt. Erkennbar ist auch ein Zusammenhang zwischen Textsorte und Präferenz für bestimmte Wortbildungstypen, wie bei der kurzen Durchsicht typisch mystischer Wortbildungen bereits deutlich geworden ist.

Komposition: Im Mittelhochdeutschen nahm allmählich die Zahl der (seit Jacob Grimm so bezeichneten) **unechten Komposita** zu. Darunter versteht man solche Komposita, deren erste Konstituente flektiert ist, z. B. *kirchengelt* ›Kirchenzins‹ oder *goteshūs* ›Gotteshaus, Kirche‹. Im Gegensatz dazu sind **echte Komposita** schon im Althochdeutschen gut bezeugt (s. Kap. 6.4.2). Ursache für die Entstehung unechter Komposita ist die Tendenz zur Nachstellung von Genitivattributen (s. S. 198–200). Davon ausgenommen waren aber sehr häufige, usuell gewordene Fügungen aus vorangestelltem Genitiv und nachfolgendem Bezugswort (wie z. B. *kirchen gelt* ›Zins der Kirche‹, *gotes hūs* ›Haus Gottes‹), die sich für das Sprecher(unter)-bewusstsein als zusammengesetzte Wörter darstellten. Solche Komposita gaben dann das Strukturmuster für weitere gleichartige Komposita vor, die massenweise im Frühneuhochdeutschen gebildet wurden (vgl. Nübling 2008, 84–89).

Derivation: Eine wichtige Neuerung des Mittelhochdeutschen gegenüber dem Althochdeutschen im Bereich der Derivation hängt mit der Endsilbenabschwächung zusammen: Wortbildungsmorpheme, die phonetisch mit einem auslautenden Vokal identisch waren, wurden in der Entwicklung zum Mittelhochdeutschen hin zu *–e* abgeschwächt:

Mhd. *–e* in heterogenen Suffixen   **Beispiele**

- Abstrakta auf *–ī*: ahd. *skōn-ī* ›Schönheit‹ > mhd. *schœn-e*
- Nomina agentis auf *–o*: ahd. *sprëhh-o* ›Sprecher‹ > mhd. *sprech-e*
- Nomina actionis auf *–a*: ahd. *fëht-a* ›Kampf‹ > mhd. *vëht-e*

253

Zwar haben lexikalisierte Bildungen dieses Typs bis ins Neuhochdeutsche überlebt (z. B. *Größ-e, Reis-e*), doch wurde das hochgradig homonyme Suffix *–e* seit dem Mittelhochdeutschen nicht mehr zu neuen Wortbildungen verwendet. Andere, formal deutlichere Suffixe traten an dessen Stelle. Als Suffix zur Bildung von Abstrakta setzte sich zunehmend *–heit* durch, für Nomina agentis *–ære* (vgl. Kronenberger 2002), für Nomina actionis *–unge* (vgl. Nübling 2008, 81; Zutt 2000, 1362 f.). Die Entwicklung hatte sich zwar bereits im Althochdeutschen und Altsächsischen angebahnt (s. Kap. 6.4.2), doch wurden Suffixe wie *–heit* mit der Variante *-keit, schaft, -tuom, -bære* erst auf mittelhochdeutscher Stufe reihenbildend (speziell zur Substantivableitung in der Urkundensprache des 13. Jh.s vgl. Ring 2008).

Wortartendifferenzierung: Das Mittelhochdeutsche kannte noch eine Reihe gleichlautender Substantive und Adjektive wie z. B. *grim* 1. ›Grimm‹, 2. ›grimmig‹; *zorn* 1. ›Zorn‹, 2. ›zornig‹; *leit* 1. ›Leid‹, 2. ›schmerzlich‹. Die Tendenz ging dahin, solche Adjektive mittels Ableitungssuffixen vom zunächst gleichlautenden Substantiv formal zu unterscheiden. Es kommt zur Bildung von *grimmīg, zornīg, leidīg* (Zutt 2000, 1363).

6.5.4 | Lexikographie des Mittelhochdeutschen

Schon im 18. Jh. haben einzelne literatur- und sprachhistorisch interessierte Gelehrte Wörterbücher des mittelalterlichen Deutschen verfasst (vgl. Grubmüller 2000, 1343). Das erste wissenschaftlich-philologische Wörterbuch, das bis heute noch benutzt werden kann (und muss), ist das von Friedrich Benecke, Wilhelm Müller und Friedrich Zarncke (BMZ). Grundlage sind Texte der höfischen Klassik. Die Anordnung der Stichwörter ist nicht streng alphabetisch, sondern die Verfasser versuchten, den Wortschatz nach »Wortstämmen« zu ordnen. Das heißt: Unter einem Hauptlemma wie *halz* ›lahm‹ sind auch alle Ableitungen und Komposita eingeordnet, z. B. *hufhalz* ›hüftenlahm‹, *spurhalz* ›lahm‹, *hüffehalzen* ›hinken an der Hüfte‹, *helze* ›Lahmheit‹, *verhelzen* ›lähmen‹, Wörter also, die bei konsequent alphabetischer Anordnung auf das ganze Wörterbuch verstreut wären. Zudem werden starke Verben unter der 1. Sg. Ind. Präs. angegeben, *helfen* also unter *hilfe*, *bieten* unter *biute* usw. Der Zugriff wird aber durch ein alphabetisches Verzeichnis (Koller/Wegstein/Wolf 1990) erleichtert.

Die gewöhnungsbedürftige Lemmaanordnung veranlasste den Verleger Salomon Hirzel, dem Germanisten Matthias Lexer den Auftrag für ein neues mittelhochdeutsches Wörterbuch zu geben, das eine streng alphabetische Lemmatisierung durchführen und auch solche Quellen einarbeiten sollte, die in BMZ noch nicht berücksichtigt worden waren, d. h. vor allem Texte der nicht-klassischen mittelhochdeutschen Literatur. Ergebnis war das dreibändige *Mittelhochdeutsche Handwörterbuch* (Lexer 1872–78). »Mittelhochdeutsch« reicht für Lexer bis ins 15. Jh., das heißt: Auch älterer frühneuhochdeutscher Wortschatz ist in dieses Werk noch mit eingearbeitet.

6.6
Wortschatz

Kontinuität und
Diskontinuität

Zur Zeit wird an Arbeitsstellen in Tier und Göttingen ein neues umfassendes Mittelhochdeutsches Wörterbuch erarbeitet (MWB). Es reicht aktuell von *A* bis *bluotekirl* ›Opferpriester‹ (ausführlich zum Konzept: Gärtner/Grubmüller 2000).

Diese genannten Werke sind keine Nachschlagewörterbücher in dem Sinne, dass man nur Wortbedeutungen eruieren kann, sondern vor allem dokumentierende Belegwörterbücher. Bedeutungsansätze werden durch entsprechende Textbelege abgesichert. Nützlich für das Übersetzen ist das kleine *Mittelhochdeutsche Taschenwörterbuch* (Lexer 1992). Wichtig für die Benutzung ist, dass es sich fast um ein »Doppelwörterbuch« handelt, denn es umfasst von S. 355–504 umfangreiche Nachträge von Ulrich Pretzel. Vom Umfang her vergleichbar ist das Wörterbuch von Beate Hennig (2001).

Darüber hinaus gibt es eine Reihe von Werks- und Autorenwörterbücher zur mittelhochdeutschen Literatur (vgl. Grubmüller 2000, 1347).

Den Wortschatz der mittelhochdeutschen Urkundensprache des 13. Jh.s (nicht nur den textsortentypischen Wortschatz, sondern die gesamte Lexik) dokumentiert das WMU, das deshalb auch ein unentbehrliches Hilfsmittel für die Erforschung der mittelalterlichen Rechtssprache darstellt. Dieses Projekt ist weit fortgeschritten und steht derzeit bei der Präposition *ūf* ›auf‹.

6.6 | Frühneuhochdeutsch

Eine (auch nur kursorische) Darstellung muss berücksichtigen, dass das, was für das Alt- und Mittelhochdeutsche als Manko beschrieben wurde, nämlich die Begrenztheit des Überlieferten, nun gewissermaßen ins Gegenteil umschlägt: Die frühneuhochdeutsche Überlieferungsmenge ist nicht mehr überschaubar, geschweige denn editorisch zu erschließen und lexikographisch vollständig zu bewältigen. Allein die Menge des aus dem 15. Jh. Überlieferten und in Bibliotheken und Archiven Erhaltenen übersteigt quantitativ alles, was aus dem 8. bis 14. Jh. erhalten ist. Mit dem Buchdruck kommt es ab ca. 1500 vor allem im Zusammenhang mit der Reformation nochmals zu einer Vervielfachung der Textproduktion (vgl. Hartweg 2000).

6.6.1 | Kontinuität und Diskontinuität

Der Aus- und Umbau des Wortschatzes im späten Mittelalter und in der frühen Neuzeit ist von sehr heterogenen kommunikativen Notwendigkeiten bestimmt (vgl. v. Polenz 2000, 193–208):

- **Fachkommunikation:** Die zunehmend auf schriftlichem Wege geleistete Fachkommunikation verschiedenster Wissensbereiche erforderte adäquate Terminologien (vgl. Wolf 2000b, 1570–1572).

Frühneuhochdeutsch

- **Politischer und religiöser Diskurs:** Die in immer stärkerem Umfang öffentlichen politischen und religiösen Auseinandersetzungen (in denen sich Politik und Religion überlagern) veranlassten die darin aktiven Autoren, Ideen und Vorstellungen buchstäblich »in Worte zu fassen« und ein geeignetes Vokabular zu schaffen (ebd., 1659 f.).
- **Individueller Sprachgebrauch:** Herausragende Persönlichkeiten wie Martin Luther oder Thomas Müntzer pflegten einen persönlichen Individualstil mit ganz spezifischen Wortbildungen und –bedeutungen (ebd., 1658 f.; Besch 2000, 1723–1727).
- **Alltagskommunikation:** Weite Bereiche der alltäglichen Kommunikation blieben von den wissenschaftlich-technischen und gesellschaftlichen Umwälzungen aber auch unberührt.

Zur Veranschaulichung von Kontinuitäten und Diskontinuitäten im mittel- und frühneuhochdeutschen Wortschatz zunächst ein vergleichender Überblick über die Lemmata mit anlautendem *ag-* im MWB und FWB:

Die Wortstrecke mit ag- *im Mittel- und Frühneuhochdeutschen*

MWB I,118–122	FWB I, 706–719
–	*agaten* ›aus Bernstein‹
agestein ›Bernstein‹	*agatstein*
agesteinīn ›aus Bernstein‹	*agatsteinen*
–	*agatsteinöl* ›Bernsteinöl‹
–	*aga* ›Herr‹
–	*agapis* ›Bernstein‹
–	*agar* ›Windhund‹
–	*agaricus* ›Lärchenschwamm‹
–	*agelei* ›Eiterausbru ch‹ (Pferdekrankheit)
ageleiȥ ›eifrig‹	*ageleise*
ageleiȥe ›Eifer‹	–
agelster ›Elster‹	*agelester*
agene ›Spreu‹	*agen*
–	*agendbuch* ›liturgisches Buch‹
–	*agende* dass.
–	*agenfleisch* ›Wolfsköder‹
–	*agenhuf* eine Hufkrankheit
–	*agenhufig* ›hufkrank‹
–	*agent* ›Geschäftsträger‹
–	*agerer* ›Weidegebühr‹
–	*agerling* ›Lärchenschwamm‹
–	*ägerstenauge* ›Hühnerauge‹
–	*ägerstenspecht* ›Elster‹
–	*ägerte* ›Ödland‹
–	*ägertenkraut* ›Basilienkraut‹
–	*ages* eine kartoffelartige Wurzel
āgetroc ›teuflisches Blendwerk‹	-
āgëȥ ›Vergesslichkeit‹	-
āgëȥȥel ›vergesslich‹	-
āgëȥele ›Vergesslichkeit‹	-
āgëȥȥelkeit dass.	-
–	*agezucht* ›Abflusskanal‹
–	*aggerieren* ›hinzufügen‹
–	*aggravieren* ›schwerer machen‹

6.6

Wortschatz

Kontinuität und
Diskontinuität

MWB I,118–122	FWB I, 706–719
–	*aggregat* ›Summe‹
–	*agieren* ›in Bewegung setzen‹
–	*agio* ›Aufgeld‹
–	*agiographa* ›heilige Schriften‹
agleier	*agler* ›von der Münze des Patriarchen von Aquileja geprägter Pfennig‹
–	*agnat* ›Verwandter väterlicherseits‹
–	*agnation* ›Blutsverwandtschaft väterlicherseits‹
–	*agnes* ›Schafsfell‹
–	*agnus dei* ›Bildnis des Gotteslammes‹
–	*agonisieren* ›mit dem Tode ringen‹
–	*agreieren* ›genehmigen‹
agraȝ ›Saft aus unreifem Obst‹	–
āgreifen »Bedeutung unklar« (I,121)	–
agreste ›Saft von unreifen Weintrauben‹	*agrest*
–	*agrestgugel* ›Kappe, Kapuze‹
agrimonia ›Odermennig‹	*agrimonia*
–	*agrimoniasaft* ›Saft aus Odermennig‹
–	*agrippa* eine Salbe, benannt nach Herodes Agrippa
–	*agro* ›rau, grob‹
–	*ägst* ›Wiesenkräuter‹
āgunst ›Missgunst‹	–
–	*aguti* ›Goldhase‹

Ein so kurzer Wörterbuchausschnitt (zusammengenommen handelt es sich nur um 57 Lemmaeinträge aus den beiden Wörterbüchern) gestattet natürlich keine verallgemeinerbaren Aussagen. Dennoch lassen sich damit exemplarisch einige Entwicklungen zeigen. Zunächst können drei Fallgruppen unterschieden werden:
1. Übereinstimmend im MWB und FWB bezeugte Wörter (8)
2. Nur im MWB (nicht im FWB) bezeugte Wörter (9)
3. Nur im FWB (nicht im MWB) bezeugte Wörter (40)

Fallgruppe 1 umfasst:
- Bezeichnungen für **Dinge aus der Natur**: den Namen der Elster (mit einer Reihe von Varianten, die in der Übersicht nicht berücksichtigt sind), eine Bezeichnung für Getreideabfall (mhd. *agene*), einen Pflanzennamen (mhd. *agrimonia*) und ein Nebenprodukt des Weinbaus (*agreste*).
- Bezeichnungen für **Kostbarkeiten**, die im ganzen Mittelalter und darüber hinaus bekannt und begehrt waren: Bernstein (mhd. *agetstein*) sowie eine Münze (mhd. *agleier*).
- Zwei Adjektive, von denen eines eine menschliche Eigenschaft benennt (mhd. *ageleiȝ*) und ein abgeleitetes Stoffadjektiv (mhd. *agetsteinīn*).

Es handelt sich um Begriffe der konkreten alltäglichen Lebenswirklichkeit, die in beiden Wörterbüchern mit einer vergleichsweise breiten Belegbasis dokumentiert sind.

257

Frühneuhochdeutsch

Fallgruppe 2 umfasst:

- **Wortbildungen** nach einem **nicht mehr produktiven Muster**, nämlich Präfixbildungen mit *ā-* in negierender Funktion (*āgeʒ* mit mehreren Ableitungen, *āgunst* sowie semantisch problematisches *āgreifen*).

Fallgruppe 3 umfasst:

- **Komposita** wie *agenfleisch*, *ägerstenauge*, *ägerstenspecht*, *ägertenkraut*, *agrimoniasaft*.
- **Lehnwörter**, z.T. aus Kontaktsprachen, die im Mittelhochdeutschen noch keine Rolle spielten: aus dem Türkischen *aga*, aus dem Ungarischen *agar*, aus dem Italienischen *agent*, *agio* und *agro*, aus dem Griechischen *agiographa* und *agonisieren*, aus dem Französischen *agreieren*. Aus einer Überseesprache stammen *ages* und *aguti*. Hinzu kommen mehrere Entlehnungen aus dem Lateinischen (*aggravieren*, *aggregat*, *agnat*, *agnation*, *agnes*, *agnus dei*).
- **Fachsprachliche Wörter**, die möglicherweise im Mittelhochdeutschen schon gebräuchlich waren, aber nicht schriftlich bezeugt bzw. lexikographisch nicht erfasst sind (*agelei*, *agenhuf* und *agenhufig*, *agezucht*, *agerer*). Dieser Gruppe können auch die bereits aufgeführten Lehnwörter zugerechnet werden.
- **Milieuspezifisches** wie *agende*, dessen Belege vornehmlich aus Texten des Deutschen Ordens stammen.
- **Regionalsprachliche Wörter** wie *agenhuf* (schwäbisch), *agerer* (tirolisch), *agrestgugel* (schweizerisch).

Die Wörter dieser umfangreichsten Gruppe sind in der Regel nur wenig bezeugt und lexikographisch dokumentiert, was auf eine eher geringe allgemeinsprachliche Repräsentanz hindeutet.

Daraus lässt sich ableiten, dass Kontinuität vor allem im Wortschatz zentraler (alltäglicher) Kommunikationsbereiche gegeben war. Dagegen führten neue, teilweise eher spezielle Kommunikationsbedürfnisse zu Wortschatzerweiterungen (vgl. Wolf 2000b, 1555–1558). Regionalsprachliches kommt deshalb in den Blick, weil im Frühneuhochdeutschen auch solche Lebensbereiche, die in mittelhochdeutscher Zeit der Mündlichkeit vorbehalten waren, nun (wenigstens ausschnitthaft) ebenfalls verschriftlicht wurden.

6.6.2 | Wortgeographie

Noch heute gibt es in unterschiedlichen Gegenden des Sprachgebietes für ein und dasselbe Ding oder denselben Sachverhalt verschiedene Bezeichnungen. Was in Süddeutschland der *Samstag* ist, ist in Mittel- und Norddeutschland der *Sonnabend*. Dem bairischen *Dirndl* entspricht in weiten Teilen des Sprachgebiets *Mädchen* oder *Mädle* (mit verschiedenen Subvarianten), im westlichen Niederdeutschen *Deern* (das etymologisch zu *Dirndl* gehört), in einem Gebietsstreifen von Köln bis zur Nordsee *Wicht* (vgl. König 2005, 166; dort 166–229 auch eine Reihe weiterer Wortkarten).

6.6
Wortschatz

Wortgeographie

Solche Synonyme mit regionalsprachlicher Geltung bezeichnet man als **Heteronyme**. Hier setzen sich bis heute alte regionalsprachliche Gegensätze fort. Die reiche frühneuhochdeutsche Überlieferung erlaubt Einblicke in alte Wortareale.

Schon in mittel- und frühneuhochdeutscher Zeit wurden wortgeographische Gegensätze wahrgenommen. Autoren und Drucker zogen daraus ihre Konsequenzen, so beispielsweise die Basler Drucker Adam Petri und Thomas Wolff, die ihren Luther-Nachdrucken Listen beifügten, die zu einer Reihe von Luther-Wörtern die regional üblichen Heteronyme angeben, um ihren schweizerdeutschen Lesern das Verständnis zu sichern.

Aus Adam Petris Glossar zu Luthers Septembertestament　　　　　Textbeispiel 19
Die linke Spalte enthält das Luther-Wort, die rechte Petris Erklärungswort
(vgl. Volz 1974, Bd. 3, 260*-269*). Vorab die Begründung Adam Petris:

Lieber Christlicher Leser / So ich gemerckt hab / das nitt yederman verston mag ettliche wörtter im yetzt gründtlichen verteutschten neuwen testament / doch die selbigen wörtter nit on schaden hetten mögen verwandlet werden / hab ich lassen dieselbigen auff vnser hoch teutsch außlegen vnd ordenlich in ein klein register / wi du hie sihest / fleißlich verordent

ånlich	*gleich*
Affterreden	*nach reden*
Alber	*nerrisch / fantestisch*
Atuåttelisch fabel	*alter wiber merlin*
Anbiß	*morgen essen*
Anfal	*anteil / loß / zůfall*
Anfurt	*der schiff anlendung*
Anstoß	*ergernuß / strauchlung*
Auffschub	*verzug*
Auffrucken	*verweisen / beschuldigen*
Bang	*engstisch / zwang / gedreng*
Beben	*bidmen*
Befragen	*zancken / zwitrechtig sin*
Befremden	*verwundern*
Beruckung	*wahung*
Beschickten	*begrůben / volgten / bestatten*
Bestricken	*fahen / binden*
Besudlen	*verunreinen / beflecken*
Betaget	*alt / hat vil tage*
Betewben	*truncken / krafftlos machen*
Betrauwen	*verbietten / trewen*
Betretten	*radschlagen / vnderreden*
Betüngen	*tüngen mit mißt*
Bewüst	*erkant / erfaren*
Beylag	*vertrawt / hinder gelegt gůt*

259

6.6 Wortschatz

Frühneuhochdeutsch

Blehen	*hochmůtig sin*
Blaßtückerey	*bőß / tückisch / listig*
Blotzling	*gehling / schnelliglich*
Brachtig	*hochmůtig / hochfertig*
Braussen	*rauschen / sausen*
brůfen	*mercken / erkennen*

Wortlisten wie diese dokumentieren die sprachliche Situation um und nach 1500: Überregionale Verständlichkeit war nur bedingt gegeben.

Ergiebige Quellen für die Wortgeographie vor allem des 15. Jh.s sind Texte und lateinisch-frühneuhochdeutsche Glossare mit großer handschriftlicher Verbreitung im ganzen Sprachgebiet. Denn häufig haben Kopisten beim Abschreiben Wörter ihres Vorlagentextes, die in ihrer regionalen Schreibsprache unüblich waren, durch ihnen geläufigere ersetzt (vgl. Hildebrand 1998). Solcher **Wortersatz** erlaubt Rückschlüsse auf historische Wortareale. Auf der Grundlage eines im 15. Jh. vielfach abgeschriebenen Kommentars zur Johannes-Apokalypse hat beispielsweise Besch 1967, 134–239, eine Reihe von Wortkarten erstellt. Ähnliche Untersuchungen auf der Basis von Bibelübersetzungen und Glossaren hat Ising 1968 vorgelegt. In Einzelfällen können historische und gegenwartsbezogene Karten verglichen werden. Ein Beispiel hierfür ist die Karte zum Thema »Topf«:

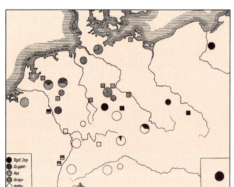 

Heteronyme von Topf im 15. und 20. Jh. (aus Ising 1968, 31; König 2005, 228)

Der Vergleich der Karten zeigt eine weitgehende Übereinstimmung der historischen und neuzeitlichen Wortareale:

- *Topf* galt im 20. Jh. in einem Gebiet, das das Nordbairische, Ostmitteldeutsche und Hochpreußische umfasst sowie den südöstlichen Bereich des Niederdeutschen, wo die Wortform natürlich unverschoben *Topp* oder *Dopp* ist. Die Karte für das 15. Jh. verwendet dafür die schwarzen Symbole (runde Symbole stehen dabei für Bibelübersetzungen, quadratische für Glossare).

- *Hafen* (mit Varianten) ist das Heteronym im ganzen oberdeutschen Raum, und zwar übereinstimmend im 15. Jh. (weiße Symbole) und im 20. Jh.
- *Düppen* gilt im 20. Jh. im Westmitteldeutschen. Im 15. zeichnet sich ein größeres *Duppen*-Areal ab: Dick schraffierte Symbole finden sich auf Höhe Köln, aber auch weiter südlich im Elsass und in westlichen Bereichen des Niederdeutschen. Im Süden steht *Duppen* jedoch in Konkurrenz zu *Hafen*, im Norden zu *Pot* (gepunktet) und *Grope* (dünn schraffiert).
- *Pott* dominiert im 20. Jh. in weiten Teilen des Niederdeutschen. Im 15. Jh. konkurriert dieses Wort mit mnd. *grope*, das gegenwartssprachlich nur noch in einem Teilareal des Ostfälischen gilt.

Der Kartenvergleich zeigt, dass sich die Heteronymie über Jahrhunderte hinweg weitgehend gehalten hat. Vor allem im dialektalen Alltagswortschatz wurden historische Gegebenheiten konserviert (weiterführend Hartweg/Wegera 2005, 185–192).

6.6.3 | Regionale Varianten, Vertikalisierung und Monosemierung

Im 15. und 16. Jh. konnte man auf verschiedene Weise mit der Tatsache umgehen, dass innerhalb des deutschen Sprachraums regional unterschiedliche »Wortschätze« in Verwendung waren. Eine durchaus pragmatische Lösung haben Adam Petri und Thomas Wolff mit ihren Glossaren gefunden. Andere Autoren scheuten sich nicht, regionalsprachlich heterogenes Vokabular zu verwenden (vgl. Wolf 2000b, 1558 f.). Eine andere Methode, sprachregionale Unterschiede, die das Textverständnis behindern konnten, zu kompensieren, war die Doppelung von Heteronymen wie z. B. *kuntpar und offen*, *schnell und behend*, *letzen und bekrencken* u. a. bei Niklas von Wyle (vgl. Hartweg/Wegera 2005, 206). Doch auf lange Sicht konnte eine Lösung nur in einer Variantenauswahl (»Vertikalisierung«) bestehen, die je nach Kommunikationsbedarf und -bereich unterschiedlichen Präferenzen folgte. Auch auf der lexikalischen Ebene wirkten sich die Faktoren Geltungsareal, Landschaftskombinatorik, Geltungshöhe aus (zu parallelen Vorgängen auf der graphematischen Ebene s. Kap. 3.4.2).

Geltungsareal: Wörter mit nur geringer geographischer Verbreitung hatten eine geringere Chance, sich gegen konkurrierende Lexeme mit größerem Geltungsareal durchzusetzen als umgekehrt. Ein Beispiel ist *Aftermontag* ›Dienstag‹. MWB (I,115) und FWB (I,694 f.) weisen dafür nur Belege aus alemannischen Quellen nach. Entsprechendes gilt für das auf den bairischen Raum begrenzte Heteronym *Ertag* (vgl. Lexer 1872, 680). Beide regional begrenzten Lexeme haben sich in den Dialekten zwar bis in die Gegenwart erhalten, doch keines konnte sich standardsprachlich gegen *Dienstag* durchsetzen. Das geringere Geltungsareal dürfte auch der Grund dafür gewesen sein, weshalb die Petri-Heteronyme (s. o.) *bidmen* und *engstisch* durch *beben* bzw. *bang* verdrängt worden sind.

Landschaftskombinatorik: Wörter mit **Verbreitung in mehr als einer dialektalen Großlandschaft** brachten bessere Voraussetzungen mit, zur dominierenden Variante zu avancieren. Ein Beispiel dafür ist die Heteronymie von fnhd. *liebe* und *minne*. Im Alemannischen galt den Untersuchungen von Besch zufolge *minne*, im Bairischen, Ostmitteldeutschen und Ostniederdeutschen jedoch *liebe* (vgl. Besch 1968, 192–198 und Karte 54). Diese Konstellation war eine der Ursachen dafür, dass *minne* durch *liebe* verdrängt wurde. Deutliche landschaftliche Verteilungen haben beispielsweise auch *dicke* gegenüber *oft* (ebd., Karte 39), *erbärmde* gegenüber *barmherzikeit* (ebd., Karte 40), *kilche* ›Kirche‹ gegenüber *kirche* (ebd., Karte 49), *künne* gegenüber *geschlecht* (ebd., Karte 52). In diesen Fällen unterscheiden sich Westen und Osten. Im Falle von *mangeln* und *entperen* (ebd., Karte 53) hebt sich der oberdeutsche Süden (mit *mangeln*) vom Ostmitteldeutschen (mit *entberen*) ab, ebenso beim Suffix *–nus* gegenüber *–nis* (ebd., Karten 67 und 68).

Geltungshöhe: Wörter, die für das damalige Empfinden typisch für eine **gehobene Sprecher- oder Stilschicht** waren, sind bei der Variantenauswahl gegenüber Konkurrenten ohne entsprechende Konnotationen im Vorteil. Das Wort *Frau* (< mhd. *frouwe*, ursprünglich ›Herrin‹) hat sich deshalb gegenüber *Weib* (< mhd. *wîp*, ursprünglich ›Frau‹) durchgesetzt, weil es zunächst in Adelskreisen verwendet wurde. Es galt folglich als die gegenüber *wîp* / *weib* vornehmere Bezeichnung. Im bereits erwähnten Fall von *minne* gegenüber *liebe* trafen die Faktoren »Geltungsareal« / »Landschaftkominatorik« mit dem Faktor »Geltungshöhe« zusammen.

Die Notwendigkeit der Variantenauswahl bestand vor allem in Kommunikationsbereichen mit **überregionaler Reichweite**. Wie das Beispiel *Topf* gezeigt hat (s. o.), läuft nicht jede Heteronymie automatisch auf eine Variantenselektion zu. Wörter der Nahkommunikation – und dazu gehören z. B. Bezeichnungen von Arbeits- und Küchengeräten – zeigen geringe Tendenz zur Vertikalisierung. Auch Berufs-, vor allem Handwerksbezeichnungen weisen in frühneuhochdeutschen Quellen (und bis heute) eine z.T. breit gefächerte Heteronymie auf. Historische Detailuntersuchungen liegen vor z. B. zu *Pfarrer* (Kunze 1975), *Bauer* (Huber 1981), *Bäcker*, *Metzger* und *Schreiner* (Braun 1981; zur historischen und neuzeitlichen Heteronymik von *Metzger* vgl. König 2005, 196; zu *Schreiner* ebd., 194).

Auch in der spät- und nachfrühneuhochdeutschen Zeit kommt es in diesen Bereichen noch zur Ausbildung von Heteronymie, wie die Beispiele *Kartoffel* (mit Heteronymen wie *Erdapfel*, *Grundbirne*, *Erdbirne*, *Nudel*, *Erdschucke*; vgl. ebd., 206) und *Traktor* (mit den Heteronymen *Bulldog*, *Trecker*, *Schlepper*; vgl. ebd., 236) zeigen. Die Kartoffel verbreitete sich erst im 18. Jh., der Traktor kam erst im 20. Jh. zum Einsatz.

Bedeutungsumfang und Monosemierung: Monosemierung, die Reduktion des Bezeichnungsbereichs eines Lexems, ist eine generelle semantische Entwicklungstendenz im Frühneuhochdeutschen (und darüber hinaus). Ein klassisches Beispiel dafür ist die Bedeutungsentwicklung von mhd. *aventiure* über fnhd. *abenteuer* zu nhd. *Abenteuer*. Zum Frühneuhochdeutschen hin vollzieht sich zunächst allerdings eine extreme

6.6

Wortschatz

Regionale Varianten, Vertikalisierung und Monosemierung

»Polysemierung«, d. h. Bedeutungsauffächerung, wie folgende Gegenüberstellung der Bedeutungsansätze aus dem MWB, FWB und dem Duden-Wörterbuch I,60 schon auf den ersten Blick deutlich macht (die Bedeutungen des FWB sind so umgestellt, dass sich Parallelität zum MWB ergibt):

Abenteuer im Mittel-, Frühneu- und Neuhochdeutschen

MWB I,389–392	FWB I, 61–68	Duden Wb. I,60
1. (außergewöhnliches) Geschehen	**1.** zum Beweis ritterlicher Tüchtigkeit oft zugleich zur Heilung von Rechtsbrüchen unternommene ritterliche Bewährungsprobe, risikoreiches Unternehmen	**1.** mit einem außergewöhnlichen, erregenden Geschehen verbundene gefahrvolle Situation, die man mit Wagemut zu bestehen hat
		2. außergewöhnliches, erregendes Erlebnis
		3. riskantes Unternehmen
		4. Liebesabenteuer
	3. militärische Auseinandersetzung, Kampf, Krieg.	
	5. merkwürdige, unheimliche, wunderbare oder wunderliche, staunenswerte, gefahrvolle Begebenheit oder Tat; oft allgemeiner: Ereignis, Begebenheit schlechthin	
	8. Unrechtmäßigkeit jeder Art, Ungebührlichkeit, Unsittlichkeit, Betrug, Gaunerei, übles Treiben, Machenschaften	
	9. Posse, Gaukelspiel, Narretei, Zaubertrick, Kunststück, Mätzchen	
	11. Risiko, Wagnis, meist geschäftlicher Art	
	12. Geschäft, Handelsabschluss	
	14. Zufall, Glück	
	16. Preis-, Wettschießen	
2. Wiedergabe eines Geschehens (in mündlicher oder schriftlicher Form)	**6.** Erzählung, Geschichte, Bericht von einer merkwürdigen Begebenheit oder Tat; phantastische Erzählung; geschlossene Erzähleinheit innerhalb einer solchen Geschichte; Quelle, Vorlage der Erzählung	
	7. Lügengeschichte, Ammenmärchen	
3. personifiziert *vrou Âventiure*		
4. Einzelnes (Außergewöhnliches, jedoch ... kein Geschehen bezeichnend)	**2.** Die bei der ritterlichen Bewährungsprobe errungene Trophäe, Siegesbeweis, Preis für ritterliche Tüchtigkeit	
	4. Beute aus militärischer Auseinandersetzung.	
	10. Mittel zur Posse	
	13. Minderwertige, verdächtige Handelsware	
	15. Bergschatz	
	17. Der beim Preisschießen zu gewinnende Preis.	

6.6

Wortschatz

Frühneuhochdeutsch

Für das Mittelhochdeutsche verzeichnet das MWB vier Hauptbedeutungen (unterordnende Differenzierungen des Wörterbuchs sind in der Übersicht nicht berücksichtigt). Diesen stehen 17 Bedeutungsansätze des FWB gegenüber. Die einzige mittelhochdeutsche Bedeutung, für die das Frühneuhochdeutsche keine Entsprechung mehr aufweist, ist die der personifizierten Frau *Âventiure*. Der Kunstgriff Wolframs von Eschenbach, im *Parzival* die *âventiure* als Dame darzustellen, die in einer eingeschalteten Frage- und Antwortsequenz den Handlungsverlauf kommentiert, ist von Autoren im 14. Jh. und später nicht mehr wiederholt worden.

Für die Gegenwartssprache wurden nur noch vier Bedeutungsansätze registriert, die aber (mehr oder weniger) zu Bedeutung 1 im MWB und FWB in Bezug gesetzt werden können. Die frühneuhochdeutschen Bedeutungen 2 bis 17 sind im Laufe der dazwischen liegenden Jahrhunderte der Monosemierung »zum Opfer gefallen« (weitere Beispiele bei Wolf 2000b, 1557).

Auch in den Textbeispielen wird Monosemierung greifbar: In der Georgslegende (Textbeispiel 10, S. 97 f.) beispielsweise sagt der König zur Prinzessin *Nu mus din mynnichliche lieb der drake essen* (Z. 21). Drachen *essen* Prinzessinnen nicht (jedenfalls nicht für heutiges Sprachempfinden), sondern sie *fressen* sie. Bei diesen Verben hat im Laufe des Frühneuhochdeutschen eine Monosemierung stattgefunden: *essen* bezeichnet die Nahrungsaufnahme beim Menschen, *fressen* von (realen und fiktiven) Tieren. Im Mittel- und älteren Frühneuhochdeutschen bestand diese Zuweisung noch nicht: mhd. *ëȝȝen* konnte auch von Tieren gesagt werden, *frëzzen* ist ursprünglich eine intensivierende Präfixbildung dazu, bedeutete ›verschlingen‹ (vgl. Kluge/Seebold 2002, 315 f.) und wurde deshalb in der Regel mit gefräßigen Tieren in Verbindung gebracht.

Im selben Text begegnen die Synonyme *brutloft* und *hochczit*. Der König sagt: *jch hoffete, vursten vnde herren czu diner **brutloft** laden vnde din palas mit margariten cziren. Jch hoffete, silber seiten spil vnde orgenen czu diner **hochczit*** (Z. 22 f.). Mhd. *hōch(ge)zīt* bedeutete ganz allgemein ›Festlichkeit‹ (vgl. Lexer 1872, 1319). Das schließt ›Hochzeit‹ in unserem Sinne natürlich mit ein. Die Monosemierung zu ›Festlichkeit anlässlich einer Eheschließung‹ verdrängte (standardsprachlich, nicht dialektal!) das Konkurrenzwort *Brautlauf*.

Heteronymie und Monosemierung: Nicht immer mussten (wie in den in Kap. 6.6.2 exemplarisch genannten Fällen) regionale Varianten selegiert werden. Heteronymien konnte auch semantisch genutzt werden, weil sie die Möglichkeit boten, breite Bedeutungsspektren zu reduzieren. Auch dafür enthält der Auszug aus dem Petri-Glossar Beispiele. Gleich der erste Eintrag glossiert Luthers Wort *ånlich* mit *gleich*. Beide Adjektive müssen folglich im 16. Jh. noch Heteronyme gewesen sein. Ihre spätere überregional parallele Verwendung führte nun aber nicht zur Verdrängung des einen durch das andere, sondern sie wurde semantisch funktionalisiert. Die deutsche Standardsprache kennt die beiden Adjektive *ähnlich* und *gleich*. Dabei bedeutet *gleich* ›unterschiedslos‹ und *ähnlich* ›mit geringen Unterschieden‹. Beides sind also keine Synonyme, und sie zeigen auch keine sprachgeographische Verteilung mehr. Weitere Beispiele aus dem Petri-Glossar wären *Alber : fantestisch* (nhd. *albern ≠ phantastisch*), *Anfal : zůfal* (nhd. *Anfall ≠ Zufall*), *Auffschub : verzug* (nhd. *Aufschub ≠ Verzug*), *Befremden : verwundern* (nhd. *befremden ≠ (sich) verwundern*), *Bestricken : fahen* (nhd. *bestricken ≠ fangen*), *Besudlen : verunreinen* (nhd. *besudeln ≠ verunreinigen*), *Betaget : alt* (nhd. *betagt ≠ alt*). In allen diesen Fällen bestehen Bedeutungsnuancen oder unterschiedliche Verwendungsbedingungen (weiterführend Wolf 2000b, 1577 f.).

6.6.4 | Wortbildung im Frühneuhochdeutschen

Der Ausbau des indigenen frühneuhochdeutschen Wortschatzes verläuft in den Bahnen von Komposition, Derivation und Präfixbildung.

Komposition blieb eine Domäne der nominalen, vor allem substantivischen Wortbildung. Die Menge der »unechten Komposita« (s. S. 253) nahm erheblich zu.

Substantivkomposita können Konkreta und – im Frühneuhochdeutschen in zunehmendem Maße – auch Abstrakta als Zweitglieder enthalten:

- **Konkreta:** Die vergleichende Übersicht über Lemmata mit anlautenden *ag-* aus MWB und FWB (Kap. 6.6.1) enthält mehrere Beispiele für Komposita, die für das Mittelhochdeutsche noch nicht lexikographisch gebucht sind: *agatsteinöl, agendbuch, agenfleisch, agenhuf, ägerstenauge, ägerstenspecht, ägertenkraut, agrestgugel, agrimoniasaft*. Vgl. aus Textbeispiel 9 (S. 94 f.) *Roswaid* (Abs. 1), *bruederhaus* (Abs. 2), *vischwasser* (Abs. 5), *sanndtbrieff* (Abs. 15).
- **Abstrakta:** Zahlreiche Komposita mit abstraktem Zweitglied wurden aber auch zur Bezeichnung abstrakter Sachverhalte neu gebildet wie z.B. *badenfart* ›Reise an einen Badeort‹ *bärengejeide* ›Bärenjagd‹ oder *banzeit* ›Zeitraum eines Nutzungsverbots‹. Vgl. aus Textbeispiel 10 (S. 97 f.) *seiten spil* (Abs. 22), Textbeispiel 13 (S. 108 f.) *das heylig gottes wort* (Abs. 6).
- **Pejorative Verstärkung:** Typisch für die reformationszeitliche Polemik sind Bildungen mit *Erz-* wie z.B. *erznarr, -sünder, -hure, -teufel* (vgl. Brendel u. a. 1997, 40 f.).
- **Metaphorische Komposita** begegnen ebenfalls sehr häufig in polemischen und agitatorischen Texten. Beispiele sind Komposita mit dem Erstglied *affen-* wie z.B. bei Luther *affenbuch* ›betrügerische Schrift‹, *affengesetz* ›unsinniges Gesetz‹, *affenhaufe* ›Haufen noch Nachahmern‹, bei Luthers Widersacher Thomas Murner *affenfutter* ›Gaukelei‹, *affensteg* ›Irrweg‹ (weitere Bildungen FWB I, 667–674).

Adjektivkomposita treten demgegenüber mengenmäßig zurück. Neue Bildungsmuster, z.B. superlativische Adjektivkomposita mit *aller-* als Erstglied (*allerbescheidenst, allerboshaftigst, allerwunderlichst*), dienen dem Ausdruck der Verstärkung. Im FWB I,790–805 werden ca. 150 solcher

Bildungen verzeichnet. Im späteren Frühneuhochdeutschen wird der Verstärkungseffekt durch Erstglieder wie *grund-*, z.B. *grundböse, grundgütig, grundlieblich* (vgl. FWB II, 564), *gros-*, z.B. *grosarbeitsam* ›mit Mühe verbunden‹, *grosgefrohet* ›sehr erfreut‹ oder *hoch-*, z.B. *hochselig*, erzielt (vgl. Wegera/Prell 2000, 157). Vgl. aus Textbeispiel 11 (S. 100 f.) *wirdig*, **wol**gelert *lesmaister* (Abs. 1), *des* **hoch**wirdigen, **aller** *hailgosten bergs Thabor* (Abs. 4).

Derivation erzeugte reihenweise abgeleitete Substantive, Adjektive und Verben. Dabei verstärkte sich im Frühneuhochdeutschen die Tendenz zur Zuordnung des Vokals *e* (phonetisch [ə]) zu Flexionsmorphemen, während Wortbildungsmorpheme mit Nebenakzent auch volle Vokale (*-bar, -lich, -ung, -heit*) enthalten können. Beispiel für den älteren Zustand sind der Text auf der »Reichenauer Kuhhaut« (Textbeispiel 6, S. 71), der die Graphie <V> in fast allen flektierten Formen zeigt, und im Gegensatz dazu die um 1300 geschriebene Version B in Textbeispiel 14 mit *wirtsch**e**ft* (S. 162–164) oder die Form *nutzb**e**rkait* in Textbeispiel 11 (S. 100 f., Abs. 11).

Substantivische Ableitung ergab im Frühneuhochdeutschen eine Masse neuer Lexeme. Dabei wurden weitgehend ererbte Strukturmuster fortgeführt, allerdings auch funktional modifiziert (einzelne Wortbildungsmuster und Beispiele bei Brendel u. a. 1997; Hartweg/Wegera 2005, 198 f.; Wolf 2000, 1562 f.). Beispiele:

Das Suffix *–e* (s. Kap. 6.5.3) wurde auf den Bereich physikalischer Eigenschaften (z.B. *kälte, wärme, schärfe*), körperlicher Befindlichkeiten (z.B. *heisere* ›Heiserkeit‹, *läme* ›Lahmheit‹) und menschlicher Eigenschaften (z.B. *blöde* ›Blödheit‹, *sänfte* ›Sanftheit‹, *schöne* ›Schönheit‹) reduziert. Im weiteren Verlauf wurde *–e* auch in den beiden letztgenannten Gruppen durch deutlichere Suffixe, vor allem *–heit/-keit*, verdrängt, weshalb im Neuhochdeutschen Ableitungen mit diesem Suffix dominieren (vgl. ebd., 300–335; Doerfert 1994).

- **Das Suffix** *–ung* bildete reihenweise Verbalabstrakta, teilweise in Konkurrenz zu suffixlosen postverbalen Bildungen und älteren ablautenden Verbalabstrakta wie *wachsung : wuchs, genießung : genuss, reizung : reiz, schließung : schluss*, teilweise zu substantivierten Infinitiven (vgl. Brendel u. a. 1997, 468–515; Pavlov 2002). Hier kommt es ebenfalls zur Variantenauslese oder sekundären Funktionalisierung. In Textbeispiel 10 (S. 97 f., Abs. 10) wird die Ableitung *seczczunge* verwendet. In gleicher Bedeutung war schon im Mittelhochdeutschen *gesetz* gebräuchlich (vgl. Lexer 1872, 911).

- **Das Suffix** *–er* erweiterte seinen Funktionsbereich und wurde zunehmend nicht nur zur deverbalen Bildung von Nomina agentis verwendet, z.B. Typus *richter* zu *richten, hüter* zu *hüten*, sondern auch zur Ableitung von substantivischen Basen, wobei ganz allgemein zum Ausdruck kommt, dass der mit der *–er*-Ableitung Bezeichnete etwas mit dem zu tun hat, das mit der Ableitungsbasis bezeichnet wird, z.B. *episteler* ›Lektor‹ zu *epistel, härpfer* ›Harfenspieler‹ zu *harpfe* (vgl. Brendel u. a. 1997, 253–266).

- **Das Suffix** *–ling* wurde zur Ableitung von Personenbezeichnungen verwendet und ist ein gutes Beispiel dafür, wie textsortenspezifische

6.6

Wortschatz

Wortbildung im
Frühneuhoch-
deutschen

und kommunikationssituative Präferenzen die Wortbildung beeinflussen, denn insbesondere in der konfessionellen Polemik der Reformationszeit begegnen zahlreiche pejorative Personenbezeichnungen auf *–ling* wie *römling, päpstling* (beides abwertend für Katholiken), *abtrünnling, peinling, fressling* usw. In der frühneuhochdeutschen Fachliteratur werden *–ling*-Bildungen jedoch auch ohne solche Konnotationen gebraucht, z. B. *spitzling* ›Stachel‹, *fundeling* ›Findling‹ (vgl. ebd., 364–371).

Auch im Frühneuhochdeutschen wirken noch **lateinische Wortstrukturen** auf die volkssprachliche Wortbildung ein (ebd., 595–605): Bildungen mit fnhd. *–ung* basieren vielfach auf entsprechenden Abstrakta mit lat. *–io* (z. B. *salb-ung* < *unct-io, verbind-ung* < *obliga-tio*). Nomina agentis mit *–er* gehen vielfach auf Bildungen mit lat. *–(t)or* zurück (z. B. *gelt-er* < *creditor, kaufer* < *emptor*). Abstrakta auf *–heit* und *-schaft* basieren in einer Reihe von Fällen auf lateinischen Vorbildern mit *–(i)tas* (z. B. *warheit* < *veritas, feuchticheit* < *humiditas*; *erbschaft* < *hereditas, bilgriscaft* < *peragratio*).

Adjektivische Ableitungen erfolgten mit den aus älteren Sprachstufen ererbten Suffixen *–ig, -icht, -lich, -bar, -haft, -sam, -isch*. Teilweise überschneiden sich deren Funktionsbereiche: Neben *undenklich* wird auch *undenkbar* verwendet, neben *wunderlich* auch *wundersam* und *wunderbar*. Im Laufe des Frühneuhochdeutschen (und Neuhochdeutschen) kommt es auch hier zur Variantenreduktion bzw. zu sekundärer Funktionalisierung (weiterführend Thomas 2002). In der Gegenwartssprache sind beispielsweise *wunderlich, wundersam* und *wunderbar* keine Synonyme.

Einige Kompositionsglieder wurden zunehmend reihenbildend, verloren ihre volle Bedeutung und entwickelten sich dadurch zu Suffixen, z. B. *–reich* in *trostreich, gnadenreich, -würdig* in *lobwürdig, hochwürdig, -meßig* in *rechtmeßig, wortmeßig* (zu vergleichbaren Vorgängen vgl. Nübling 2008, 68–82).

Verbale Ableitungen erfolgten im Frühneuhochdeutschen überwiegend durch Anfügung von *–(e)n* an Nominalstämme, z. B. *abend-en* ›Abend werden‹ *abenteuer-n* ›auf Abenteuer ausziehen‹, *amachte-n* ›ohnmächtig werden‹ (zu *amacht* ›Ohnmacht‹). Im Laufe der Zeit kam es zu Konkurrenzen mit Ableitungen auf *-ieren*, z. B. *halben : halbieren, stolzen : stolzieren, quitten : quittieren* und *–igen, z. B. steinen : steinigen, sünden : sündigen*. Dabei zeichnen sich unterschiedliche Areale ab: *-igen* hat seinen sprachgeographischen Schwerpunkt im Ostmitteldeutschen. Textbeispiel 14 (S. 162–164, Text C) enthält zwei (Luther-)Belege: 1. *vnd begeret sich zu* **settigen** (Abs. 3). Der althochdeutsche Paralleltext hat dafür *zigisatonne*, also eine direkte Ableitung vom Adjektiv *sat*), 2. *Vnd du wirst* **gepeiniget** (Abs. 9). Das entsprechende mittelhochdeutsche Verb ist *pînen* (vgl. Lexer 1876, 271 f.; die Lexer-Belege für *pînigen* sind bereits überwiegend frühneuhochdeutsch). Bildungen mit *–ieren* haben einen Schwerpunkt zunächst im Westmitteldeutschen, dabei insbesondere in Fachtexten.

Im Oberdeutschen wird aus Verben des Typs *kücheln* ›Küchel backen‹ (abgeleitet von *küchel*) u. ä. ein Morphem *–eln* isoliert, das dann zu Bil-

267

dungen wie *siecheln* ›siech sein‹, *klügeln* ›klug daherreden‹ verwendet wird (vgl. Prell/Schebben-Schmidt 1996, 26–58).

Präfixbildung findet vor allem bei Verben statt. Man kann unterscheiden zwischen Modifikations- und Transpositionsbildungen. Modifikationsbildungen sind Präfixbildungen zu einfachen Verben ohne Wortartwechsel (z.B. *bei-*, *durch-*, *wider-stehen* zu *stehen*). Transpositionsbildungen sind Verben, die von anderen Wortarten abgeleitet sind wie z.B. *teilen* (desubstantivisch von *teil*) oder *mindern* (deadjektivisch von *minder*). Die frühneuhochdeutsche Verbalbildung weist eine Reihe sehr produktiver Präfixe auf, z.B. *be-*, *ent-*, *miss-*, *ver-*, *zer-*, und tendiert mitunter zu pleonastischen Bildungen, in denen das Präfix eine Bedeutungskomponente des Simplex zusätzlich zum Ausdruck bringt wie in den Fällen *beadeln*, *beloben*, *zerscheitern* (vgl. Hartweg/Wegera 2005, 200–202; zu verschiedenen verbalen Bildungsmustern im Nürnberger Deutsch der Dürerzeit vgl. Habermann 1994).

Präfixbildung geht im Frühneuhochdeutschen häufig einher mit gleichzeitiger Suffigierung und führt zu Verbalbildungen wie **be**fest**igen** (neben *befesten* zu *fest*), **be**feucht**igen** (neben *befeuchten* zu *feucht*), **be**fog**tigen** ›jemandem einen Vormund setzen‹ (neben *befogten* zu *fogt*).

Nominalisierungsverbgefüge, worunter von Polenz (1994, 264 f.) feste Verbindungen aus Nomen und Verb versteht, die alternativ zu Simplizia gebraucht werden können (Typ nhd. *Antwort geben* für *antworten*) liegen bereits in Textbeispielen des 15. Jh.s vor: *Ob er euch fragät, warumb ir die* **frag thät***, so sprecht* (Textbeispiel 9, S. 94 f., Abs. 12), *das man sich darnach wiss zu richten und nit irr.* **Thuet** *hierinn* **vleis** *und* **seit** *nit* **säumig** (ebd., Z. 20 f.), **Ward** *nit* **schinbar** *gotz grechtikait, do er von der sund wegen* (Textbeispiel 11, S. 100 f., Abs. 14). Die Fügung *frage tun* konkurriert mit *fragen*, *vleis tun* mit *vleissen* (schon mhd. *vlīʒʒen*), *säumig sein* mit *säumen* (mhd. *sūmen*), *scheinbar werden* mit *erscheinen* (mhd. *erscheinen* und *erschīnen*).

6.6.5 | Das Frühneuhochdeutsche im Sprachkontakt

Der kurze Auszug aus der Lemmastrecke *ag-* des FWB enthält Lexeme, die dem Lateinischen, Griechischen, Französischen, Ungarischen und sogar dem Türkischen und Überseesprachen entlehnt sind. Das Frühneuhochdeutsche stand aufgrund der weitreichenden kulturellen, kommerziellen, politischen und militärischen Kontakte in weitaus vielfältigeren Sprachkontakten als noch das Mittel- oder gar Althochdeutsche.

Latein war auch im Spätmittelalter und in der frühen Neuzeit in Europa noch die beherrschende internationale **lingua franca**. Darunter versteht man eine »Ausweichsprache«, in der sich Menschen verständigen können, ohne ihre Erst- oder Muttersprache zu benützen (heute hat das Englische global diese Funktion). Das konnte nicht ohne Einfluss auf die Volkssprachen bleiben (ähnlich wie englische Lexik in andere Sprachen übernommen wird).

Für das Frühneuhochdeutsche kommt dem Humanismus des 15. und 16. Jh.s besondere Bedeutung zu. Eine Reihe humanistischer Autoren

6.6

Wortschatz

*Das Frühneuhoch-
deutsche im Sprach-
kontakt*

war als Übersetzer tätig, z. B. Niklas von Wyle (ca. 1420–1478) und Heinrich Steinhöwel (1412–1483), um nur zwei herausragende Repräsentanten
zu nennen (ausführlich Vermeer 2000). Humanisten bedienten sich, wie
Martin Luthers Tischreden zeigen, bisweilen sogar eines lateinisch-deutschen Mischjargons. Naturwissenschaftliche **Fachsprachen** wie die der
Astronomie und Mathematik, aber auch der Theologie und Philosophie
(soweit Texte überhaupt in der Volkssprache verfasst wurden) sind mit
lateinischer Lexik angereichert. Auch die frühneuhochdeutsche Rechtssprache bediente sich zahlreicher Termini, die durchaus **popularisiert**
werden konnten, wie der Brief des Regensburger Patrizier Hans Paulsdorfer zeigt, wenn dieser seinen Bruder anweist: *Behallt disen meinen
sanndtbrieff und* **formirt** *dem* **notari** *ein* **protokoll** *daraus* (Textbeispiel
9, S. 94 f., Abs. 15).

Griechisch wurde im Früh- und Hochmittelalter im deutschen Sprachraum nicht gelehrt oder gelernt. Allenfalls schmückte man sich mit der
Kenntnis einiger griechischer Floskeln. Aristoteles kannte man nur in
Auszügen und aus lateinischen Übersetzungen. Die Situation änderte sich
grundlegend im Zusammenhang mit Renaissance und Humanismus und
dem Rückgriff auf die klassische Antike. Martin Luther übersetzte das
Neue Testament – sicher nicht ohne Rückversicherung in der lateinischen
Übersetzung des Erasmus von Rotterdam – aus dem griechischen Urtext
(vgl. Holzberg 2004; v. Polenz 2000, 217 f.; Rosenfeld 1974). Viele grie-
chische Lehnwörter im Deutschen sind jedoch über das Lateinische und
Französische ins Deutsche vermittelt worden. Die Betonung von *Musík,
Politík, Kritík, Phantóm, Phänomén, apokrýph* aber auch des Namens *Ho-
mér* erklärt sich aus diesem Vermittlungsweg.

Französisch hatte bereits in den Jahrzehnten um 1200 beträchtlichen
Einfluss auf das Deutsche, allerdings vorwiegend in exklusiven adelig-
höfischen Milieus (s. Kap. 6.5.2). Der politische und kulturelle Einfluss
schwand im 13. und 14. Jh. Im 15. und 16. Jh. gelangten nur wenige Lexeme, darunter etliche Militärwörter wie *garde, garnison, kürisser* ›gepan-
zerter Reiter‹, *visier* ins Deutsche (vgl. Öhmann 1974, 331), doch in der
Endphase des Frühneuhochdeutschen, im 17. Jh., kam es erneut zu kulturellen und sprachlichen Einflüssen aus dem westlichen Nachbarland wie
um 1200. Die Ursache dafür war der Vorbildcharakter des Hofes Ludwigs
XIV. (vgl. Zollna 2004). Es zeichnen sich wiederum einige typische Le-
bens- und Wortschatzbereiche ab:

- **Gesellschaftsleben und Künste:** *amusement, bai, carrousel, delikat,* *Französische*
  diskretion, domestique, etiquette, exzellent, farce, fasson, konversati- *Lehnwörter*
  on, korrekt, kurtisane, illumination, intrigue, lakai, suite, tour, belles *des 17. Jh.s*
  lettres, cabinet, email, graveur, medaillon, modern, pardon, passabel,
  passage, respekt, rivale, robe, entree, ouverture, pas, allemande, bourree,
  gavotte, menuet, quadrille.
- **Menschliche Wesenszüge:** *brillant, capricieux, charmant, coquette,*
  esprit, genie, genereux, honorable, malicieux, naif, plausible, raffiniert.
- **Kunst und Architektur:** *garderobe, kabinett, klavier, konterfei, medail-*
  le, park, pavillon, poesie, rondeau.

6.6

Wortschatz

Frühneuhochdeutsch

- **Speisekultur:** *bouillon, carafe, cotelette, fricassee, compote, confiture, creme, delicatesse, garnieren, gelee, liqueur, ragout, sauce, service, serviette.*
- **Kleidungskultur:** *coiffure, corset, cravatte, frisure, garderobe, manchette, parfum, toilette.*
- **Architektur, Gartenanlage:** *ameublement, buffet, chaise, commode, furnieren, lustre, meublieren, necessaire, toilette, balcon, balustrade, facade, mansarde, niche, palais, souterrain, terrasse, arcade, bassin, ermitage, espalier, orangerie, parc, reservoir,*
- **Verwandtschaft:** *cousin(e), neveu, oncle, tante.*

Die Masse französischer Lexeme, die im Laufe der Barockzeit ins Deutsche gelangten, war Anlass für puristische Gegenbewegungen in den **Sprachgesellschaften** (s. S. 50f.).

Italienisch war im frühen und hohen Mittelalter eine direkte Kontaktsprache entlang der südlichen Sprachgrenze. Hier kam es zu zahlreichen **dialektalen Nahentlehnungen** (vgl. Pfister 2004). Zu lexikalischer Transferenz über diese Bereiche hinaus kam es erst im Zusammenhang mit Handelsbeziehungen zwischen Nürnberg, Augsburg, Regensburg und wirtschaftsstarken Städten Nord- und Mittelitaliens wie Bologna, Genua, Florenz und Venedig. Zeugnis davon, dass deutschsprachige **Kaufleute** bemüht waren, die Sprache ihrer Handelspartner zu erlernen, geben **Sprachlehrbücher**, die italienischen Wortschatz, Elementargrammatik und nützliche Phrasen vermitteln (vgl. Blusch 1992) wie z.B. *El me esse sangue del nasso* zu (Frühneuhoch-)Deutsch: *Mir blut die nass* (ebd., 30,318f.) oder – eher geschäftsbezogen: *Jnbona fe e no a dinari adesso e son forte scarsso adesso*, das heißt: *pey minen trüen ich han nit pfening Jetzund* oder alternativ: *Jch pin gar charg Jetzund an gelt* (ebd., 121,3341–3343).

Anders geartete Kontakte ergaben sich dadurch, dass Musiker und bildende Künstler aus Deutschland nach Italien reisten und umgekehrt an vielen deutschen Höfen und Residenzen deren italienische Kollegen tätig waren. So zeichnen sich für die frühe Neuzeit folgende Bereiche ab (Weiteres bei Öhmann 1974, 361–393):

Italienische Lehnwörter des 16. und 17. Jh.s

- **Handel:** *bankrott, brutto, netto, cassa, credito, saldo, prozent, sconto, valuta*
- **Transport:** *capitan, compaß, mole, post, strapaze*
- **Musik, Literatur und bildende Kunst:** *alt, bass, fresco, kadenz, madrigal, motette, partitur, pasquill, sonett.*

Die Zahl der Erstbelege, die im DFWB aus diesen Sprachen – Latein, Griechisch, Französisch, Italienisch – für die Zeitspanne von 1460 bis 1640 verzeichnet sind, ergibt folgende Proportionen:

Den größten Anteil an den Erstbelegen hat quer durch alle Zeiträume das Lateinische, doch lässt sich ein relativer Rückgang in Bezug auf die drei anderen Sprachen ablesen. Um 1640 hat das Französische nahezu Gleichstand mit dem Lateinischen erreicht. Fremdwörter aus dem Griechischen haben in den ersten vier Zeitabschnitten – der Blütezeit des Humanismus – den (relativ) größten Anteil an den fremdsprachigen Erstbelegen,

6.6 Wortschatz

Das Frühneuhochdeutsche im Sprachkontakt

während die meisten italienischen Erstbelege zu Beginn des 17. Jh.s gebucht sind.

Englisch: Der Einfluss des Englischen, das seit dem 20. Jh. die mit Abstand wichtigste und einflussreichste Kontaktsprache des Deutschen ist, beginnt erst im 17. Jh. mit politischen Begriffen, die anfangs teilweise noch verdeutscht wurden wie *Unterhaus* (< *House of Commons*) und *Oberhaus* (< *House of Lords*). Im 18. und 19. Jh. wächst aufgrund der sich zunehmend intensivierenden Kontakte zwischen Deutschland und England die Zahl der englischen Lehnwörter stark an. Betroffen sind zunächst vor allem die Bereiche Politik, Technik, Wirtschaft und – infolge der einsetzenden Rezeption von Shakespeare, Milton und anderer Autoren – Literatur (vgl. von Polenz 1994, 101–105; 1999, 400–408; Viereck 2004).

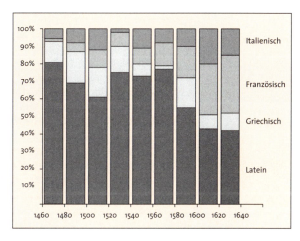

Fremdworterstbelege 1460–1640 im DFWB (nach v. Polenz 2000, 211)

Veränderte Proportionen ergeben sich in der Phase zwischen 1600 und 1800:

Erstmals kommt das Englische als nennenswerte Größe in Betracht, wenn auch nur als Randphänomen. Der Anteil französischer Erstbelege nimmt erheblich zu und geht ab ca. 1700 über den des Lateinischen hinaus. Die Zahl der Neuentlehnungen aus dem Italienischen nimmt ab Mitte des 17. Jh.s ab und verharrt dann bis 1800 auf annähernd gleichbleibendem Niveau (ca. 10% oder etwas darunter).

Slawische Sprachen standen über Jahrhunderte hinweg im Kontakt mit dem Deutschen. In der Zeit der Ostsiedlung müssen in den Gebieten östlich von Elbe und Saale diese Kontakte auch sehr intensiv gewesen sein. Sie fanden jedoch außer- oder unterhalb der Schriftlichkeit statt, was die Ursache dafür ist, dass vergleichsweise wenige lexikalische Slawismen über die Dialekte hinaus in die Allgemeinsprache gelangt sind. Es handelt sich zu einem guten Teil um **Bezeichnungen für Essbares**. Am bekanntesten sind *Quark* und *Gurke*. Anderes ist auf Kontaktmundarten beschränkt wie z. B. *Graupe* ›geschälte Gerste‹, *Mauke* ›Brei‹, *Plinse* ›Pfannkuchen‹. Im weiteren Sinne zu Naturalien gehört die *Jauche*. Eine weitere Gruppe von Wörtern bezeichnet **Gegenstände aus dem Fuhr-**

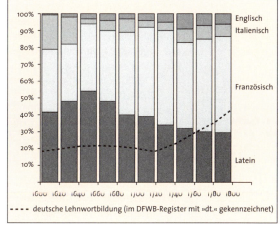

Fremdworterstbelege 1600–1800 im DFWB (nach v. Polenz 1994, 78)

271

wesen: *Droschke, Kalesche* und *Peitsche* sind slawische Lehnwörter (vgl. Bellmann 2004). Vergleichsweise früh (13. Jh.) im Deutschen bezeugt ist *Grenze* (vgl. Kluge/Seebold 2002, 372).

Jiddisch ist keine Nachbarsprache des Deutschen, sondern eine Art »innere Kontaktsprache«. Diese besondere Sprache der jüdischen Bevölkerungsteile auf deutschem Sprachgebiet zeigt einen Wortschatz, der zu ca. drei Vierteln ebenfalls deutsch ist. Die syntaktischen Strukturen, die allerdings viele jüngere Entwicklungen der deutschen Standardsprache nicht mehr mit vollzogen haben, sind ebenfalls deutsch. Prägend für die Lautstruktur und Formenbildung des jiddischen Wortschatzes sind das Bairische und Ostmitteldeutsche auf dem Stand des 14. Jh.s Ein Teil des Wortschatzes geht jedoch auf romanische, slawische und hebräische Grundlagen (Talmud, Kabbala) zurück (vgl. Kiefer 2004).

Rotwelsch: Jiddische Lexeme wurden durch den Wortschatz von Viehhändlern, Hausierern, Wandermusikanten und anderer gesellschaftlicher Randgruppen in die Allgemeinsprache vermittelt. In diesen Bevölkerungsschichten bildeten sich neue, subkulturelle Varietäten heraus, die man zusammenfassend als Rotwelsch bezeichnet. Ein früher, bislang nicht beachteter Beleg dieser Sprachbezeichnung findet sich in den Aufzeichnungen des Münchener Bürgermeisters Jörg Kazmair von ca. 1400. Einen von seinen Gegnern zitiert dieser mit den Worten *wir muessen etwas mit dem Kazmair teutsch reden, daz er anders red; er redt rotwelsch mit uns* (*Kazmair* 488). Das Wort *rotwelsch* steht hier (sicher ironisch gemeint) für ›unverständliche Sprache‹. Damit ist indirekt auch die Funktion des Rotwelschen charakterisiert. Es ist eine Sprache, die der **Verständigung unter Insidern** dienen und **für Nichtzugehörige unverständlich** bleiben sollte. Über das Rotwelsche geht eine Reihe heute umgangssprachlich gebrauchter Wörter und Wendungen (z. B. *Gauner, schachern, betucht, Schlamassel, Stuss*) auf das Jiddische und damit letztlich das Hebräische zurück. Der Zeitpunkt, zu dem diese Wörter ins Deutsche übernommen wurden, kann kaum bestimmt werden, weil das Rotwelsche so gut wie keine ältere schriftliche Überlieferung hat. Historische Zeugnisse sind meistens nur Wörterlisten von Polizei und Justizpersonal (weiterführend Girtler 1998).

Niederländisch: Um 1200 hatte das Mittelhochdeutsche unter den Sonderbedingungen des höfischen Milieus eine Reihe von Lehnwörtern direkt aus dem Mittelniederländischen oder durch niederländische Vermittlung aus dem Französischen (s. Kap. 6.5.2) bezogen. Im Zusammenhang mit der Ostkolonisation kamen niederländische Siedler in später ostniederdeutsche und ostmitteldeutsche Gebiete. Bestimmte Dialektwörter dürften auf diese Zeit zurückgehen (vgl. Große 1991; Teuchert 1972). (Früh-)neuzeitliche Spracheinflüsse aus dem Niederländischen und in die Gegenrichtung hängen mit dem unmittelbaren regionalen Kontakt zusammen. In die Allgemeinsprache gelangten vergleichsweise wenige Wörter. Beispiel sind *Sahne, Flieder, Spind, Schleuse, Deich* (vgl. de Smet 1983; 2004).

Wortentlehnung aus anderen Sprachen (Spanisch, skandinavische Sprachen, Ungarisch, baltische Sprachen) spielt in der frühen Neuzeit nur

6.6

Wortschatz

Das Frühneuhoch-
deutsche im Sprach-
kontakt

eine sehr untergeordnete Rolle, wenngleich in deutschsprachigen Texten sporadisch einzelne Lexeme (wie die Beispiele in der Alphabetstrecke *ag-* des FWB zeigen) erscheinen können. Über das **Spanische** wurden Bezeichnungen für Waren aus der Neuen Welt in andere europäische Sprachen, darunter natürlich das Deutsche, vermittelt. Die entsprechenden Wörter, z. B. *Zigarre*, *Kakao*, *Kaffee*, *Kork* gehen auf Eingeborenensprachen zurück.

Volksetymologie

Zur Vertiefung

Eine besondere Form der Integration kontaktsprachlicher Lexeme in den deutschen Wortschatz ist die Volksetymologie. Sprecher »speichern« ihren Wortschatz nicht alphabetisch ab wie in Duden- oder Langenscheidt-Wörterbüchern, sondern in vielfältiger semantischer, morphologischer und phonetischer Vernetzung. Aus verschiedenen Gründen kann der Fall eintreten, dass ein Wort nicht oder nicht mehr vernetzbar ist, etwa dann, wenn es von außen übernommen wird. Sprecher versuchen dann intuitiv, es in ihr kognitives Netz »einzuflechten«. Das war beispielsweise der Fall bei dem exotischen Wort, das zum ersten Mal 1529 in einer deutschen Reisebeschreibung als *hamaco* erscheint. Die Umgestaltung zu *Hängematte*, einem Kompositum mit geläufigen Konstituenten (*hängen* und *Matte*) und der geläufigen Wortbildungsstruktur Verbalstamm + Substantiv (wie *Koch-topf*, *Reib-eisen*) machte das Wort passgenau fürs mentale lexikalische Netz. Weitere Beispiel sind Entlehnungen aus dem Rotwelschen: der *Bartel*, der den *Most* holt, heißt nicht mit vollem Namen *Bartholomäus*, und er holt (wie gesagt) keinen *Most*, sondern Geld.

Ein Wort kann auch deshalb in Isolation geraten, weil ihm seine Netzknotenpunkte abhanden kommen. Das ist der Fall beim Namen des Berggeistes *Rübezahl*. Dass dieser frustrierte Riese Rüben zählen musste, ist ein Märchen, das wiederum auf der volksetymologischen Umdeutung seines (Spott-)Namens beruht. Die Konstituente *-zahl* ist das abgeänderte Wort mhd. *zagel* ›Schwanz‹, das im Neuhochdeutschen untergegangen ist (es entspricht genau engl. *tail*). Ob das Erstglied nun wirklich *Rübe* ist oder zum Verbum mhd. *rīben* ›reiben‹ gehört, bleibe dahingestellt. Schmeichelhaft ist der Name in keinem Fall, aber auf jeden Fall kind- und märchengerecht entschärft.

Eine Reihe weiterer aufschlussreicher (und unterhaltsamer) Volksetymologien sowie Literaturangaben zu dem Phänomen finden sich in Olschansky 2005.

273

6.6.6 | Lexikographie des Frühneuhochdeutschen

Ein vollständiges beleggestütztes Wörterbuch des Frühneuhochdeutschen liegt noch nicht vor, ist jedoch mit dem FWB im Entstehen begriffen. Bisher liegen vier Bände vollständig vor (*a* bis *pythagorisch*), wobei allerdings die *p*-Lemmata unter *b*- eingeordnet sind. Von weiteren Bänden sind bereits zahlreiche Lieferungen erschienen. Letztes bisher behandeltes Lemma ist *stosser*. Die Strecke von *c*- bis *stosser* ist damit also teilweise bearbeitet; es bestehen aber noch erhebliche Lücken. Ein kleines Wörterbuch zum Nachschlagen von Wortbedeutungen ist Baufeld (1996). Für die ältere Phase des Frühneuhochdeutschen sind auch Lexer (1872–78) sowie 1992 einschlägig. Darüber hinaus gibt es Spezialwörterbücher und Wortschatzuntersuchungen zu Autoren und Werken der frühneuhochdeutschen Epoche (vgl. Wolf 2000b, 1580–1584).

6.7 | Warum verändert sich der Wortschatz?

Offen ist noch die Frage, was Sprecher dazu veranlasst, neue Wörter zu bilden, Wörter aus anderen Sprachen zu übernehmen oder abweichend von der üblichen Verwendungsweise zu gebrauchen. Wenn es darum geht, neue Dinge oder Ideen zu benennen, liegt eine Erklärung auf der Hand: »Der Auslöser jedes Wandels im Bereich der Lexik ist vor allem das Bedürfnis der Sprachbenutzer, für neue Sachverhalte geeignete Bezeichnungen oder für bekannte bessere zu finden« (Munske 2005, 1386).

Das ist zutreffend, doch ist Wortschatzwandel ohne Innovationszwang damit noch nicht hinlänglich erklärt. Denn warum verändern vorhandene Wörter, mit denen etwas bereits Existentes bezeichnet wird, ihre Bedeutung? Warum beispielsweise ist *Weib* heute schlechter konnotiert als *Frau*, obwohl seine mittelhochdeutsche Bedeutung in etwa der von nhd. ›Frau‹ entsprach? Und warum wurde im 17. Jh. aus dem Französischen das Wort *Dame* entlehnt?

6.7.1 | Die »unsichtbare Hand« beim Wortschatzwandel

Eine plausible Erklärung für solche Phänomene bietet die **invisible-hand-Theorie** (grundlegend Keller 2003), die davon ausgeht, dass es intentional gerichtete menschliche Handlungen gibt, die zu **nicht intendierten Ergebnissen** führen.

Ein illustratives nichtsprachliches Beispiel ist die Entstehung eines Trampelpfades: Wohl niemand will absichtlich einen Rasen dadurch zerstören, dass er Fußstapfen hinterlässt. Wenn aber immer wieder Leute mit der Absicht, den Weg abzukürzen und Zeit zu sparen, über eine Grünfläche gehen, entsteht im Laufe der Zeit ein Trampelpfad. Auf die Sprache angewandt: Wenn viele Sprecher mit derselben Intention (weil sie z. B. besonders originell oder höflich sein wollen) dasselbe Wort oder

6.7

Wortschatz

Qualitativer Wandel

denselben Ausdruck auf (zunächst) unkonventionelle Weise verwenden, wird eigentlich sogar entgegen der Intention das Unkonventionelle immer mehr konventionell.

Zurück zu *Weib* und *Frau*: Da Männer (normalerweise) Frauen gegenüber höflich sind und das gewiss auch schon im Mittelalter waren, griffen sie in der direkten Anrede oder auch dann, wenn sie über eine Frau in deren Abwesenheit sprachen, in ihrer Wortwahl »eine Etage höher« und verwendeten statt des gewöhnlichen Wortes *wīp* das höherwertige *vrouwe*. Insofern war diese Wortwahl intentional geleitet. Je häufiger sie aber getroffen wurde, umso gewöhnlicher und konventioneller wurde sie. Schon im Laufe des 13. Jh.s war der Höflichkeitseffekt aufgebraucht, und *vrouwe/frau* war zur normalen Bezeichnung geworden. Zwangsläufig wurde das ältere Wort dadurch »nach unten abgedrängt«. Die fortbestehende Maxime »sprich höflich zu einer Frau oder über sie« führte dazu, dass erneut »höher« gegriffen werden musste. Und so kam die *Dame* ins Spiel.

Höflichkeit ist freilich nur ein mögliches Motiv für unkonventionellen Wortgebrauch. Auch die Intention, sich originell, witzig, betont konservativ oder besonders gebildet auszudrücken, kann die Wortwahl steuern. Bleibt es bei einem einmaligen Akt, wird dadurch noch kein Wortschatzwandel in die Wege geleitet. Das geschieht erst, wenn eine bestimmte Zahl von Sprechern denselben sprachlichen »Trampelpfad« einschlägt. Es lassen sich einige wiederkehrende Typen von Wortschatzwandel (»Trampelpfadarten«, wenn man so will) unterscheiden: qualitativer und quantitativer Wandel sowie Wortbildungswandel.

6.7.2 | Qualitativer Wandel

Qualitativer Wandel ist dann gegeben, wenn – wie im Falle von *Weib* und *Frau* – ein »Wortkörper« erhalten bleibt, aber sich die Bedeutung oder der Bedeutungsumfang verändert. Es können mehrere Typen unterschieden werden:

1. Bedeutungsverengung liegt dann vor, wenn die Bedeutung eines Lexems enger gefasst wird (vgl. Keller/Kirschbaum 2003, 15–34; vgl. ferner Nübling 2008, 113 f.).

> Im *Ackermann aus Böhmen* entgegnet der Tod dem jungen Witwer, der ihn des Mordes an seiner Frau bezichtigt: *Du fluchest vnd byttest vnuerschickenlich vnde on notdorfft* ›du fluchst und bittest auf unschickliche Weise und ohne Notwendigkeit‹ (*Ackermann* 12,2 f.). Die Bedeutung des Wortes *Notdurft* hat sich im Laufe der Zeit »verengt«: Im Mittel- und Frühneuhochdeutschen bezog sich das Wort auf viele Arten von Notwendigkeit (z. B. vor Gericht zu ziehen). Heute bedeutet *Notdurft* ›Stuhlgang‹.

Beispiele

2. Bedeutungserweiterung verläuft in die entgegengesetzte Richtung: Ein Wort verliert Gebrauchsspezifik (vgl. Nübling 2008, 110–113).

6.7
Wortschatz

Warum verändert sich der Wortschatz?

Beispiele

Am Ende des Prozesses des *Ackermanns* gegen den Tod sagt Gott in seinem Schlusswort *der kryg ist nicht gar ane sach, jr habent beyde wol gefochten* ›der Streit ist nicht gegenstandslos; ihr habt beide gut gestritten‹ (*Ackermann* 33,19 f.). Hier hat das Wort *sach* (die nicht apokopierte Form wäre *sache*) noch die Bedeutung ›Gegenstand einer rechtlichen Auseinandersetzung, Rechtssache‹. In heutiger Verwendung hat *Sache* keine juristische Konnotation mehr (vgl. eine Aussage wie *historische Semantik ist eine komplizierte Sache*). Man benützt allerdings noch das Kompositum *Rechtssache*. Die Bedeutungserweiterung zu ›Angelegenheit, Ding‹ in einem ganz allgemeinen Sinn ist schon um 1400 im *Ackermann* greifbar. Der Tod sagt: *Wer von sachen nicht einweiß, der kan von sachen nit gesagen* ›wer von den Dingen keine Ahnung hat, der kann davon auch nicht reden‹ (ebd., 18,1 f.).

3. Metaphern führen dazu, dass ein Wort sekundär in einem bildlichen Sinne verwendet wird (vgl. Fritz 1998, 43–45; 81–96; 2005; Keller/Kirschbaum 2003, 34–58; Nübling 2008,118–120).

Beispiele

Wenn der Tod im *Ackermann aus Böhmen* den zornigen jungen Witwer belehrt, sobald ein Mann heirate, habe er *eynen hantslag, einen anhang, einen hantslieten, ein joch, ein kumat, ein pürde, einen sweren last, ein fegetewfel, ein tegeliche rostfeyln, der er mit recht nit enberen mag, die weil wir mit jm nicht thun vnser genade* (ebd., 28,7–11), gebraucht er eine ganze Kaskade von Metaphern (erklärungsbedürftig sind vielleicht *hantslag* ›Handeisen‹, *anhang* ›Klette‹, *kumat* ›Pferdegeschirr‹), die allerdings nie als Bezeichnungen für Frauen konventionalisiert und von der Sprachgemeinschaft akzeptiert worden sind. Lexikalisch relevanter metaphorischer Bedeutungswandel findet erst dann statt, wenn eine bildliche Wortverwendung **konventionell** wird. Der *Ackermann* preist seine verstorbene Frau als *meyn durchlustig augenweyde* ›meine allerlieblichste Augenweide‹ (ebd., 5,2). *Augenweide* für etwas besonders Schönes ist auch heute noch gebräuchlich.

4. Metonymie beruht ebenfalls auf Übertragung, besteht aber darin, dass ein Ausdruck innerhalb eines gleichbleibenden Sinnbezirks sekundär verschoben wird (vgl. Fritz 1998, 45 f.; 2005, 97–104; Keller/Kirschbaum 2003, 34–58; Nübling 2008,120–121).

Beispiele

Ein gegenwartssprachliches Beispiel wäre *trinken wir noch ein Glas*. Wenn man *Glas* »beim Wort« nimmt, ist der Satz sinnlos. Ein kompetenter Sprecher kann jedoch aufgrund seines Wissensrahmens (»frame«) den Transfer vom Behältnis (*Glas*) auf den Inhalt (*Bier, Wein* oder was auch immer) leisten. Ein weiteres Beispiel aus dem *Ackermann*: Der Tod sagt, er könnte alle Königreiche der Welt haben, wenn er die Herrscher verschonen wür-

6.7

Qualitativer Wandel

de, und *des babstes stule mit seiner dreykronter jnfel wer wir nun gewaltig*   Beispiele
(ebd., 6,27 f.) ›über des Papstes Stuhl mit seiner dreifach gekrönten Mitra
hätte ich dann Macht‹. Der Stuhl trägt keine Krone, sondern der Papst. Hier
steht also metonymisch der Thron (*stul*) für den, der (gelegentlich) darauf
sitzt. Auch diese Metonymie ist noch heute konventionell, denn der *Heilige Stuhl* kann bekanntlich sogar sprechen und amtliche Verlautbarungen
herausgeben.

5. Euphemismus, Ironie, Über- und Untertreibung können ebenfalls zu
konventionalisierten neuen Wortverwendungen führen (vgl. Fritz 1998,
46 f.; 2005, 106–110; Nübling 2008, 124 f.).

Euphemismus ist beschönigender Wortgebrauch, z. B. wenn im *Acker-*   Beispiele
mann der Tod sagt *Do han wir mit einer seligen tochter vnser genad gewür-*
cket (ebd., 4,9 f.). Die Ausdrucksweise *Gnade wirken* für ›töten‹ ist zwar im
heutigen Deutschen nicht gebräuchlich, aber es gibt den konventionalisierten Euphemismus *Gnadenschuss* (oder in der Junkiesprache den *goldenen*
Schuss).
   Ironie führt zu Wortverwendungen, die das Gegenteil der üblichen Bedeutung zum Ausdruck bringen, etwa wenn im *Ackermann* der Tod sagt
Lere es baß, willtu vor kluckheyt gaczen ›lerne es besser, wenn du vor Klugheit gackern willst‹ (ebd., 12,28). Der Tod will seinem Kontrahenten natürlich nicht Klugheit attestieren, sondern das Gegenteil. Ähnlich kann man
heute jemanden bitten, seine *Weisheiten* für sich zu behalten.
   Übertreibung ist lexikalisch konventionalisiert in festen Wendungen
wie *sich tot lachen* oder *ewig herumtrödeln*.
   Untertreibung ist häufig im Bereich der Negation anzutreffen. Etwas
wird relativiert statt schlichtweg negiert. Der *Ackermann* vergleicht das un-
barmherzige Vorgehen des Todes mit dem Gericht Gottes und kommt zu
dem Schluss *Gotes recht* **kaum** *also gericht* ›Gottes Recht richtet kaum auf
diese Weise‹ (ebd., 17,37 f.). Er meint natürlich, das Gericht Gottes sei **nicht**
auf dieselbe grausame Weise gerecht wie das des Todes.

6. Implikaturen funktionieren auf der Basis logischer oder sachlicher
Schlussfolgerungen (vgl. Fritz 1998, 47–49; Nübling 2008, 122–125).

Der schon zitierte Satz *wir muessen etwas mit dem Kazmair teutsch reden,*   Beispiele
daz er anders red; er redt rotwelsch mit uns (*Kazmair* 488) ist nicht so zu
verstehen, dass man überlegte, welche Sprache oder Sprachvarietät man
für die Debatte wählen sollte. *Teutsch* impliziert ›verständlich‹, *rotwelsch*
›unverständlich‹. Das richtige Verständnis ergibt sich aus der Implikatur.
Ein letztes Mal *wîp* und *vrouwe*: Da mhd. *vrouwe* die Bedeutung von *wîp*

277

6.7 Wortschatz

Warum verändert sich der Wortschatz?

impliziert (jede *vrouwe* ist als erwachsener weiblicher Mensch ein *wîp* im mittelhochdeutschen Wortsinn) ist der Bedeutungswandel zunächst ebenfalls mit einer Implikatur verbunden.

Auch Funktionsverschiebungen im Bereich der Subjunktionen gehören hierher, denn eine temporale Relation kann beispielsweise implizit auch als kausal verstanden werden. Deswegen entwickelte sich ursprünglich temporales *weil* zu einer kausalen Subjunktion (s. Kap. 5.3.2).

6.7.3 | Quantitativer Wandel

Wie der Vergleich der Wörter mit anlautendem *ag-* im MWB und FWB (s. S. 256 f.) zeigt, ist im Frühneuhochdeutschen eine beträchtliche Anzahl von Wörtern neu hinzugekommen, während andere verschwunden sind. Die »neuen« Wörter sind teilweise **Entlehnungen aus Kontaktsprachen**, teilweise aber auch **Neubildungen** aus Bausteinen, die in der Sprache zwar vorhanden waren, aber noch nicht zu neuen Wörtern kombiniert wurden (z. B. *agatsetein-öl* und *agrimonia-saft*). Quantitativer Wandel kann wie qualitativer verschiedene Ursachen haben. Häufig sind es Benennungsnotwendigkeiten für neue Gegebenheiten, die dazu führen, dass Wörter entlehnt oder neu gebildet werden. Aber auch die anderen Motive (Höflichkeit, Prestige usw.), die zu qualitativem Wandel führen, können für quantitativen Wandel ursächlich sein (siehe das Beispiel *Dame*).

6.7.4 | Wortbildungswandel

Wortneubildungen tragen also zum quantitativen Wortschatzwandel bei. Neue Wörter werden aber nicht willkürlich aus Einzelteilen kombiniert, sondern stets nach vorhandenen Strukturmustern. Doch auch diese unterliegen Wandel. Sie können verlorengehen oder neu entstehen (vgl. Munske 2005, 1390–1392). Es verschwand z. B. das Muster, das die Möglichkeit bot, das Nichtvorhandensein oder Schwinden von etwas durch Präfigierung mit *ā-* auszudrücken wie in der Lemmagruppe mhd. *āgëȝ / āgëȝele / āgëȝȝ-elkeit* ›Vergesslichkeit‹ und *āgëȝȝel* ›vergesslich‹ (s. Kap. 6.6.1). Ein neues Wortbildungsmuster wurde beispielsweise mit den im Althochdeutschen noch seltenen, im Mittelhochdeutschen zunehmenden und im Frühneuhochdeutschen massenhaft auftretenden Abstrakta auf *–heit* etabliert.

7. Anhang

7.1 Quellen- und Literaturverzeichnis
7.2 Sekundärliteratur

7.1 | Quellen- und Literaturverzeichnis

Quellen und Textsammlungen

Ackermann	Christian Kiening: *Der Ackermann*. Frühneuhochdeutsch/Neuhochdeutsch, Stuttgart 2000.
Ahd. Isidor	*Der althochdeutsche Isidor.* Facsimile-Ausgabe des Pariser Codex, nebst critischem Texte der Pariser und Monseer Bruchstücke. Mit Einleitung, grammatischer Darstellung und einem ausführlichen Glossar, Straßburg 1893.
Bibelfragmente	Horst Kriede: Deutsche Bibelfragmente des XII. Jahrhunderts, Kattowitz 1930.
Brandan	Carl Schröder: *Sanct Brandan*. Ein lateinischer und drei deutsche Texte. Erlangen 1871.
Corp. Urk.	Corpus der altdeutschen Originalurkunden bis zum Jahre 1300, begründet von Friedrich Wilhelm, 6 Bde., Lahr 1932–1986.
Ehaltenbuch	Karl-S. Kramer: Leben und Arbeit von Klosterbediensteten zu Ende des Mittelalters. Nach dem Ehaltenbuch des Klosters Indersdorf von 1493 und verwandten Quellen, in: Bayerisches Jahrbuch für Volkskunde 1993, 7–38.
Erben 1961	Johannes Erben: Ostmitteldeutsche Chrestomatie. Proben der frühen Schreib- und Druckersprache des mitteldeutschen Ostens, Berlin.
Evangelien GM	Die Evangelien der Guten Meister von Prag, hg. von Christoph Gerhardt, München 1970.
Familienbriefe Rgb.	Märtl, Claudia: Aus dem Familienbriefwechsel eines bayerischen Adelsgeschlechts, in: Regensburg und Ostbayern. Max Piendl zum Gedächtnis, Kallmünz 1991, 71–89.
Gottfried Trist.	Gottfried von Straßburg, *Tristan* Mittelhochdeutsch/Neuhochdeutsch, nach dem Text von Friedrich Ranke hg. von Rüdiger Krohn, 2 Bde., Stuttgart 2006.
Heliand	*Heliand* und *Genesis*, hg. von Otto Behaghel, 9. Aufl., bearb. von Burkhard Taeger, Tübingen 1984, 7–216.
Helmbr.	Wernher der Gartenaere, *Helmbrecht*. Mittelhochdeutscher Text und Übertragung, hg. von Helmut Brackert/Winfried Frey/Dieter Seitz, Frankfurt a.M. 1978.
Hildebrandsl.	*Hildebrandslied*, Text: SKD 1–8; mit Übersetzung: Müller 2007, 28–33; Schlosser 2004, 68–71.
Iwein	Hartmann von Aue, *Iwein*, hg. von Georg F. Benecke/Karl Lachmann/Ludwig Wolff, übersetzt von Thomas Cramer, 4. Aufl., Berlin/New York 2001.
Kazmair	Jörg Kazmair's Denkschrift über die Unruhen zu München in den Jahren 1397–1403, hg. von, Karl August von Muffat, in: Chroniken deutscher Städte, Bd. 15, München/Leipzig 1878, 411–568.
Leipz. Pred.	*Leipziger Predigten*, Text: Altdeutsche Predigten, hg. von Anton E. Schönbach, Bd. 1, Graz 1886.

7.1 Anhang

Quellen- und Literaturverzeichnis

Leipz. Ratsb.	Henning Steinführer: Die Leipziger Ratsbücher 1466–1500, 2 Bde., Leipzig 2003.
Lex.Sal.	Bruchstücke einer althochdeutschen Version der *Lex Salica*, Text: SKD 55–59; Text und Übersetzung: Müller 2007, 40–43: Schlosser 2004, 42–45
Luther 1522	[Martin Luther] *Das Newe Testament Deutzsch* [Wittenberg 1522]
Luther 1545	*Biblia: Das ist: Die gantze Heilige Schrifft/Deudsch/Auffs new zugericht. D Mart. Luth. ... Gedruckt zu Wittemberg ... MDXLV.*
Maurer 1964–1970	Die religiösen Dichtungen des 11. und 12. Jahrhunderts. Nach ihren Formen besprochen und hg. von Friedrich Maurer, 3 Bde., Tübingen 1964–1970.
Merseb.Zspr.	*Merseburger Zaubersprüche*, Text: SKD 365–367; mit Übersetzung: Müller 2007, 270 f.; Schlosser 2004, 132 f.
Müller 2007	Müller, Stephan: Althochdeutsche Literatur. Eine kommentierte Anthologie, Stuttgart 2007.
Musp.	*Muspilli*, Text: SKD 66–81; mit Übersetzung: Müller 2007, 200–209; Schlosser 2004, 82–87.
Oberalt. Pred.	*Oberaltaicher Predigten*, Text: Altdeutsche Predigten, hg. von Anton E. Schönbach, Bd. 2, Graz 1888.
Ortolf	Das Arzneibuch Ortolfs von Baierland nach der ältesten Handschrift (14. Jhdt). Stadtarchiv Köln, W 4° 24*), hg. von James Follan, Stuttgart 1963.
Oswald	Die Lieder Oswalds von Wolkenstein, hg. von Karl Kurt Klein, Tübingen 1987.
Otfrid	Otfrid von Weißenburg. Evangelienbuch, hg. und bearbeitet von Wolfgang Kleiber, Bd. I: Edition nach dem Wiener Codex 2687, Teil 1: Text, Tübingen 2004, Band II: Edition der Heidelberger Handschrift P und der Handschrift D, Teil 1: Texte (P/D), Tübingen 2006. Auszüge mit Übersetzung: Otfrid von Weißenburg. Evangelienbuch. Auswahl Althochdeutsch/Neuhochdeutsch, hg., übersetzt und kommentiert von Gisela Vollmann-Profe, Stuttgart 1987.
Pauli	Warnock, Robert G.: Die Predigten Johannes Paulis, München 1970.
Petrusl.	*Petruslied.* Text: SKD 103 f., mit Übersetzung: Müller 2007, 78; Schlosser 2004, 150.
Priester Konrad	*Predigtbuch des Priesters Konrad*, Text: Altdeutsche Predigten, hg. von Anton E. Schönbach, Bd. 3, Graz 1891.
Rolandslied	Das *Rolandslied* des Pfaffen Konrad. Mittelhochdeutsch/Neuhochdeutsch, hg. von Dieter Kartschoke, Stuttgart 1993.
Rother	Stein, Peter: *König Rother.* Mittelhochdeutscher Text und neuhochdeutsche Übersetzung, hg. von Ingrid Bennewitz, Stuttgart 2000.
Sachsenspiegel	Eike von Repgow, *Der Sachsenspiegel*, hg. von Clausdieter Schott, Zürich 1984.
Schlosser 2004	Schlosser, Horst Dieter: Althochdeutsche Literatur. Mit altniederdeutschen Textbeispielen. Auswahl mit Übertragungen und Kommentar, 2. Aufl., Berlin 2004.
Schwabenspiegel	*Schwabenspiegel.* Kurzform. Mitteldeutsch-niederdeutsche Handschriften, hg. von Rudolf Große, Weimar 1964.
SKD	Die kleineren althochdeutschen Sprachdenkmäler, hg. von Elias von Steinmeyer, 3. Aufl., Zürich/Dublin 1971.
Spec. Eccl.	*Speculum Ecclesiae.* Eine Frühmittelhochdeutsche Predigtsammlung (Cgm. 39). Mit sprachlicher Einleitung hg. von Gert Mellbourn, Lund 1945.
St. Galler Pn.	*St. Galler Paternoster*, Text: SKD 27.
Tatian	Masser, Achim: Die lateinisch-althochdeutsche Tatianbilingue Stiftsbibliothek St. Gallen Cod. 56, Göttingen 1994.

Testament Dölau	Held, Wieland: Das Testament Joachims von Dölau aus dem Jahre 1646 (mit Edition), in: Neues Archiv für Sächsische Geschichte 72 (2001), 97–117.
Thoma *Filser*	Thoma, Ludwig: *Jozef Filsers Briefwexel*, 9. Aufl., München 1972.
Veit Arnpeck	Veit Arnpeck, Sämtliche Chroniken, hg. von Georg Leidinger, München 1915.
WDP	Denkmäler deutscher Prosa des 11. und 12. Jahrhundert, hg. von Friedrich Wilhelm, München 1960.
Weißenb. Kat.	*Weißenburger Katechismus*, Text: SKD 29–38, mit Übersetzung Müller 2007, 172–189.
Wessobr. Ged.	*Wessobrunner Gedicht*, Text: SKD 16–19; mit Übersetzung: Müller 2007, 200; Schlosser 2004, 48.
Williram	Williram von Ebersberg, Exposition in Cantica Canticorum und das ›Commentarium in Cantica Canticorum‹ Haimos von Auxerre, hg. und übersetzt von Henrike Lähnemann und Michael Rupp, Berlin-New York 2004.

7.2 | Sekundärliteratur

Abkürzungen und abgekürzt zitierte Literatur

AWB	Althochdeutsches Wörterbuch. Auf Grund der von Elias von Steinmeyer hinterlassenen Sammlungen im Auftrag der Sächsischen Akademie der Wissenschaften zu Leipzig bearbeitet und hg. von Elisabeth Karg-Gasterstädt/Theodor Frings u.a., Berlin 1968 ff.
BEDS	Beiträge zur Erforschung der deutschen Sprache.
BMZ	Mittelhochdeutsches Wörterbuch. Mit Benutzung des Nachlasses von Georg Friedrich Benecke ausgearbeitet von Wilhelm Müller und Friedrich Zarncke, 3 Bde., Leipzig 1854-66.
BWB	Bayerisches Wörterbuch, hg. von der Kommission für Mundartforschung, München 1995 ff.
DFWB	Deutsches Fremdwörterbuch. Begonnen von Hans Schulz, fortgeführt von Otto Basler, 2. Aufl., völlig neubearbeitet im Institut für deutsche Sprache, Berlin/New York 1995 ff.
Duden Wb.	Duden. Das große Wörterbuch der deutschen Sprache, hg. von Günther Drosdowski, 2. Aufl., Mannheim/Leipzig/Wien/Zürich 1993–1995.
EWA	Etymologisches Wörterbuch des Althochdeutschen, Bd. I: a – bezzisto von Albert L. Lloyd/Otto Springer, Berlin/New York 1988, Bd. II: bî – ezzo von Albert L. Lloyd/Rosemarie Lühr/Otto Springer, ebd. 1998, Bd. III: farum – fûstslag, von Albert L. Lloyd/Rosemarie Lühr, ebd., 2007.
FWB	Frühneuhochdeutsches Wörterbuch, hg. von Robert R. Anderson/Ulrich Goebel/Oskar Reichmann, ab Bd. 2 von Ulrich Goebel/Oskar Reichmann, Berlin/New York 1986 ff.
HS	Historische Sprachforschung (Historical Linguistics).
HSS	Wolfgang Kleiber/Konrad Kunze/Heinrich Löffler: Historischer Südwestdeutscher Sprachatlas. Aufgrund von Urbaren des 13. bis 15. Jahrhunderts, 2 Bde., Bern/München 1979.
MWB	Mittelhochdeutsches Wörterbuch, hg. von Kurt Gärtner/Klaus Grubmüller/Karl Stackmann, Stuttgart.
PBB	Beiträge zur Geschichte der deutschen Sprache und Literatur (begründet von Hermann Paul und Wilhelm Braune). Zusätze: (H) Hallenser Reihe, (T) Tübinger Reihe.

Sekundärliteratur

Sprges. HSK	Sprachgeschichte. Ein Handbuch zur Geschichte der deutschen Sprache und ihrer Erforschung, 2. Aufl., hg. von Werner Besch/ Anne Betten/Oskar Reichmann – Stefanderegger, 4 Teilbde., Berlin/New York 1998-2004 (Handbücher zur Sprach- und Kommunikationswissenschaft 2.3).
Sprw.	Sprachwissenschaft
VL	Die deutsche Literatur des Mittelalters. Verfasserlexikon.
WDP	Denkmäler deutscher Prosa des 11. und 12. Jahrhunderts, hg. von Friedrich Wilhelm, München 1960.
WMU	Wörterbuch der mittelhochdeutschen Urkundensprache auf der Grundlage des Corpus der altdeutschen Originalurkunden bis zum Jahr 1300. Unter der Leitung von Bettina Kirchstein und Ursula Schulze erarbeitet von Sibylle Ohly und Peter Schmitt, Berlin 1994 ff.
ZDA	Zeitschrift für deutsches Altertum und deutsche Literatur
ZDL	Zeitschrift für Dialektologie und Linguistik
ZDPh	Zeitschrift für deutsche Philologie
ZGL	Zeitschrift für Germanistische Linguistik
ZMF	Zeitschrift für Mundartforschung

Admoni, Wladimir: Zur Ausbildung der Norm der deutschen Literatursprache im Bereich des neuhochdeutschen Satzgefüges (1470–1730), Berlin 1980.
–: Historische Syntax des Deutschen, Tübingen 1990.
–: Die Entwicklung des Gestaltungssystems als Grundlage der historischen Syntax, in: Betten 1990a, 1–13.
Babenko, Natalja Sergejevna: Einige Entwicklungstendenzen im Bereich des Satzgefüges in der deutschen Sprache des 16. und 17. Jahrhunderts (am Material finaler Unterordnung), in: BEDS 8 (1988), 95–129.
Bach, Heinrich: Handbuch der Luthersprache. Laut- und Formenlehre in Luthers Wittenberger Drucken bis 1545. Teil. 1: Vokalismus, Kopenhagen 1974.
–: Luthers Bedeutung für die deutsche Sprache und für die Entwicklung einer literarischen Öffentlichkeit, in: Luther und die Reformation, hg. von Bjørn Ekmann/Børge Kristiansen, Kopenhagen/München 1982, 48–58.
–: Handbuch der Luthersprache. Laut- und Formenlehre in Luthers Wittenberger Drucken bis 1545, Teil 2: Druckschwache Silben. Konsonantismus, Kopenhagen 1985.
Bammesberger, Alfred: Die Morphologie des urgermanischen Nomens, Heidelberg 1990.
–: Von Glocken und Grüßen und Glaubensboten aus Irland, in: Leitmotive. Festschrift für Dietz-Rüdiger Moser, hg. von Marianne Sammer, Kallmünz 1999, 161–175.
Barufke, Birgit: Attributstrukturen des Mittelhochdeutschen im diachronen Vergleich, Hamburg 1995.
Baufeld, Christa: Kleines frühneuhochdeutsches Wörterbuch, Tübingen 1996.
Beck, Heinrich: Die germanischen Sprachen der Völkerwanderungszeit, in: Sprges. HSK 1 (1998), 979–993.
Beck, Wolfgang: Die Merseburger Zaubersprüche, Wiesbaden 2003.
Behaghel, Otto: Deutsche Syntax, 4 Bde., Heidelberg 1923–32.
Bellmann, Günter: Slawisch/Deutsch (Schwerpunkte), in: Sprges. HSK 4 (2004), 3229–3259.
Bentzinger, Rudolf: Die Kanzleisprachen, in: Sprges. HSK 3 (2003), 1665–1673.
–/Kettmann, Gerhard: Zur Stellung Luthers im Sprachschaffen seiner Zeit, in: Luthers Deutsch. Sprachliche Leistung und Wirkung, hg. von Herbert Wolf, Frankfurt a. M. u.a. 1996, 201–214.
Bergmann, Rolf: Zum Anteil der Grammatiker an der Normierung der neuhochdeutschen Schriftsprache, in: Sprw. 7 (1982), 261–281.
–: Der rechte teutsche Cicero oder Varro. Luther als Vorbild in den Grammatiken des 16. bis 18. Jahrhunderts, in: Sprw. 8 (1983), 265–276.
–: Volkssprachig-lateinische Mischtexte und Textensembles in der althochdeutschen, altsächsischen und altenglischen Überlieferung, Heidelberg 2003.

–: Katalog der althochdeutschen und altsächsischen Glossenhandschriften. Bearbeitet von Rolf Bergmann und Stefanie Stricker unter Mitarbeit von Yvonne Goldammer und Claudia Wich-Reif, 6 Bde., Berlin/New York 2005.

–/Glaser, Elvira/Moulin-Fankhänel, Claudine (Hg.): Mittelalterliche volkssprachige Glossen, Heidelberg 2001.

Berthele, Raphael/Christen, Helen/Germann, Sibylle/Hove, Ingrid (Hg.): Die deutsche Schriftsprache und die Regionen. Entstehungsgeschichtliche Fragen, Berlin/New York 2003.

Besch, Werner: Sprachlandschaften und Sprachausgleich im 15. Jahrhundert, München 1967.

–: Zur Entstehung der neuhochdeutschen Schriftsprache, in: ZdPh 87 (1968), 405–426.

–: Bemerkungen zur schreibsoziologischen Schichtung im Spätmittelalter, in: Die Stadt in der europäischen Geschichte. Festschrift für Edith Ennen, hg. von Werner Besch u.a., Bonn 1972.

–: Die Rolle Luthers für die deutsche Sprachgeschichte, in: Sprges. HSK 2 (2000), 1713–1745.

–: Deutsche Sprache im Wandel. Kleine Schriften zur Sprachgeschichte, Frankfurt a.M. u.a. 2003a.

–: Die Regionen und die deutsche Schriftsprache. Konvergenzfördernde und konvergenzhindernde Faktoren. Versuch einer forschungsgeschichtlichen Zwischenbilanz, in: Berthele u.a. 2003b, 5–27.

–: Entstehung und Ausformung der neuhochdeutschen Schriftsprache/Standardsprache, in: Sprges. HSK 3 (2003c), 2252–2296.

–: ›Vertikalisierung‹ und ›Leitvarietät‹. Terminologie-Probleme im Blick auf die Entstehung der neuhochdeutschen Schriftsprache, ZdPh 126 (2007), 411–419.

Betten, Anne: Grundzüge der Prosasyntax. Stilprägende Entwicklungen vom Althochdeutschen zum Neuhochdeutschen, Tübingen 1987.

– (Hg.): Neuere Forschungen zur historischen Syntax des Deutschen. Referate der Internationalen Fachkonferenz Eichstätt 1989, Tübingen 1990.

Betz, Werner: Lehnwörter und Lehnprägungen im Vor- und Frühdeutschen, in: Maurer/Rupp 1974, 135–163.

Binnig, Wolfgang: Der Quellenwert des Gotischen für dier sprachgeschichtliche Beschreibung der älteren Sprachstufen des Deutschen, in: Sprges. HSK 1 1998, 973–979.

–: Gotisches Elementarbuch, 5. Aufl., Berlin/New York 1999.

Birkhan, Helmut: Etymologie des Deutschen, Bern/Frankfurt a.M./New York 1985.

Bischoff, Bernhard: Paläographische Fragen deutscher Denkmäler der Karolingerzeit, in: Frühmittelalterliche Studien 5 (1971), 73–111.

Blusch, Martina: Ein italienisch-deutsches Sprechlehrbuch des 15. Jahrhunderts. Edition der Handschrift Heidelberg Pal. Germ. 657 und räumlich-zeitliche Einordnung des deutschen Textes, Frankfurt a.M. u.a. 1992.

Braun, Wilhelm: ›Bäcker‹, ›Fleischer‹ und ›Tischler‹. Wortschatzuntersuchungen im Bereich des Handwerks am Beispiel konkurrierender Berufsbezeichnungen, in: Dückert 1981, 55–119

Braune, Wilhelm: Althochdeutsch und angelsächsisch, in: PBB 43 (1918), 361–445.

–/Eggers, Hans: Althochdeutsche Grammatik, 14. Aufl., bearbeitet von Hans Eggers, Tübingen 1987.

–/Heidermanns, Frank: Gotische Grammatik, 20. Aufl., neu bearbeitet von Frank Heidermanns, Tübingen 2004.

–/Reiffenstein, Ingo: Althochdeutsche Grammatik I. Laut- und Formenlehre, 15. Aufl., bearbeitet von Ingo Reiffenstein, Tübingen 2004.

Braunmüller, Kurt: Die skandinavischen Sprachen im Überblick, Tübingen 1991.

Brendel, Bettina/Frisch, Regina/Moser, Stephan/Wolf, Norbert Richard: Wort- und Begriffsbildung in frühneuhochdeutscher Wissensliteratur. Substantivische Affixbildung, Wiesbaden 1997.

Bumke, Joachim: Höfische Kultur. Literatur und Gesellschaft im hohen Mittelalter, 10. Aufl., München 2002.

–: Geschichte der deutschen Literatur im hohen Mittelalter, 5. Aufl., München 2004.

Sekundärliteratur

Joan Bybee: Morphology. A study of the relation between meaning and form, Amsterdam 1985.

Comrie, Bernard: Sprache und Vorzeit, Sitzungsberichte der Sächsischen Akademie der Wissenschaften zu Leipzig, Philologisch-historische Klasse, 137/6, Stuttgart/Leipzig 2002.

Cordes, Gerhard/Möhn, Dieter: Handbuch zur niederdeutschen Sprach- und Literaturwissenschaft, Berlin 1983.

Cramer, Thomas: Der deutsche höfische Roman und seine Vorläufer, in: Krauß 1981, 323–356.

Dal, Ingerid: Kurze deutsche Syntax auf historischer Grundlage, Tübingen 1966.

Desportes, Yvon (Hg.): Althochdeutsch. Syntax und Semantik. Akten des Lyonner Kolloquiums zur Syntax und Semantik des Althochdeutschen (13. März 1990), Lyon 1992.

Diewald, Gabriele u.a.: Grammatikalisierung und grammatische Kategorien, Bochum 2008.

Dinzelbacher, Peter: Wörterbuch der Mystik, 2. Aufl., Stuttgart 1998.

Doerfert, Regina: Die Substantivableitung mit *–heit/-keit, ida, -î* im Frühneuhochdeutschen, Berlin/New York 1994.

Dückert, Joachim: Zur Ausbildung der Norm in der deutschen Literatursprache auf der lexikalischen Ebene (1470–1730). Untersucht an ausgewählten Konkurrentengruppen unter Leitung von Joachim Dückert, 2. Aufl., Berlin 1981.

Duden. Die Grammatik, 7. Aufl., hg. von der Dudenredaktion, Mannheim u.a. 2005.

Düwel, Klaus: Runenkunde, 4. Aufl., Stuttgart/Weimar 2008.

Ebert, Robert Peter: Historische Syntax des Deutschen, Stuttgart 1978.

–: Social and Stylistic Variation in Early New High German Word Order: the Sentence Frame (Satzrahmen), PBB (T) 102 (1980), 357–398.

–: Historische Syntax des Deutschen. 2: 1300–1750, Bern u.a. 1986.

–/Reichmann, Oskar/Solms, Hans-Jochim/Wegera, Klaus Peter: Frühneuhochdeutsche Grammatik, Tübingen 1993.

Eggers, Hans: Deutsche Sprachgeschichte, 2 Bde., Reinbek 1986.

Ehrismann, Otfrid: Ehre und Mut, Aventiure und Minne. Höfische Wortgeschichten aus dem Mittelalter, München 1995.

Ehrlich, Karoline: Wie spricht man »richtig« Deutsch? Kritische Betrachtung der Aussprachenormen von Siebs, GWDA und Aussprache-Duden, Wien 2008.

Eichner, Heiner/Nedoma, Robert: Die Merseburger Zaubersprüche. Philologische und sprachwissenschaftliche Probleme aus heutiger Sicht, in: Die Sprache 42,1–2 (2000f.), 1–195.

Eisermann, Falk/Schmid, Hans Ulrich: *Pfaffenhur* und *Pfeiffensack*. Ein anonymes Buchstabierbüchlein des späten Mittelalters, in: Fachtextsorten – gestern und heute. Ingrid Wiese zum 65. Geburtstag, hg. von Irmhild Barz/Ulla Fix, Frankfurt a.M. u.a. 2008, 47–69.

Elmentaler, Michael: Struktur und Wandel vormoderner Schreibsprachen, Berlin/New York 2003.

van der Elst, Gaston: Die Stadt in der neueren Sprachgeschichte IV: Nürnberg, in: Sprges. HSK 3 (2003), 2341–2354.

Endres, Rudolf: Das Schulwesen in Franken im ausgehenden Mittelalter, in: Moeller/Patze/Stackmann 1983, 173–214.

Erben, Johannes: Syntax des Frühneuhochdeutschen, in: Sprges. HSK 2 (2000), 1584–1593.

Eroms, Hans-Werner: Zur Entwicklung der Passivperiphrasen im Deutschen, in: Betten 1990, 82–97.

Feudel, Günter: Luthers Ausspruch über seine Sprache (WA Tischreden 1,524) – Ideal oder Wirklichkeit?, in: PBB (H) 92 (1970), 61–75.

Feulner, Anna Helene: Gotisch-Bairisches: Zur Frage des Entlehnungswegs von *Ergetag, Pfinztag,* †*pher(in)ntag,* in: Kreuther Kräuterbuschen. Beiträge zur 9. Bayerisch-österreichischen Dialektologentagung in Wildbad Kreuth Sept. 2004, hg. von Ulrich Kanz/Alfred Wildfeuer, Regensburg 2005, 223–250.

Fleischer, Jürg: Zur Typologie des Relativsatzes in den Dialekten des Deutschen, in: Morphologie und Syntax des Deutschen, hg. von Franz Patocka/Peter Wiesinger, Wien 2004, 60–83.

Fleischer, Wolfgang/Hartung, Wolfdietrich/Schildt, Joachim/Suchsland, Peter (Hg.): Kleine Enzyklopädie deutsche Sprache, Leipzig 1983.

Fleischer, Wolfgang/Helbig, Gerhard/Lerchner, Gotthard (Hg.): Kleine Enzyklopädie deutsche Sprache, von Frankfurt a. M. 2001.

Fleischmann, Klaus: Verbstellung und Relieftheorie. Ein Versuch zur Geschichte des deutschen Nebensatzes, München 1973.

Flury, Robert: Struktur- und Bedeutungsgeschichte des Adjektivsuffixes *–bar*, Winterthur 1964.

Freytag, Hartmut: Frühmittelhochdeutsch (1065–1170), in: Maurer/Rupp 1974, 165–188.

Frings, Theodor: Grundlegung einer Geschichte der deutschen Sprache, 3. Aufl., Halle 1957.

Fritz, Gerd: Deutsche Modalverben 1609 – Epistemische Verwendungsweisen im Deutschen, in: PBB 113 (1991), 29–52.

–: Historische Semantik, Stuttgart 1998, ²2006.

–: Einführung in die historische Semantik, Tübingen 2005.

Fritz, Matthias: Zur Syntax des Urindogermanischen, in: Meier-Brügger 2002, 241–280.

Fuß, Martin: Die religiöse Lexik des Althochdeutschen und Altsächsischen, Frankfurt a. M. 2000.

Gardt, Andreas: Die Sprachgesellschaften des 17. und 18. Jahrhunderts, in: Sprges. HSK 1 (1998), 332–348.

–: Geschichte der Sprachwissenschaft in Deutschland. Vom Mittelalter bis zum 20. Jahrhundert, Berlin/New York 1999.

Gärtner, Kurt: Asyndetische Relativsätze in der Geschichte des Deutschen, in: ZGL 9 (1981), 152–163.

Gärtner, Kurt/Grubmüller, Klaus (Hg.): Ein neues Mittelhochdeutsches Wörterbuch. Prinzipien, Probeartikel, Diskussion, Göttingen 2000.

Die Germanen, Germania, Germanische Altertumskunde. Studienausgabe. Mit einem Vorwort von Heinrich Beck, Berlin/New York 1998.

Giesecke, Michael: Syntax für die Augen. Strukturen der beschreibenden Fachprosa aus medientheoretischer Sicht, in: Betten 1990, 336–351.

–: Der Buchdruck in der Frühen Neuzeit. Eine historische Fallstudie über die Durchsetzung neuer Informations- und Kommunikationstechnologien, Frankfurt a. M. 2006.

Girtler, Roland: Rotwelsch. Die alte Sprache der Gauner, Dirnen und Vagabunden, Wien 1998.

Goblirsch, Kurt Gustav: Lautverschiebungen in den germanischen Sprachen, Heidelberg 2005.

Götz, Heinrich: Leitwörter des Minnesangs, in: Abhandlungen der sächsischen Akademie der Wissenschaften zu Leipzig. Philologisch-historische Klasse 49,1 (1957), 1–189.

–: Lateinisch-althochdeutsch-neuhochdeutsches Wörterbuch, Berlin 1999.

Götz, Ursula: Die Anfänge der Grammatikschreibung des Deutschen in Formularbüchern des frühen 16. Jahrhunderts: Fabian Frangk – *Schryfftspiegel* – Johann Elias Meichßner, Heidelberg 1992.

Graff, Eberhard Gottlieb: Althochdeutscher Sprachschatz oder Wörterbuch der althochdeutschen Sprache, 6 Bde., Berlin 1834–42.

Greule, Albrecht: Syntaktisches Verbwörterbuch zu den althochdeutschen Texten des 9. Jahrhunderts, Frankfurt a. M. u.a. 1999.

–: Syntax des Althochdeutschen, in: Sprges. HSK 2 (2000), 1207–1213.

–/Lénárd, Tibor: Die Verbvalenz im Althochdeutschen und Mittelhochdeutschen – eine Gegenüberstellung. Mit einem Exkurs zum Gotischen und einem Ausblick auf den Valenzwandel, in: Simmler 2005, 243–270.

Große, Rudolf: Die spätmittelalterliche Geschäftssprache des Meißnischen unter soziolinguistischem Aspekt, in: BEDS 6 (1986), 19–26.

–: Funktionen des Pronomens *iz* im Althochdeutschen, in: Betten 1990, 29–38.

–: Soziolinguistische Bemerkungen zu den niederländischen Sprachspuren im Thüringischen und Nordobersächsischen, in: Niederlandistik und Germanistik. Tangenten und Schnittpunkte, Frankfurt a. M./Berlin 1991, 31–38.

Grubmüller, Klaus: Lexikologie und Lexikographie des Mittelhochdeutschen, in: Sprges. HSK 2 (2000), 1340–1351.

Sekundärliteratur

Haas, Walter: Ansätze zu einer Theorie des Sprachwandels auf lautlicher Ebene, in: Sprges. HSK 1 (1998), 836–850.

Habermann, Mechthild: Verbale Wortbildung um 1500. Eine historisch- synchrone Untersuchung anhand von Texten Albrecht Dürers, Heinrich Deichslers und Veit Dietrichs, Berlin/New York 1994.

–: Das sogenannte ›Lutherische e‹. Zum Streit um einen armen Buchstaben, in: Sprw. 22 (1997), 435–477.

–/Müller, Peter O./Munske, Horst Haider (Hg.): Historische Wortbildung des Deutschen, Tübingen 2002.

Hartweg, Frédéric: Die Rolle des Buchdrucks für die deutsche Sprachgeschichte, in: Sprges. HSK 2 (2000), 1682–1705.

–: Die Entwicklung des Verhältnisses von Mundart, deutscher und französischer Standardsprache im Elsaß seit dem 16. Jahrhundert, in: Sprges. HSK 3 (2003), 2778–2825.

–: Die Rolle des Buchdrucks für die frühneuhochdeutsche Sprachgeschichte, in: Sprges. HSK 3 (2003a), 1682–1705.

–/Wegera, Klaus-Peter: Frühneuhochdeutsch. Eine Einführung in die deutsche Sprache des Spätmittelalters und der frühen Neuzeit, 2. Aufl., Tübingen 2005.

Haubrichs, Wolfgang: Deutsche Lyrik, in: Krauß 1981, 61–120.

–: Die Anfänge. Versuche volkssprachlicher Schriftlichkeit im frühen Mittelalter (ca. 700–1050/60) (Geschichte der deutschen Literatur von den Anfängen bis zum Beginn der Neuzeit, Bd. 1/1), Tübingen 1995.

–: Otfrid von Weißenburg – Umrisse eines ›Lebens‹, in: Otfrid von Weißenburg. Evangelienbuch. Band I: Edition nach dem Wiener Codex 2687, hg. und bearbeitet von Wolfgang Kleiber, Teil 2: Einleitung und Apparat, Tübingen 2004, 3–11.

–: Geschichte der deutsch-romanischen Sprachgrenze im Westen, in: Sprges. HSK 4 (2004a), 3351–3346.

–/Pfister, Max: »In Francia fui«. Studien zu den romanisch-germanischen Interferenzen und zur Grundsprache der althochdeutschen ›Pariser (Altdeutschen) Gespräche‹, Stuttgart 1989.

Haug, Walter/Jackson, Timothy/Janota, Johannes (Hg.): Zur deutschen Literatur und Sprache des 14. Jahrhunderts. Dubliner Colloquium 1981, Heidelberg 1983.

Haugen, Einar: Die skandinavischen Sprachen. Eine Einführung in ihre Geschichte, Hamburg 1984.

Heidermanns, Frank: Etymologisches Wörterbuch der germanischen Primäradjektive, Berlin/New York 1993.

Heinzle, Joachim: Das Mittelalter in Daten. Literatur, Kunst, Geschichte 750 bis 1520, München 1993.

–: Wandlungen und Neuansätze im 13. Jahrhundert (1220/30–1280/90) (Geschichte der deutschen Literatur von den Anfängen bis zum Beginn der Neuzeit, Bd. 2/2), Tübingen 1994.

Henkel, Nikolaus: Verkürzte Glossen. Technik und Funktion innerhalb der lateinischen und deutschsprachigen Glossierungspraxis des frühen und hohen Mittelalters, in: Bergmann u.a. 2001, 429–451.

–: Synoptische Kopräsenz zweisprachiger Textensembles im deutschen Mittelalter. Überlegungen zu Funktion und Gebrauch, in: Bergmann 2003, 1–36.

–: Lateinisch/Deutsch, in: Sprges. HSK 4 (2004), 3171–3182.

Hennig, Beate: Kleines Mittelhochdeutsches Wörterbuch, 4. Aufl., Tübingen 2001.

Henzen, Walter: Deutsche Wortbildung, 3. Aufl., Tübingen 1965.

Hildebrand, Reiner: Der Beitrag der Sprachgeographie zur Sprachgeschichtsforschung, in: Sprges. HSK 1 (1998), 495–519.

Hoffmann, Walter/Mattheier, Klaus Jürgen: Die Stadt in der neueren deutschen Sprachgeschichte III: Köln, in: Sprges. HSK 3 (2003), 2321–2340.

Holzberg, Niklas: Griechisch/Deutsch, in: Sprges. HSK 4 (2004), 3193–3192.

Honemann, Volker: Die Stadtschreiber und die deutsche Literatur, in: Haug u.a. 1983, 320–339.

Hornbruch, Heike: Deonomastika. Adjektivbildungen auf der Basis von Eigennamen in der älteren Überlieferung des Deutschen, Göttingen 1996.

Huber, Anna: ›Bauer‹. Wortschatzuntersuchungen zu einem Grundbegriff aus dem bäuerlichen Lebensbereich, in: Dückert 1981, 17–54.

Hübner, Gert: Ältere deutsche Literatur. Eine Einführung. Tübingen/Basel 2006.

Hüpper-Dröge, Dagmar: Schild und Speer. Waffen und ihre Bezeichnungen im frühen Mittelalter, Frankfurt a. M. u. a. 1983.

Ilkow, Peter: Die Nominalkomposita der altsächsischen Bibeldichtung, Göttingen 1968.

Ising, Gerhard: Zur Wortgeographie spätmittelalterlicher deutscher Schriftdialekte, 2 Bde., Berlin 1968.

Janota, Johannes: Orientierung durch volkssprachige Schriftlichkeit (Geschichte der deutschen Literatur von den Anfängen bis zum Beginn der Neuzeit, Bd. 3/1), Tübingen 2004.

Johnson, L. Peter: Die höfische Literatur der Blütezeit (Geschichte der deutschen Literatur von den Anfängen bis zum Beginn der Neuzeit, Bd. 2/1), Tübingen 1999.

Josten, Dirk: Sprachvorbild und Sprachnorm im Urteil des 16. und 17. Jahrhunderts. Sprachlandschaftliche Prioritäten, Sprachautoritäten, sprachimmanente Argumentation, Frankfurt a. M./Bern 1976.

Kaiser, Gert: Deutsche Heldenepik, in: Krauß 1981, 181–216.

Karg-Gasterstädt, Elisabeth: Althochdeutsch *thing* – neuhochdeutsch *Ding*. Die Geschichte eines Wortes, in: Berichte über die Verhandlungen der Sächsischen Akademie der Wissenschaften zu Leipzig. Philologisch-historische Klasse 104 (1958), 3–31.

Kästner, Hannes/Schirok, Bernd: Die Textsorten des Mittelhochdeutschen, in: Sprges. HSK 2 (2000), 1365–1384.

Kästner, Hannes/Schütz, Eva/Schwitalla, Johannes: Die Textsorten des Frühneuhochdeutschen, in: Sprges. HSK 2 (2000), 1594–1623.

Keller, Rudolf E.: Die deutsche Sprache und ihre historische Entwicklung. Bearbeitet und übertragen aus dem Englischen, mit einem Geleitwort sowie einem Glossar versehen von Karl-Heinz Mulagk, Hamburg 1986.

Keller, Katrin: Landesgeschichte Sachsen, Stuttgart 2002.

Keller, Rudi: Sprachwandel, 2. Aufl., Tübingen/Basel 2003.

–/Kirschbaum, Ilja: Bedeutungswandel. Eine Einführung, Berlin/New York 2003.

Kettmann, Gerhard: Ostmitteldeutsch im 16. und 17. Jahrhundert, in: Berthele u. a. 2003, 253–272.

–/Schildt, Joachim: Zur Ausbildung der Norm in der deutschen Literatursprache auf der syntaktischen Ebene (1470–1730). Der Einfachsatz, Berlin 1976.

Kiefer, Ulrike: Jiddisch/Deutsch, in: Sprges. HSK 4 (2004), 3260–3268.

Kiepe, Hansjürgen: Leseunterricht und deutsche Grammatik um 1486, in: Moeller/Patze/Stackmann 1983, 453–461.

Klein, Thomas: Studien zur Wechselbeziehung zwischen altsächsischem und althochdeutschem Schreibwesen und ihrer sprach- und kulturgeschichtlichen Bedeutung, Göppingen 1977.

–: Soziokulturelle Voraussetzungen und Sprachraum des Altniederdeutschen (Altsächsischen), in: Sprges. HSK 2 (2000), 1241–1246.

–: Niederdeutsch und Hochdeutsch in mittelhochdeutscher Zeit, in: Berthele u. a. 2003, 203–229.

Klein, Dorothea: Mittelalter. Lehrbuch Germanistik, Stuttgart 2006.

Klepsch, Alfred/Weinacht, Helmut: Aspekte einer fränkischen Sprachgeschichte, in: Sprges. HSK 3 (2003), 2767–2778.

Kluge, Friedrich: Etymologisches Wörterbuch der deutschen Sprache, 24. Aufl., bearbeitet von Elmar Seebold, Berlin/New York 2002.

Köbele, Susanne: Bilder der unbegriffenen Wahrheit. Zur Struktur mystischer Rede im Spannungsfeld von Latein und Volkssprache, Tübingen 1993.

Koller, Erwin/Wegstein, Werner/Wolf, Norbert Richard: Mittelhochdeutsches Wörterbuch. Alphabetischer Index, Stuttgart 1990. .

König, Werner: dtv-Atlas Deutsche Sprache, 15. Aufl., München 2005.

Köppe, Ingeborg: Kontinuität des deutschen Wortschatzes, in: Sprache und Kommunikation im Kulturkontext, hg. von Volker Hertel u. a., Frankfurt a. M. 1996, 325–336.

Sekundärliteratur

–: Das althochdeutsche Wörterbuch, in: Sächsische Akademie der Wissenschaften zu Leipzig. Geschichte ausgewählter Arbeitsvorhaben, hg. von Heinz Penzlin, Stuttgart/Leipzig 1999, 73–90.

Kotin, Michail L.: Die *werden*-Perspektive und die *werden*-Periphrasen im Deutschen, Frankfurt a. M. 2003.

Kramer, Karl-S.: Leben und Arbeit von Klosterbediensteten zu Ende des Mittelalters. Nach dem Ehaltenbuch des Klosters Indersdorf von 1493 und verwandten Quellen, in: Bayerisches Jahrbuch für Volkskunde 1993, 7–38.

Krause, Arnulf: Die Geschichte der Germanen, 2. Aufl., Frankfurt/New York 2005.

Krause, Wolfgang: Handbuch des Gotischen, 3. Aufl., München 1968.

Krauß, Henning: Europäisches Hochmittelalter, Wiesbaden 1981.

Kriegesmann, Ulrich: Die Entstehung der neuhochdeutschen Schriftsprache im Widerstreit der Theorien, Frankfurt a. M. u. a. 1990.

Krogh, Steffen: Die Stellung des Altsächsischen im Rahmen der germanischen Sprachen, Göttingen 1996.

Kronenberger, Kerstin: Die Suffixableitung mit *–e, -ede* und *–heit* in der Urkundensprache des 13. Jahrhunderts, in: Habermann/Müller/Muske 2002, 193–209.

Kunze, Konrad: Textsorte und historische Wortgeographie am Beispiel *Pfarrer/Leutpriester*, in: Würzburger Prosastudien II. Untersuchungen zur Literatur und Sprache des Mittelalters. Festgabe für Kurt Ruh, hg. von Peter Kesting, München 1975, 35–76.

Lähnemann, Henrike/Rupp, Michael (Hg.): Williram von Ebersberg. Expositio in Cantica Canticorum und das »Commentarium in Cantica Canticorum« Haimos von Auxerre, Berlin/New York 2004.

Lasch, Agathe/Borchling, Conrad: Mittelniederdeutsches Handwörterbuch, begründet von Agathe Lasch und Carl Borchling, fortgeführt von Gerhard Cordes, hg. von Dieter Möhn, Neumünster 1956ff.

Lerchner, Gotthard: Aspekte einer Sprachgeschichte des Ostmitteldeutschen, in: Sprges. HSK 3 (2003), 2744–2767.

Lexer, Matthias: Mittelhochdeutsches Handwörterbuch. Zugleich als Supplement und alphabetischer Index zum Mittelhochdeutschen Wörterbuche von Benecke – Müller – Zarncke, Leipzig 1872–78.

–: Mittelhochdeutsches Taschenwörterbuch, 38. Aufl., Stuttgart 1992.

Lindgren, Kaj B.: Die Apokope des *–e* in seinen verschiedenen Funktionen, Helsinki 1953.

Lippert, Jörg: Beiträge zu Technik und Syntax althochdeutscher Übersetzungen, München 1974.

Lötscher, Andreas: Variation und Grammatisierung in der Geschichte des erweiterten Adjektiv- und Partizipialattributs des Deutschen, in: Betten 1990, 14–28.

–: Syntaktische Irregularitäten beim komplexen Satz im älteren Deutsch, in: PBB 120 (1998), 1–29.

Lübben, August: Mittelniederdeutsches Handwörterbuch. Nach dem Tode des Verfassers vollendet von Christoph Walther, Norden/Leipzig 1888.

Lühr, Rosemarie: Typen von Explikativsätzen im Althochdeutschen, in: Desportes 1992, 259–291.

–: Verallgemeinernde Relativsätze im Althochdeutschen, in: Deutsche Grammatik – Thema in Variationen. Festschrift für Hans-Werner Eroms zum 60. Geburtstag, hg. von Karin Donhauser/Ludwig M. Eichinger, Heidelberg 1998, 263–281.

Macha, Jürgen: Regionalität und Syntax: Redewiedergabe in frühneuhochdeutschen Verhörsprotokollen, in: Berthele u. a. 2003, 181–202.

Mangold, Max: Entstehung und Problematik der deutschen Hochlautung, in: Sprges. HSK 2 (2000), 1804–1809.

Masser, Achim: Syntaxprobleme im althochdeutschen Tatian, in: Semantik der syntaktischen Beziehungen. Akten des Pariser Kolloquiums zur Erforschung des Althochdeutschen, hg. von Yves Desportes, Heidelberg 1997, 123–140.

Mattheier, Klaus Jürgen: Aspekte einer rheinischen Sprachgeschichte, in: Sprges. HSK 3 (2003), 2712–2729.

Matzel, Klaus: Zu den germanischen Verbaladjektiven auf *–i-/-ja-* (II. Teil), in: Kritische Bewahrung. Beiträge zur deutschen Philologie. Festschrift für Werner Schröder zum 60. Geburtstag, hg. von Ernst-Joachim Schmidt, Berlin 1974, 86–117.

–: Zu den germanischen Verbaladjektiven auf –i-/-ja- (I. Teil), in: Würzburger Prosastudien II., Untersuchungen zur Literatur und Sprache des Mittelalters. Kurt Ruh zum 60. Geburtstag, hg. von Peter Kesting, München 1975, 9–17.

–: Nachträge zu den germanischen Verbaladjektiven auf –i-/-ja-. 1. Teil, in: HS 104 (1991), 239–250.

–: Zum verallgemeinernden Relativum im Althochdeutschen, in: Desportes 1992, 213–226.

–: Nachträge zu den germanischen Verbaladjektiven auf –i-/-ja, 2. Teil, in: HS 105 (1992a), 93–143.

Maurer, Friedrich: Nordgermanen und Alemannen. Studien zur germanischen und frühdeutschen Sprachgeschichte, Stammes- und Volkskunde, 3. Aufl., Bern 1954.

–/Rupp, Heinz (Hg.): Heinz Deutsche Wortgeschichte, 3 Bde., 3. Aufl., Berlin/New York 1974.

Meier, Jürgen/Möhn, Dieter: Die Textsorten des Mittelniederdeutschen, in: Sprges. HSK 2 (2000), 1470–1477.

Meier-Brügger, Michael: Indogermanische Sprachwissenschaft. 8. Aufl., Berlin/New York 2002.

Meineke, Eckhard: Einführung in das Althochdeutsche, Paderborn u.a. 2001.

Mihm, Arend: Schreibsprachliche und akrolektale Ausgleichsprozesse bei der frühneuzeitlichen Standardisierung, in: Berthele u.a. 2003, 79–110.

Mikeleitis-Winter, Almut: Der Bereich der Nahrungszubereitung im althochdeutschen Wortschatz. Onomasiologisch-semasiologische Untersuchungen, Berlin 2001.

Möhn, Dieter/Schröder, Ingrid: Lexikologie und Lexikographie des Mittelniederdeutschen, in: Sprges. HSK 2 (2000), 1435–1456.

Moeller, Bernd/Patze, Hans/Stackmann, Karl (Hg.): Studien zum städtischen Bildungswesen des späten Mittelalters und der frühen Neuzeit. Bericht über Kolloquien der Kommission zur Erforschung der Kultur des Spätmittelalters 1978–1981, Göttingen 1983.

Möllmann, Ulrich: Die althochdeutschen Adjektive auf –sam, Göttingen 1994.

Moser, Hugo/Stopp, Hugo (Hg.): Grammatik des Frühneuhochdeutschen. Beiträge zur Laut- und Formenlehre, 7 Bde., Heidelberg 1970–1991.

Moulin, Claudine: »Aber wo ist die Richtschnur? wo ist die Regel?«. Zur Suche nach den Prinzipien der Rechtschreibung im 17. Jahrhundert, in: Studien zur Geschichte der deutschen Orthographie, hg. von Dieter Nerius/Jürgen Scharnhorst, Hildesheim/Zürich/New York 1992, 23–60.

Moulin-Fankhänel, Claudine: Bibliographie der deutschen Grammatiken und Orthographielehren. I. Von den Anfängen der Überlieferung bis zum Ende des 16. Jahrhunderts, II. Das 17. Jahrhundert, Heidelberg 1994–1997.

–: Deutsche Grammatikschreibung vom 16. bis 18. Jahrhundert, in: Sprges. HSK 2 (2000), 1903–1911.

Müller, Stephan: Althochdeutsche Literatur. Eine kommentierte Anthologie, Stuttgart 2007.

–: Zum Germanischen aus laryngaltheoretischer Sicht. Mit einer Einführung in die Grundlagen, Berlin/New York 2007a.

Munske, Horst Haider: Der germanische Rechtswortschatz im Bereich der Missetaten, Berlin 1973.

–: Wortschatzwandel im Deutschen, in: Lexikologie. Ein internationales Handbuch zur Natur und Struktur von Wörtern und Wortschätzen, hg. von D. Alan Cruse u.a., Berlin/New York 2005, 1385–1398.

Nedoma, Robert: Kleine Grammatik des Altisländischen, Heidelberg 2001.

Nerius, Dieter: Graphematik/Orthographie, in: Fleischer u.a. 2001, 325–350.

–: Graphemische Entwicklungstendenzen in der Geschichte des Deutschen, in: Sprges. HSK 3 (2003), 2461–2472.

Neumann, Bernd: Geistliches Schauspiel im Spiegel der Zeit. Zur Aufführung mittelalterlicher religiöser Dramen im deutschen Sprachgebiet, 2 Bde., München 1987.

Neumann, Hans (Hg.): Mechthild von Magdeburg. ›Das fließende Licht der Gottheit‹. Nach der Einsiedler Handschrift im kritischen Vergleich mit der gesamten Überlieferung, 2 Bde., Tübingen 1990–93.

Niebaum, Hermann/Macha, Jürgen: Einführung in die Dialektologie des Deutschen, Tübingen 1999.

Sekundärliteratur

Nübling, Damaris: Historische Sprachwissenschaft des Deutschen. Eine Einführung in die Prinzipien des Sprachwandels, 2. Aufl., Tübingen 2008.

Öhmann, Emil: Der romanische Einfluß auf das Deutsche bis zum Ausgang des Mittelalters, in: Maurer/Rupp 1974, 323–396.

Olschansky, Heike: Täuschende Wörter. Kleines Lexikon der Volksetymologien, Stuttgart 2005.

Paul, Hermann: Principien der Sprachgeschichte, 5. Aufl., Halle 1920.

–: Mittelhochdeutsche Grammatik, 25. Aufl. neu bearbeitet von Thomas Klein/Hans-Joachim Solms/Klaus-Peter Wegera. Mit einer Syntax von Ingeborg Schröbler, neu bearbeitet und erweitert von Hans-Peter Prell, Tübingen 2007.

–/Wiehl, Peter/Grosse, Siegfried: Mittelhochdeutsche Grammatik, 24. Aufl., überarbeitet von Peter Wiehl/Siegfried Grosse, Tübingen 1998.

Pavlov, Vladimir: Deverbale Nominalisierung im Frühneuhochdeutschen im Vergleich mit dem Neuhochdeutschen, in: Habermann/Müller/Munske 2002, 227–244.

Pensel, Franzjosef: Die Satznegation, in: Kettmann/Schildt 1976, 285–326.

Peters, Robert: Die Rolle der Hanse und Lübecks in der mittelniederdeutschen Sprachgeschichte, in: Sprges. HSK 2 (2000), 1496–1505.

Pfister, Max: Italienisch und Rätoromanisch/Deutsch, in: Sprges. HSK 4 (2004), 3203–3218.

v. Polenz, Peter: Deutsche Sprachgeschichte vom Spätmittelalter bis zur Gegenwart, Band II: 17. und 18. Jahrhundert, Berlin/New York 1994.

–: Deutsche Sprachgeschichte vom Spätmittelalter bis zur Gegenwart, Band III: 19. und 20. Jahrhundert, Berlin/New York 1999.

–: Deutsche Sprachgeschichte vom Spätmittelalter bis zur Gegenwart, Band I: Einführung, Grundbegriffe, 14. bis 16. Jahrhundert, 2. Aufl., Berlin/New York 2000.

Prell, Heinz-Peter/Schebben-Schmidt, Marietheres: Die Verbableitung im Frühneuhochdeutschen, Berlin/New York 1996.

Ramge, Hans: Aspekte einer Sprechgeschichte des Hessischen, in: Sprges. HSK 3 (2003), 2729–2744.

v. Raumer, Rudolf: Die Einwirkung des Christenthums auf die Althochdeutsche Sprache. Ein Beitrag zur Geschichte der deutschen Kirche, Stuttgart 1845.

Rautenberg, Ursula: Soziokulturelle Voraussetzungen und Sprachraum des Mittelhochdeutschen, in: Sprges. HSK 2 (2000), 1294–1304.

Reichmann, Oskar/Wegera, Klaus-Peter (Hg.): Frühneuhochdeutsches Lesebuch, Tübingen 1988.

Reiffenstein, Ingo: Aspekte einer Sprachgeschichte des Bayerisch-Österreichischen bis zum Beginn der frühen Neuzeit, in: Sprges. HSK 3 (2003a), 2889–2942.

–: Aspekte einer Sprachgeschichte des Bayerisch-Österreichischen seit der beginnenden Neuzeit, in: Sprges. HSK 3 (2003b), 2942–2971.

–: Bezeichnungen der deutschen Gesamtsprache, in: Sprges. HSK 3 (2003c), 2191–2205.

Reinitzer, Heimo: Biblia deutsch. Luthers Bibelübersetzung und ihre Tradition, Braunschweig 1983.

Rieck, Susanne: Untersuchungen zu Bestand und Varianz der Konjunktionen im Frühneuhochdeutschen unter Berücksichtigung der Systementwicklung zur heutigen Norm, Heidelberg 1977.

Riecke, Jörg: Die schwachen *jan*-Verben des Althochdeutschen. Ein Gliederungsversuch, Göttingen 1996.

–: Die Frühgeschichte der mittelalterlichen medizinischen Fachsprache im Deutschen, 2 Bde., Berlin/New York 2004.

Ring, Uli: Substantivderivation in der Urkundensprache des 13. Jahrhunderts. Eine historisch-synchrone Untersuchung anhand der ältesten deutschsprachigen Originalurkunden, Berlin/New York 2008.

Risse, Ursula: Untersuchungen zum Gebrauch der Majuskel in der deutschsprachigen Bibel des 16. Jahrhunderts. Ein historischer Beitrag zur Diskussion um die Substantivgroßschreibung, Heidelberg 1980.

Ritter, Ralf-Peter: Studien zu den ältesten germanischen Entlehnungen im Ostseefinnischen, Frankfurt a. M. u.a. 1993.

Robin, Thérèse: Parataxe und Hypotaxe bei Ulrich von Liechtenstein und Berthold von Regensburg, in: Simmler 2005, 123–156.

Roelcke, Thorsten: Periodisierung der deutschen Sprachgeschichte. Analysen und Tabellen, Berlin/New York 1995.

–: Die Periodisierung der deutschen Sprachgeschichte, in: Sprges. HSK 1 (1998), 798–816.

Rosenfeld, Hans-Friedrich: Humanistische Strömungen, in: Maurer/Rupp 1974, 399–508.

Rowley, Anthony: *Grüß Gott*, in: Die bairische Sprache. Studien zu ihrer Geographie, Grammatik, Lexik und Grammatik, hg. von Albrecht Greule u.a., Regensburg 2004, 163–176.

Rübekeil, Ludwig: Diachrone Studien zur Kontaktzone zwischen Kelten und Germanen, Wien 2002.

Sanders, Willy: Lexikologie und Lexikographie des Altniederdeutschen (Altsächsischen), in: Sprges. HSK 2 (2000), 1257–1262.

–: Die Textsorten des Altniederdeutschen (Altsächsischen), in: Sprges. HSK 2 (2000a), 1276–1282.

Schäfer, Christiane: Zur semantischen Klassifizierung germanischer denominaler ōn-Verben, in: Sprw. 9 (1984), 356–383.

Schieffer, Rudolf: Die Zeit des karolingischen Großreichs, 714–887, Stuttgart 2005.

Schildt, Joachim: Zur Ausbildung des Satzrahmens, in: Kettmann/Schildt 1976, 235–284.

Schiller, Karl/Lübben, August: Mittelniederdeutsches Wörterbuch, 6 Bde., Bermen 1875–81.

Schleicher, August: Die Darwinsche Theorie und die Sprachwissenschaft, Weimar 1863.

–: Compendium der vergleichenden Grammatik der indogermanischen Sprachen. Kurzer Abriß einer Laut- und Formenlehre der indogermanischen Ursprache, des Altindischen, Alteranischen, Altgriechischen, Altitalischen, Altkeltischen, Altslawischen, Litauischen und Altdeutschen, 1. Aufl., London/Paris 1866.

Schlosser, Horst Dieter: Althochdeutsche Literatur. Mit altniederdeutschen Textbeispielen. Auswahl mit Übertragungen und Kommentar, 2. Aufl., Berlin 2004.

Schmid, Hans Ulrich: *-līh*-Bildungen. Vergleichende Untersuchungen zu Herkunft, Entwicklung und Funktion eines althochdeutschen Suffixes, Göttingen 1998.

–: Die Ausbildung des *werden*-Futurs. Überlegungen auf der Grundlage mittelalterlicher Endzeitprophezeiungen, in: ZDL 67 (2000), 6–26.

–: Historische Syntax und Textinterpretation. Am Beispiel des Objektsgenitivs im Alt- und Mittelhochdeutschen, in: ZDL 71 (2004a), 23–34.

–: Die Pariser Tatian-Zitate – Edition, Analysen, Überlegungen, in: Entstehung des Deutschen. Festschrift für Heinrich Tiefenbach, hg. von Albrecht Greule/Eckhard Meineke/Christiane Thim-Mabrey, Heidelberg 2004b, 395–425.

–: *Verspelt aver en man sin gut* ... Der Ausdruck der Bedingung in deutscher Rechtsprosa und Chronistik des 13. bis 15. Jahrhunderts, in: Simmler 2005, 351–365.

–: Eine neues ›Heliand‹-Fragment aus der Universitätsbibliothek Leipzig, in: ZDA 135 (2006), 309–323.

Schmidt, Johannes: Die Verwandtschaftsverhältnisse der indogermanischen Sprachen, Weimar 1872.

Schmidt, Wilhelm: Geschichte der deutschen Sprache. Ein Lehrbuch für das germanistische Studium, 10. Aufl., Stuttgart 2007.

Schneider-Mizony, Odile: Verbstellung in Relativsätzen des Geistlichen Schrifttums, in: Simmler 2005, 193–208.

Schrodt, Richard: Althochdeutsche Grammatik II. Syntax, Tübingen 2004.

Schuppener, Georg: Spuren germanischer Mythologie in der deutschen Sprache. Namen, Phraseologismen und aktueller Rechtsextremismus, o.O. 2007.

Schützeichel, Rudolf: Althochdeutscher und altsächsischer Glossenwortschatz, 12 Bde., Tübingen 2004.

–: Althochdeutsches Wörterbuch, 6. Aufl., überarbeitet und um die Glossen erweitert, Tübingen 2006.

Schwitalla, Johannes: Komplexe Kanzleisyntax als sozialer Stil. Aufstieg und Verfall eines sprachlichen Imponierhabitus, in: Soziale Welten und kommunikative Stile. Festschrift für Werner Kallmeyer zum 60. Geburtstag, Tübingen 2002, 379–398.

v. See, Klaus: Barbar, Germane, Arier. Die Suche nach der Identität der Deutschen, Heidelberg 1994.

Seebold, Elmar: Das germanische Wort für den Heiden, in: PBB 93 (1971), 29–45.

–: Etymologie. Eine Einführung am Beispiel der deutschen Sprache, München 1981.

–: Indogermanisch – Germanisch – Deutsch: Genealogische Einordnung und Vorgeschichte des Deutschen, in: Sprges. HSK 1 (1998a), 963–973.

–: Sprache und Schrift, in: Germanen 1998b, 95–125. .

–: Chronologisches Wörterbuch des deutschen Wortschatzes. Der Wortschatz des
8. Jahrhunderts (und früherer Quellen), Berlin/New York 2001.

–: Chronologisches Wörterbuch des deutschen Wortschatzes. Der Wortschatz des
9. Jahrhunderts, Berlin/New York 2008.

Sehrt, Edward H.: Vollständiges Wörterbuch zum Heliand und zu altsächsischen Genesis, Göttingen 1925.

Selting, Margret: Kontinuität und Wandel der Verbstellung von ahd. *wanta* bis gwd.
weil. Zur historischen und vergleichenden Syntax der *weil*-Konstruktionen, in: ZGL
27 (1999), 167–204.

Sick, Bastian: Der Dativ ist dem Genitiv sein Tod. Ein Wegweiser durch den Irrgarten der
deutschen Sprache, 28. Aufl., Köln 2006.

Siebs, Theodor: Deutsche Bühnenaussprache, Köln 1898.

–: Deutsche Hochsprache. Bühnenaussprache, 16. Aufl., hg. von Helmut de Boor/Paul
Diels, Berlin 1957.

–: Deutsche Aussprache. Reine und gemäßigte Hochlautung, hg. von Helmut de Boor/
Hugo Moser/Christian Winkler, Berlin 1969.

Simmler, Franz (Hg.): Syntax. Althochdeutsch – Mittelhochdeutsch. Eine Gegenüberstellung von Metrik und Prosa, Berlin 2005.

Smet, Gilbert A.R. de: Niederländische Einflüsse im Niederdeutschen, in: Handbuch zur
niederdeutschen Sprach- und Literaturwissenschaft, hg. von Gerhard Cordes/Dieter
Möhn, Berlin 1983, 730–761.

–: Niederländisch/Deutsch, in Sprges. HSK 4 (2004), 3290–3299.

Sonderegger, Stefan: Das Althochdeutsche der Vorakte der älteren St. Galler Urkunden,
in: ZMF 28 (1961), 251–286.

–: Die althochdeutsche Lex Salica-Übersetzung, in: Beiträge zur deutschen Sprachgeschichte, Landes-, Volks- und Altertumskunde. Festgabe für Wolfgang Jungandreas
zum 70. Geburtstag am 9. Dezember 1964, Trier 1964, 113–122.

–: Aspekte einer Sprachgeschichte der deutschen Schweiz, in: Sprges. HSK 3 (2003),
2825–2888.

–: Althochdeutsche Sprache und Literatur, Berlin/New York 2003a.

Splett, Jochen: Althochdeutsches Wörterbuch. Analyse der Wortfamilienstrukturen des
Althochdeutschen, zugleich Grundlegung einer zukünftigen Strukturgeschichte des
deutschen Wortschatzes, 3 Bde., Berlin/New York 1993.

–: Lexikologie und Lexikographie des Althochdeutschen, in: Sprges. HSK 2 (2000), 1196–
1206.

–: Wortbildung des Althochdeutschen, in: Sprges. HSK 2 (2000a), 1213–1222.

Stein, Peter: *König Rother*. Mittelhochdeutscher Text und neuhochdeutsche Übersetzung von Peter K. Stein, hg. von Ingrid Benneweitz, Stuttgart 2000.

Steinmeyer, Elias/Sievers, Eduard (Hg.): Die althochdeutschen Glossen, 5 Bde., Berlin
1879–1922.

Steer, Georg: Der Laie als Anreger und Adressat deutscher Prosaliteratur im 14. Jahrhundert, in: Haug u.a. 1983, 354–367.

Stopp, Hugo: Schreibsprachwandel. Zur großräumigen Untersuchung frühneuhochdeutscher Schriftlichkeit, München 1976.

Störmer-Caysa, Uta: Entrückte Welten. Einführung in die mittelalterliche Mystik, Leipzig
1998.

Stroh, Friedrich: Indogermanische Ursprünge, in: Maurer/Rupp 1974, 3–34.

–: Germanisches Altertum, in: Maurer/Rupp 1974a, 35–52.

Stutz, Elfriede: Gotische Literaturdenkmäler, Stuttgart 1996.

Szczepaniak, Renata: Der phonologisch-typologische Wandel des Deutschen von einer
Silben- zu einer Wortsprache, Berlin/New York 2007.

Takada, Hiroyuki: Grammatik und Sprachwirklichkeit von 1640–1700. Zur Rolle deutscher Grammatiker im schriftsprachlichen Ausgleichsprozeß, Tübingen 1998.

Teuchert, Hermann: Die Sprachreste der niederländischen Siedlungen des 12. Jahrhunderts, 2. Aufl., Köln/Wien 1972.

Thomas, Barbara: Adjektivbildungen im Nürnberger Frühneuhochdeutsch. Eine historisch-synchrone Analyse anhand von Texten Albrecht Dürers, Veit Dietrichs und Heinrich Deichslers, Berlin/New York 2002.

Thoran, Barbara: Frau Avas ›Leben Jesu‹ – Quellen und Einflüsse. Eine Nachlese, in: Deutsche Literatur und Sprache von 1050–1200. Festschrift für Ursula Hennig zum 65. Geburtstag, hg. von Annegret Fiebig/Hans-Jochen Schiewer, Berlin 1995, 321–331.

Tichy, Eva: Indogermanistisches Grundwissen für Studierende sprachwissenschaftlicher Disziplinen, Bremen 2000.

Tiefenbach, Heinrich: Zur altsächsischen Glossographie, in: Bergmann u.a. 2001, 325–351.

–: Altsächsisches Wörterbuch, Tübingen 2009.

Veith, Werner Heinrich: Bestrebungen der Orthographiereform im 18., 19. und 20. Jahrhundert, in: Sprges. HSK 2 (2003), 1782–1803.

Vennemann, Theo: Hochgermanisch und Niedergermanisch. Die Verzweigungstheorie der germanisch-deutschen Lautverschiebungen, in: PBB (T) 106 (1984), 1–45.

–: Zur Entstehung der Germanischen, in: Sprw. 25 (2000), 233–269. .

–: Atlantiker in Nordwesteuropa: Pikten und Vanen, in: Europa Vasconica – Europa Semitica, hg. von Patrizia Noel Aziz Hanna, Berlin/New York 2003, 371–395.

–: Germanische Runen und phönizisches Alphabet, in: Sprw. 31 (2006), 367–429.

Vermeer, Hans J.: Das Übersetzen in Renaissance und Humanismus (15. und 16. Jahrhundert), 2 Bde., Heidelberg 2000.

Viereck, Wolfgang: Britisches Englisch und amerikanisches Englisch/Deutsch, in: Sprges. HSK 4 (2004), 3317–3330.

Vollmann-Profe, Gisela (Hg.): Otfrid von Weißenburg. Evangelienbuch. Auswahl Althochdeutsch/Neuhochdeutsch, übersetzt und kommentiert von Gisela Vollmann-Profe, Stuttgart 1987.

–: Wiederbeginn volkssprachlicher Schriftlichkeit im hohen Mittelalter (1050/60–1160/70) (Geschichte der deutschen Literatur von den Anfängen bis zum Beginn der Neuzeit. Bd. 1/2), Tübingen 1994.

Volz, Hans (Hg.): D. Martin Luther: Biblia. Das ist die gantze Heilige Schrifft Deudsch auffs new zugericht, 3 Bde., München 1974.

Wadstein, Elis (Hg.): Kleinere altsächsische sprachdenkmäler. Mit anmerkungen und glossar, Norden/Leipzig 1899.

Weddige, Hilkert: Mittelhochdeutsch. Eine Einführung, München 2003.

Wegera, Klaus-Peter/Prell, Heinz-Peter: Wortbildung des Frühneuhochdeutschen, in: Sprges. HSK 2 (2000), 1594–1605.

Weisweiler, Josef/Betz, Werner: Deutsche Frühzeit, in: Maurer/Rupp 1974, 55–133.

Wells, Christopher John: Deutsch: eine Sprachgeschichte bis 1945, Tübingen 1990.

Wiesinger, Peter: Gotische Lehnwörter im Bairischen, in: Frühmittelalterliche Ethnogenese im Alpenraum, hg. von Helmut Beumann, Sigmaringen 1985, 153–200.

–: Zur Frage lutherisch-ostmitteldeutscher Spracheinflüsse auf Österreich im 17. und in der 1. Hälfte des 18. Jahrhunderts, in: Beiträge zur Sprachwirkung Martin Luthers im 17./18. Jahrhundert, hg. von M. Lämmer, Halle 1987, 83–109.

–: Hyperkorrekturen als Hilfe bei der Rekonstruktion von Sprachzuständen, in: Sprges. HSK 3 (2003), 2419–2425.

Wiessner, Edmund/Burger, Harald: Die höfische Blütezeit, in: Maurer/Rupp 1974, 819–253.

Winkler, Gertraud: Die Wortbildung mit –lich im Alt-, Mittel- und Frühneuhochdeutschen, Heidelberg 1995.

Wissmann, Wilhelm: Die Bildungen auf ›-lih‹ von Partizipien und der Abrogans, in: Festgabe für Ulrich Pretzel, hg. von Werner Simon/Wolfgang Bachofer/Wolfgang Dittmann, Berlin 1963, 308–315.

Wolf, Dieter: Lexikologie und Lexikographie des Frühneuhochdeutschen, in: Sprges. HSK 2 (2000b), 1554–1584.

Wolf, Norbert Richard: Das 14. Jahrhundert in der deutschen Sprachgeschichte, in: Zur deutschen Literatur und Sprache des 14. Jahrhunderts. Dubliner Colloquium 1981, hg. von Walter Haug/Timothy R. Jackson/Johannes Janota, Heidelberg 1983, 368–383.

–: Die Diagliederung des Mittelhochdeutschen, in: Sprges. HSK 2 (2000), 1385–1390.

–: Syntax des Mittelhochdeutschen, in: Sprges. HSK 2 (2000a), 1351–1358.

7.2 Anhang

Sekundärliteratur

Wolff, Ludwig: *Uns will schiere wol gelingen*. Von den in die Zukunft weisenden Umschreibungen mit ›wollen‹, in: Festschrift für Ingeborg Schröbler zum 65. Geburtstag, hg. von Dietrich Schmidtke/Helga Schüppert, Tübingen 1973, 52–69.

Ziegler, Arne: Syntaktische Prinzipien älterer deutscher Fachtexte. Überlegungen zu pragmatischen Aspekten einer mittelhochdeutschen Prosasyntax, in: Simmler 2005, 271–291.

Zingerle, Josef: Über die bildliche Verstärkung der Negation bei mittelhochdeutschen Dichtern, in: Sitzungsberichte der philosophisch-historischen Classe der kaiserlichen Akademie der Wissenschaften zu Wien 39 (1862), 414–477.

Zollna, Isabel: Französisch und Provencalisch/Deutsch, in: Sprges. HSK 4 (2004), 3192–3202.

Zutt, Herta: Wortbildung des Mittelhochdeutschen, in: Sprges. HSK 2 (2000), 1358–1365.

7.3 | Register

Ablaut 5, 118 f.
Ableitung 133, 171, 228, 240, 242–245,
   247, 253 f., 258, 266 f.
Abrogans 14
Ackermann aus Böhmen 46
Adjektiv 165–171
Adjektivabstraktum 243
Adjektivattribut 197 f.
Admonitio generalis 19
Adverbialattribut 200
Adverbialsatz 209–217
Aichinger, Carl Friedrich 94
Albrecht von Halberstadt 53
Alemannisch 70–72, 81, 85, 99–102, 110,
   145, 261 f.
Alexanderlied 32
Alkuin 61
Alltagssprache 23 f., 36, 134, 229, 247,
   252 f., 256, 258, 261
Altenglisch 12, 21, 27, 61, 64, 161, 233,
   240, 244, 251
Altfriesisch 25, 64, 229
Althochdeutsch 11–24, 58–60, 65–68,
   80–85, 120–147, 150–162, 168–179,
   185–225, 237–244
Althochdeutscher Isidor 16
Altkirchenslawisch 6
Altlateinisch 4
Altniederdeutsch (Altsächsisch) 3, 10,
   12, 24–28, 64, 84, 237
Altniederfränkisch 25
Altsächsisch s. Altniederdeutsch
Altsächsisches Taufgelöbnis 26 f.
Analogie 50, 62, 86 f., 124, 126–128, 132,
   136, 140–147, 151 f., 155 f., 158–160,
   172–179, 181 f., 234
Analogisten 50 f.
Annolied 32
Anomalisten 50 f.
Apokope 70, 93 f., 96, 100, 107, 151, 171,
   175, 225
Apposition 200 f.
Aristoteles 269
Artikulationsart 75
Artikulationsökonomie 115
Artikulationsort 75
Artusepik 33
Assimilation 87, 102, 115, 141, 177, 249
Asymmetrie s. Symmetrie
athematische Verben 136
Attributsatz 203–206
Aufrichtige Tannengesellschaft 51
Auslautverhärtung 86, 120, 122, 127,
   141, 143

Aussprachenorm 114 f.
Ava 31

Bairisch 29, 34, 81, 93–96, 99, 106 f.,
   109 f., 174, 224, 239, 258, 260–262,
   272
Baltische Sprachen 6 f., 273
Bedeutungserweiterung 275 f.
Bedeutungsverengung 275
Benediktiner 15 f., 31
Benediktinerregel 15 f.
Berthold von Chiemsee 47
Berthold von Regensburg 31
Bibelepik 27
Bibelübersetzung 10, 14, 39 f., 44–48, 50,
   54, 60 f., 108–110, 260
Bifurkationstheorie 83
Bilingue 16
Blockbuch 43
Böhmen 93, 96
Bonifatius 11
Bopp, Franz 5
Bote, Hermann 54
Brant, Sebastian 54
Braun, Heinrich 94
Braune, Wilhelm 62
Brugmann, Karl 62
Buchdruck 44 f., 48 f., 51, 93, 112 f.
Buchstabierbuch 49
Bugenhagen, Johannes 54

dass-Satz 215 f.
Definitheit 197
Dentalsuffix 117
Derivation s. Ableitung
deutsch 12 f.
Dialekt 3, 11 f., 24 f., 29 f., 37 f., 41, 45, 47,
   50–52, 56 f., 70, 73 f., 76, 80, 81–83, 87 f.,
   92–114, 145, 174, 182, 205 f., 222, 224,
   261 f., 270, 272
Dichtersprache 33 f.
Diphthongierung 29 (fnhd.), 66 f. (ahd.),
   72 (fnhd.)
Diphthongwandel 73
Dissimilation 87, 249
Dominikaner 32, 247
Drama 36
Druckersprache s. Buchdruck
Dual 149

Egerland 93
Eike von Repgow 53
Eilhart von Oberg 53
Ekthlipsis 71, 93, 96

Register

Elbschwanenorden 51
Englisch 7–9, 67, 76, 92, 140, 170, 183, 205, 222, 240, 268, 271
Epenthese 88
epistemisch 192
Epithese 88, 157
Erasmus von Rotterdam 269
Estnisch 7
Etymologie 139, 229
Euphemismus 277
Explikativsatz 205
Exzeptivsatz 216

Fachsprache 35 f., 40 f., 53, 255, 267, 269
Finalsatz 213 f.
Finnisch 7, 236
Flugblatt 44 f.
Flugschrift 44
Formenreduktion 181
Formenvariation 181
Frage, indirekte 208
Franziskaner 31, 247
Französisch 6, 29, 32, 50, 111, 228, 248 f., 258, 268–272
Friesisch 7 f.
Fruchtbringende Gesellschaft 51
Frühneuhochdeutsch 37–51, 61–115, 121–128, 132, 138–147, 150–160, 166, 169, 171–179, 185–225, 255–274
Fugenelement 159
Futhark s. Runen
Futurperiphrase 191–193

Gebrauchsfrequenz 134, 182
Geltungsareal 105 f., 261 f.
Geltungshöhe 105, 107, 261 f.
gemaines Deutsch 93
Genitivattribut 198 f.
Genitivobjekt 186, 199
Genitivus partitivus 199
Georg, Herzog von Sachsen 47
Germanen 7
Gesprächsbücher 23 f.
Gleichzeitigkeit 209 f.
Glossae Salomonis 14
Glossen 14 f. (ahd.), 26 (and.)
Goldene Bulle 39
Gotisch 7, 8–10, 12, 59–61, 65, 79, 86, 118, 125, 128–130, 155, 193, 232, 239
Gottesdienstsprache 50, 55
Gottfried von Straßburg 33
Gottsched, Johann Christoph 94, 113, 224
Grammatikalisierung 190, 214
grammatischer Wechsel 77 f., 120–123, 126 f., 137
Griechisch 6, 22, 59 f., 78, 139, 202, 238 f., 258, 268 f., 271

Großschreibung 107, 113
Gueintz, Christian 50, 111
Gutenberg, Johannes 44

Habsburgische Kanzlei 93, 112
Hanse 51–53
Harsdörffer, Georg Philipp 50
Hartmann von Aue 33
Heberegister 28
Heinrich von Morungen 53
Heliand 27 f.
Herzog Ernst 32
Hessisch 34, 102 f.
Heteronym 259, 264
Hethitisch 4, 6
Hildebrandslied 19 f., 32
Hochpreußisch 96, 260
Humanismus 268 f., 271
hyperkorrekte Form 92 f.

Implikatur 277 f.
indirekte Frage/Rede 208
Indisch 4
Indogermanisch 3–7, 61–63, 77–79, 118–126, 136, 139, 149, 165, 168, 185–189, 197, 202, 227–233
Infinitiv, finaler 214
Inhaltssatz 206–209
Inkunabel 44
Innovation 116
Instrumental 151, 186
Interlinearversion 15 f.
invisible hand s. unsichtbare Hand
Iranisch 6
Irisch 6, 239
Ironie 277
Italienisch 6, 258, 270 f.

Jiddisch 272
Johannes von Tepl s. *Ackermann aus Böhmen*
Jonas, Justus 47
j-Präsentien 125–127
Junggrammatiker 62 f., 115
Kaiserchronik 32

Kanzleisprache 45 f.
Karl der Große 11, 25
Kausalsatz 210 f., 217
Keltisch 4, 6, 236
Kirchensprache 239, 247
Klammer, nominale 201 f.
Klammer, verbale 194–196, 225
Kollektivbildung 152, 243
Kompositum 155, 158, 161, 232 f., 240, 242, 245, 247, 253 f., 258, 265, 267, 273

Register

Konditionalsatz 188, 196, 212 f., 216 f., 219
Konfession 70, 93, 110 f., 267
Konjunktiv 218 f.
Konrad von Megenberg 35 f.
Konsekutivsatz 214 f.
Konsonanten 75–92
Konsonantenhäufung 87
Kontraktion 86 f.
Konzessivsatz 213
Krimgotisch 10
Kudrun 33
Kylver (Steinplatte) 60

Lancelot 35
Landschaftskombinatorik 105, 107, 261 f.
Latein 6, 13–23, 26 f., 31 f., 33–36, 45, 48, 40, 50, 52–54, 58–60, 64, 67 f., 78, 183, 189, 202, 234–241, 245–247, 252, 258, 267–271
Lauber, Diepold 42
Lautgesetz 62, 64
Lautverschiebung, erste 77 f., 115
Lautverschiebung, zweite 9, 11 f., 24, 29, 80–86, 102, 235, 246
Lautwandel 72, 115 f.
Legenda Aurea 40
Legenden 35
Lehnsyntax 225 f.
Lehnwort 7, 65, 67, 81, 231–241, 246, 248 f., 253, 258, 269–272
Leitvarietät 50, 93 f., 97
Leseaussprache 112
Lesefähigkeit 34 f.
Leseunterricht 49
Lexikographie 14, 244 f., 254 f., 274
Lingua franca 268
Lokalsatz 211
Lübeck 52 f.
Lucidarius 31, 53
Luther, Martin 19, 39–41, 44–51, 54, 89 f., 97, 106–110, 112 f., 171, 194, 199, 256, 259, 264, 269
Lutherisches *e* 70, 94

Mähren 96
Mainzer Landfrieden 36
Mechthild von Magdeburg 54
Mediae 76–80
Mediae aspiratae 77 f.
Meier Helmbrecht 249 f.
Meißnisches Deutsch 50, 97, 110, 112
Meister Eckhart 32, 54
Merseburger Zaubersprüche 20
Metapher 48, 265, 276
Metonymie 276 f.
Milton, John 271

Mittelhochdeutsch 3, 29–37, 68 f., 72–74, 86–88, 120–247, 150–162, 168–179, 185–225, 245–254
Mittelniederdeutsch 2 f., 24, 28 f., 36, 51–56
Mittelniederländisch 249–251, 272
Modalsatz 216
Modus im abhängigen Satz 218 f.
Monoflexion 202
Monophthongierung 29 (fnhd.), 66 f. (ahd.), 73 (ahd.)
Monosemierung 217, 262–265
Moselfränkisch 102
Motion 243
Mündlichkeit 36, 38
Müntzer, Thomas 41, 256
Muspilli 20
Mykenisch 4
Mystik 32, 36, 54, 247

Nachzeitigkeit 209 f.
Namen 7, 24, 28
Narrenschiff 54
Nebensatz, uneingeleiteter 188
Nebensilbe 69–71, 74
Negation 221–224
Neuerung 116
Nibelungenlied 33
Niederdeutsch 72
Niederländisch 7 f., 25, 56, 183, 272 f.
Niklas von Wyle 46, 225, 261, 269
Nomen actionis 242
Nomen agentis 242
Nomina postverbalia 242 f.
Nominalisierungsverbgefüge 268
Nominalsatz 186
Nordgermanisch 8–10
normative Grammatik 49 f., 94, 112, 145, 224
Notker III. von St. Gallen 17 f.
Numeralattribut 200

Objektsinfinitiv 209
Obstruenten 76
Onomasiologie 244
Orendel 32
Orthographie 58 f., 111, 113 f.
Ostgermanisch 10
Osthochdeutsch 4, 38, 105
Osthoff, Hermann 62
Ostkolonisation 29 f., 51
Ostmitteldeutsch 30, 38, 47, 50, 55, 70, 74, 88, 93 f., 96–99, 102, 105–107, 109–113, 260, 262, 267, 272
Ostoberdeutsch s. Bairisch
Oswald 32
Otfrid von Weißenburg 21–23, 59, 241
Otloh von St. Emmeram 31

Register

Palatalisierung 88
Pali 6
Papier 41 f.
Partizipialattribut 200
Passivperiphrase 193 f.
Paternoster (Übersetzungen) 69, 85
Paul, Hermann 62
Pegnesischer Blumenorden 51
pejorativ 243, 265, 267
Perfektperiphrase 189-191
Pergament 41
Periodisierung 3 f.
Petri, Adam 259-261, 264 f.
Physiologus 31
Plattdeutsch 24, 56, 206
Polnisch 6
Polygenese 72, 83
Polysemie 217
Polysemierung 263
Präfixbildung 244
Präpositionalattribut 200
Prasch, Johann Ludwig 50
Präteritopräsentia 118, 139-143
Präteritumsschwund 191
Predigt 19 (ahd.), 31 f. (mhd.)
Prestigelautung 116
Preußisch 114
Primärumlaut 67, 131, 154, 156, 169
Pronomen 171-178

Quantitätskriterium 182

Ratke, Wolfgang 50
Rechtssprache 36
Rede, indirekte 208
Reduplikation 118, 128, 146, 177
Reformation (s.a. *Luther*) 44, 54 f.
Reibelaute 76-80, 84, 87, 116
Reihenschritt 72 f.
Rekonstruktion 4 f., 7, 74, 231
Relativsatz 207 f.
Relativsatz, asyndetischer 205
Relevanzprinzip 182
Resonanten 64, 79, 119, 123 f.
Reynke de Vos 54
Rheinfränkisch 81, 102
Rheinischer Fächer 82, 102
Rhotazismus 77 f., 120, 126
Ripuarisch 102 f.
Rolandslied 32
Rothe, Johannes 46
Rother 32
Rotwelsch 272 f.
Rückumlaut (s.a. Umlaut) 131 f., 138, 147, 181
Runen 7, 9, 21, 28, 59 f., 176, 235
Russisch 6

Sachsen 24-26
Sachsenspiegel 36, 53
Sächsische Weltchronik 54
Salman und Markolf 32
Sanskrit 6
Satzbau 185-226
Satzfelder 194 f.
Satzgefüge, abperlendes 219 f.
Satzgefüge, geschlossenes 219 f.
Satzgefüge, gestrecktes 219 f.
Satzgefüge, zentriertes 220
Saussure, Ferdinand de 64
Scherer, Wilhelm 62
Schlesien 70, 96
Schottelius, Justus Georg 50
Schreibsprache 34, 37, 45, 47, 52, 54-56, 92-114, 260
Schriftsprache 11, 47, 56, 92, 94, 111-113, 210
Schule 49
Schwäbisch 93, 99, 258
Schwesternbücher 35
Sekundärumlaut 67, 131, 154, 156, 169
Semasiologie 244 f.
Shakespeare, William 271
Silbe 116
skandinavische Sprachen 52, 55, 273
slawische Sprachen 4, 6, 7, 27, 52, 96, 271 f.
Sonorisierung 84 f.
Spanisch 6, 273
Speculum Ecclesiae 69
Spielmannsepik 32
Sprachausgleich 37, 45, 49, 52, 93, 96, 105
Sprachbau, analytischer 189 f., 197
Sprachbau, synthetischer 189 f., 197
Sprachgebrauch, individueller 59, 105, 116, 196, 256
Sprachgeographie 81 f.
Sprachgesellschaften 50 f.
Sprachinseln 30, 93, 96
Sprachkontakt 7, 10, 62, 225, 238, 268-273
Sprachlehre 50, 270
Sprachpurismus 50
Sprachvorbilder 112
Stabreim 19
Stadtbuch 53 f.
Stammbaummodell 6
Stammsilbe 67 f., 75, 118, 120, 128, 140
Stammsilbenbetonung 61, 69
Steinhöwel, Heinrich 269
Strukturalismus 64, 115
Strukturprinzip 105
Subjektobligatorik 186
Subjektsinfinitiv 209
Substantiv 149-165

Register

Substratmodell 6
Südrheinfränkisch 81, 85
Südtirol 93
Summarium Heinrici 14
SVO/SOV 196
Syllabierbuch 49
Symmetrie 63–65, 116
Synkope 71, 87, 93 f., 96, 151

Tacitus 7
Tatian 16 f.
Tauler, Johannes 32, 54
Temporalsatz 209 f., 220
Tenues 76–83
Thüringen 12, 24, 29, 34, 70, 96
Transparenzprinzip 182
Trümmersprachen 10
Tschechisch 2, 250
Türkisch 258, 268

Überseesprachen 258, 268, 273
Übersetzung 15–19 (ahd.), 26 (and.), 30
    (mhd.), 39
Umlaut (s.a. Rückumlaut) 58, 65–70, 74,
    94, 97, 102, 107, 115–130, 137, 140–143,
    146, 149, 153–157, 159 f., 162, 168, 176 f.,
    181 f.
Ungarisch 7, 258, 268, 273
unsichtbare Hand 274 f.
Urgermanisch 7–10
Urkunden 36, 53
Urnordisch 8
Ursprache 4
Valenzgrammatik 186

Variation 116
Vedisch 6
Verb 117–148
Verb, athematisches 136
Verb, kontrahiertes 147
Verb, schwaches 117, 127, 129–133,
    134–139, 140–147, 182, 225, 233, 244
Verb, starkes 5, 67, 118–129, 133–139,
    140–147, 182, 230, 243, 244, 245, 254
Verbaladjektiv 243
Verbalsatz 185
Verbstellung 187 f., 203
Vergleichssatz 216
Verner, Carl 62, 77
Vernersches Gesetz 77–80, 120

Verschlusslaut 76–80, 116
Versroman 32
Vertikalisierung 111, 261 f.
Vocabularius ex quo 39
Vocabularius Sancti Galli 15
Vokal 63–75
Vokalabschwächung 29
Vokaldehnung 74 f., 106, 121, 127,
    172–174, 177
Vokalentrundung 74, 93 f., 96, 100
Vokalkürzung 75
Vokalrundung 74, 93 f., 112, 127
Vokalsenkung 4, 73 f., 96, 102, 106, 142
Vokativ 151
Völkerwanderung 10
Volksbuch 40
Volksetymologie 273
Vorzeitigkeit 209

Walisisch 6
Walther von der Vogelweide 33
Weißenburger Katechismus 19
Wellenmodell 6, 83
Wessobrunner Schöpfungsgedicht 20 f.
Westgermanisch 8 f., 64 f., 84, 137, 229,
    232
westgermanische Konsonantengeminati-
    on 79 f., 125 f., 130
Westmitteldeutsch 45, 74, 94, 102–105,
    261, 267
Westoberdeutsch s. Alemannisch
Wiener Kanzlei s. Habsburgische Kanzlei
Williram von Ebersberg 18
Wolff, Thomas 259
Wolfram von Eschenbach 33
Wortakzent 77
Wortartendifferenzierung 254
Wortbildung 24, 69, 159, 237, 240–244,
    247, 253 f., 256, 258, 265–267, 273, 275,
    278
Wortbildungswandel 278
Wortersatz 260
Wortgeographie 258–261
Wortschatz 227–278
Wulfila 10

Zahlwort 178–181
Zesen, Philipp von 50 f.
Zugehörigkeitsadjektiv 243